国家出版基金项目
NATIONAL PUBLICATION FOUNDATION
"十四五"国家重点图书
出版规划项目

中国语言资源保护工程

中国濒危语言志　编委会

总主编

曹志耘

主　编

李大勤

委　员（音序）

丁石庆　刘　宾　冉启斌

本书执行编委　冉启斌

中国濒危语言志

少数民族语言系列

总主编 曹志耘

主编 李大勤

西藏墨脱仓洛语

林鑫 李大勤 郭彦 李楠 著

创于1897

The Commercial Press

商务印书馆

图书在版编目（CIP）数据

西藏墨脱仓洛语 / 林鑫等著. -- 北京：商务印书
馆，2024. --（中国濒危语言志）. -- ISBN 978-7-100-
24242-4

Ⅰ. H267

中国国家版本馆CIP数据核字第2024UE3502号

西藏墨脱仓洛语

林鑫　李大勤　郭彦　李楠　著

出版发行：商务印书馆
地　　址：北京王府井大街36号
邮政编码：100710

印　　刷：北京雅昌艺术印刷有限公司

开　　本：787×1092 1/16　　　印　　张：17¾
版　　次：2024年11月第1版　　　印　　次：2024年11月北京第1次印刷
书　　号：ISBN 978-7-100-24242-4

定　　价：228.00元

仓洛语调查点墨脱的地形地貌　墨脱县墨脱镇/2016.8.5/刘宾　摄

墨脱门巴族的民居群　墨脱县墨脱镇/2022.6.12/扎西次仁　摄

仓洛语语保工程摄录场景　墨脱县墨脱镇 /2016.8.18/ 高萍萍　摄

横跨于雅鲁藏布江之上的藤网桥　墨脱县德兴乡 /2016.8.12/ 沈栋梁　摄

语法标注缩略语对照表

缩略语	英文	汉义
1sg	1st person singular	第一人称单数
2sg	2nd person singular	第二人称单数
3sg	3rd person singular	第三人称单数
2dl	2nd person dual	第二人称双数
1pl	1st person plural	第一人称复数
2pl	2nd person plural	第二人称复数
3pl	3rd person plural	第三人称复数
ABL	ablative marker	从格标记
ADV	adverbial marker	状语标记
AGT	agentive marker	施事标记
AUX	auxiliary	助动词
BK	back direction marker	返回趋向标记
COMPR	comparative marker	比较标记
CONJ	conjunctive marker	连接标记
COP	copula	系词
DAT	dative marker	与事标记
DEM	demonstrative pronoun	指示代词
DIST	distal demonstrative	远指
DUR	durative aspect marker	持续体标记

缩略语	英文	汉义
DW	down direction marker	下趋趋向标记
EGO	egophoric	自我中心
EXCL	exclusive	排除式
FOC	focus marker	焦点标记
FPRT	final particle	句末小品词
GEN	genitive marker	领属标记
IMP	imperative marker	命令式标记
INCL	inclusive	包括式
INST	instrumental marker	工具标记
LNK	clause linker	分句连词
LOC	locative marker	处所标记
Lv	light verb	轻动词
MIR	mirativity	新异范畴
NEG	negative marker	否定标记
NF	non-final verbal maker	非句末动词标记
NMLZ	nominalizer marker	名词化标记
NPFV	non-perfective aspect marker	非完整体标记
OT	out direction marker	外趋去向标记
PASS	passive voice marker	被动标记
PAT	patient marker	受事标记
PERF	perfect aspect marker	完成体标记
PFV	perfective aspect marker	完整体标记
PL	plural marker	复数标记
PROS	prospective aspect marker	将行体标记
PROX	proximal demonstrative	近指
PRT	particle	小品词
QUES	question marker	疑问句标记

缩略语	英文	汉义
RDUP	reduplication	叠音或重叠
REFL	reflexive pronoun	反身代词
RES	resultative aspect marker	结果体标记
SUB	subjunctive marker	虚拟标记
TOP	topic marker	话题标记
UP	up direction marker	上趋趋向标记

序

2022年2月16日，智利火地岛上最后一位会说Yagán语的老人，93岁的Cristina Calderón去世了。她的女儿Lidia González Calderón说："随着她的离去，我们民族文化记忆的重要组成部分也消失了。"近几十年来，在全球范围内，语言濒危现象正日趋普遍和严重，语言保护也已成为世界性的课题。

中国是一个语言资源大国，在现代化的进程中，也同样面临少数民族语言和汉语方言逐渐衰亡、传统语言文化快速流失的问题。根据我们对《中国的语言》（孙宏开、胡增益、黄行主编，商务印书馆，2007年）一书的统计，在该书收录的129种语言当中，有64种使用人口在10000人以下，有24种使用人口在1000人以下，有11种使用人口不足百人。而根据"语保工程"的调查，近几年中至少又有3种语言降入使用人口不足百人语言之列。汉语方言尽管使用人数众多，但许多小方言、方言岛也在迅速衰亡。即使是那些还在使用的大方言，其语言结构和表达功能也已大大萎缩，或多或少都变成"残缺"的语言了。

冥冥之中，我们成了见证历史的人。

然而，作为语言学工作者，绝不应该坐观潮起潮落。事实上，联合国教科文组织早在1993年就确定当年为"抢救濒危语言年"，同时启动"世界濒危语言计划"，连续发布"全球濒危语言地图"。联合国则把2019年定为"国际土著语言年"，接着又把2022—2032年确定为"国际土著语言十年"，持续倡导开展语言保护全球行动。三十多年来，国际上先后成立了上百个抢救濒危语言的机构和基金会，各种规模和形式的濒危语言抢救保护项目在世界各地以及网络上展开。我国学者在20世纪90年代已开始关注濒危语言问题，自21世纪初以来，开展了多项濒危语言方言调查研究课题，出版了一系列重要成果，例如孙宏开先生主持的"中国新发现语言研究丛书"、张振兴先生等主持的"汉语濒危方言调查研究丛书"、鲍厚星先生主持的"濒危汉语方言研究丛书（湖南卷）"等。

自2011年以来，党和政府在多个重要文件中先后做出了"科学保护各民族语言文字"、

"保护传承方言文化"、"加强少数民族语言文字和经典文献的保护和传播"、"科学保护方言和少数民族语言文字"等指示。为了全面、及时抢救保存中国语言方言资源，教育部、国家语委于2015年启动了规模宏大的"中国语言资源保护工程"，专门设立了濒危语言方言调查项目，迄今已调查106个濒危语言点和138个濒危汉语方言点。对于濒危语言方言点，除了一般调查点的基本调查内容以外，还要求对该语言或方言进行全面系统的调查，并编写濒危语言志书稿。随着工程的实施，语保工作者奔赴全国各地，帕米尔高原、喜马拉雅山区、藏彝走廊、滇缅边境、黑龙江畔、海南丛林等地都留下了他们的足迹和身影。一批批鲜活的田野调查语料、音视频数据和口头文化资源汇聚到中国语言资源库，一些从未被记录过的语言、方言在即将消亡前留下了它们的声音。

为了更好地利用这些珍贵的语言文化遗产，在教育部语言文字信息管理司的领导下，商务印书馆和中国语言资源保护研究中心组织申报了国家出版基金项目"中国濒危语言志"，并有幸获得批准。该项目计划按统一规格、以EP同步的方式编写出版50卷志书，其中少数民族语言30卷，汉语方言20卷（第一批30卷已于2019年出版，并荣获第五届中国出版政府奖图书奖提名奖）。自项目启动以来，教育部语言文字信息管理司领导高度重视，亲自指导志书的编写出版工作，各位主编、执行编委以及北京语言大学、中国传媒大学的工作人员认真负责，严格把关，付出了大量心血，商务印书馆则配备了精兵强将以确保出版水准。这套丛书可以说是政府、学术界和出版社三方紧密合作的结果。在投入这么多资源、付出这么大努力之后，我们有理由期待一套传世精品的出现。

当然，艰辛和困难一言难尽，不足和遗憾也在所难免。让我们感到欣慰的是，在这些语言方言即将隐入历史深处的时候，我们赶到了它们身边，倾听它们的声音，记录它们的风采。我们已经尽了最大的努力，让时间去检验吧。

曹志耘

2024 年 3 月 11 日

目录

第一章 导论

第一节

调查点概况

仓洛语，在海外文献中又称仓拉（Tshangla或Tsangla）语，其使用者为仓洛族群，主要分布在不丹东部以及我国西藏自治区林芝市墨脱县和巴宜区的更章门巴民族乡。目前，在我国实际控制区内的仓洛语使用者有8000多人[1]。在我国，仓洛族群和巴米族群、勒布族群一起被识别为门巴族。本书报告的主要是仓洛族群所使用的仓洛语，我们选定的调查点是墨脱县德兴乡德兴村。

一 自然地理

"墨脱"在藏语中意为"花朵"，在藏传佛教经典中被称为"博隅白玛岗"，意指"隐藏着的莲花圣地"。墨脱属珞隅地区，早期是珞巴族的聚居地，18世纪前后，门巴族迁徙而来并不断发展壮大。现如今墨脱也成为门巴族的主要聚居地。据统计，到2020年为止，墨脱县（我国实际控制区内）门巴族人口为7842人，占全县常住人口总数的52.67%。[2]其中，仓洛门巴族人口数为7000左右。

墨脱县位于西藏东南部，雅鲁藏布江贯穿县域全境。当地海拔由7000多米急速过渡到低谷地带的200多米，巨大的海拔高差使墨脱具有全国最完整的山地垂直气候带谱，境内的生物资源非常丰富。德兴乡位于墨脱县南部，地处雅鲁藏布江右岸，是仅次于背崩乡的第二大仓洛门巴族聚居乡。该乡的德兴村为乡政府所在地，也是我们最终选定的调查点。

---

① 根据第七次全国人口普查数据估算。

② 数据来自第七次全国人口普查。

二　人文历史

"门巴"在藏语中意为"生活在门隅的人"，门隅地区就是门巴族的发祥地。根据神话传说、藏文文献和考古材料记载，门巴族先民在吐蕃王朝统一西藏诸部以前就已经存在，是门隅地区的土著群体与西藏高原北部的群体互相融合而成的。现今的门隅属中国藏南地区，地处喜马拉雅山脉的南麓，以（门）达旺为中心，北接山南地区，东连珞隅地区，西与不丹为邻。历史上的门隅还包括主隅①（今不丹）地区。

18世纪，主隅地区的部分门巴族不堪当地官差的奴役及长期自然灾害的侵袭，开始了规模性的长途东迁。最早的一批迁至传闻中神圣美好的白玛岗，另外一批迁至位于雅鲁藏布江大峡谷中的排龙沟。此外，门隅达旺地区（现被印度非法控制）的部分门巴族也迁移到了白玛岗。现如今，门巴族主要分布在西藏自治区东南部的门隅地区和墨脱县。我国实际控制区内的门巴族可分为三个族群：仓洛门巴、巴米门巴和勒布门巴。其中，仓洛门巴来自主隅地区，现分布在墨脱县，部分聚居于巴宜区更章门巴民族乡（原排龙门巴民族乡），还有不到20户人家居住于米林市羌纳乡的西嘎门巴村②。巴米门巴迁自门隅达旺地区，现分布于墨脱县德兴乡文朗村。勒布门巴是门隅地区的土著居民，分布于错那市的四个民族乡（原"勒布地区"），即勒门巴民族乡、贡日门巴民族乡、吉巴门巴民族乡和麻麻门巴民族乡。

三　经济交通

仓洛门巴人以农业生产为主要经济来源，曾长期处于刀耕火种阶段，农作物主要有稻米、小米、高粱、玉米、青稞等。西藏和平解放后，随着新农具和新技术的传入，墨脱当地的农业生产取得了巨大的发展，物质生活得到了显著的改善。仓洛门巴人很少饲养大型牲畜，早期的肉食主要源于狩猎和（与当地珞巴族）交换。如今，为保护生物多样性，传统狩猎活动已大幅减少。此外，手工业在森林资源丰富的墨脱也有得天独厚的发展条件，仓洛门巴人可以就地取材制作各种生活用品，尤以乌木筷子、竹编和石锅闻名遐迩，深受各族人民喜爱。

墨脱县曾是全国行政建制县中唯一不通公路的县。因地势隐蔽、地形复杂，加之潮湿多雨，地质灾害频发，通往墨脱的路一直难建、难修、难走。长期的闭塞隔绝使墨脱处于"高原孤岛"状态。20世纪90年代，在党和政府的领导和支持下，墨脱县的第一条公路"扎

---

① 古地域名，亦作珠隅、竹隅、竺隅等。

② 西嘎门巴村是一处移民村，由墨脱县甘登乡鲁古村、果登村搬迁合并而成。因原居住场所地处偏远、交通不便、资源匮乏，在政府支持下，村民于2003年迁至这里。村内还有藏族和珞巴族人。

墨公路"修建而成。不过，因受自然灾害的冲击这条公路经历了再修及数次整改，2013年才实现全线通车。另外一条公路"派墨公路"历时7年于2021年全线贯通，与"扎墨公路"形成进出墨脱的交通环线。在此期间，受惠于国家政策和交通改善，墨脱县的社会经济和生活水平有了显著提升，已于2019年彻底脱贫。

四 风俗习惯

仓洛门巴族的婚配相对自由，少有包办婚姻。新中国成立前以一夫一妻制为主，另有少数家庭实行一妻多夫、一夫多妻及招赘婚等。结婚当天，新郎无需亲自迎亲，迎亲团队由媒人、伴郎、伴娘以及两名男家的亲戚组成，在迎亲途中需向女方敬三道迎亲酒。新娘到达新郎家后要喝一碗洗尘酒，换上婆家准备好的服饰。新郎和新娘面向东方入座，象征新的开始，然后二人喝交杯酒，以示从此合为一体，同甘共苦。接下来，亲友们尽情歌舞，祝愿新人幸福美满，三四天之后才尽兴而散。婚礼期间，新娘的舅舅常常借故发难，男家必须小心侍候。这实际上是女方在考验男方的诚意。这种古老的舅权遗风相沿成俗。如今，门巴族的婚配更为自由，实行一夫一妻制，烦琐的婚俗礼节日趋简化。

在宗教信仰方面，门巴人既崇信跳神送鬼的原始宗教，又信仰藏传佛教。西藏民主改革以后，随着族群中具有现代科学文化知识的年轻一代成长起来，门巴人的宗教观念逐渐淡化。

第二节

仓洛语的系属

一 门巴族语言的基本情况

"门巴"既是自称，也是他称。由于历史上的民族迁徙和居住地域的差异，各地门巴族还有不同的族称。墨脱县的两个门巴族群称对方或其语言为"仓洛"和"巴米"。原勒布地区的门巴族自称"勒布"。不丹的仓洛族群自称"主巴"①，这与主巴噶举派的宗教信仰有关。

门巴族所使用的语言包括仓洛语和门巴语两大类，其中，门巴语在我国实际控制区内可进一步划分为北部方言和南部方言。北部方言是墨脱县巴米族群所使用的门巴语，又称"墨脱门巴语"或"巴米语"；南部方言是错那市门巴族所讲的门巴语，又称"错那门巴语"②。虽然巴米族群和仓洛族群均聚居于墨脱县，地理位置相近，但巴米族群所使用的语言更接近于错那门巴语。这是因为巴米门巴族迁自（门）达旺地区，原与勒布地区相邻；在行政区划上，（门）达旺地区属于错那市。也就因此，墨脱门巴语和错那门巴语被视为门巴语的两种方言。依据上述分析，我国实际控制区内门巴族的语言体系可总结如图1-1所示。

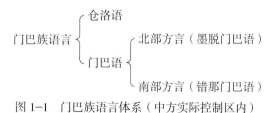

图1-1　门巴族语言体系（中方实际控制区内）

---

① 或翻译为"朱巴"，是不丹主体民族之一。

② 据了解，勒门巴民族乡的语言与其他三个门巴民族乡的语言存在些许差异，勒话接近于达旺话，可能与墨脱门巴语更为接近。这还有待进一步实地调查，暂且按照地域名称将四个门巴民族乡的语言统称为错那门巴语。

根据孙宏开等（1980），仓洛语和门巴语虽然都是门巴族使用的语言，但它们的基本词汇和语法构造差异较大，互相不能通话。另外，两种语言都在语音、词汇、语法方面与藏语有不少共同之处，但与仓洛语相比，门巴语更接近于藏语。

二　仓洛语的地域变体

根据现有文献记载来看，仓洛语主要有三大地域变体。一是分布于我国西藏自治区墨脱县的仓洛门巴族所使用的仓洛语。二是不丹东部的土著 Sharchops①（夏却普人）所讲的仓洛语，又称 Sharchopkha（夏却普话）。夏却普人主要分布在 Tashigang（塔希冈）等五个宗。其中，塔希冈仓洛语是当地公认的最有威望的方言。三是印方非法控制区内德让宗等地的门巴族所使用的仓洛语，Das Gupta（1968）称之为"中部门巴语"，并指出该语言高度近似于夏却普话，其使用者过去被称为夏却普人。

张济川（1986）比较了墨脱和德让宗的仓洛语，Andvik（2010）比较了不丹和墨脱两地的仓洛语，结果表明，三种地域变体存在差异，但差别不大，可以通话。另外，各地域变体内部还有更为具体的地域差异。据我们实地考察，墨脱县各乡的仓洛语之间就存在一定差异。例如，我们调查的德兴话和张济川（1986）调查的背崩话在语音、词汇、语法上均有一些细微的差别。不丹东部不同地区的仓洛语也有不同。除塔希冈仓洛语外，还有两种古老变体：Bjokapakha 和 Dungsam。这两种方言均保留了一些古老的特征。根据 Timotheus Adrianus Bodt（2014），德让宗内不同村落的仓洛土语在词汇方面也存在一定差异。但总体来看，各地域变体内部各土语之间的差异程度整体上小于三个地域变体之间的。

三　仓洛语的系属问题

仓洛语属于汉藏语系藏缅语族已成定论（孙宏开等，1980；张济川，1986等），但在具体语支和分支的归属问题上还存在分歧。Shafer（1955；1966）将仓洛语与另外两种地域变体一起归入藏语群，构成一个独立于藏语支的"仓拉语支"；门巴语的两种方言［原文称墨脱门巴语为 Northern Monpa（北部门巴语）］则被归入藏语支下的东部藏语。Shafer 的具体分类如表 1-1 所示。

---

① 以不丹官方语言宗喀语解释为"生活在（不丹）东部的人"。

表 1-1　Shafer 的藏语族分类

```
-Bodic Division
  -Bodic Section
    -Tsangla Branch (Tshangla = Sharchopkha), Kentral Monpa,
                      Motuo/Cangluo Monpa
    -Bodish Branch
      -West Bodish
      -Old Bodish
      -East Bodish (Bumthang, Northern Monpa, Cuona Monpa)
    -Rgyarong Branch
    -Gurung Branch
```

　　Benedict（1972）将藏缅语分为藏-卡瑙里、巴兴-瓦龙、阿博尔-米里-达夫拉、克钦、缅-倮倮、博多-加罗、库基-那加语七个分支，其中藏-卡瑙里又下分藏语支和喜马拉雅语支，仓洛语被归入藏语支。Matisoff（1996）也将藏缅语分为七个语支，即卡玛儒潘语支、喜马拉雅语支、羌语支、景颇-怒-卢依语支、倮倮（彝）-缅-纳西语支、克伦语支和白语支，仓洛语被划入喜马拉雅语支。Thurgood 和 LaPolla（2003）划分的七个语支分别是彝-缅语支、藏语支、萨尔语支、库基-钦-那嘎语支、戎语支、克伦语支、其他语言语支，仓洛语被归入藏语支下的"其他"一列，并强调这只是暂时的归类，还需要更多的证据支持。在 Shearer（施瑞尔）和孙宏开编纂的《中国140种语言全录》（*An Encyclopedia of the 140 Languages of China: Speakers, Dialects, Linguistics Elements, Script, and Distribution*）（2017）一书中，藏缅语族下分三个次语族：藏-喜马拉雅次语族、羌-景颇次语族、缅-彝次语族，其中藏-喜马拉雅又分为藏语支和喜马拉雅语支，仓洛语被归入藏语支。

　　综上，关于仓洛语系属问题的主要分歧在于，仓洛语归入藏语支还是单设为一个语支。结合本次对墨脱仓洛语的调查与研究，我们同意上述 Shearer 和孙宏开（2017）对仓洛语的系属定性，即仓洛语是藏-喜马拉雅次语族的藏语支语言。

第三节

仓洛语的濒危状况

一 调查点周边的语言情况

在墨脱县，仓洛门巴族在人数上处于相对优势，这为仓洛语的传承带来了较好的语言环境。但是，由于社会经济的发展，尤其是普通话的推广、教育的普及、大众传媒的现代化，仓洛语的传承也或多或少受到周边语言的影响。下面我们简要介绍一下墨脱县与仓洛语有关的其他语言的情况。

（一）墨脱门巴语

目前在墨脱县说墨脱门巴语的大概有500多人，主要集中在德兴乡文朗村。这些讲墨脱门巴语的门巴人约有三分之一会讲藏语，同时该乡的极小部分仓洛门巴人也会说墨脱门巴语。整体来看，墨脱门巴语对仓洛语有影响，但不是很大。

（二）藏语

墨脱县的藏族人口数为1883人（2020年）。他们都说藏语，大部分会说汉语，小部分能讲珞巴语、门巴语。不过，据不完全统计，除了少数受过专门培训的干部外，墨脱县50岁以上的仓洛门巴人都不太会讲藏语。事实上，藏语对仓洛语的影响是通过两个途径来实现的：藏传佛教和学校教育。

仓洛门巴人来自不丹东部地区，他们所说的仓洛语在其迁徙到墨脱之前就已经受到了藏语较多的影响，影响的途径就是佛教的传播。反而迁徙到墨脱之后，这种影响相对停滞了。现如今墨脱仓洛语中的许多藏语借词都呈现出较为古老的特征（张济川，1986）。

（三）珞巴语

墨脱县的珞巴族人口总数是1541人（2020年），集中分布于达木珞巴民族乡。他们所讲的珞巴语对当地仓洛语几乎没有什么影响。

（四）汉语

近年来，因墨脱公路的成功修建与路况的渐趋稳定，门巴族对外通行较之以前更为便利。这方面的一个显著表现就是当地汉族人口数量有了非常明显的提升。2010年，墨脱县的汉族人口为1036人；2020年，汉族人口已达3376人。因汉族人口的大幅提升，门巴族在当地总人口的占比相较于10年前下降了约16%。目前，已有相当数量的仓洛门巴人会讲汉语，其中年长者（50岁及以上）说的大多为西南官话（四川方言），年轻人则通过学校教育和现代媒体掌握了普通话。就现有情况来看，汉族人口的大量涌入、普通话的普及以及墨脱对外沟通的日益加强等，都会给仓洛语的传承带来较大的影响。当然，这种影响可以通过倡导并推行多语教育的方式来缓解。

二　仓洛语濒危状况描述

根据联合国教科文组织的 *Language Vitality and Endangerment*（《语言活力与语言濒危》）中的指标体系[①]，对仓洛语濒危程度的抽样调查结果进行分析，仓洛语的濒危状况可总结描述如表1-2所示。

表1-2　墨脱仓洛语的濒危状况

序号	指标	评级	情况描述
1	语言代际传承	稳定但受到威胁（4）	仓洛语虽然代代相传，但在教学和对外交流上全部使用藏语或普通话。随着族内婚到族际婚的变化，这种代代相传也会逐渐被打破。
2	语言使用者的绝对人数	非常少（1）	截止到2020年，全县人口14889人，其中门巴族7842人，当地仓洛语使用者仅有7000人左右。
3	语言使用者占总人口的比例	不安全（3）	对比第六次和第七次人口统计数据可以发现，墨脱县汉族人口占比大幅提升；相应地，仓洛语使用者的占比明显下降，不到该县总人口的一半。另外，仓洛门巴人在当地的分布呈现出大杂居、小聚居的状态，聚居村都使用仓洛语，但杂居村中的年轻人开始使用藏语、四川方言或普通话。
4	现存语言使用域的走向	多语交替（3）	仓洛语只在家庭或族群内部使用，在公共场合、学校、政府部门全部使用藏语、四川方言或普通话。

---

① 中文表述详见范俊军等译（2006）。

序号	指标	评级	情况描述
5	语言对新语域及媒体的反应	无活力（0）	仓洛语没有进入新语域、新媒体、新环境，所有的新事物一律借用汉语词汇。这意味着该语言处于逐渐与现代社会脱节的状态。
6	语言教育材料或读写材料	书面材料可及度（1）	没有可用的拼音符号和课本，借用藏语的拼写文字和书面材料。
7	政府和机构的语言态度和语言政策	同等重视（4）	我国法律规定少数民族有使用和发展本民族语言的权利，近年来地方政府也非常重视仓洛语的保护与传承，但目前当地仅开展藏汉双语教学，并未开设以仓洛语为教学语言的课程。
8	族群人员对自己母语的态度	大多数成员都支持保护和发展母语（4）	大多数人都认为仓洛语是族群的象征，会说仓洛语才是真正的仓洛门巴人，几乎所有人都支持母语的传承和发展。
9	语言记录的数量和质量	一般（2）	非常少，现有研究成果仍以20世纪70年代和80年代的调查材料为主，缺乏时效性。

当前，仓洛语处在以汉语为主体的藏语、珞巴语、汉语方言等多种语言或方言的包围之中。双语型已成为仓洛门巴人语言使用的主要特点，有的仓洛门巴人甚至还会说三种以上的语言。在仓洛门巴人聚居且民族成分比较单一的德兴村也只有极少数人为单语人。不过，仓洛语在仓洛门巴人心中具有至高无上的地位。无论是仓洛门巴人的聚居村还是杂居村，仓洛门巴人的民族认同感都极为强烈。

改革开放以来，仓洛门巴人的封闭环境被打破，开始与外界展开交流。这就使得该族群中的双语人越来越多。尤其是近十几年来，许多人都外出打工，并在打工过程中学会了汉语或藏语等语言。我们在对仓洛语的使用情况做调查时发现，不少村子里已经人迹罕见。年轻人都外出了，老人则进城带孩子，家家门上都挂着锁。这种来自现代化的冲击必然对仓洛语的传承与保存带来较为严重的负面影响。在社会高速发展的今天，人们交流更加频繁，流动性更大。也就因此，居住在大山深处的仓洛门巴人对外面的世界了解得多了，越来越多的年轻人更想走出去实现自身的价值。在这种情况下，通用语的使用无形中在生活中占有了巨大的优势，相应地，年轻人所熟练掌握的第二种语言基本上从原来的藏语转向了普通话。

总体来看，除了一些现代技术方面、政治领域的借词以及社交媒体频频出现的新词语外，汉语对仓洛语本身的影响还不是很严重。从我们的调查来看，目前仓洛门巴人在族群内部交流时仍使用仓洛语，在举行民族活动的时候用仓洛语交流的人数也达到了50%以上。当然，普通话及方言对当地人群的语言使用也产生了一些不容忽视的影响。这主要表现在：一、越来越多的年轻人尤其是少年儿童开始转化为双语者，并在公共交际场合转用四川方言或普通话，这就在很大程度上挤压了他们使用自己母语的时间和空间；二、在使用母语交流的过程中，因表达的需要，开始频繁出现涉及汉语词汇的语码转换现象，使得汉语中的某些语音要素、词汇甚至语法规则在无形中渗透到其母语的话语层面，长此以往，很难保证这种渗透不会导致其母语出现类型上的变化；三、还有一部分仓洛门巴人只能听懂仓洛语，在生活中几乎不说仓洛语，甚至听不懂一些复杂的仓洛语。

此外，随着当地汉语语言环境的逐渐扩大，许多承载传统文化的民间歌曲、民间故事等都面临着传承难的问题。由于许多年轻人不知其意，加上外来文化的冲击，他们也对传统文化失去了兴趣。随着时间的推移，一些传统文化会逐渐被淡忘。因此，语言的融合与消亡所带来的影响是巨大的，不仅会使古老的语言不复存在，其所承载的文化也会日趋消亡。

第四节

仓洛语的研究概况

一　国内研究现状

1976年，中国科学院民族研究所（今中国社会科学院民族学与人类学研究所）组成的西藏少数民族考察队，对西藏东南部地区的门巴族、珞巴族及僜人族群的社会历史、语言文化情况进行了初步考察。孙宏开、陆绍尊、张济川、欧阳觉亚著的《门巴、珞巴、僜人的语言》（1980）一书就是在这次考察报告的基础上撰写而成的。全书分为三大部分，分别是"门巴语""珞巴语"和"僜语"。"门巴语"下又分"墨脱门巴话"①和"错那门巴话"两个章节。其中"墨脱门巴话"部分由张济川撰写，以墨脱县背崩乡地东村为调查点，从语音、词汇、语法（包括词类和句法）三个方面对仓洛语进行了较为全面、系统的描写。

1986年，张济川编著的《仓洛门巴语简志》面世。这是我国出版的第一本专门描写仓洛语的著述。作者于1985年在拉萨对来自墨脱县背崩乡背崩村的发音人展开调查，其后依据这次调查所得材料完成了该书的撰写。②全书共分为五个部分：语音、词汇、语法、方言和附录。"语音"部分的前三节分别对仓洛语的声母、韵母和声调进行了系统的描写，第四节从脱落、同化、异化、转换、音节合并和特殊的语音现象六个方面对仓洛语的音变及变音现象做了较为全面的描写和分析。"词汇"部分涉及的内容相对单薄一些，先是讨论了仓洛语词汇的一些特点，而后就其构词法做了简要的介绍。"语法"部分是本书的重点，长达100多页，分词类、短语、句子成分和句子类型四个小节，细致描写并深入分析了仓洛语的

---

① 此处的"墨脱门巴话"指本书中的"仓洛语"，不同于巴米族群所讲的"墨脱门巴语"。

② 作者在该书的后记中指出，自己也曾参加1976年的大调查，但后来从有关著述中了解到不丹和（门）达旺地区也有人讲这种话，国外文献中的Tshangla指的就是这种语言，故将"墨脱门巴语"改称为"仓洛门巴语"。

10个词类、5类短语、5种句子成分、4个句子类型以及单、复句的结构。第四部分是"方言"，从语音、词汇、语法三个角度就（门）达旺地区的德让仓洛语和背崩仓洛语进行了简单的对比分析，得出两种仓洛语相差不大的结论。最后是"附录"，收录了近2000条仓洛语词汇，其中部分词语还有对应的德让仓洛语说法，有助于我们展开进一步的对比分析和历史比较研究。

二 海外研究现状

根据 Van Driem（2001），最早发现并提出仓洛语的是 William Robinson（1849）。而最早对仓洛语进行系统性介绍的是 Edward Stack（1897），该书重点关注和描写了不丹仓洛语的句子体系。20世纪50年代起，仓洛语的海外研究成果逐渐丰富起来。Hofrenning（1959）出版了不丹仓洛语的第一本语法手册，对不丹仓洛语语法进行了全面、系统的描写。Das Gupta（1968）对德让仓洛语做了概要性描写，并指出德让仓洛语近似于不丹仓洛语。Egli-Roduner（1987）出版了一部夏却普话的语言手册。同年，日本学者 Hoshi Michiyo（1987）考察了夏却普话的词汇系统，这篇文章被收录在研究西藏与喜马拉雅地区语言与文化的论文集中。

Erik E. Andvik 是目前研究仓洛语产出成果最为丰富的学者。早在1993年 Andvik 就专题讨论了不丹仓洛语动词的屈折形态，1999年他从美国俄勒冈大学博士毕业，其学位论文对不丹仓洛语语法系统展开微观描写，相关内容还被收录在 Thurgood 和 LaPolla 主编的《藏缅语》（*The Sino-Tibetan Languages*，2003）一书中。其后，Anju Saxena（2004）主编的论文集《喜马拉雅语言的历史和现状》（*Himalayan Languages: Past and Present*）收录了 Andvik 的文章，文中深入探讨了仓洛语中的从属连词"Do"的语法功能。

2010年，Andvik 在博士论文的基础上出版了其最具代表性的著作《仓洛语语法》（*A Grammar of Tshangla*），该书系统地介绍了分布于不丹东部塔希冈宗的仓洛语。全书共分十九章：导论部分就仓洛语在世界范围内的分布情况做了初步的介绍，并提到仓洛语的另外两种地域变体——德让仓洛语和墨脱仓洛语；第二章细致描写了塔希冈仓洛语的音系；第三章介绍了仓洛语的词库和词类；第四章深入探讨了仓洛语的形态音位系统；第五至十七章，作者围绕不丹仓洛语的句法体系分专题展开讨论，先后探究了塔希冈仓洛语的名词短语，小句、句法角色和及物性，格标记，句子、小句和谓词，句类和句式，定式小句的时、体和新异范畴（mirativity），关系小句、其他内嵌小句和状语小句，补足语结构和并列结构等；第十八章主要研究句子层面的三种语用手段；第十九章为结语部分，同时补充讨论了连锁化（concatenation）和名词化两种元结构（meta-construction）以及个别语法化问题。可以说，该书是目前对仓洛语语法系统研究得最为深入、细致的著作。在此基础上，

Andvik（2012）编订了仓洛语的拼写方案。

Pema Wangdi同样致力于深入探索不丹仓洛语，连续发表了相关研究成果：先是专题介绍了仓洛语的地域分布（Wangdi，2003）；而后在他的硕士学位论文中深入探讨了仓洛语的音系和形态句法（Wangdi，2004）；同年，他发表了一篇专题文章，讨论了体词性词语的特征和功能；2005年，Wangdi又在廷布出版了一部专门介绍有关仓洛语研究的语法术语和概念的著作。

近十年来，国外学者对仓洛语的研究呈现稳步增长的趋势，表明国际学界对仓洛语的关注程度不断提高。Selin Grollmann（2013，2020）就不丹仓洛语的古老变体Bjokapakha的语法展开了全面分析。Timotheus Adrianus Bodt（2014）介绍了仓洛语的音系和标准的拼写规则。Bogal-Allbritten和Schardl（2014）从语义和语用两个角度就仓洛语中表达不确定性的动词性小品词gisa展开了深入探讨。近些年来，还有两部词典类文献出版：Tanzin（2015）是世界上第一部仓洛语词典，共收录2150个词条；不丹宗喀发展委员会（2018）也出版了一部仓洛语与宗喀语、英语对照的大词典。

上述文献是国外学者就不丹仓洛语和德让仓洛语语言本体展开调查和研究的成果，以词汇和语法研究为主，文献类型有概况、专著、专题文章、词典等，其中不丹仓洛语的相关研究更为丰富。近几年，有关印度非法控制区内仓洛语使用情况的调查和研究成果也层出不穷。这些文献均有助于我们进一步了解不丹仓洛语和德让仓洛语的研究状况，尤其是Andvik的系列研究成果，就不丹仓洛语的语法系统展开了深度描写和分析，为本书语法部分的撰写提供了有益参考。

第五节

调查说明

一 调查简况

（一）调查内容

1.《中国语言资源调查手册·民族语言（藏缅语族）》（简称《调查手册》）收录条目。

2.《调查手册》未收录的民俗文化词和其他词。

3. 长篇语料。

（二）语料获取

1. 非介入调查

发音人独自、完整地讲述故事，调查人旁听并录音转写。这类语料最能真实反映发音人的语言能力，展现该语言的整体面貌，是一种自然、可靠的语言材料。

2. 翻译

通过查阅相关文献，调查团队事先准备好门巴族的民间故事和神话传说，请发音人逐句翻译。相比非介入调查获取的语料，这类语料的自然度较弱。

（三）调查过程

2016年，中国语言资源保护工程专项任务"濒危语言调查·西藏墨脱仓洛语"（课题编号：YB1624A102）立项，负责人为中国传媒大学李大勤教授。同年7月，李大勤教授带领硕士研究生沈栋梁、林鑫在墨脱县对仓洛语展开了全面的田野调查工作。由于仓洛语的调查点过去都选在墨脱县背崩乡，出于语言对比分析及语言接触研究等方面的考虑，本次调查将调查点设在墨脱县德兴乡德兴村，发音人为占堆。该课题经过了前期准备、纸笔记录、工程摄录、后期剪辑、语料转写几个阶段的工作。其中，工程要求摄录的口头文化材料（包括歌谣和故事）是本书的首批语料，团队成员对其进行了转写和保存。

2017年，李大勤教授带领李楠、林鑫两位同学在米林与来自墨脱的发音人白玛绕杰合作，进行了为期一个月的长篇语料收集工作，后期的语料转写和语法标注工作由林鑫、李楠、李大勤完成。

2019年，在语保工程仓洛语项目结题成果的基础上，我们细化了仓洛语语言现象的描写，就一些语法现象展开了细致研究，顺利完成了本书的初稿。在此期间，课题组负责人及成员多次前往西藏自治区林芝市进行其他语言的语保工程课题调研，工作之余又抽出部分时间对仓洛语语料进行了核查，并补充了部分词汇、民俗文化材料。参与这个调查过程的主要有李大勤、林鑫、刘宾等。

二　发音人简况

占堆，男，门巴族，1960年3月生，墨脱县德兴乡德兴村村民，不识字；仓洛语母语者，能听懂简单的藏语、汉语，但不会说。占堆是语保工程的主要发音人。

白玛绕杰，男，门巴族，1983年5月生，墨脱县德兴乡德兴村党支部委员，中学文化程度；仓洛语母语者，汉语较为流利。白玛绕杰是本课题语料的主要提供者。

第二章 语音

第一节

声韵调系统

仓洛语的语音系统比较接近藏语支的语言，自身也有一些值得注意的特点：一是音位分布不均匀，有些音位广泛出现，有些音位只出现在个别词中，甚至只出现在单个词中；二是音位系统不稳定，不少音位具有条件变体。

一　辅音和声母

（一）辅音音位

1. 辅音音位系统

仓洛语共有34个辅音音位，即：p、pʰ、b、m、w、ts、tsʰ、dz、s、z、t、tʰ、d、n、l、ɬ、tʃ、tʃʰ、dʒ、ʃ、ʒ、tʂ、tʂʰ、dʐ、ʂ、r、n̥、j、k、kʰ、g、x、ŋ、ʔ。

仓洛语辅音的发音部位和发音方法如表2-1所示。

表2-1　仓洛语的辅音系统

发音方法 ＼ 发音部位			双唇	齿龈	卷舌	龈后	硬腭前	硬腭	软腭	声门
塞音	清	不送气	p	t					k	ʔ
		送气	pʰ	tʰ					kʰ	
	浊		b	d					g	
塞擦音	清	不送气		ts	tʂ	tʃ				
		送气		tsʰ	tʂʰ	tʃʰ				
	浊			dz	dʐ	dʒ				

发音方法＼发音部位		双唇	齿龈	卷舌	龈后	硬腭前	硬腭	软腭	声门
鼻音	浊	m	n			ȵ		ŋ	
擦音	清		s	ʂ	ʃ			x	
	浊		z		ʒ				
颤音			r						
边近音			l						
边擦音			ɬ						
近音		w						j	

说明：

（1）p、t、k、s、ts、tʂ、tʃ充当低调音节的声母时可变读为相应的浊音b、d、g、z、dz、dʐ、dʒ。

（2）浊音b、dz、z、d、g、dʒ发音清晰，在实际音值中未出现与鼻冠音共现的情况。

（3）ɬ、tʂ、tʂʰ、dʐ主要出现在藏语借词中，其中ɬ的实际发音接近xl。例如：ɬɑ⁵⁵"菩萨"。

（4）在实际发音中会出现喉擦音h，但与舌根擦音x不构成对立，因而处理为舌根擦音的自由变体。

（5）齿龈颤音r实际读音不稳定，若单做声母，变读为[z]；若做声母后置辅音，读为[r]；若出现在韵母部分，则处理为韵尾，变读为[ɻ]。

（6）软腭塞音k、kʰ、g与元音i、e相拼时实际音值为c、cʰ、ɟ。例如：ju³⁵ki⁵⁵"蜂王"。因软腭塞音与相应的硬腭塞音不存在明显的区别意义的功能，所以将c、cʰ、ɟ分别处理为/k/、/kʰ/、/g/的变体。

（7）ʔ只做韵尾。

2. 辅音音位系统的特点

（1）34个辅音涉及两大类发音部位（口腔和鼻腔）、三套发音方式（阻碍方式、清浊、送气与否）。其中四个鼻音m、n、ȵ、ŋ无清浊对立；口音涉及8个发音部位，即双唇、齿龈、卷舌、龈后、硬腭前、硬腭、软腭、声门。

（2）塞音、塞擦音、擦音分清浊，但只有清塞音和清塞擦音有送气和不送气之别。塞音有三套，分别是双唇塞音、齿龈塞音、软腭塞音，另有一个声门塞音。塞擦音有三套，即齿龈塞擦音、卷舌塞擦音和龈后塞擦音；擦音主要涉及齿龈、卷舌、龈后和软腭四个发音部位。

（3）除声门清塞音ʔ外，辅音都能直接充当音节的声母，其中p、t、k、m、n、ŋ、r、s

还能充当韵尾；此外，p、pʰ、b三个双唇塞音还能与r结合构成复合声母。

（二）声母

仓洛语共有36个声母，其中单辅音声母33个，复辅音声母3个。

1. 单辅音声母

仓洛语的单辅音声母共计33个，由ʔ以外的辅音音位直接构成。其发音情况见表2-1。

2. 复辅音声母

仓洛语的复合声母只有3个，即：pr、pʰr、br。

3. 声母例词

声母	例词	汉义	声母	例词	汉义
p	pis³⁵	蜂蜡	pʰ	pʰɛ⁵⁵	房子
b	bu³⁵	虫子	m	mi⁵⁵	火
w	wən⁵⁵	上午	ts	tsa⁵⁵	筋
tsʰ	tsʰo⁵⁵	湖	dz	dza³¹wa⁵⁵	痒
s	sa⁵⁵	土	z	zu⁵⁵	刺
t	to⁵⁵	米饭	tʰ	tʰor⁵⁵	一
d	diu³⁵	子弹	n	na³⁵	耳朵
l	lam³⁵	路	ɬ	ɬa⁵⁵	菩萨
tʃ	tʃa⁵⁵	铁	tʃʰ	tʃʰur⁵⁵	菜园
dʒ	dʒa⁵⁵	茶叶	ʃ	ʃiŋ⁵⁵	树
ʒ	ʒoŋ³⁵	影子	tʂ	tʂu⁵⁵	大麦
tʂʰ	tʂʰap⁵⁵	缰绳	dʐ	dʐaŋ³⁵	数
ʂ	ʂe⁵⁵mo⁵⁵	黄鼠狼	r	ri⁵⁵	水
ɳ	ɳur³⁵	露	j	jen³⁵	八
k	ko⁵⁵	门	kʰ	kʰa⁵⁵	鸟儿
g	ga⁵⁵	上	x	xom⁵⁵	糠
ŋ	ŋam³⁵	太阳	pr	pru⁵⁵	龙
pʰr	pʰras⁵⁵	霜	br	bra⁵⁵	悬崖

二　元音和韵母

（一）元音音位及单韵母

仓洛语的元音系统中共有8个元音音位，即i、y、e、ə、ɛ、ɑ、o、u。其区别性特征可描写如表2-2所示。

表2-2 仓洛语的元音系统

	舌面				
	前		央	后	
	不圆唇	圆唇	不圆唇	不圆唇	圆唇
高	i	y			u
半高	e				o
中			ə		
半低	ɛ				
低				ɑ	

说明：

1. ɑ出现频率比较高，由于不区别意义，我们把低、不圆唇元音统一记为 /ɑ/。

2. 在实际的语流中有一个 ø 音，但其不能独立构成韵母，更不能自成音节，只出现在多音节中，如 je³¹naŋ⁵⁵jør³¹ka⁵⁵ "下午"。我们把这个元音视为 /o/ 在 -r 前的变体，不单列为一个音位。

3. /i/ 有3个音位变体，分别是 i、ɿ、ʅ。其中，ɿ与齿龈塞擦音、擦音相拼；ʅ与卷舌塞擦音、擦音相拼；i 可与其他辅音声母相拼。它们互补分布且区别意义的功能不明显，所以，我们将ɿ、ʅ处理为 /i/ 的音位变体。

4. 8个元音音位均可独立充当韵母。此外，它们还可以与部分元音或辅音结合构成复合韵母。

（二）复合韵母

1. 仓洛语的复合元音韵母共有7个：ie、iɛ、iu、ei、ɑi、yɛ、ui。

2. 辅音韵尾韵母共计52个，按照辅音韵尾类型可分为9组，列举如下：

-p韵尾：ip、ep、op、ap、up、iep

-t韵尾：it、et、ɑt、ot、ut

-k韵尾：ik、ek、ok、ak、uk、iak

-s韵尾：is、ys、os、ɑs、us

-r韵尾：ir、er、ər、or、ɑr、ur、ier

-m韵尾：im、em、ɛm、ɑm、om、um、iam

-n韵尾：in、yn、en、ən、ɑn、ien、ian

-ŋ韵尾：iŋ、eŋ、əŋ、ɑŋ、oŋ、uŋ、uɑŋ

-ʔ韵尾：uʔ、oʔ

说明：

（1）ys在目前的词表中只有一个例词：lys^{35}pɑ^{55}"留"。

（2）uɑŋ在目前的词表中只存在于一个例词中：tʃit^{35}kuɑŋ^{55}"口弦"。

（三）韵母例词

韵母	例词	汉义	韵母	例词	汉义
i	bi^{35}	腿	y	y^{31}tsi^{55}	肥皂
e	ʃe^{55}	玻璃	ə	tʃʰə^{55}kən^{55}	刚
ɛ	pʰɛ^{55}	房子	ɑ	sa^{55}	土
o	lo^{55}	磁铁	u	ȵu^{55}	乳房
ie	lie^{55}	舌头	iɛ	na^{35}liɛ^{55}	愿意
iu	diu^{35}	子弹	ei	wei^{55}	光
ai	tai^{55}	午	yɛ	yɛ^{35}	卯
ui	ŋui^{55}	银	uʔ	muʔ^{55}pa^{55}	云
ip	jip^{35}sa^{55}	卧室	ep	dep^{35}	书
op	ȵop^{35}	西	ap	sap^{55}	鳞
up	tʃʰup^{55}ʃa^{55}	鸭	iep	taŋ^{55}liep^{31}ka^{55}	闪电
it	kit^{55}pu^{55}	舒服	et	ʃet^{55}pa^{55}	梳头
at	kat^{31}pu^{55}	老人	ot	tʃot^{55}pu^{55}	醋
ut	put^{31}pa^{55}	风箱	ik	zik^{35}	豹
ek	tek^{35}siŋ^{55}	螃蟹	ok	rok^{35}	他
ak	mak^{31}pa^{55}	女婿	uk	buk^{31}pa^{55}	阴
iak	miak^{55}tsa^{55}	女人	is	pis^{35}	蜂蜡
ys	lys^{35}pa^{55}	留	os	ȵos^{55}pa^{55}	疯子
as	pʰras^{55}	霜	us	lus^{31}bu^{55}	身体
ir	nir^{55}ma^{55}	皱纹	er	ser^{55}pa^{55}	冰雹
ər	sər^{55}	金	or	tʰor^{55}	一
ar	tʰar^{55}	边儿	ur	ȵur^{35}	露
ier	mier^{55}	马嚼子	im	jim^{31}roŋ^{55}	后天
em	lem^{55}	勺子	ɛm	tɛm^{55}ka^{55}	淋
am	tsʰam^{55}	头发	om	mom^{55}	大白菜

um	pʰum⁵⁵	雪	iam	piam⁵⁵	烧饼
in	jin⁵⁵pu⁵⁵	蚯蚓	yn	yn⁵⁵pa⁵⁵lo¹³ka⁵⁵	右边
en	jen³⁵	八	ən	wən⁵⁵	上午
an	nan³⁵	你	ien	pien³¹ʃo⁵⁵	舔
ian	pian³⁵tʃo⁵⁵	压	iŋ	liŋ⁵⁵	桃子
eŋ	a⁵⁵reŋ⁵⁵	水田	əŋ	rəŋ³⁵ma⁵⁵	举
aŋ	taŋ³⁵	田埂	oŋ	toŋ⁵⁵	下
uŋ	luŋ⁵⁵	石头	uaŋ	tʃit³⁵kuaŋ⁵⁵	口弦
oʔ	loʔ⁵⁵	席子			

三　声调

仓洛语的声调发展并不完善，虽然每个音节都有一定的调值，但在语流中很不稳定，变调情况比较常见。

（一）调型和调值

仓洛语常见的调型共有4种，分别是高平调、低升调、中升调和低降调，对应的调值为55、13、35、31。

（二）声调说明

1. 高平调和中升调是仓洛语的2个基本调，单音节词的调值大多为55和35。在声韵相同的情况下，两个声调可呈现严格对立。例如：

lam⁵⁵	蒜	lam³⁵	路
ʃa⁵⁵	牙齿	ʃa³⁵	肥料
ga⁵⁵	上面	ga³⁵	驮架
ŋa⁵⁵	鱼	ŋa³⁵	五
tʰap⁵⁵	灶	tʰap³⁵	炉子
miŋ⁵⁵	名字	miŋ³⁵	眼睛
gaŋ⁵⁵	戳	gaŋ³⁵	肛门
nas⁵⁵	梳子	nas³⁵	篦子

但这样完全靠声调区别意义的最小比对在本次调查的两千多个词条中并不多见。

2. 低升调和低降调主要出现在单音节的功能语类或附加成分中，如ka³¹（处所标记）、ni¹³（关联标记），但调值在语流中并不稳定，而且并非所有单音节功能语类都为低调，如taŋ⁵⁵（并列连接标记）；多音节词的弱读音节更常出现13调和31调，如zi³¹ti⁵⁵ "风"、zi¹³tsaŋ³¹ma⁵⁵ "池塘"。

3. 在实际发音中有53调,这个声调和55调不构成对立,我们不将其设置为单独的调位,而视为55调的变体。

4. 语流中还存在11调,但它是31调出现在多音节词的第一个音节时变读的结果,未发现对立,所以统一记为31调。

四 音节

根据目前掌握的语料,仓洛语的音节结构共有6种类型,最多由4个音位构成,最少只有1个。以下为各类音节结构的举例说明:

1. 元音: $o^{55}to^{55}$ 来

2. 辅音 + 元音: sa^{55} 土

3. 元音 + 辅音: $om^{35}t\int a\eta^{55}$ 又

4. 辅音 + 元音 + 辅音: ηam^{35} 太阳

5. 辅音 + 辅音 + 元音: pru^{55} 辰

6. 辅音 + 辅音 + 元音 + 辅音: $p^{h}ras^{55}$ 霜

以上6种类型中,"辅音 + 元音"和"辅音 + 元音 + 辅音"在仓洛语中出现的频率最高。

第二节

音变

一　连读变调

（一）双音节词的变调

张济川（1986）指出，仓洛语的多音节词中存在两种连读变调情况。具体如下：

1. 除动词和轻声词以外的双音节词，其第一个音节非平调要变为平调：高调中的非高平变为高平，低调中的非低平变为低平。

2. 除动词和轻声词以外的双音节词，其第二个音节无论单念时读低调还是高调，一律变读为高调。张济川（1986）所举的背崩话的例子如下：

soŋ⁵⁵ŋo¹³	→	soŋ⁵⁵ŋo⁵⁵	人	tʰiŋ⁵⁵lom¹³	→	tʰiŋ⁵⁵lom⁵⁵	心脏
mi¹³rik¹³	→	mi¹¹rik⁵⁵	民族	re¹³ŋan¹³	→	re¹¹ŋan⁵⁵	梯子

上述第一种情况也存在于德兴话中。例如：

ŋam³⁵su⁵⁵	→	ŋam⁵⁵su⁵⁵	雨
muʔ³⁵pa⁵⁵	→	muʔ⁵⁵pa⁵⁵	雾
ʒin³⁵tsaŋ⁵⁵	→	ʒin⁵⁵tsaŋ⁵⁵	泥湿的
je³⁵naŋ⁵⁵	→	je⁵⁵naŋ⁵⁵	中午
bi³¹tsa⁵⁵	→	bi¹¹tsa⁵⁵	沙子
ni³¹so⁵⁵	→	ni¹¹so⁵⁵	星期天
kom¹³ziŋ⁵⁵	→	kom¹¹ziŋ⁵⁵	膝盖指部位
ba¹³lu⁵⁵	→	ba¹¹lu⁵⁵	薄木板~

（二）多音节词的变调

在含有三个及以上音节的词中，我们发现了高调音节变读为低调的情况。例如：

mi³⁵ 火   mi³¹te¹³wa⁵⁵   失火

ŋam³⁵ 太阳～下山了 ŋam¹³dza³¹wa⁵⁵   日食

ri⁵⁵ 水   ri¹³pier³¹wu⁵⁵   凉水

                ri³¹par⁵⁵ma⁵⁵   河水

mi³⁵"火"、ŋam³⁵"太阳"、ri⁵⁵"水"分别在 mi³¹te¹³wa⁵⁵"失火"、ŋam¹³dza³¹wa⁵⁵"日食"、
ri¹³pier³¹wu⁵⁵"凉水"、ri³¹par⁵⁵ma⁵⁵"河水"中变读为低调，这可能是一种降级构词现象。
当然，这种变读不是强制性的。若坚持读原调，按发音人的说法"那就不像是个固定的东
西了"。我们理解这里所谓"固定的东西"可能就是"词"。

二　弱化和脱落

（一）弱化

当送气塞音 pʰ、tʰ、kʰ 出现在元音之间时，它们会分别弱化为擦音 ɸ、h、x。分组举例
如下：

1. pʰ → ɸ

tsʰe⁵⁵pʰi⁵⁵   →   tsʰe⁵⁵ɸi⁵⁵   初四

ta⁵⁵pʰo⁵⁵   →   ta⁵⁵ɸo⁵⁵   公马

pi⁵⁵pʰaŋ⁵⁵   →   pi⁵⁵ɸaŋ⁵⁵   脚心

2. tʰ → h

tsa⁵⁵tʰaŋ⁵⁵   →   tsa⁵⁵haŋ⁵⁵   草原

kʰai⁵⁵tʰor⁵⁵   →   kʰai⁵⁵hor⁵⁵   二十

ka³⁵tʰu⁵⁵pa⁵⁵   →   ka³⁵hu⁵⁵pa⁵⁵   抛向空中～物

3. kʰ → x

sa⁵⁵kʰa⁵⁵   →   sa⁵⁵xa⁵⁵   姜

ʃa⁵⁵kʰu⁵⁵   →   ʃa⁵⁵xu⁵⁵   猎狗

tsʰe⁵⁵kʰoŋ⁵⁵   →   tsʰe⁵⁵xoŋ⁵⁵   初六

若前一个音节属于弱读音节的话则不会发生这样的变化。例如：

tʂu³¹pʰian⁵⁵ 贼   →   *tʂu³¹ɸian⁵⁵

ʃa³¹pʰun⁵⁵   肌肉   →   *ʃa³¹ɸun⁵⁵

do³¹kʰa⁵⁵   颜色   →   *do³¹xa⁵⁵

ma³¹kʰa⁵⁵   伤口   →   *ma³¹xa⁵⁵

le^{31}t^{h}oŋ^{55}　　　舌尖　→　　*le^{31}hoŋ^{55}

ko^{31}t^{h}am^{55}　　　鸡蛋　→　　*ko^{31}ham^{55}

（二）脱落

一些音节在词或短语中会出现音素脱落现象。仓洛语的脱落现象集中体现为辅音韵尾的脱落。这主要有如下两种情况：

1. -ʔ韵尾的脱落

loʔ^{35}pa^{55}　　　　　　→　　lo^{35}pa^{55}　　　犁田

muʔ^{35}pa^{55}　　　　　　→　　mu^{35}pa^{55}　　　雾

tsəʔ^{55}ka^{55}　　　　　　→　　tsə^{55}ka^{55}　　　掐两手指～虱子

2. -k韵尾的脱落

p^{h}u^{55}p^{h}ak^{55}　　　　　→　　p^{h}u^{55}p^{h}a^{55}　　　公猪成年的，已阉的

mu^{55}p^{h}ak^{55}　　　　　→　　mu^{55}p^{h}a^{55}　　　母猪成年的，未阉的

三　音节合并

仓洛语的音节合并现象通常伴随着辅音或元音脱落。例如：

p^{h}i^{55}ʃak^{55}pa^{55}　　　→　　p^{h}iak^{55}pa^{55}　　老鼠

mu^{31}jak^{55}tsa^{55}　　　→　　miak^{55}tsa^{55}　　女人

o^{55}wa^{55}kai^{55}　　　　→　　o^{55}wai^{55}　　　从哪里

上述第一个例子中，p^{h}i^{55}ʃak^{55}pa^{55}"老鼠"的前两个音节发生了合并现象。具体来说，第二个音节ʃak^{55}的声母脱落，其韵母和第一个音节p^{h}i^{55}合并构成了p^{h}iak^{55}。第二个例子中，表雌性的mu^{31}与第二个音节jak^{55}合并为miak^{55}，在这个过程中伴随着前一音节韵母u的脱落。第三个例子是代词o^{55}wa^{55}"哪里"的第二个音节和从格标记kai^{55}合并为wai^{55}，元音a和辅音k同时脱落。

第三节

拼写符号

本拼写方案是为无文字的语言制作的临时性拼写符号，目的是方便母语者在必要时记录语料。此外，制定拼写符号一方面可推动学界对该语言展开更为深入、广泛的研究，另一方面有助于该语言及其文化的保护、传承与发展。

说明：

1. 本方案采用拉丁字母，凡仓洛语中与《汉语拼音方案》相同的音，均采用相同的字母表达，以便于互相学习语言。

2. 本方案的字母表中有个别字母，例如 v，暂未用作拼写符号，这里只是作为备用。

3. 本方案为初稿。在深入记录和研究仓洛语的过程中，如果发现新的声母或韵母，可以根据已经初步确定的原则随时增补和修订。

4. 人名、地名拼写规则，大写规则，移行规则等均参照《汉语拼音正词法基本规则》。

一　字母表

表2-3　仓洛语拼写符号字母表

A a	B b	C c	D d	E e	F f	G g	H h	I i	J j
K k	L l	M m	N n	O o	P p	Q q	R r	S s	T t
U u	V v	W w	X x	Y y	Z z				

二　声母表

仓洛语声母的拼写符号如表2-4所示。

表 2-4　仓洛语拼写符号声母表

国际音标	拼写符号	例词国际音标	汉义	例词拼写
p	b	pis^{35}	蜂蜡	bis^2
p^h	p	$p^h e^{55}$	房子	pea^1
b	bb	bu^{35}	虫子	bbu^2
m	m	mi^{55}	火	mi^1
w	w	$w\mathrm{\ni}n^{55}$	上午	$ween^1$
ts	z	tsa^{55}	筋	za^1
ts^h	c	$ts^h o^{55}$	湖	co^1
dz	zz	$dza^{31}wa^{55}$	痒	zza^4wa^1
s	s	sa^{55}	土	sa^1
z	ss	zu^{55}	刺	ssu^1
t	d	to^{55}	米饭	do^1
t^h	t	$t^h or^{55}$	一	tor^1
d	dd	diu^{35}	子弹	$ddiu^2$
n	n	na^{35}	耳朵	na^2
l	l	lam^{35}	路	lam^2
ɬ	hl	$\mathrm{ɬ}a^{55}$	菩萨	hla^1
tʃ	zr	$tʃa^{55}$	铁	zra^1
$tʃ^h$	cr	$tʃ^h ur^{55}$	菜园	$crur^1$
dʒ	zzr	$dʒa^{55}$	茶叶	$zzra^1$
ʃ	sr	$ʃi\mathrm{ŋ}^{55}$	树	$sring^1$
ʒ	rr	$ʒo\mathrm{ŋ}^{35}$	影子	$rrong^2$
tʂ	zh	$tʂu^{55}$	大麦	zhu^1
$tʂ^h$	ch	$tʂ^h ap^{55}$	缰绳	$chab^1$
dʐ	zzh	$dʐa\mathrm{ɳ}^{35}$	数	$zzhang^2$
ʂ	sh	$ʂe^{55}mo^{55}$	黄鼠狼	she^1mo^1
r	rh	ri^{55}	水	rhi^1
ɳ	ny	$\mathrm{ɳ}ur^{35}$	露	$nyur^2$

国际音标	拼写符号	例词国际音标	汉义	例词拼写
j	j	jen³⁵	八	jen²
k	g	ko⁵⁵	门	go¹
kʰ	k	kʰɑ⁵⁵	鸟儿	ka¹
g	gg	ga⁵⁵	上	gga¹
x	x	xom⁵⁵	糠	xom¹
ŋ	ng	ŋam³⁵	太阳	ngam²
pr	br	pru⁵⁵	龙	bru¹
pʰr	pr	pʰras⁵⁵	霜	pras¹
br	bbr	bra⁵⁵	悬崖	bbra¹

三 韵母表

仓洛语韵母的拼写符号具体如表2-5所示。

表2-5 仓洛语拼写符号韵母表

国际音标	拼写符号	例词国际音标	汉义	例词拼写
ɑ	ɑ	sɑ⁵⁵	土	sa¹
ɛ	ea	pʰɛ⁵⁵	房子	pea¹
u	u	ȵu⁵⁵	乳房	nyu¹
o	o	lo⁵⁵	磁铁	lo¹
i	i	bi³⁵	腿	bbi²
e	e	ʃe⁵⁵	玻璃	sre¹
y	y	y³¹tsi⁵⁵	肥皂	y⁴zi¹
ə	ee	tʃʰə⁵⁵kən⁵⁵	刚	cree¹geen¹
ie	ie	lie⁵⁵	舌头	lie¹
iɛ	iea	na³⁵liɛ⁵⁵	愿意	na²liea¹
iu	iu	diu³⁵	子弹	ddiu²
ei	ei	wei⁵⁵	光	wei¹

国际音标	拼写符号	例词国际音标	汉义	例词拼写
ɑi	ɑi	tɑi⁵⁵	午	dɑi¹
yɛ	yea	ye³⁵	卯	yea²
ui	ui	ŋui⁵⁵	银	ngui⁵⁵
ip	ib	jip³⁵sa⁵⁵	卧室	jib²sa¹
ep	eb	dep³⁵	书	ddeb²
op	ob	ȵop³⁵	西	nyob²
ap	ab	sap⁵⁵	鳞	sab¹
up	ub	tʃʰup⁵⁵ʃa⁵⁵	鸭	crub¹sra¹
iep	ieb	taŋ⁵⁵liep³¹ka⁵⁵	闪电	dang¹lieb⁴ga¹
it	id	kit⁵⁵pu⁵⁵	舒服	gid¹bu¹
et	ed	ʃet⁵⁵pa⁵⁵	梳头	sred¹ba¹
at	ad	kat³¹pu⁵⁵	老人	gad⁴bu¹
ot	od	tʃot⁵⁵pu⁵⁵	醋	zrod¹bu¹
ut	ud	put³¹pa⁵⁵	风箱	bud⁴ba¹
ik	ig	zik³⁵	豹	ssig²
ek	eg	tek³⁵siŋ⁵⁵	螃蟹	deg²sing¹
ok	og	rok³⁵	他	rhog²
ak	ag	mak³¹pa⁵⁵	女婿	mag⁴ba¹
uk	ug	buk³¹pa⁵⁵	阴	bbug⁴ba¹
iak	iag	miak⁵⁵tsa⁵⁵	女人	miag¹za¹
is	is	pis³⁵	蜂蜡	bis²
ys	ys	lys³⁵pa⁵⁵	留	lys²ba¹
os	os	ȵos⁵⁵pa⁵⁵	疯子	nyos¹ba¹
ɑs	ɑs	pʰrɑs⁵⁵	霜	pras¹
us	us	lus³¹bu⁵⁵	身体	lus⁴bbu¹
ir	ir	nir⁵⁵ma⁵⁵	皱纹	nir¹ma¹
er	er	ser⁵⁵pa⁵⁵	冰雹	ser¹ba¹

国际音标	拼写符号	例词国际音标	汉义	例词拼写
ər	eer	sər^{55}	金	seer^1
or	or	t^{h}or^{55}	一	tor^1
ɑr	ar	t^{h}ɑr^{55}	边儿	tar^1
ur	ur	ȵur^{35}	露	nyur^2
ier	ier	mier^{55}	马嚼子	mier^1
im	im	jim^{31}roŋ^{55}	后天	jim^{4}rhong^1
em	em	lem^{55}	勺子	lem^1
ɛm	eam	tɛm^{55}kɑ^{55}	淋	deam^{1}ga^1
ɑm	am	ts^{h}ɑm^{55}	头发	cam^1
om	om	mom^{55}	大白菜	mom^1
um	um	p^{h}um^{55}	雪	pum^1
iɑm	iam	piɑm^{55}	烧饼	biam^1
in	in	jin^{55}pu^{55}	蚯蚓	jin^{1}bu^1
yn	yn	yn^{55}pɑ^{55}lo^{13}kɑ^{55}	右边	yn^{1}ba^{1}lo^{3}ga^1
en	en	jen^{35}	八	jen^2
ən	een	wən^{55}	上午	ween^1
ɑn	an	nɑn^{35}	你	nan^2
ien	ien	pien^{31}ʃo^{55}	舔	bien^{4}sro^1
iɑn	ian	piɑn^{35}tʃo^{55}	压	bian^{2}zro^1
iŋ	ing	liŋ^{55}	桃子	ling^1
eŋ	eng	ɑ^{55}reŋ^{55}	水田	a^{1}rheng^1
əŋ	eeng	rəŋ^{35}mɑ^{55}	举	rheeng^{2}ma^1
ɑŋ	ang	tɑŋ^{35}	田埂	dang^2
oŋ	ong	toŋ^{55}	下	dong^1
uŋ	ung	luŋ^{55}	石头	lung^1
uɑŋ	uang	tʃit^{35}kuɑŋ^{55}	口弦	zrid^{2}guang^1
uʔ	ukk	muʔ^{55}pɑ^{55}	云	mukk^{1}ba^1

四 声调表

仓洛语声调的拼写符号如表2-6所示。

表2-6 仓洛语拼写符号声调表

声调名称	声调符号	调值	例词国际音标	汉义	例词
第一调	1	55	lam^{55}	蒜	lam^1
第二调	2	35	lam^{35}	路	lam^2
第三调	3	13	$ri^{13}tsaŋ^{31}ma^{55}$	池塘	$rhi^3zang^4ma^1$
第四调	4	31	$ri^{31}ti^{55}$	风	rhi^4di^1

第三章　词汇

第一节

词汇特点

词语是语言表达不可缺少的要素。本节主要从音节数量、构词特点、音义关联三个角度观察一下仓洛语词汇的一般特点。

一　音节数量特点

依据《中国语言资源调查手册·民族语言（藏缅语族）》中收录的3000个词条，我们调查了仓洛语的词汇系统，共获得有效词条2640个，各音节词语数量和占比统计如表3-1所示。

表3-1　仓洛语词汇的音节数量统计

词语类型	单音节词语	双音节词语	三音节词语	四音节词语	五音节词语	六音节词语	七音节词语	总计
数量	211	1311	606	431	58	18	5	2640
占比	7.99%	49.66%	22.95%	16.33%	2.20%	0.68%	0.19%	100%

表3-1显示，仓洛语词汇以双音节词语为主，占总数的49.66%，接近一半。其次是三音节、四音节和单音节词语。五音节以上的词语非常少，主要是词组形式。就词类分布来看，在占比最高的双音节词语中，名词居多，动词、形容词次之；在三音节、单音节词语中也是如此。各音节词语举例如下：

1. 单音节词语

$doŋ^{35}$ 竖　　　　　　　　　　　　　　　$ʃar^{35}$ 春天

se⁵⁵ 松球　　　　　　　　　　　　 tṣam⁵⁵ 水獭

gam⁵⁵ 箱子　　　　　　　　　　　　ʃoŋ⁵⁵ 吸

dzʑaŋ³⁵ 数　　　　　　　　　　　　ti⁵⁵ 睁

tʰor⁵⁵ 一　　　　　　　　　　　　brε³⁵ 斗

2. 双音节词语

ʃer⁵⁵nam⁵⁵ 闻嗅：用鼻子~　　　　　ti⁵⁵ni⁵⁵ 张~嘴

briŋ⁵⁵dʒoŋ³¹ 摔跌：小孩~倒了　　　du³¹su⁵⁵ 收拾~东西

ma³¹kit³¹ 难受生理的　　　　　　　ru³⁵tsik⁵⁵ 生气

lo³¹dʒe⁵⁵ 后悔　　　　　　　　　　sen⁵⁵pam⁵⁵ 忌妒

tʂʰi⁵⁵lu⁵⁵ 大　　　　　　　　　　siŋ⁵⁵ma⁵⁵ 新

3. 三音节词语

to⁵⁵pʰən³¹kʰan⁵⁵ 乞丐　　　　　　tʃa⁵⁵ɳu⁵⁵ko⁵⁵ 圆珠笔

tʂʰi³⁵lik⁵⁵taŋ⁵⁵ 燕子　　　　　　tʃu⁵⁵a⁵⁵liε⁵⁵ 发情动物~

kʰo⁵⁵tʃʰɑŋ⁵⁵pu⁵⁵ 打冷战　　　　ma⁵⁵kʰen⁵⁵ʃi⁵⁵ 可惜

so⁵⁵pu⁵⁵la⁵⁵ 闷热　　　　　　　　tʃa⁵⁵dzaŋ⁵⁵kin⁵⁵ 百把个

4. 四音节词语

tʂʰo⁵⁵ke⁵⁵ri³⁵ka⁵⁵ 招待　　　　　mik⁵⁵tʂʰi⁵⁵pʰi⁵⁵wa⁵⁵ 变魔术

ni³¹naŋ⁵⁵kʰu⁵⁵ka⁵⁵ 害羞　　　　tʂʰi⁵⁵pu⁵⁵pʰo⁵⁵ka⁵⁵ 手茧子

raŋ⁵⁵me⁵⁵ʃi³¹wa⁵⁵ 自杀　　　　　zui³⁵ma⁵⁵a⁵⁵wa⁵⁵ 告状

5. 五音节及以上词语

xa⁵⁵raŋ⁵⁵ma³¹si⁵⁵wa⁵⁵ 笨蛋

ʃon⁵⁵kʰun⁵⁵ma⁵⁵tʃʰi⁵⁵ma⁵⁵ 哮喘

tʃa⁵⁵taŋ³⁵kʰai⁵⁵nik⁵⁵tsiŋ⁵⁵se⁵⁵ 一百五十

tʂa³⁵lin⁵⁵tʃur⁵⁵ka⁵⁵a³¹lo⁵⁵ 报仇

ka³⁵ma⁵⁵min³⁵tʂu⁵⁵zum³⁵zum³⁵ka⁵⁵ 七姐妹星

二　构词特点

（一）合成词以复合式为主

从共时层面看，仓洛语的词汇由单纯词和合成词两个部分组成。合成词的结构类型有复合、派生、重叠三种，具体情况将在第二节"构词法"中做出介绍。复合式合成词在仓洛语的基本词汇中占绝大多数。以《中国语言资源调查手册·民族语言（藏缅语族）》的通用词（1200 个）中"植物"类词汇为例，排除其中明显是词组的情况，我们得到以下 57 个词条^①：

1. 单纯词10个，列举如下：

$\int in^{55}$ 树 so^{55} 竹子_{统称} ηon^{55} 草

ru^{55} 藤 zu^{55} 刺_{名词} lin^{55} 桃子

k^he^{55} 核桃 $t\d{s}u^{55}$ 大麦_{指植物} mom^{55} 大白菜_{东北~}

lam^{55} 蒜；洋葱

2. 合成词47个，没有叠加式，典型的附加式也仅有一个，即 $a^{55}\int am^{55}$ "玉米_{指成株的植物}"，其余的都是复合式合成词。例如：

$wan^{31}\int in^{55}$ 杉树 $so^{55}\d{n}om^{55}$ 笋 $\int a^{55}pa^{55}$ 叶子

$mom^{31}nan^{55}$ 花 $dzan^{31}tsam^{55}$ 水果 $wu^{55}\int o^{55}$ 苹果

$ts^ha^{55}lu^{55}$ 橘子 $k^ho^{55}min^{55}$ 甘蔗 $t\int an^{55}ma^{31}\int in^{55}$ 柳树

$ti^{55}li^{55}$ 芝麻 $li^{31}bi^{55}$ 黄豆 $na^{31}ran^{55}$ 韭菜

$wo^{35}su^{55}$ 香菜_{芫荽} $kuk^{55}pa^{55}$ 葱 $sa^{55}k^ha^{55}$ 姜

$so^{55}lo^{55}$ 辣椒_{统称} $pan^{55}to^{55}$ 茄子_{统称} $mu^{55}lie^{55}$ 萝卜_{统称}

$man^{35}bon^{55}$ 黄瓜 $pu^{35}zun^{55}$ 芋头 $po^{35}tson^{55}$ 藕

另外，需要说明的是，根据我们最新的调查，仓洛语中附加式的构词方式目前几乎已经失去了构造新词的能力。

（二）复合构词能力稳步提升

现阶段，仓洛语构成新词最主要的方式是复合，复合词所占比例显著提升。这主要是因为仓洛语中的一些抽象概念或新概念通常借助语义具体的语素来描述。例如"孤儿"在仓洛语中为 $p^ha^{55}ma^{55}ma^{35}wa^{55}wak^{31}tsa^{55}$，直译为"没有父母的孩子"。这种情况也会导致复合词与词组的界限难以辨别。

三 音义结合特点

从音义结合及词与意义的对应关系两个角度来看，仓洛语词汇最显著的特点为一词多义现象比较普遍。试举例说明：

ηam^{35} 太阳；天空；天气

lam^{55} 蒜；洋葱

ts^ho^{55} 湖；海

---

① lam^{55} "蒜"、lam^{55} "洋葱"统计为一个词条，即 lam^{55} "蒜；洋葱"；$ba^{55}mu^{55}$ "蘑菇"、$ba^{55}mu^{55}$ "香菇"也计为一个词条，即 $ba^{55}mu^{55}$ "蘑菇；香菇"。

tsʰo⁵⁵　侄子；孙子；重孙；外孙；孙女；外孙女；曾孙

lik⁵⁵pu⁵⁵　好；漂亮；乖；老实；强壮；顺利

tʃʰi⁵⁵lu⁵⁵　大；长辈统称；高价格~

a⁵⁵tʃaŋ⁵⁵　岳父叙称；公公叙称；姑父呼称、统称；姨夫呼称、统称；舅舅呼称

一词多义现象主要指声韵调完全相同的一种语音形式有着相近的、有联系的多个义项。例如ŋam³⁵同时对应"太阳""天空""天气"，这就是词义扩展或引申的结果。需要注意的是，有些一词多义现象，如tsʰo⁵⁵对应"湖"和"海"，实质上是人为的语言对比带来的结果。因西藏属内陆地区，并不临海，在仓洛族群的观念中，"海"与"湖"是不区分的概念，尽管这在汉语中是区分的。

一词多义是自然语言中普遍存在的现象，也是语言系统经济性的一种体现。只不过有些语言一词多义的情况更为突出一些，仓洛语就属于这种情况。当前，仓洛语处在音节结构大量简化但声调别义功能尚不完备的阶段，因此大量的一词多义现象出现在日常表达中。这应该也是影响该语言活力的一种值得重视的因素。

构词法

在仓洛语中，词的构造方式以复合法为主、派生法为辅，另有重叠法、拟声法。前两种构词法的能产性较强，后两种构造方式构词数量较少。

根据语素数量，仓洛语的词可分为单纯词和合成词两大类。其中，单纯词只由一个语素构成，依据音节多寡可分为单音节单纯词和多音节单纯词。

仓洛语的单音节单纯词以名词和动词居多。例如：

pʰum⁵⁵ 雪	luŋ⁵⁵ 石头统称	sa⁵⁵ 土统称
mi⁵⁵ 火	ri⁵⁵ 水	taŋ³⁵ 田埂
lam³⁵ 路野外的	wən⁵⁵ 上午	ʃiŋ⁵⁵ 树
so⁵⁵ 竹子统称	ŋon⁵⁵ 草	ru⁵⁵ 藤
zu⁵⁵ 刺名词	liŋ⁵⁵ 桃子	kʰe⁵⁵ 核桃
dʑɛ⁵⁵ 骡	wa⁵⁵ 牛	ʃom⁵⁵ 窝鸟的
bu³⁵ 虫子统称	nas⁵⁵ 梳子旧式的，不是篦子	kʰam⁵⁵ 缝衣针
lie⁵⁵ 舌头	ʃa⁵⁵ 牙齿	na³⁵ 耳朵
to⁵⁵ 米饭	bi³⁵ 腿	ʃoŋ⁵⁵ 吸~气
ti⁵⁵ 睁~眼	sop⁵⁵ 捻用拇指和食指来回~碎	pak⁵⁵ 掰把橘子~开|把馒头~开
kʰop⁵⁵ 剥~花生	rat³⁵ 撕把纸~了	pʰat³⁵ 折把树枝~断
wus³⁵ 拔~萝卜	ʃe⁵⁵ 摘~花	tʰiŋ⁵⁵ 站站立：~起来

在多音节单纯词中，双音节的联绵词数量最多。例如：

toŋ³¹tan⁵⁵ 凳子统称	pok³¹pi⁵⁵ 面粉麦子磨的，统称
nam¹³niŋ⁵⁵ 明天	kuʔ¹³ka⁵⁵ 前面

so⁵⁵lo⁵⁵ 辣椒统称　　　　　　　sɑ³¹lɑ⁵⁵ 猴子

ku⁵⁵lu⁵⁵ 驴　　　　　　　　　　koŋ³¹noŋ⁵⁵ 裤腿

li⁵⁵pi⁵⁵ 豆子，豆浆　　　　　　paŋ³⁵tʃʰaŋ⁵⁵ 黄酒

kʰo⁵⁵lo⁵⁵ 轮子旧式的，如独轮车上的　　tam³¹tsam⁵⁵ 螺丝刀

另有叠音词和拟声词，其构造方式分别为重叠法和拟声法。

合成词是由两个或两个以上具有独立意义的语素合成表达一个概念或意义的词，根据构造方式可以分为复合词、派生词和重叠词三类。

下面分别对仓洛语的四种构词法做具体介绍。

一　派生法

派生的手段就是附加，又称"加缀"，即在词根上附加词缀构成新词。仓洛语有一定数量的构词前缀和后缀，后缀比前缀数量多一些。

（一）前缀

目前仓洛语存留的构词前缀仅有四个：a⁵⁵、u⁵⁵、o⁵⁵、xa³¹。其中前缀xa³¹目前仅调查到一个例词，即xa³¹jaŋ⁵⁵"锅统称"。经核查，该词来自珞巴语。下面分别就其余三个前缀加以举例说明。

1. 前缀a⁵⁵-

附加这个前缀的词基本上是称谓名词。例如：

a⁵⁵pɑ⁵⁵ 爸爸呼称，最通用的　　　　a⁵⁵mɑ⁵⁵ 妈妈呼称，最通用的

a⁵⁵tʃaŋ⁵⁵ 公公叙称　　　　　　　　a⁵⁵ni⁵⁵ 婆婆叙称

a⁵⁵tɑ⁵⁵ 哥哥呼称，统称　　　　　　a⁵⁵nɑ⁵⁵ 姐姐呼称，统称

例外的情况不多，如下：

a⁵⁵ʃam⁵⁵ 玉米　　　　　　　　　　a⁵⁵ra⁵⁵ 白酒

a⁵⁵mo⁵⁵ 这么~贵啊　　　　　　　　a⁵⁵ren⁵⁵ 田总称

其中a⁵⁵ra⁵⁵"白酒"借自藏语。其余三例的情况有待进一步研究。

2. 前缀o⁵⁵/³¹-或u⁵⁵-

以o⁵⁵-为前缀的语素或词大都与空间指示相关。例如：

o⁵⁵tɑ⁵⁵ 这个我要~，不要那个　　　o⁵⁵ɳɑ⁵⁵ 那个我要这个，不要~；那里在这里，不在~

o⁵⁵wa⁵⁵wu⁵⁵ɳu⁵⁵ 哪个你要~杯子？；哪里你到~去？　o⁵⁵tɑ⁵⁵ 这里在~，不在那里

例外的情况有：

o⁵⁵ɳen⁵⁵ 这样事情是~的，不是那样的　　o⁵⁵mɑ⁵⁵ 刚我~到，才你怎么~来啊？

但这两个词语可看作空间词语向非空间表达的转化，是语法化的结果。

此外，张济川（1986）指出，背崩仓洛语中还有个前缀 u⁵⁵-，其提供的例子如下：

u⁵⁵tʰu⁵⁵ 这个   u⁵⁵n̠u⁵⁵ 那个

u⁵⁵pi⁵⁵ 曾祖母   u⁵⁵n̠i⁵⁵ 那样

但我们所调查的德兴仓洛语中只发现了一例，即 u⁵⁵tu⁵⁵ "再你明天～来"。

（二）后缀

仓洛语是一种附着特征较为突出的语言，其语法意义大都在词干上附加各种形态成分来加以表示。但这些形态上的附加成分往往与构词层级上的词缀纠缠不清，因此在描写构词法过程中，普遍存在构词层级上的词缀与构形层级上的词头、词尾同形异义的情况。本节将注意力集中到构词层面之上，不过多关注某个词缀是否有同形词尾的问题。

仓洛语的构词后缀主要有 -pa⁵⁵、-pu⁵⁵、-pi⁵⁵、-ma⁵⁵、-min⁵⁵、-lu⁵⁵、-ʃa⁵⁵、-taŋ⁵⁵、-naŋ⁵⁵、-ka⁵⁵等。下面就这几个典型的词缀举些例子加以简要分析和说明。

1. -pa⁵⁵

-pa⁵⁵加在表特征的词根之后表示具有该特征的人或物。例如：

（1）指人的词语

ʃa⁵⁵pa⁵⁵ 猎人	ʃan⁵⁵pa⁵⁵ 屠夫
lok⁵⁵tʃi⁵⁵pa⁵⁵ 敌人	tʃak³¹pa⁵⁵ 胖子
tṣuk⁵⁵pa⁵⁵ 牧民	rok³⁵pa⁵⁵ 伙伴
pa⁵⁵tso⁵⁵pa⁵⁵ 篾匠	luŋ⁵⁵tso⁵⁵pa⁵⁵ 石匠
ŋa⁵⁵pa⁵⁵ 渔夫	tʃa⁵⁵tso⁵⁵pa⁵⁵ 铁匠
tʰor⁵⁵pa⁵⁵ 私生子	kor⁵⁵toŋ⁵⁵pa⁵⁵ 流浪汉
sok³¹pa⁵⁵ 工人	tsun⁵⁵pa⁵⁵ 囚犯

（2）表事物的词语

pʰak⁵⁵pa⁵⁵ 猪	tsem⁵⁵pa⁵⁵ 锅巴
mom³⁵tsaŋ³¹pa⁵⁵ 素菜	tʂʰi⁵⁵pa⁵⁵ 胆
tʰik⁵⁵pa⁵⁵ 发髻	mem³⁵pa⁵⁵ 油菜籽
n̠oŋ⁵⁵n̠oŋ⁵⁵pa⁵⁵ 囟门	sem⁵⁵sem⁵⁵pa⁵⁵ 太阳穴
kʰi⁵⁵tṣui⁵⁵pa⁵⁵ 稀屎	tʃʰi⁵⁵pur⁵⁵pok³⁵pa⁵⁵ 水痘
tsʰat⁵⁵pa⁵⁵ 疟疾	nas⁵⁵pa⁵⁵ 伤受～
pʰok⁵⁵pa⁵⁵ 笼子	ʃa⁵⁵pa⁵⁵ 叶子
kuk⁵⁵pa⁵⁵ 葱	men³⁵pa⁵⁵ 油菜油料作物，不是蔬菜
tʃʰur⁵⁵tʃʰur⁵⁵pa⁵⁵ 漩涡河里的～	tak⁵⁵tak⁵⁵pa⁵⁵ 青蛙统称

当然，也存在相当数量以 -pa⁵⁵ 为词尾的动词，但其语法意义尚不明确。例如：

kʰi⁵⁵ko⁵⁵pa⁵⁵ 呕干~　　　　　　　tsa⁵⁵tʃaŋ⁵⁵pa⁵⁵ 抽筋

tsi⁵⁵kot⁵⁵pa⁵⁵ 打卦　　　　　　　tʃik⁵⁵pa⁵⁵ 挖地

loʔ³⁵pa⁵⁵ 犁田　　　　　　　　　wən⁵⁵pʰut⁵⁵pa⁵⁵ 除草

mek³⁵pa⁵⁵ 收割　　　　　　　　　tʂak³⁵pa⁵⁵ 赢~钱

ʃor⁵⁵pa⁵⁵ 输~钱　　　　　　　　kok³⁵pa⁵⁵ 燃烧火~

tsuk³⁵pa⁵⁵ 刺~了一刀　　　　　　dzik⁵⁵pa⁵⁵ 沉~没

las⁵⁵pa⁵⁵ 浸~泡　　　　　　　　tsʰok⁵⁵pa⁵⁵ 补~衣服

tʃat⁵⁵pa⁵⁵ 剪~布　　　　　　　　tor⁵⁵pa⁵⁵ 炖~牛肉

2. -pu⁵⁵

这类后缀大多用于构成形容词和名词。例如：

（1）-pu⁵⁵ 作为形容词后缀

lik⁵⁵pu⁵⁵ 晴天~　　　　　　　　koŋ⁵⁵jaŋ⁵⁵pu⁵⁵ 便宜

kit⁵⁵pu⁵⁵ 舒服凉风吹来很~　　　zin³¹pu⁵⁵ 小~苹果

rəŋ³⁵pu⁵⁵ 长线~　　　　　　　　tʰun⁵⁵pu⁵⁵ 高飞机飞得~

mes³⁵pu⁵⁵ 低鸟飞得~　　　　　　tiŋ⁵⁵rən⁵⁵pu⁵⁵ 深水~

tsʰe⁵⁵pu⁵⁵ 尖　　　　　　　　　ȵam³⁵pu⁵⁵ 平

tʃam⁵⁵pu⁵⁵ 瘦~肉　　　　　　　ser⁵⁵pu⁵⁵ 黄中国国旗上五星的颜色

ȵoŋ⁵⁵pu⁵⁵ 少东西~　　　　　　　tʃit⁵⁵pu⁵⁵ 重担子~

jaŋ⁵⁵pu⁵⁵ 轻担子~　　　　　　　laŋ³⁵pu⁵⁵ 直线~

tsu⁵⁵pu⁵⁵ 陡坡~|楼梯~　　　　　tʰek⁵⁵pu⁵⁵ 厚木板~

（2）-pu⁵⁵ 作为名词后缀

so⁵⁵pu⁵⁵ 粉刺脸上的~　　　　　　tsaŋ⁵⁵pu⁵⁵ 江大的河

ri¹³zen³¹pu⁵⁵ 水沟儿较小的水道　　miŋ¹³zen³¹pu⁵⁵ 窟窿小的

jin⁵⁵pu⁵⁵ 蚯蚓　　　　　　　　　roŋ³⁵ʃaŋ⁵⁵pu⁵⁵ 蜘蛛会结网的

mo⁵⁵ŋan⁵⁵pu⁵⁵ 棉絮　　　　　　　tʃot⁵⁵pu⁵⁵ 醋

miŋ³⁵pu⁵⁵ 眉毛　　　　　　　　　kat³¹pu⁵⁵ 老人七八十岁的，统称

la³¹pu⁵⁵ 公鸡成年的，未阉的　　　sa⁵⁵saŋ⁵⁵pu⁵⁵ 尘土干燥的泥路上搅起的

tso⁵⁵pu⁵⁵ 陡坡　　　　　　　　　ȵaŋ³¹pu⁵⁵ 平原，坝子山中的平地

3. -pi⁵⁵

后缀 -pi⁵⁵ 也多用于构成名词和形容词。例如：

（1）-pi⁵⁵ 作为名词后缀

ka⁵⁵rak⁵⁵pi⁵⁵ 冰   ʃam⁵⁵pi⁵⁵ 尾巴

pok³¹pi⁵⁵ 面儿玉米~|辣椒~   ʃa⁵⁵pok³¹pi⁵⁵ 馅儿

li⁵⁵pi⁵⁵ 豆浆   ɲu³¹pi⁵⁵ 乳汁

ri³¹tek⁵⁵pi⁵⁵ 小河   pok³⁵pi⁵⁵ 蠓墨蚊

pi⁵⁵ta⁵⁵pi⁵⁵ 蹄子统称   toŋ³¹pi⁵⁵ 盆洗脸~

（2）-pi⁵⁵ 作为形容词后缀

mi¹³su⁵⁵pi⁵⁵ 暗光~   tek⁵⁵pi⁵⁵ 细绳子~；窄路~

tʰom⁵⁵pi⁵⁵ 短线~；短时间~；矮他比我~   mir³⁵suŋ⁵⁵pi⁵⁵ 黑指光线，完全看不见

pa⁵⁵lin⁵⁵pi⁵⁵ 白雪的颜色

4. -ma⁵⁵

以 -ma⁵⁵ 为后缀构成的主要是名词和动词，也有少量形容词。例如：

（1）-ma⁵⁵ 作为名词后缀

ri¹³tsaŋ³¹ma⁵⁵ 池塘   sam⁵⁵tir³¹ma⁵⁵ 地震

tʂe⁵⁵ma⁵⁵ 花生指果实   mi⁵⁵zu⁵⁵ma⁵⁵ 蜜蜂

jaŋ⁵⁵jaŋ⁵⁵ma⁵⁵ 知了统称   ʃiŋ⁵⁵ta⁵⁵ma⁵⁵ 虱子

tur³⁵ma⁵⁵ 裤子   tsaŋ⁵⁵ma⁵⁵ 干菜统称

tʰa³⁵ma⁵⁵ 香烟   pʰaŋ⁵⁵ma⁵⁵ 肩膀

ka³¹taŋ⁵⁵bruŋ⁵⁵ma⁵⁵ 手指   pʰoŋ⁵⁵ma⁵⁵ 疙瘩蚊子咬后形成的

tsʰe⁵⁵ma⁵⁵ 双胞胎   paŋ⁵⁵ma⁵⁵ 坐月子

dʒa³¹ma⁵⁵ 秤统称   ʃer⁵⁵na⁵⁵ma⁵⁵ 味道尝尝~

ri³¹par⁵⁵ma⁵⁵ 河水   ri³¹tsaŋ³¹ma⁵⁵ 清水与浊水相对

tʂi⁵⁵ma⁵⁵ 渣滓榨油剩下的~   mi³⁵siŋ⁵⁵ma⁵⁵ 火种

ʃiŋ⁵⁵saŋ³¹ma⁵⁵ 树干   me⁵⁵raŋ⁵⁵ma⁵⁵ 艾草

lien⁵⁵ma⁵⁵ 荞壳   ru⁵⁵taŋ⁵⁵ma⁵⁵ 豆苗豆类的幼苗

（2）-ma⁵⁵ 用作动词后缀或词尾

ʃyn¹³dʒoŋ³¹ma⁵⁵ 出去他~了   tʰiŋ⁵⁵ma⁵⁵ 起来天冷~了

siŋ³¹ma⁵⁵ 喂养   tʰa³¹ma⁵⁵ 下鸡~蛋

tʂən⁵⁵ma⁵⁵ 沏~茶   zoŋ³¹ma⁵⁵ 煮~带壳的鸡蛋

tʃa³¹ma⁵⁵ 喝~酒|~茶   lan¹³ki³¹ma⁵⁵ 擤~鼻涕

siŋ⁵⁵ma⁵⁵ 分娩   gi³⁵ma⁵⁵ 流产

ɲo⁵⁵tʃa³¹ma⁵⁵ 吃奶   ŋa³⁵ma⁵⁵ 咬

rəŋ³¹ma⁵⁵ 伸~手   tʰiŋ⁵⁵ma⁵⁵ 站

laŋ³⁵maɑ⁵⁵ 坐~下　　　　　　　　　daŋ³⁵maɑ⁵⁵ 走慢慢儿~

kʰun⁵⁵maɑ⁵⁵ 追追赶：~小偷　　　tsoŋ⁵⁵maɑ⁵⁵ 抓~小偷

paŋ⁵⁵maɑ⁵⁵ 背~孩子　　　　　　　tsoŋ⁵⁵maɑ⁵⁵ 搀~老人

（3）-ma⁵⁵用作形容词后缀

ŋaɑ³¹maɑ⁵⁵ 疼肚子~　　　　　　　pʰoŋ⁵⁵maɑ⁵⁵ 肿

tsaŋ⁵⁵maɑ⁵⁵ 旱天~　　　　　　　dzui³¹maɑ⁵⁵ 差东西质量~

ʃaɑ⁵⁵maɑ⁵⁵ 多东西~　　　　　　tsaŋ⁵⁵maɑ⁵⁵ 干净衣服~

siŋ⁵⁵maɑ⁵⁵ 新衣服~　　　　　　ŋaɑ³⁵maɑ⁵⁵ 疼摔~了

mi³⁵ju⁵⁵maɑ⁵⁵ 晕头~　　　　　pʰaɑ⁵⁵maɑ⁵⁵ 失败

sem⁵⁵ŋaɑ³⁵maɑ⁵⁵ 心痛　　　　saŋ³¹maɑ⁵⁵ 干~辣椒

tʃʰaŋ³⁵maɑ⁵⁵ 青~椒　　　　　　pʰuŋ⁵⁵maɑ⁵⁵ 满水很~

miŋ⁵⁵maɑ⁵⁵ 嫩　　　　　　　　siŋ⁵⁵maɑ⁵⁵ 生

5. -kaɑ⁵⁵

-kaɑ⁵⁵主要位于动词性和形容词性成分最后。例如：

pu⁵⁵tʰar⁵⁵kaɑ⁵⁵ 蒙~眼　　　　　kʰai⁵⁵la⁵⁵kaɑ⁵⁵ 答应

dzup³⁵kaɑ⁵⁵ 挣打工~了一千块钱　　ʒi³⁵kaɑ⁵⁵ 化脓

tɛm⁵⁵kaɑ⁵⁵ 淋　　　　　　　　　sop⁵⁵kaɑ⁵⁵ 发烧

ʃin⁵⁵kaɑ⁵⁵ 错　　　　　　　　　re³⁵kaɑ⁵⁵ 近

6. -min⁵⁵

-min⁵⁵是名词性的准后缀，其构成的名词不多，主要用于指人，多为女性。例如：

tʃʰi⁵⁵min⁵⁵ 新娘子　　　　　　　dza³⁵min⁵⁵ 姑娘

ʃaŋ⁵⁵tsoŋ³¹min⁵⁵ 妓女　　　　　tsʰo⁵⁵min⁵⁵ 孙女

7. -lu⁵⁵

-lu⁵⁵为形容词性或名词性后缀。例如：

tʃʰi⁵⁵lu⁵⁵ 大苹果~　　　　　　　tʃʰaŋ⁵⁵lu⁵⁵ 黑黑板的颜色

tsa⁵⁵lu⁵⁵ 红中国国旗的主颜色，统称　iŋ³⁵lu⁵⁵ 蓝蓝天的颜色

iŋ³⁵lu⁵⁵ 绿绿叶的颜色　　　　　ba¹³lu⁵⁵ 薄木板~

ba¹³lu⁵⁵ 稀稀疏：菜种得~　　　ja³⁵lu⁵⁵ 容易这道题~

kaɑ⁵⁵lu⁵⁵ 难这道题~　　　　　　kʰaɑ⁵⁵lu⁵⁵ 咸菜~

tʰu⁵⁵lu⁵⁵ 旱烟　　　　　　　　ri³⁵lu⁵⁵ 火车

pu³¹lu⁵⁵ 球总称　　　　　　　tʰu⁵⁵lu⁵⁵ 灰烧成的

tsʰaɑ⁵⁵lu⁵⁵ 橘子　　　　　　　ku⁵⁵lu⁵⁵ 驴

ri¹³tsʰa³¹lu⁵⁵ 热水   tʰu⁵⁵lu⁵⁵ 煤渣炭屑，煤炭燃烧后余下的东西

tʰu⁵⁵lu⁵⁵ 炭火盆   sam⁵⁵lu⁵⁵ 想思索：让我～一下

8. -ʃa⁵⁵

后缀-ʃa⁵⁵通常用于构成名词。例如：

tʃʰup⁵⁵ʃa⁵⁵ 鸭   naŋ³¹ʃa⁵⁵ 下水猪牛羊的内脏

wor⁵⁵ʃa⁵⁵ 四季豆   ri³⁵boŋ⁵⁵ʃa⁵⁵ 冬瓜

om⁵⁵ʃa⁵⁵ 狗熊   pʰa³⁵ʃa⁵⁵ 鹿总称

ʃi⁵⁵ʃa⁵⁵ 绵羊   tʃʰi⁵⁵ʃa⁵⁵ 被里

naŋ³⁵ʃa⁵⁵ 被面儿   prom³¹ʃa⁵⁵ 南瓜

9. -taŋ⁵⁵

-taŋ⁵⁵通常做名词性后缀。例如：

ɲip³¹taŋ⁵⁵ 跳蚤咬人的   kam⁵⁵taŋ⁵⁵ 菜炒的菜

pak³¹taŋ⁵⁵ 毛巾洗脸用   pu⁵⁵taŋ⁵⁵ 面条统称

kʰup³¹taŋ⁵⁵ 唇   tʰop⁵⁵taŋ⁵⁵ 口水～流出来

ka³¹taŋ⁵⁵ 胳膊   ka³¹taŋ⁵⁵ 手包括臂：他的～摔断了

kʰop⁵⁵taŋ⁵⁵ 壳核桃～   ko⁵⁵lok⁵⁵taŋ⁵⁵ 花瓣

极少数情况下可构成形容词、副词等。例如：

ka³¹taŋ⁵⁵ 粗绳子～   pian⁵⁵taŋ⁵⁵ 扁

tik⁵⁵taŋ⁵⁵ 点儿一～东西   lak³¹taŋ⁵⁵ 更今天比昨天～热

10. -naŋ⁵⁵

-naŋ⁵⁵也是典型的名词性后缀。例如：

kʰom⁵⁵naŋ⁵⁵ 枕头   pun³¹naŋ⁵⁵ 盖子杯子的～

ji³¹naŋ⁵⁵ 鼻涕统称   tsi⁵⁵naŋ⁵⁵ 指甲

pom³¹naŋ⁵⁵ 泡沫河里的～   mom¹³naŋ⁵⁵ 花

muŋ³⁵naŋ⁵⁵ 皮子总称   kʰum⁵⁵naŋ⁵⁵ 枕巾，枕芯

koŋ³⁵naŋ⁵⁵ 瓶塞儿   moŋ³⁵naŋ⁵⁵ 皮革

mom¹³naŋ⁵⁵ 花边   je³⁵naŋ⁵⁵ 中午

pʰi⁵⁵naŋ⁵⁵ 高粱指植物   tsʰi⁵⁵naŋ⁵⁵ 爪子鸟的，统称

至此，我们将仓洛语的词缀初步汇总如表3-2所示。

表 3-2　仓洛语词缀类别

词缀类型	名词性	代词性	动词性	形容词性	副词性
前缀	a⁵⁵-	o⁵⁵/³¹-或 u⁵⁵-			
后缀	-taŋ⁵⁵、-naŋ⁵⁵、-ʃa⁵⁵、-lu⁵⁵、-pa⁵⁵、-pu⁵⁵、-pi⁵⁵、-ma⁵⁵、-min⁵⁵		-ka⁵⁵、-ma⁵⁵、-pa⁵⁵	-taŋ⁵⁵、-ka⁵⁵、-lu⁵⁵、-ma⁵⁵、-pu⁵⁵、-pi⁵⁵	-taŋ⁵⁵

二　复合法

复合法一般是由两个或两个以上的词根按照一定的结构关系复合成新词。在仓洛语中，复合法构词数量最多，以双音节词为主，即由两个单音节词根复合而成，其内部结构关系有并列、主谓、偏正、支配四种不同类型。这些结构规则理论上可无限使用，构成复杂的复合词，这里我们只关注简单的复合词。

（一）并列式

这类复合词比较少，最典型的就是一些合称。例如：

a⁵⁵pa⁵⁵　taŋ⁵⁵　dza⁵⁵　父子　　　　a⁵⁵pa⁵⁵　taŋ⁵⁵　dza³¹miŋ⁵⁵　父女
父亲　　和　　儿子　　　　　　　　父亲　　　和　　　女儿

a⁵⁵ma⁵⁵　taŋ⁵⁵　dza⁵⁵　母子　　　　a⁵⁵ma⁵⁵　taŋ⁵⁵　dza³¹miŋ⁵⁵　母女
母亲　　和　　儿子　　　　　　　　母亲　　　和　　　女儿

a⁵⁵pa⁵⁵　a⁵⁵ma⁵⁵　父母合称　　　　a⁵⁵ta⁵⁵　po³¹niŋ⁵⁵　弟兄合称
父亲　　母亲　　　　　　　　　　哥哥　　弟弟

a⁵⁵na⁵⁵　na³¹niŋ⁵⁵　姐妹　　　　　ʒi³⁵pa⁵⁵　yn⁵⁵pa⁵⁵　左右
姐姐　　妹妹　　　　　　　　　　左　　　右

（二）主谓式

主谓式复合词的数量也很少。试举几例：

ko³¹　tʰam⁵⁵　鸡蛋　　　　　　　ŋa³⁵　tʰam⁵⁵　鱼子鱼卵
鸡　　下　　　　　　　　　　　鱼　　下

la³¹niŋ⁵⁵ŋam³⁵　dza³¹wa⁵⁵　月食　　sem⁵⁵　tʃok⁵⁵pu⁵⁵　伤心
月亮　　　　　吃　　　　　　　心脏　　疼痛

sam⁵⁵　tir³¹ma⁵⁵　地震
地面　　震动

（三）偏正式

偏正式复合词，也即具有修饰关系的复合词，其修饰语素和中心语素一般为名词性、形容词性或动词性语素。名词性修饰语素一般在中心语素之前，形容词性修饰语素一般置于中心语素之后。在修饰语素中，形容词性的较多，动词性的较少。下面介绍几种常见的构造方式。

1. 名词性语素 + 名词性语素 = 名词

由两个名词性语素组合成名词，前一个名词性语素修饰后一个名词性语素。这类词在仓洛语中比较多。例如：

to⁵⁵ xa³¹jaŋ⁵⁵ 饭锅（煮饭的）	ko⁵⁵ ʃiŋ⁵⁵ 门槛儿
饭　　锅	门　　木头
pʰie⁵⁵muŋ⁵⁵ kʰaŋ⁵⁵ 麦秸（脱粒后的）	soŋ⁵⁵ja⁵⁵ saŋ³¹ma⁵⁵ 笋干
小麦　　草秆	竹笋　　干儿
om⁵⁵ʃa⁵⁵ tʂʰis⁵⁵ 熊胆	mi⁵⁵zu⁵⁵ma⁵⁵ kaŋ⁵⁵ 蜂箱
狗熊　　胆	蜜蜂　　处所
no³¹waŋ⁵⁵ kʰup³¹taŋ⁵⁵ 嘴唇	moŋ³⁵naŋ⁵⁵ gam⁵⁵ 皮箱
嘴巴　　唇	皮革　　箱子

2. 名词性语素 + 形容词性语素 = 名词

名词性语素在前，形容词性语素在后，形容词性语素修饰名词性语素构成名词。这类词在仓洛语中也比较多。例如：

tʂʰo⁵⁵waŋ⁵⁵ tʃat⁵⁵pu⁵⁵ 尖刀	ʃa⁵⁵ dʒak⁵⁵pa⁵⁵ 肥肉
刀　　尖锐	肉　　肥
jin⁵⁵tʃa⁵⁵ kʰa³¹lu⁵⁵ 咸菜	dʑi³⁵ zin⁵⁵mu⁵⁵ 小襟
菜　　咸	衣襟　　小
dʒa⁵⁵ kar⁵⁵pu⁵⁵ 浓茶	ri¹³ pier³¹wu⁵⁵ 冷水
茶　　浓郁	水　　冷
pʰu⁵⁵laŋ⁵⁵ zin³¹mu⁵⁵ 小腹	koŋ⁵⁵ tʃʰi⁵⁵lu⁵⁵ 贵
腹部　　小	价格　　大

3. 形容词性语素 + 名词性语素 = 名词

形容词性语素在前、名词性语素在后构成的名词相对较少。例如：

bi³⁵din⁵⁵ soŋ⁵⁵ŋo⁵⁵ 富人	tʃo⁵⁵pu⁵⁵ soŋ⁵⁵ŋo⁵⁵ 穷人
富裕　　人	穷苦　　人

4. 动词性语素＋名词性语素＝名词

由动词性语素在前、名词性语素在后组合而成的名词在仓洛语中也不多。例如：

za³⁵　kʰaŋ⁵⁵　饭馆	tsʰui⁵⁵taʳ⁵⁵　a³¹ren⁵⁵　试验田
吃　　地方	试验　　田地

（四）支配式

支配式复合词是用"名词性语素＋动词性语素"构成名词或动词。例如：

tʰiŋ⁵⁵　tok⁵⁵pa⁵⁵　收礼	pi⁵⁵　tʰu⁵⁵pa⁵⁵　踩脚
礼品　收取	脚　　踩
ŋam³⁵　pʰu⁵⁵wa⁵⁵　晒太阳	ro³⁵　ŋan⁵⁵pa⁵⁵　记仇
太阳　　晒	仇恨　记住

在仓洛语中，典型的支配式复合词数量非常少，这其中有两类情况值得重视。一是由处于支配位置的动词性语素 a³¹wa⁵⁵ 构成的支配式复合词语。例如：

tʃup⁵⁵a³¹wa⁵⁵　亲嘴	bis⁵⁵a³¹wa⁵⁵　打喷嚏
ri³¹me⁵⁵a³¹wa⁵⁵　潜水	jon⁵⁵a³¹wa⁵⁵　做鬼脸
ŋu⁵⁵ne⁵⁵a³¹wa⁵⁵　道歉	dʒon³¹tar⁵⁵a³¹wa⁵⁵　演戏
tʃap⁵⁵a³¹wa⁵⁵　保佑	le¹³a³¹wa⁵⁵　干活儿统称：在地里～

另一类是由处于支配位置的动词语素 pʰi³¹wa⁵⁵ 构成的支配式复合词语。例如：

ma³¹kʰa⁵⁵pʰi³¹wa⁵⁵　骂当面～人	kʰu⁵⁵luŋ⁵⁵pʰi³¹wa⁵⁵　吵架动嘴：两个人在～
so⁵⁵ta⁵⁵pʰi³¹wa⁵⁵　骗～人	kʰa⁵⁵la⁵⁵pʰi³¹wa⁵⁵　撒谎
kʰam⁵⁵pʰi³¹wa⁵⁵　打针	wa⁵⁵pʰi³¹wa⁵⁵　开玩笑
pur³⁵pʰi³¹wa⁵⁵　跳舞	tsʰoŋ⁵⁵pʰi³¹wa⁵⁵　做买卖
tʃor³⁵ki⁵⁵pʰi³¹wa⁵⁵　劳改	

这些词中的 a³¹wa⁵⁵、pʰi³¹wa⁵⁵ 起到了轻动词（light verb）[1]的作用。

三　重叠构词法

重叠法是藏缅语中普遍存在的一种构词方式，但在仓洛语中，其构词数量不多，主要用于构成名词和形容词。例如：

dzap³⁵dzap⁵⁵　小心过马路要～	mien³⁵mien⁵⁵　爷爷呼称，最通用的
be³⁵be⁵⁵　早来得～	tʃʰər⁵⁵tʃʰər⁵⁵　甜
toŋ⁵⁵toŋ⁵⁵　喉咙	

---

[1] "轻动词"（light verb）是一种特殊的动词，意义空灵，在句中主要起语法作用。

上述均为双音节单纯词，也是叠音词。此外，还有四音节合成词，例如 kʰi⁵⁵niŋ⁵⁵ kʰi⁵⁵niŋ⁵⁵ "大前天" 是双音节合成词重叠的结果。另有 kʰɑ⁵⁵sɑŋ⁵⁵tiŋ³¹sɑŋ⁵⁵ "直爽" 之类的只重叠一个音节的构词现象。

四 拟声法

模仿原事物发出的声音构词也是仓洛语构词的一种手段，虽然构成的词并不多，但也不妨算是词汇构成的一个来源。例如：

ku⁵⁵ku⁵⁵ 布谷鸟   ɑ⁵⁵tʃʰu⁵⁵ 打喷嚏声

ɑŋ⁵⁵bru⁵⁵ 牛哞哞的叫声   ok⁵⁵ok⁵⁵ 狗汪汪的叫声

第三节

词汇的构成

仓洛语的词汇基本上由固有词和借词两部分构成。固有词是仓洛门巴族数百年间在与自然的斗争和社会生活中逐渐积累起来的词汇，充分体现着仓洛语的语言特色。与此同时，因仓洛门巴族和周围的族群或民族接触，在长期的共同生活中仓洛语出现了丰富的借词，而且借词在词汇系统中所占的比重越来越大。

仓洛语属于汉藏语系的一种语言，其借词主要来源于邻近的藏语、墨脱门巴语和汉语。作为藏语支里的一种语言，要将仓洛语中的借词与同源词区分开来是相当困难的；尤其是其中的藏语借词，不仅数量大，而且已经融入了仓洛语的核心部分，成为影响仓洛语变异的重要因素之一。下面我们分固有词和借词两个部分来介绍一下仓洛语词汇的构成情况。

一 固有词

固有词是仓洛语词汇的基本成分，其中最核心的部分应该来源于原始藏缅语乃至汉藏语。目前从这部分词的语音情况看，仍然能够发现它与同语支其他语言具有同源关系。例如，以下词语跟藏语尤其是藏文有着明显的同源关系：

汉义	仓洛语	藏文
天	ηam^{35}	gnam
雾	$mu\mathrm{?}^{35}pa^{55}$	smug pa
火	mi^{55}	me
地，土	sa^{55}	sa
山	$ri^{31}ko^{55}$	ri
冰雹	$ser^{55}pa^{55}$	ser ba

| 里面 | naŋ³¹ | nang |
| 马 | kur³¹ta⁵⁵ | rta |

有的则与相关的其他语支的语言有同源关系。例如：

汉义	仓洛语	其他语言
牛	wɑ⁵⁵	nwɑ⁵⁵（缅甸语）
鱼	ŋa³⁵	ŋa⁵⁵（缅甸语）
白菜	mom⁵⁵	mõ²²n̗i⁵⁵（缅甸语）
萝卜	mu⁵⁵lie⁵⁵	mõ²²lɑ⁵⁵u⁵³（缅甸语）
毛	pu⁵⁵	pu⁵³（巴米语）
玉米	a⁵⁵ʃam⁵⁵	ʔʌ⁵⁵ɕom⁵⁵（巴米语）
刺	tsuk³⁵	tsu²¹（载瓦语）
头发	tsʰam⁵⁵	u²¹tsʰam⁵³（载瓦语）

二　借词

受语言接触的影响，除了本身的固有词外，从邻近民族语言中借入也是仓洛语丰富词汇的一种重要方式。在本次语保工程调查所得的2640个仓洛语词条中，汉语借词约占12%，藏语借词约占36%。

（一）藏语借词

仓洛语中有大量的藏语借词，这说明藏语对仓洛语的影响是非常深远的。至于这些词是什么时候借入的，目前还无从考证。史书记载，公元823年，拉萨大昭寺门前所立的唐蕃会盟碑上有"门"听命于吐蕃的记载，这说明门巴族和藏族的交往由来已久，所以藏语借词借入的时间应该非常早，在语音上已经基本被仓洛语同化了。正因为这些原因，我们仅仅根据词义和某些语音特征很难判断某个词是否是借词。所以，我们就只能根据词义、有无派生能力、音位是否和谐等标准来进行判断。当然，这些大的原则并不能够将所有的同源词与借词区别开来，仅仅能区分一部分而已。例如：

ki³⁵kin⁵⁵ 老师		dat⁵⁵pa⁵⁵ 信仰	
kam⁵⁵pa⁵⁵ 钳子		dʒɑ⁵⁵ 茶	
la⁵⁵ma⁵⁵ 和尚		ɬa⁵⁵ 佛，仙	
lap⁵⁵tʂa⁵⁵ 学生		lo⁵⁵sar⁵⁵ 新年	
lu⁵⁵wa⁵⁵ 肺		ma⁵⁵mi⁵⁵ 士兵	
mak⁵⁵puŋ⁵⁵ 军队		man⁵⁵ 药	
maŋ⁵⁵ra⁵⁵ 胡子		mi³¹tsʰe⁵⁵ 老百姓	

nat⁵⁵pa⁵⁵ 病人

ŋui⁵⁵ 银子

ŋun⁵⁵ 草

pʰak⁵⁵pa⁵⁵ 猪

praŋ⁵⁵pu⁵⁵ 穷人

preŋ⁵⁵ŋa⁵⁵ 念珠

pun⁵⁵ 土司

sam⁵⁵lo⁵⁵ 思想

sər⁵⁵ 金子

si⁵⁵ʃoŋ⁵⁵ 政府

sok³¹pa⁵⁵ 工人

tʰos⁵⁵ 颅骨

ti³¹min⁵⁵ 锁

tʃa⁵⁵ 铁

tson³⁵kʰɑŋ⁵⁵ 监狱

tsoŋ³⁵ 县（宗）

ri³¹pon⁵⁵ 兔子

lus³¹bu⁵⁵ 身体

sap⁵⁵tʂʰa⁵⁵ 地图

mien³⁵mien⁵⁵ 爷爷

tsa⁵⁵ 脉

上述均为名词类借词，涉及文化、政治、宗教、自然现象、身体部位、亲属称谓、衣食住行等方方面面的词语。另有一些从藏语借入的动词、形容词、数量词等。例如：

tʃak³⁵pa⁵⁵ 胖

tʃit⁵⁵pu⁵⁵ 重

tʂʰi⁵⁵ 万

ȵan⁵⁵ka⁵⁵ 听

tʰoŋ⁵⁵ma⁵⁵ 看见

pa⁵⁵tʂa⁵⁵ 谢谢

ʃet⁵⁵pa⁵⁵ 梳头

ʃek⁵⁵pa⁵⁵ 到达

根据张济川（1986），门巴族很早就借用藏语词，这在语音上有所体现。首先，古藏语有pr、pʰr、br之类的复辅音，这在现代藏语方言中很少出现，而仓洛语仍保留这样的复辅音声母，如pru⁵⁵"龙"。其次，古藏语的单音节浊辅音在现代藏语方言中基本清化，而仓洛语中还保留着浊辅音声母，例如dʒa⁵⁵"茶"。最后，仓洛语中还保留着一些古藏语的韵尾，例如tʰos⁵⁵"颅骨"中的"s"韵尾。

（二）汉语借词

与藏语借词相比，仓洛语中来自汉语（包括方言）的借词相对少一些。汉语借词中，早期借词相对较少，新词反而多一些。例如：

ʃan⁵⁵ 县

jaŋ³⁵la³⁵ 洋蜡蜡烛

y³¹tsi⁵⁵ 胰子肥皂

ju⁵⁵tʰiau³¹ 油条

kaŋ⁵⁵tsi⁵⁵ 缸子

cem³⁵tsi³⁵ 剪子

kʰu⁵⁵kua⁵⁵ 苦瓜

la⁵⁵pa⁵⁵ 喇叭

lau³¹pan⁵⁵ 老板

pau⁵⁵tsɿ⁵⁵ 包子

pʰiŋ⁵⁵goŋ³⁵ 苹果

pʰu⁵⁵ke⁵⁵ 铺盖被子

pian⁵⁵tan⁵⁵ 扁担

mo³¹mo⁵⁵ 包子

tʰe⁵⁵tsi⁵⁵ 印章

门巴族的社会生活不断发展进步，涌现出许多新概念与新词语。这些新词语大都借自藏语和汉语，借助固有词创造的新词少之又少。所以，从藏语和汉语吸收新词语也成为了目前仓洛语词汇丰富发展的主要途径。

第四节

民俗文化词

仓洛门巴族具有悠久的民族历史，孕育了古老、灿烂的民俗文化，包括特有的民族饮食、独特的手工器具、别样的建筑风格、绚丽的民族服饰。下面就从这几个方面介绍一些仓洛语的民俗文化词语，由此可窥探仓洛门巴族绚丽多彩的习俗文化和民族审美情趣。

一 饮食

（一）la⁵⁵wa⁵⁵ba³¹mu⁵⁵ "獐子菌"

墨脱县茂密的森林中盛产多种野生植物，包括蘑菇、黑木耳，味道十分鲜美。獐子菌是一种珍稀名贵的野生食用菌，属于十大名菌，是历代王朝纳贡的贡品。獐子菌营养丰富，味道鲜美，肉质细嫩，香味独特。用獐子菌做成的菜肴被仓洛门巴人称为 la⁵⁵wa⁵⁵ba³¹mu⁵⁵kam⁵⁵taŋ⁵⁵。

（二）pa³⁵ra⁵⁵tsa⁵⁵lu⁵⁵ "红米"

门巴族以前的主食是玉米、荞子、鸡爪谷以及青稞等。20世纪50年代以后开始种植水稻，现在大米饭已经逐步取代其他食物成为门巴人的主食。红米是墨脱当地特有的主食，深受仓洛门巴人喜爱。红米外皮呈紫红色，内心为红色，米质较好，口感比较淡，微有酸味，可做汤羹，亦可做饭粥，还是酿酒的原材料。

（三）paŋ³⁵tʃʰaŋ⁵⁵ "黄酒"

门巴族善饮酒，以黄酒、米酒和青稞酒为主，宗教仪

图 1 黄酒
墨脱县背崩乡背崩村 /2019.7.22/ 刘宾 摄

式、婚丧嫁娶、日常生活等各种场景都离不开酒。paŋ³⁵tʃʰɑŋ⁵⁵ "帮羌" 是仓洛门巴族最喜爱的酒类，用玉米、鸡爪谷等烤制而成，因略呈黄色，故外族人称之为 "黄酒"。

（四）ȵom³⁵pa⁵⁵tʃʰi⁵⁵lu⁵⁵ "大柠檬"

墨脱县地处亚热带地区，适宜栽培柠檬。墨脱的柠檬个头大，香味浓。相较于其他品种的柠檬，墨脱大柠檬营养成分含量更高。

（五）luŋ⁵⁵lɛ³⁵si⁵⁵ "芭蕉"

墨脱得天独厚的气候条件很适宜香蕉和芭蕉的生长。香蕉为各家各户栽培的品种，个头较小，但口感滑腻，香甜可口，淀粉含量很高。芭蕉是野生的，更为独特，内含类似于石头的黑色种子，所以仓洛门巴人称之为 luŋ⁵⁵lɛ³⁵si⁵⁵，luŋ⁵⁵ 就是 "石头"。香蕉和芭蕉是深受外地游客喜爱的墨脱特产水果。此外，香蕉叶子也可加工成家畜的饲料及肥料。

图 2　大柠檬
墨脱县背崩乡背崩村 /2019.7.22/ 刘宾　摄

图 3　芭蕉
墨脱县背崩乡背崩村 /2019.7.22/ 刘宾　摄

二　器具

（一）tʃʰuk⁵⁵ʃiŋ⁵⁵za³¹dum⁵⁵ "乌木筷子"

乌木筷子是墨脱当地门巴人的传统餐具，以墨脱特有的棕榈科植物乌木树（tʃʰuk⁵⁵ʃiŋ⁵⁵）为原料加工制作而成，其质地坚硬、手感厚重、色泽黑亮、结实耐用，是当地著名特产，既可用作餐具，也可作为收藏品，还可以当作珍贵礼品赠送亲友。

图 4　乌木筷子
墨脱县背崩乡背崩村 /2019.7.22/ 刘宾　摄

（二）kʰo⁵⁵ "石锅"

墨脱石锅是墨脱县的著名特产，其历史悠久，源于新石器时代。古人的容器、炊具、汤勺都是就地取材。墨脱石锅的原料为皂石，产于墨脱县境内雅鲁藏布江两岸的悬崖峭壁上，每年的七八月份被集中采集后由牦牛、骡马运到山下，后经雅鲁藏布江江水浸泡一个月才可由当地手工匠人打制成石锅。墨脱石锅质地绵软，呈灰白色或灰褐色，形状为桶形，锅底有平的和弧形的两类，厚2至3厘米；规格不等，直径约有30厘米、20厘米、10厘米等。这种石锅传热快，熬煮食物味道鲜美。门巴族将石锅炖菜统称为kʰo⁵⁵ka³¹zoŋ³⁵ka⁵⁵kam⁵⁵taŋ⁵⁵。

图5　石锅　墨脱县背崩乡背崩村 /2019.7.22/ 刘宾 摄

（三）竹编器具

1. ʃop⁵⁵dzɑ̩⁵⁵pa⁵⁵laŋ⁵⁵ "休差"

休差是仓洛门巴人用于盛酒的一种特制容器，分为内外两层。内层为天然的竹子，留其竹节，在竹节一端开一小孔，用于倒出酒液；外层由坚固的藤竹细条编织而成，藤竹细条先用天然染料上色，再请当地的手艺人手工编织呈现精美的外观。休差坚固耐用，是仓洛门巴人的日常用具，也可作为艺术珍品收藏。

图6　休差　墨脱县背崩乡背崩村 /2019.7.22/ 刘宾 摄

2. so⁵⁵pɑ³¹roŋ⁵⁵ "藤竹背篓"

墨脱藤竹背篓采用墨脱特有的实心藤竹表皮，以仓洛门巴人口耳相传的古老技法编制而成。与其他背篓相比，墨脱藤竹背篓质地更加柔软，长时间背负不伤肩背；更加坚固耐用，风吹日晒都不易开裂。竹编背篓还是久负盛名的墨脱背夫必不可少的背运工具。

3. baŋ³¹dʒoŋ⁵⁵ "邦琼"

邦琼是墨脱最具代表性的传统手工艺品，具有悠久的传承历史。邦琼主要用作储存盒，分上盖和下碗两个部分，上盖略大一圈，二者可较为严实地合闭在一起。藤条之间被编制得相当紧密，存放针线也不会漏出。藤条本身的材质特性又使之具有良好的透气性，即使存放食物也不容易变质。邦琼也是游客来墨脱旅游时十分喜爱的纪念品。

图 7　藤竹背篓　　　　　　　　　　　　　　图 8　邦琼
墨脱县背崩乡背崩村 /2019.7.22/ 刘宾 摄　　　墨脱县背崩乡背崩村 /2019.7.22/ 刘宾 摄

三　建筑

（一）pʰɛ⁵⁵ "（墨脱）房屋"

墨脱县的仓洛门巴人早期居住的是干栏式木房，大多为两层小楼，上层住人，下层关牲畜。房屋上层与地面相距　米左右；房顶呈人字形，以蕉叶或木板覆盖，再用石板压顶。住房一般是就地取材，用木头、竹子、草、石块等建盖，既简单又适用。房屋呈长方形，门外设有晒台，用木板、石块或竹篱笆做墙。一般情况下，门巴族的建筑都是门朝东面，因为他们认为太阳出来就照进家门是吉祥如意的象征，而且太阳晒进来可以消毒和驱潮气。

如今当地经济条件有很大的改善，仓洛门巴族的住房条件及建筑风格也有很大的变化。新式住房在老式的干栏式住房基础上加以改造，成为上下多层小楼，还设有晒台，如图9所示。无论是传统的干栏式木房还是现代新居，仓洛门巴人都统称为 pʰɛ⁵⁵。

图 9　现代民居　墨脱县背崩乡背崩村 /2019.7.22/ 刘宾　摄

（二）paŋ³⁵ŋa⁵⁵ **"仓库"**

门巴族家家户户都有仓库，叫做paŋ³⁵ŋa⁵⁵，以木柱和圆木盘支撑，架在一米多高的地方，如图10所示。这种仓库主要用来储蓄粮食，既防潮又防鼠。

图 10　仓库　墨脱县背崩乡背崩村 /2019.7.22/ 刘宾　摄

四　服装

（一）tu⁵⁵toŋ⁵⁵ "男性上衣"

墨脱门巴族的服装主要是用棉麻自织的。男性上衣为白色或红色，白色有长、短两种款式。

图 11　男性上衣　墨脱县背崩乡背崩村 /2019.7.22/ 刘宾　摄

（二）tur³⁵mɑ⁵⁵ "男性下衣"

墨脱门巴族男性下衣形似裙子，有不同款式，颜色鲜艳，花纹清晰可见。早期仓洛男性腰部多挂一把砍刀和一把叶形的小刀。

（三）wu⁵⁵tʃi⁵⁵kɑ³¹tu⁵⁵toŋ⁵⁵ "女性上衣"

墨脱门巴族女性多穿白色或红色质薄搭襟小上衣，天热时可以直接外穿，无需外罩衣物。

（四）me⁵⁵ju³¹ "裙子"

门巴族女性下身多穿有彩色条纹的筒裙，两侧一般各有三道褶皱，有的还会在裙子上挂上小铃铛等饰物加以点缀。

（五）go³¹ʃu⁵⁵ "女性外衫"

天气较冷时，门巴族女性会外穿彩色花条纹的无袖外衫，腰间再系上不同颜色的腰带。

图 12　女性服饰　墨脱县背崩乡背崩村 /2019.7.22/ 刘宾　摄

五 饰品

墨脱门巴族女性喜欢佩戴嵌有珊瑚、绿松石等宝石的串珠、耳环、戒指、项链和银手镯。

（一）na³⁵ŋa⁵⁵pʰin⁵⁵tsam⁵⁵ "耳坠"

图 13 耳坠 墨脱县背崩乡背崩村 /2019.7.22/ 刘宾 摄

（二）ka³⁵taŋ⁵⁵pʰin⁵⁵tsam⁵⁵ "手镯"

图 14 手镯 墨脱县背崩乡背崩村 /2019.7.22/ 刘宾 摄

第四章 分类词表

说明：

1. 第一节和第二节收录《中国语言资源调查手册·民族语言（藏缅语族）》中的词汇条目，分别为通用词和扩展词。根据调查点语言实际情况有所删减，共2637条。

2. 第三节为其他词，收录除上述语保通用词和扩展词外的部分天文地理、时间、植物、动物、房舍器具、服饰饮食、身体医疗、婚丧信仰、人品称谓、农工商文、动作行为、性质状态、数量等方面的词汇。

第一节

《中国语言资源调查手册·民族语言（藏缅语族）》通用词

一　天文地理

太阳~下山了 ηam^{35}

月亮~出来了 $la^{31}ni\eta^{55}\eta am^{35}$

星星 $ka^{55}ma^{55}min^{31}ts\d{u}^{55}$

云 $mu\textipa{P}^{55}pa^{55}$

风 $ri^{31}ti^{55}$

闪电名词 $ta\eta^{55}liep^{31}ka^{55}$

雷 $mu^{55}p^hu^{55}ka^{55}$

雨 $\eta am^{35}su^{55}$

下雨 $\eta am^{35}su^{55}k^he^{31}ka^{55}$

淋衣服被雨~湿了 $t\epsilon m^{55}ka^{55}$

晒~粮食 $p^hu^{55}wa^{55}$

雪 p^hum^{55}

冰 $ka^{55}rak^{55}pi^{55}$

冰雹 $ser^{55}pa^{55}$

霜 p^hras^{55}

雾 $mu\textipa{P}^{35}pa^{55}$

露 $\d{n}ur^{35}$

虹统称 $t\textipa{S}a^{55}\textipa{S}ar^{55}pa^{55}$

日食 $\eta am^{13}dza^{31}wa^{55}$

月食 $la^{31}ni\eta^{55}\eta am^{35}dza^{31}wa^{55}$

天气 ηam^{35}

晴天~ $lik^{55}pu^{55}$

阴天~ $buk^{31}pa^{55}$

旱天~ $tsa\eta^{55}ma^{55}$

涝天~ $pr\epsilon k^{55}p^ha^{55}ka^{55}$

天亮 $mi\eta^{35}tek^{55}pa^{55}$

水田 $a^{55}re\eta^{55}$

旱地浇不上水的耕地 $sa^{55}sa\eta^{35}pa^{55}$

田埂 $ta\eta^{35}$

路野外的 lam^{35}

山 $ri^{31}ko^{55}$

山谷 $ri^{31}ku^{55}t^ho\eta^{55}\eta a^{55}$

江大的河 $tsa\eta^{55}pu^{55}$

溪小的河 $lo\eta^{55}t\textipa{S}^ho^{55}$

水沟儿较小的水道 ri^{13}zen^{31}pu^{55}

湖 tsʰo^{55}

池塘 ri^{13}tsaŋ^{31}ma^{55}

水坑儿地面上有积水的小洼儿 ri^{31}kaŋ^{55}

洪水 tʃʰy^{55}lo^{55}

淹被水~了 puk^{55}tʰa^{55}ka^{55}

河岸 ri^{13}nap^{55}ka^{55}

坝拦河修筑拦水的 tsik^{55}pa^{55}

地震 sam^{55}tir^{31}ma^{55}

窟窿小的 miŋ^{13}zen^{31}pu^{55}

缝儿统称 toŋ^{55}pa^{55}

石头统称 luŋ^{55}

土统称 sa^{55}

泥湿的 ʒin^{35}tsaŋ^{55}

水泥旧称 bien^{31}lien^{31}ta^{55}sa^{55}

沙子 bi^{31}tsa^{55}

砖整块的 sa^{55}wa^{55}

炭木炭 kʰo^{55}so^{55}

灰烧成的 tʰu^{55}lu^{55}

灰尘桌面上的 pʰur^{55}tsi^{55}

火 mi^{55}

烟烧火形成的 mu^{35}gu^{55}

失火 mi^{31}te^{13}wa^{55}

水 ri^{55}

凉水 ri^{13}picr^{31}wu^{55}

热水如洗脸的热水，不是指喝的开水 ri^{13}tsʰa^{31}lu^{55}

开水喝的 ri^{13}lak^{31}ka^{55}

磁铁 lo^{55}

二　时间方位

时候吃饭的~ xa^{55}la^{55}

什么时候 xa^{55}la^{55}te^{55}lo^{55}

现在 o^{55}ma^{55}

以前十年~ ko^{13}ma^{55}

以后十年~ tsʰiŋ^{55}a^{55}

一辈子 mi^{35}tsʰe^{55}tʰor^{55}

今年 ta^{31}rer^{55}

明年 soŋ^{55}ŋan^{55}

后年 ʃin^{55}ŋan^{55}

去年 jaŋ^{13}tʰian^{55}

前年 soŋ^{13}tʰian^{55}

往年过去的年份 ku^{31}ma^{55}

年初 diŋ^{13}bar^{31}ka^{55}

年底 diŋ^{13}dʒu^{31}ka^{55}

今天 tʰi^{55}noŋ^{55}

明天 nam^{13}niŋ^{55}

后天 jim^{31}roŋ^{55}

大后天 ʃim^{55}roŋ^{55}

昨天 ji^{55}niŋ^{55}

前天 kʰi^{55}niŋ^{55}

大前天 kʰi^{55}niŋ^{55}kʰi^{55}niŋ^{55}

整天 ŋam^{35}tʰor^{55}

每天 ŋam^{31}dzaŋ^{31}sa^{55}

早晨 wən^{55}to^{55}

上午 wən^{55}

中午 je^{35}naŋ^{55}

下午 jc^{31}naŋ^{55}jør^{31}ka^{55}

傍晚 nie^{35}ri^{55}

白天 ŋam^{35}par^{55}ka^{55}

夜晚与白天相对，统称 ŋam^{35}kʰi^{55}ka^{55}

半夜 pi^{35}naŋ^{55}par^{55}ka^{55}

正月农历 nam^{35}kaŋ^{55}

大年初一农历 lo^{31}sar^{55}tsʰe^{55}tʰor^{55}

腊月农历十二月 tʃoŋ^{55}ni^{31}pa^{55}

星期天 ni³¹so⁵⁵

地方 sa⁵⁵tʃʰa⁵⁵

什么地方 o⁵⁵pa⁵⁵sa⁵⁵tʃʰa⁵⁵

家里 pʰɛ⁵⁵ka⁵⁵

城里 tʂoŋ³¹tʃʰir⁵⁵

乡下 toŋ⁵⁵naŋ³¹ka⁵⁵

上面从~滚下来 kar⁵⁵lo¹³ka⁵⁵

下面从~爬上去 toŋ¹³lo¹³ka⁵⁵

左边 ʒi⁵⁵pa⁵⁵lo¹³ka⁵⁵

右边 yn⁵⁵pa⁵⁵lo¹³ka⁵⁵

中间排队排在~ par³¹ka⁵⁵

前面排队排在~ kuʔ¹³ka⁵⁵

后面排队排在~ tsʰiŋ⁵⁵lo¹³ka⁵⁵

末尾排队排在~ tʃu³⁵ka⁵⁵lo¹³ka⁵⁵

对面 tot⁵⁵poŋ⁵⁵

面前 gop⁵⁵ka⁵⁵lo¹³ka⁵⁵

背后 tsʰiŋ⁵⁵lo¹³ka⁵⁵

里面躲在~ naŋ³¹ka⁵⁵

外面衣服晒在~ tʃʰi⁵⁵lo¹³ka⁵⁵

旁边 re³¹ka⁵⁵

上碗在桌子~ ga⁵⁵

下凳子在桌子~ toŋ⁵⁵

边儿桌子的~ tʰar⁵⁵

角儿桌子的~ sur⁵⁵

上去他~了 ka¹³ti³⁵ka⁵⁵

下来他~了 toŋ¹³wu³¹ka⁵⁵

进去~了 nup¹³ti³¹ka⁵⁵

出来他~了 ʃyn¹³wu³¹ka⁵⁵

出去他~了 ʃyn¹³dʒoŋ³¹ma⁵⁵

回来他~了 lok⁵⁵ka⁵⁵

起来天冷~了 tʰiŋ⁵⁵ma⁵⁵

三　植物

树 ʃiŋ⁵⁵

木头 ʃiŋ⁵⁵toŋ¹³naŋ⁵⁵

松树统称 pɛn⁵⁵tsoŋ³¹ʃiŋ⁵⁵

柏树统称 ʃok⁵⁵pa³¹ʃiŋ⁵⁵

杉树 waŋ³¹ʃiŋ⁵⁵

柳树 tʃaŋ⁵⁵ma³¹ʃiŋ⁵⁵

竹子统称 so⁵⁵

笋 so⁵⁵n̩om⁵⁵

叶子 ʃa⁵⁵pa⁵⁵

花 mom³¹naŋ⁵⁵

花蕾花骨朵 mom³¹naŋ⁵⁵ku³¹luk⁵⁵taŋ⁵⁵

荷花 po⁵⁵zoŋ⁵⁵mom³¹naŋ⁵⁵

草 ŋon⁵⁵

藤 ru⁵⁵

刺名词 zu⁵⁵

水果 dzan³¹tsam⁵⁵

苹果 wu⁵⁵ʃo⁵⁵

桃子 liŋ⁵⁵

橘子 tsʰa⁵⁵lu⁵⁵

核桃 kʰe⁵⁵

甘蔗 kʰo⁵⁵min⁵⁵

木耳 na⁵⁵ru⁵⁵ba³¹mu⁵⁵

蘑菇野生的 ba⁵⁵mu⁵⁵

香菇 ba⁵⁵mu⁵⁵

稻子指植物 pa⁵⁵ra⁵⁵nam³¹naŋ⁵⁵

稻谷指籽实（脱粒后是大米）pa⁵⁵ra⁵⁵

稻草脱粒后的 pa⁵⁵ra⁵⁵kʰaŋ⁵⁵

大麦指植物 tʂu⁵⁵

小麦指植物 pʰie⁵⁵muŋ⁵⁵

麦秸脱粒后的 pʰie⁵⁵muŋ⁵⁵kʰaŋ⁵⁵

谷子指植物（籽实脱粒后是小米）pa⁵⁵ra⁵⁵sok⁵⁵pa⁵⁵

高粱指植物pʰi⁵⁵naŋ⁵⁵

玉米指成株的植物ɑ⁵⁵ʃam⁵⁵

棉花指植物mu³⁵ŋan⁵⁵

油菜油料作物，不是蔬菜men³⁵pa⁵⁵

芝麻ti⁵⁵li⁵⁵

向日葵指植物ni³¹ma⁵⁵me³¹to⁵⁵

花生指果实tʂe⁵⁵ma⁵⁵

黄豆li³¹bi⁵⁵

绿豆wur⁵⁵ʃa⁵⁵jin³¹lu⁵⁵

豇豆长条形的wur⁵⁵ʃa⁵⁵rən³¹pu⁵⁵

大白菜东北~ mom⁵⁵

包心菜卷心菜，圆白菜，球形的mom⁵⁵ko⁵⁵lok⁵⁵taŋ⁵⁵

韭菜nɑ³¹raŋ⁵⁵

香菜芫荽wo³⁵su⁵⁵

葱kuk⁵⁵pa⁵⁵

蒜lam⁵⁵

姜sa⁵⁵kʰɑ⁵⁵

洋葱lam⁵⁵

辣椒统称so⁵⁵lo⁵⁵

茄子统称pan⁵⁵to⁵⁵

萝卜统称mu⁵⁵lie⁵⁵

胡萝卜mu⁵⁵lie⁵⁵tsa⁵⁵lu⁵⁵

黄瓜man³⁵boŋ⁵⁵

南瓜prom³¹ʃa⁵⁵

红薯统称in⁵⁵tʃa⁵⁵koŋ⁵⁵

马铃薯pa⁵⁵saŋ⁵⁵koŋ⁵⁵

芋头pu³⁵zuŋ⁵⁵

藕po³⁵tsoŋ⁵⁵

四 动物

老虎mien³⁵mien⁵⁵kʰai⁵⁵la⁵⁵

猴子sa³¹la⁵⁵

蛇统称pu³⁵tʃʰi⁵⁵la⁵⁵

老鼠家里的pʰi⁵⁵ʃak⁵⁵pa⁵⁵

蝙蝠kom⁵⁵tʃi⁵⁵pʰɑ⁵⁵waŋ⁵⁵

鸟儿飞鸟，统称kʰɑ⁵⁵

麻雀tʃʰu⁵⁵wa⁵⁵

喜鹊pu⁵⁵ʃor⁵⁵

乌鸦a⁵⁵pa⁵⁵

鸽子ti⁵⁵ta⁵⁵ri⁵⁵

翅膀鸟的，统称wi³⁵lam⁵⁵

爪子鸟的，统称tsʰi⁵⁵naŋ⁵⁵

尾巴ʃam⁵⁵pi⁵⁵

窝鸟的ʃom⁵⁵

虫子统称bu³⁵

蝴蝶统称pʰien⁵⁵pa⁵⁵lin⁵⁵

蜻蜓统称tsʰat⁵⁵pa⁵⁵bu⁵⁵

蜜蜂mi⁵⁵zu⁵⁵ma⁵⁵

蜂蜜mi⁵⁵zu⁵⁵ma⁵⁵iŋ⁵⁵

知了统称jaŋ⁵⁵jaŋ⁵⁵ma⁵⁵

蚂蚁kʰaŋ⁵⁵tʃi⁵⁵la⁵⁵

蚯蚓jin⁵⁵pu⁵⁵

蜘蛛会结网的roŋ³⁵ʃaŋ⁵⁵pu⁵⁵

蚊子统称pu⁵⁵ta⁵⁵za⁵⁵

苍蝇统称joŋ⁵⁵pu⁵⁵

跳蚤咬人的ȵip³¹taŋ⁵⁵

虱子ʃiŋ⁵⁵ta⁵⁵ma⁵⁵

鱼ŋa³⁵

鲤鱼kʰe⁵⁵ŋa³⁵

鳞鱼的sap⁵⁵

螃蟹统称tek³⁵siŋ⁵⁵

青蛙统称tak⁵⁵tak⁵⁵pa⁵⁵

癞蛤蟆表皮多疙瘩pɛ³⁵pu⁵⁵tak³¹tak³¹pa⁵⁵

马 kur³¹ta⁵⁵

驴 ku⁵⁵lu⁵⁵

骡 dzɛ⁵⁵

牛 wa⁵⁵

公牛 统称 wa⁵⁵to⁵⁵ka⁵⁵

母牛 统称 ta³¹ma⁵⁵

放牛 wa⁵⁵lin³¹ka⁵⁵

羊 ra³¹pa⁵⁵

猪 pʰak⁵⁵pa⁵⁵

种猪 配种用的公猪 pʰak⁵⁵pa⁵⁵li⁵⁵

公猪 成年的，已阉的 pʰu⁵⁵pʰa⁵⁵

母猪 成年的，未阉的 mu⁵⁵pʰa⁵⁵

猪崽 ta³¹dza⁵⁵

猪圈 tʃur⁵⁵kaŋ⁵⁵

养猪 pʰak⁵⁵pa⁵⁵siŋ³¹ma⁵⁵

猫 ta³¹ni⁵⁵

公猫 ta³¹ni⁵⁵pʰo⁵⁵

母猫 ta³¹ma⁵⁵

狗 统称 kʰu⁵⁵

公狗 pʰo⁵⁵kʰi⁵⁵

母狗 mu³¹kʰi⁵⁵

叫 狗~ su³¹pa⁵⁵

兔子 ri³¹pon⁵⁵

鸡 ku³¹wa⁵⁵

公鸡 成年的，未阉的 la³¹pu⁵⁵

母鸡 已下过蛋的 ta³¹ma⁵⁵

叫 公鸡~ dʒik³¹pa⁵⁵

下 鸡~蛋 tʰa³¹ma⁵⁵

孵 ~小鸡 bon⁵⁵pa⁵⁵

鸭 tʃʰup⁵⁵ʃa⁵⁵

鹅 tʃʰup⁵⁵ʃa⁵⁵tʃʰi³¹lu⁵⁵

阉 ~公猪 ʃa⁵⁵tʃot⁵⁵pa⁵⁵

阉 ~母猪 ʃa⁵⁵tʃot⁵⁵pa⁵⁵

阉 ~鸡 ʃa⁵⁵tʃot⁵⁵pa⁵⁵

喂 ~猪 siŋ⁵⁵ma⁵⁵

杀猪 统称 pʰak⁵⁵pa⁵⁵ʃe³¹wa⁵⁵

杀 ~鱼 ʃe⁵⁵wa⁵⁵

五　房舍器具

村庄 一个~ tʂoŋ³¹pa⁵⁵

胡同 统称：一条~ toŋ⁵⁵pa⁵⁵

街道 lam⁵⁵naŋ⁵⁵tʃʰi⁵⁵lu⁵⁵

盖房子 pʰɛ⁵⁵dʒot⁵⁵pa⁵⁵

房子 整座的，不包括院子 pʰɛ⁵⁵

屋子 房子里分隔而成的，统称 naŋ³⁵ga⁵⁵

卧室 jip³⁵sa⁵⁵

茅屋 茅草等盖的 sar⁵⁵paŋ⁵⁵

厨房 tʰap³¹tsaŋ⁵⁵

灶 统称 tʰap⁵⁵

锅 统称 xa³¹jaŋ⁵⁵

饭锅 煮饭的 to⁵⁵xa³¹jaŋ⁵⁵

菜锅 炒菜的 kam⁵⁵taŋ⁵⁵xa³¹jaŋ⁵⁵

厕所 旧式的，统称 kʰis³¹gaŋ⁵⁵

檩 左右方向的 ʃiŋ⁵⁵tʂup³¹ʃi⁵⁵

柱子 ka⁵⁵wa⁵⁵

大门 ko⁵⁵tʃʰi³¹lu⁵⁵

门槛儿 ko⁵⁵ʃiŋ⁵⁵

窗 旧式的 ko⁵⁵tʃoŋ⁵⁵

梯子 可移动的 rən³⁵ŋan⁵⁵

扫帚 统称 praŋ⁵⁵pʰak³¹tsam⁵⁵

扫地 pʰak⁵⁵pa⁵⁵

垃圾 tsuk⁵⁵pa⁵⁵

东西 我的~ no³⁵tsaŋ⁵⁵

床 木制的，睡觉用 ni³⁵tʃʰi⁵⁵

枕头 kʰom⁵⁵naŋ⁵⁵

被子 pʰo⁵⁵kʰem⁵⁵

棉絮 mo⁵⁵ŋan⁵⁵pu⁵⁵

床单 kʰem⁵⁵zam⁵⁵

褥子 kʰem⁵⁵zam⁵⁵

席子 loʔ⁵⁵

桌子统称 tʂuk³¹tsi⁵⁵

柜子统称 tʃʰa⁵⁵kam⁵⁵

椅子统称 a³¹tsam⁵⁵toŋ³¹tan⁵⁵

凳子统称 toŋ³¹tan⁵⁵

马桶有盖的 kʰi⁵⁵wən⁵⁵tsam⁵⁵

瓢舀水的 tʃo⁵⁵

缸 ju⁵⁵kaŋ⁵⁵tsam⁵⁵

坛子装酒的～ ru⁵⁵kum⁵⁵

瓶子装酒的～ ʃi⁵⁵tam⁵⁵

盖子杯子的～ pun³¹naŋ⁵⁵

碗统称 ku⁵⁵roŋ⁵⁵

筷子 sa³¹tum⁵⁵

汤匙 kar⁵⁵pa⁵⁵

柴火统称 mi³⁵ʃiŋ⁵⁵

火柴 tʂak⁵⁵tsa⁵⁵

锁 ti³¹min⁵⁵

钥匙 ti³¹min⁵⁵zu⁵⁵

暖水瓶 tsʰa⁵⁵tam⁵⁵

脸盆 toŋ³¹pin⁵⁵

洗脸水 kom⁵⁵tsik⁵⁵dzam⁵⁵ri⁵⁵

毛巾洗脸用 pak³¹taŋ⁵⁵

手绢 ʃop⁵⁵taŋ⁵⁵pʰak³¹tsaŋ⁵⁵

肥皂洗衣服用 y³¹tsi⁵⁵

梳子旧式的，不是篦子 nas⁵⁵

缝衣针 kʰam⁵⁵

剪子 kem³⁵tsi⁵⁵

蜡烛 jaŋ³⁵la⁵⁵

手电筒 bi³¹tʃi⁵⁵liŋ⁵⁵

雨伞挡雨的，统称 ȵen³⁵tu⁵⁵

自行车 kaŋ⁵⁵ka⁵⁵re⁵⁵

六 服饰饮食

衣服统称 kʰa⁵⁵mu⁵⁵

穿～衣服 je³¹wa⁵⁵

脱～衣服 ʃyt⁵⁵pa⁵⁵

系～鞋带 tam³⁵pa⁵⁵

衬衫 naŋ⁵⁵ke⁵⁵jin⁵⁵tsam⁵⁵

背心带两条杠的，内衣 pʰrak⁵⁵ta⁵⁵toŋ³¹toŋ⁵⁵

袖子 pʰu⁵⁵tum⁵⁵

口袋衣服上的 pa³¹ko⁵⁵

裤子 tur³⁵ma⁵⁵

短裤外穿的 aŋ⁵⁵ta⁵⁵tur³¹ma⁵⁵

裤腿 koŋ³¹noŋ⁵⁵

帽子统称 mu³¹ku³¹liŋ⁵⁵

鞋子 pi³¹tər⁵⁵

围裙 baŋ⁵⁵tan⁵⁵

尿布 kʰi⁵⁵pak⁵⁵taŋ⁵⁵

扣子 tʰep⁵⁵tsi⁵⁵

扣～扣子 kʰe⁵⁵wa⁵⁵

戒指 tsʰɛ⁵⁵tom⁵⁵

手镯 tsʰo⁵⁵

理发 mik³¹pa⁵⁵

梳头 ʃet⁵⁵pa⁵⁵

米饭 to⁵⁵

稀饭用米熬的，统称 tʰuk⁵⁵pa⁵⁵

面粉麦子磨的，统称 pok³¹pi⁵⁵

面条统称 pu⁵⁵taŋ⁵⁵

面儿玉米～|辣椒～ pok³¹pi⁵⁵

包子 mo³¹mo⁵⁵

饺子 mo³¹mo⁵⁵

馅儿 ʃa⁵⁵pok³¹pi⁵⁵

豆浆 li⁵⁵pi⁵⁵

点心统称 kʰap⁵⁵zi⁵⁵

菜吃饭时吃的，统称 kam⁵⁵taŋ⁵⁵dʒu⁵⁵

干菜统称 tsaŋ⁵⁵ma⁵⁵

豆腐 tʃa⁵⁵na⁵⁵ʒi³⁵pa⁵⁵

猪血当菜的 pʰak⁵⁵pa⁵⁵ʒi³⁵

猪蹄当菜的 pʰak⁵⁵pa⁵⁵pi³⁵ta⁵⁵pi⁵⁵

猪舌头当菜的 pʰak⁵⁵pa⁵⁵lie⁵⁵

猪肝当菜的 pʰak⁵⁵pa⁵⁵tʃʰiŋ⁵⁵pa⁵⁵

下水猪牛羊的内脏 naŋ³¹ʃa⁵⁵

鸡蛋 ko³¹tʰam⁵⁵

猪油 pʰak⁵⁵pa⁵⁵ʒan⁵⁵

香油 ʃer³¹nam⁵⁵ma⁵⁵n̺um⁵⁵

盐名词 iŋ⁵⁵dʒa⁵⁵

醋 tʃot⁵⁵pu⁵⁵

香烟 tʰa³⁵ma⁵⁵

旱烟 tʰu⁵⁵lu⁵⁵

白酒 a⁵⁵ra⁵⁵

黄酒 paŋ³⁵tʃʰaŋ⁵⁵

江米酒酒酿，醪糟 pʰa⁵⁵pʰin⁵⁵

茶叶 dʒa⁵⁵

沏~茶 tʂən⁵⁵ma⁵⁵

做饭统称 to⁵⁵tʃot³¹ka⁵⁵

炒菜统称，和做饭相对 kam⁵⁵taŋ⁵⁵bret⁵⁵pa⁵⁵

煮~带壳的鸡蛋 zoŋ³¹ma⁵⁵

煎~鸡蛋 prek³⁵pa⁵⁵

炸~油条 prek³⁵pa⁵⁵

蒸~鱼 ʃoŋ⁵⁵ka⁵⁵zoŋ¹³pa⁵⁵

揉~面做馒头等 n̺e³¹wa⁵⁵

擀~面|~皮儿 ri³¹wa⁵⁵

吃早饭 wən³⁵to⁵⁵za³¹wa⁵⁵

吃午饭 jen³⁵naŋ⁵⁵za³¹wa⁵⁵

吃晚饭 n̺e³⁵ri⁵⁵za³¹wa⁵⁵

吃~饭 za³¹wa⁵⁵

喝~酒 tʃa³¹ma⁵⁵

喝~茶 tʃa³¹ma⁵⁵

抽~烟 tʃaŋ³⁵pa⁵⁵

盛~饭 tʰa³⁵pa⁵⁵

夹用筷子~菜 kam³⁵pa⁵⁵

斟~酒 luk⁵⁵pa⁵⁵

渴口~ sok³¹pa⁵⁵

饿肚子~ pi³¹naŋ⁵⁵kʰu⁵⁵wa⁵⁵

噎吃饭~着了 jik⁵⁵pa⁵⁵

七 身体医疗

头人的，统称 ʃa⁵⁵raŋ⁵⁵

头发 tsʰam⁵⁵

辫子 na³¹ma⁵⁵

旋 tʃʰur⁵⁵tʃʰur⁵⁵pa⁵⁵

额头 pa⁵⁵toŋ⁵⁵

相貌 sop³¹ta⁵⁵

脸洗~ doŋ³¹pa⁵⁵

眼睛 miŋ³⁵

眼珠统称 miŋ³⁵kʰu⁵⁵loŋ⁵⁵

眼泪哭的时候流出来的 miŋ³⁵ri⁵⁵

眉毛 miŋ³⁵pu⁵⁵

耳朵 na³⁵

鼻子 na³¹xoŋ⁵⁵

鼻涕统称 ji³¹naŋ⁵⁵

擤~鼻涕 lan¹³ki³¹ma⁵⁵

嘴巴人的，统称 no³¹waŋ⁵⁵

72

嘴唇 no³¹waŋ⁵⁵kʰup³¹taŋ⁵⁵

口水~流出来 tʰop⁵⁵taŋ⁵⁵

舌头 lie⁵⁵

牙齿 ʃa⁵⁵

下巴 kam³⁵ti⁵⁵

胡子嘴周围的 maŋ⁵⁵ra⁵⁵

脖子 ŋaŋ⁵⁵

喉咙 toŋ⁵⁵toŋ⁵⁵

肩膀 pʰaŋ⁵⁵ma⁵⁵

胳膊 ka³¹taŋ⁵⁵

手包括臂：他的~摔断了 ka³¹taŋ⁵⁵

左手 la³⁵n̪oŋ⁵⁵pa⁵⁵

右手 mi³¹n̪oŋ⁵⁵pa⁵⁵

拳头 mu³¹tʂuk⁵⁵pa⁵⁵

手指 ka³¹taŋ⁵⁵bruŋ⁵⁵ma⁵⁵

大拇指 tʰe⁵⁵wa⁵⁵

中指 doŋ³¹lam⁵⁵

小拇指 tʰek⁵⁵tʃoŋ⁵⁵

指甲 tsi⁵⁵naŋ⁵⁵

腿 bi³⁵

脚只指脚 pʰik⁵⁵pa⁵⁵

膝盖指部位 kom¹³ziŋ⁵⁵

背名词 tsʰiŋ⁵⁵aŋ⁵⁵

肚子腹部 pʰu³¹laŋ⁵⁵

肚脐 pʰu³¹ti⁵⁵le³¹mu⁵⁵

乳房女性的 n̪u⁵⁵

屁股 kʰi⁵⁵tʃoŋ⁵⁵

肛门 gaŋ³⁵

阴茎成人的 loŋ⁵⁵

女阴成人的 tʰu⁵⁵

肏动词 wa⁵⁵lɛ³¹mu⁵⁵

精液 pʰam⁵⁵pa⁵⁵

来月经 ʒi³⁵wu⁵⁵ka⁵⁵

拉屎 kʰi⁵⁵wu⁵⁵ka⁵⁵

撒尿 tʃʰe⁵⁵raŋ⁵⁵wu⁵⁵ka⁵⁵

放屁 pʰi⁵⁵pʰu⁵⁵ka⁵⁵

病了 mar³¹pa⁵⁵

着凉 pier³¹pa⁵⁵

咳嗽 tsʰi⁵⁵pa⁵⁵

发烧 sop⁵⁵ka⁵⁵

发抖 kʰa³¹wa⁵⁵

肚子疼 pʰu⁵⁵laŋ⁵⁵ŋa³¹ma⁵⁵

拉肚子 kʰi⁵⁵tʂʰui⁵⁵pa⁵⁵

患疟疾 kʰu⁵⁵tʃʰaŋ⁵⁵pu⁵⁵a⁵⁵ka⁵⁵la⁵⁵

中暑 ni⁵⁵pʰa³¹wa⁵⁵

肿 pʰoŋ⁵⁵ma⁵⁵

化脓 ʒi³⁵ka⁵⁵

疤好了的 mer³⁵di⁵⁵

痣凸起的 mi³¹wa⁵⁵

疙瘩蚊子咬后形成的 pʰoŋ⁵⁵ma⁵⁵

狐臭 sor⁵⁵pa⁵⁵

看病 na³⁵tsa⁵⁵kot³⁵ka⁵⁵

诊脉 tsa⁵⁵

针灸 tsa⁵⁵kʰam⁵⁵

打针 kʰam⁵⁵pʰi³¹wa⁵⁵

打吊针 man⁵⁵ʃe³¹tam³⁵ji⁵⁵wa⁵⁵

吃药统称 man⁵⁵dza³¹wa⁵⁵

汤药 man⁵⁵ri⁵⁵

病轻了 na³¹tsa⁵⁵tʃam⁵⁵tʃi⁵⁵

八　婚丧信仰

说媒 ko⁵⁵ko⁵⁵an⁵⁵pi⁵⁵ka⁵⁵

媒人 tʃʰam⁵⁵ka⁵⁵soŋ³¹ŋo⁵⁵

相亲 pʰi⁵⁵wa⁵⁵

订婚 tʃʰo⁵⁵lo⁵⁵a³¹ka⁵⁵

嫁妆 tʰop⁵⁵tʃʰa⁵⁵

结婚统称 tʃʰaŋ⁵⁵sei⁵⁵pʰi⁵⁵wa⁵⁵

娶妻子男子~，动宾 ni³⁵mu⁵⁵ri⁵⁵pʰa⁵⁵wa⁵⁵

出嫁女子~ tʃʰi⁵⁵min⁵⁵dei³⁵wa⁵⁵

新郎 mak⁵⁵pa⁵⁵

新娘子 tʃʰi⁵⁵min⁵⁵

孕妇 wak³⁵tsa⁵⁵min⁵⁵pa⁵⁵

怀孕 min³⁵pa⁵⁵

害喜妊娠反应 to⁵⁵lo⁵⁵a³¹ka⁵⁵

分娩 siŋ⁵⁵ma⁵⁵

流产 gi³⁵ma⁵⁵

双胞胎 tsʰe⁵⁵ma⁵⁵

坐月子 paŋ⁵⁵ma⁵⁵

吃奶 ȵo⁵⁵tʃa³¹ma⁵⁵

断奶 ȵo⁵⁵tʃat³¹pa⁵⁵

满月 la⁵⁵ni⁵⁵tsʰaŋ⁵⁵pa⁵⁵

生日统称 ko⁵⁵rum⁵⁵

做寿 ko⁵⁵rum⁵⁵a³¹ka⁵⁵

死统称 ʃi⁵⁵wa⁵⁵

死婉称，指老人：他~了 ma⁵⁵ka⁵⁵ri³¹wa⁵⁵

自杀 raŋ⁵⁵me⁵⁵ʃi³¹wa⁵⁵

咽气 ʃon⁵⁵tʃat³¹pa⁵⁵

入殓 ru⁵⁵dʒoŋ³¹pa⁵⁵

棺材 ru³¹kam⁵⁵

出殡 pʰon⁵⁵pʰon⁵⁵pu³¹wa⁵⁵

坟墓单个的，老人的 waŋ⁵⁵

老天爷 kan⁵⁵tʃu⁵⁵sum⁵⁵

菩萨统称 ɬa⁵⁵

观音 tʃʰik⁵⁵tən⁵⁵tsi³¹ma⁵⁵

灶神 tʰap⁵⁵ɬa⁵⁵

寺庙 tʂʰe⁵⁵kaŋ⁵⁵

和尚 la⁵⁵ma⁵⁵

尼姑 a⁵⁵ni⁵⁵mu⁵⁵

算命统称 muk⁵⁵pa⁵⁵

运气 ap⁵⁵sa⁵⁵

保佑 tʃap⁵⁵a³¹wa⁵⁵

九 人品称谓

人一个~ soŋ⁵⁵ŋo⁵⁵

男人成年的，统称 pʰiak⁵⁵tsa⁵⁵

女人三四十岁已婚的，统称 miak⁵⁵tsa⁵⁵

单身汉 pʰo⁵⁵rən⁵⁵

老姑娘 mo⁵⁵rən⁵⁵

婴儿 wak⁵⁵tsa⁵⁵tsən³¹pu⁵⁵

小孩三四岁的，统称 wak⁵⁵tsa⁵⁵

男孩统称：外面有个~在哭 ko⁵⁵ta⁵⁵

女孩统称：外面有个~在哭 wu⁵⁵tʃi⁵⁵

老人七八十岁的，统称 kat³¹pu⁵⁵

亲戚统称 pʰɛ⁵⁵tsaŋ⁵⁵

朋友统称 to⁵⁵saŋ⁵⁵

邻居统称 tʰa⁵⁵kor⁵⁵pa⁵⁵

客人 ʃi⁵⁵min⁵⁵

农民 mi³¹tsʰe⁵⁵

商人 tsʰoŋ⁵⁵pa⁵⁵

手艺人统称 lak⁵⁵tsʰi³¹pa⁵⁵

泥水匠 jin³¹tsaŋ⁵⁵zop³¹ka⁵⁵

木匠 ʃiŋ⁵⁵zo⁵⁵pa⁵⁵

裁缝 pʰu⁵⁵ri⁵⁵tsʰok⁵⁵pa⁵⁵

理发师 ʃa⁵⁵raŋ⁵⁵mi³⁵ken⁵⁵

厨师 ma³¹tʃʰɛn⁵⁵

师傅 lo⁵⁵pən⁵⁵

徒弟 lo⁵⁵tʂu⁵⁵

乞丐统称，非贬称 to⁵⁵pʰən³¹kʰan⁵⁵

妓女 ʃaŋ^{55}tsoŋ^{31}min^{55}

流氓 tʃom^{55}kʰen^{55}

贼 tʂu^{31}pʰian^{55}

瞎子_{统称，非贬称}ma^{55}tʰoŋ^{31}ma^{55}

聋子_{统称，非贬称}ma^{55}tʰa^{31}wa^{55}

哑巴_{统称，非贬称}joŋ^{35}pa^{55}

驼子_{统称，非贬称}kor^{55}pa^{55}

瘸子_{统称，非贬称}pi^{55}ma^{55}n̠am^{55}pa^{55}

疯子_{统称，非贬称}n̠os^{55}pa^{55}

傻子_{统称，非贬称}joŋ^{35}pa^{55}

笨蛋蠢的人 xa^{55}raŋ^{55}ma^{31}si^{55}wa^{55}

爷爷_{呼称}mien^{35}mien^{55}

奶奶_{呼称}ei^{55}pi^{55}

外祖父_{叙称}mien^{35}mien^{55}

外祖母_{叙称}ei^{55}pi^{55}

父母_{合称}a^{55}pa^{55}a^{55}ma^{55}

父亲_{叙称}a^{55}pa^{55}

母亲_{叙称}a^{55}ma^{55}

爸爸_{呼称}a^{55}pa^{55}

妈妈_{呼称}a^{55}ma^{55}

继父_{叙称}ap^{55}tʃi^{55}

继母_{叙称}am^{55}tʃi^{55}

岳父_{叙称}a^{55}tʃaŋ^{55}

岳母_{叙称}a^{55}ni^{55}

公公_{叙称}a^{55}tʃaŋ^{55}

婆婆_{叙称}a^{55}ni^{55}

伯父_{呼称，统称}ap^{55}tʃi^{55}

伯母_{呼称，统称}am^{55}tʃi^{55}

叔父_{呼称，统称}a^{55}ku^{55}

排行最小的叔父_{呼称}a^{55}ku^{55}zen^{31}pu^{55}

叔母_{呼称，统称}a^{55}tsim^{55}

姑_{呼称，统称}a^{55}ni^{55}

姑父_{呼称，统称}a^{55}tʃaŋ^{55}

舅舅_{呼称}a^{55}tʃaŋ^{55}

舅妈_{呼称}a^{55}ni^{55}

姨_{呼称，统称}a^{55}ni^{55}

姨父_{呼称，统称}a^{55}tʃaŋ^{55}

弟兄_{合称}a^{55}ta^{55}po^{31}niŋ^{55}

姊妹_{合称}a^{55}na^{55}na^{31}niŋ^{55}

哥哥_{呼称，统称}a^{55}ta^{55}

嫂子_{呼称，统称}ma^{31}tʰaŋ^{55}

弟弟_{叙称}po^{31}niŋ^{55}

弟媳_{叙称}po^{55}niŋ^{55}a^{31}ni^{55}mu^{55}

姐姐_{呼称，统称}a^{55}na^{55}

姐夫_{呼称}kʰot^{55}kin^{55}

妹妹_{叙称}na^{31}niŋ^{55}

妹夫_{叙称}na^{31}niŋ^{55}mak^{31}pa^{55}

堂兄弟_{叙称，统称}a^{55}ta^{55}po^{31}niŋ^{55}

表兄弟_{叙称，统称}a^{55}ta^{55}po^{31}niŋ^{55}

妯娌_{弟兄妻子的合称}a^{55}na^{55}na^{31}niŋ^{55}

连襟_{姊妹丈夫的关系，叙称}a^{55}ta^{55}po^{31}niŋ^{55}

儿子_{叙称：我的～}dza^{55}

儿媳妇_{叙称：我的～}dza^{31}ga^{55}ni^{31}mu^{55}

女儿_{叙称：我的～}dza^{31}miŋ^{55}

女婿_{叙称：我的～}mak^{31}pa^{55}

孙子 tsʰo^{55}

重孙子 tsʰo^{55}

侄子 tsʰo^{55}

外甥 tsʰo^{55}

外孙 tsʰo^{55}

夫妻_{合称}za^{31}tsʰaŋ^{55}

丈夫_{叙称，非贬称：她的～}mak^{31}pa^{55}

妻子_{叙称，非贬称：他的～}ne^{55}mu^{55}

名字 miŋ^{55}

绰号 tʃon⁵⁵miŋ⁵⁵

十 农工商文

干活儿统称: 在地里~ le¹³ɑ³¹wɑ⁵⁵

事情一件~ lai³⁵

插秧 tʃʰi⁵⁵wɑ⁵⁵

割稻 mik⁵⁵pɑ⁵⁵

种菜 mom⁵⁵tʃʰi⁵⁵wɑ⁵⁵

犁名词 tʰoŋ⁵⁵pɑ⁵⁵

锄头 ko⁵⁵tɑ⁵⁵

镰刀 kʰɑ⁵⁵tʃi⁵⁵

把儿刀~ kaŋ⁵⁵tʃi⁵⁵

箩筐 pɑ³¹roŋ⁵⁵

筛子统称 tʃʰər⁵⁵kaŋ⁵⁵

簸箕农具, 有梁的 paŋ³¹kʰam⁵⁵

簸箕簸米用 tɑ³¹lɑ⁵⁵

独轮车 ɡɑ⁵⁵ri⁵⁵

轮子旧式的 kʰo⁵⁵lo⁵⁵

臼 lu⁵⁵

磨名词 raŋ³¹tʰaŋ⁵⁵

年成 joŋ³⁵bɑp⁵⁵

走江湖统称 tʃʰam⁵⁵tʃʰo⁵⁵kʰen⁵⁵

打工 le⁵⁵ti⁵⁵wɑ⁵⁵

斧子 biŋ³¹rɑ⁵⁵

钳子 kam⁵⁵pɑ⁵⁵

螺丝刀 tam³¹tsam⁵⁵

锤子 tʰu⁵⁵wɑ⁵⁵

钉子 tʃɑ⁵⁵zər⁵⁵

绳子 tʰak⁵⁵pɑ⁵⁵

棍子 dʒuk³¹paŋ⁵⁵

做买卖 tsʰoŋ⁵⁵pʰi³¹wɑ⁵⁵

商店 tsʰoŋ⁵⁵kaŋ⁵⁵

饭馆 zɑ³⁵kʰaŋ⁵⁵

旅馆旧称 tʃʰun⁵⁵tsam⁵⁵

贵 koŋ⁵⁵tʃʰi⁵⁵lu⁵⁵

便宜 koŋ⁵⁵jaŋ⁵⁵pu⁵⁵

合算 nɑ³⁵wɑ⁵⁵lɑ⁵⁵

折扣 pʰap⁵⁵kɑ⁵⁵

亏本 tʃoŋ³⁵kʰe⁵⁵wɑ⁵⁵

钱统称 tɑ³¹jaŋ⁵⁵

零钱 tɑ³¹jaŋ⁵⁵liŋ³¹dzam⁵⁵

硬币 tɑ³¹jaŋ⁵⁵kor⁵⁵mo⁵⁵

本钱 jon³⁵bɑp⁵⁵

工钱 lɑ⁵⁵tʃʰɑ⁵⁵tɑ³¹jaŋ⁵⁵

路费 lam³⁵naŋ⁵⁵tʂu³¹soŋ⁵⁵

花~钱 tor⁵⁵pɑ⁵⁵

赚卖一斤能~一毛钱 joŋ³⁵pɑ⁵⁵n̥oŋ⁵⁵kɑ⁵⁵

挣打工~了一千块钱 dzup³⁵kɑ⁵⁵

欠~他十块钱 pu³¹lian⁵⁵

算盘 tsi⁵⁵ʃiŋ⁵⁵

秤统称 dʒɑ³¹mɑ⁵⁵

称用杆秤~ zər³⁵bɑ⁵⁵

学校 lap⁵⁵tʂɑ⁵⁵

教室 lap⁵⁵tʂɑ⁵⁵kʰaŋ⁵⁵

上学 lap⁵⁵tʂɑ⁵⁵de³¹wɑ⁵⁵

放学 tʰem⁵⁵kɑ⁵⁵

考试 ji³⁵tsʰe⁵⁵

书包 pʰɑ⁵⁵zɑ⁵⁵

本子 ʃo⁵⁵ku⁵⁵

铅笔 ʃiŋ⁵⁵n̥u⁵⁵ku⁵⁵

钢笔 tʃɑ⁵⁵n̥u⁵⁵ku⁵⁵

圆珠笔 tʃɑ⁵⁵n̥u⁵⁵ko⁵⁵

墨 nak⁵⁵tsɑ⁵⁵

信一封~ ʒi³¹ɡi⁵⁵

捉迷藏 kom³⁵kom³⁵ma⁵⁵pʰi⁵⁵wa⁵⁵

跳绳 tʰak⁵⁵pa⁵⁵wak⁵⁵ni⁵⁵jar⁵⁵ka⁵⁵

鞭炮统称 ʃok⁵⁵pa⁵⁵

唱歌 ʃe³⁵pʰi⁵⁵ka⁵⁵

演戏 dʒon³¹tar⁵⁵a³¹wa⁵⁵

锣鼓统称 kʰaŋ⁵⁵ŋar⁵⁵

二胡 pi⁵⁵waŋ⁵⁵

笛子 nan⁵⁵pu⁵⁵loŋ⁵⁵

下棋 pa⁵⁵pʰi⁵⁵wa⁵⁵

打扑克 tas³⁵pʰi⁵⁵wa⁵⁵

变魔术 mik⁵⁵tʂʰi⁵⁵pʰi⁵⁵wa⁵⁵

讲故事 tam⁵⁵ʃik⁵⁵pa⁵⁵

猜谜语 kʰar⁵⁵ʃik⁵⁵ka⁵⁵

玩儿游玩: 到城里~ mie³⁵a⁵⁵wa⁵⁵

串门儿 kor⁵⁵pu⁵⁵te³¹wa⁵⁵

走亲戚 pʰɛ⁵⁵tsaŋ⁵⁵pʰe⁵⁵ɡa⁵⁵de³¹wa⁵⁵

十一 动作行为

看~电视 kot³⁵pa⁵⁵

听用耳朵~ ȵan⁵⁵ka⁵⁵

闻嗅: 用鼻子~ ʃer⁵⁵nam⁵⁵ka⁵⁵

吸~气 ʃoŋ⁵⁵

睁~眼 ti⁵⁵

闭~眼 tsum⁵⁵ka⁵⁵

眨~眼 tiŋ⁵⁵ot⁵⁵tsum⁵⁵ɡot⁵⁵

张~嘴 ti⁵⁵ni⁵⁵

闭~嘴 tsum⁵⁵ni⁵⁵

咬狗~人 ŋa³⁵ma⁵⁵

嚼把肉~碎 ŋam⁵⁵ʃo⁵⁵

咽~下去 ȵyt³¹pa⁵⁵

舔人用舌头~ pien³¹ʃo⁵⁵

含~在嘴里 ym⁵⁵pa⁵⁵

亲嘴 tʃup⁵⁵a³¹wa⁵⁵

吮吸用嘴唇聚拢吸取液体 tʃam³⁵ka⁵⁵

吐上声, 从嘴里吐出: 把果核儿~掉 tʃem³⁵ʃo⁵⁵

吐去声, 呕吐: 喝酒喝~了 pʰos³¹ka⁵⁵

打喷嚏 bis⁵⁵a³¹wa⁵⁵

拿用手把苹果~过来 dʒaŋ³⁵pa⁵⁵

给他~我一个苹果 pi³⁵wa⁵⁵

摸~头 tʰop⁵⁵ka⁵⁵

伸~手 rəŋ³¹ma⁵⁵

挠~痒痒 prat⁵⁵ka⁵⁵

掐用拇指和食指的指甲~皮肉 tsik⁵⁵pa⁵⁵

拧~螺丝 dam³¹ka⁵⁵

拧~毛巾 dʒy³¹wa⁵⁵

捻用拇指和食指来回~碎 sop⁵⁵ka⁵⁵

掰把橘子~开|把馒头~开 pak⁵⁵ka⁵⁵

剥~花生 kʰop⁵⁵ka⁵⁵

撕把纸~了 rat³⁵ka⁵⁵

折把树枝~断 pʰat³⁵pa⁵⁵

拔~萝卜 wus³⁵pa⁵⁵

摘~花 ʃe⁵⁵wa⁵⁵

站站立: ~起来 tʰiŋ⁵⁵ma⁵⁵

倚斜靠: ~在墙上 ŋas³⁵tʃʰo⁵⁵wa⁵⁵

蹲~下 kup⁵⁵tʃʰo⁵⁵wa⁵⁵

坐~下 laŋ³⁵ma⁵⁵

跳青蛙 -起来 lin⁵⁵pa⁵⁵

迈跨过高物: 从门槛上~过去 kot³⁵pa⁵⁵

踩脚~在牛粪上 tam⁵⁵pa⁵⁵

翘~腿 kap⁵⁵tʃʰo⁵⁵wa⁵⁵

弯~腰 kor⁵⁵pa⁵⁵

挺~胸 tʂəŋ⁵⁵kən⁵⁵tʃʰo⁵⁵wa⁵⁵

趴~着睡 pak⁵⁵taŋ⁵⁵lup⁵⁵tʃʰo⁵⁵wa⁵⁵

爬小孩在地上~ pa⁵⁵wa⁵⁵

走慢慢儿~ daŋ³⁵ma⁵⁵

跑慢慢儿走，别~ tʃok³¹pu⁵⁵jar³⁵ka⁵⁵

逃逃跑：小偷~走了 jar⁵⁵tʃoŋ³¹ka⁵⁵

追追赶：~小偷 kʰun⁵⁵ma⁵⁵

抓~小偷 tsoŋ⁵⁵ma⁵⁵

抱把小孩~在怀里 lom⁵⁵pa⁵⁵

背~孩子 paŋ⁵⁵ma⁵⁵

搀~老人 tsoŋ⁵⁵ma⁵⁵

推几个人一起~汽车 dok³¹pa⁵⁵

摔跌：小孩~倒了 briŋ⁵⁵dʒoŋ³¹ka⁵⁵

撞人~到电线杆上 tʃik³¹pa⁵⁵

挡你~住我了，我看不见 kak⁵⁵pa⁵⁵

躲躲藏：他~在床底下 kom³¹ka⁵⁵

藏藏放，收藏：钱~在枕头下面 kom³¹ka⁵⁵

放把碗~在桌子上 tʰa³¹wa⁵⁵

摞把砖~起来 kap⁵⁵ka⁵⁵

埋~在地下 buk³⁵pa⁵⁵

盖把茶杯~上 buk³⁵pa⁵⁵

压用石头~住 pian³⁵tʃo⁵⁵

摁用手指按：~图钉 pian³⁵tʃo⁵⁵

捅用棍子~鸟窝 tʃʰom⁵⁵ma⁵⁵

插~香~到香炉里 tsuk⁵⁵pa⁵⁵

戳~个洞 gaŋ⁵⁵

砍~树 tʃat⁵⁵pa⁵⁵

剁把肉~碎做馅儿 tsa⁵⁵pa⁵⁵

削~苹果 kʰop⁵⁵ka⁵⁵

裂木板~开了 kʰaŋ⁵⁵ma⁵⁵

皱皮~起来 nier³⁵ma⁵⁵

腐烂死鱼~了 ji³⁵pa⁵⁵

擦用毛巾~手 pʰak⁵⁵pa⁵⁵

倒把碗里的剩饭~掉 lu⁵⁵ge³⁵ma⁵⁵

扔丢弃：这个东西坏了，~了它 wak¹³ge³¹ma⁵⁵

扔投掷：比一比谁~得远 ʃo⁵⁵gem⁵⁵ti⁵⁵wa⁵⁵

掉掉落，坠落：树上~下一个梨 ʃun⁵⁵kʰi³¹wa⁵⁵

滴水~下来 yot⁵⁵pa⁵⁵

丢丢失：钥匙~了 man⁵⁵ma⁵⁵

找寻找：钥匙~到 la³⁵ma⁵⁵

捡~到十块钱 toŋ⁵⁵ma⁵⁵

提用手把篮子~起来 pʰu⁵⁵wa⁵⁵

挑~担 pʰaŋ⁵⁵ma⁵⁵pʰu³¹wa⁵⁵

扛káng，把锄头~在肩上 pʰaŋ⁵⁵ma⁵⁵pʰu³¹wa⁵⁵

抬~轿 pʰu⁵⁵wa⁵⁵

举~旗子 rən³⁵ma⁵⁵

撑~伞 tʃar⁵⁵ma⁵⁵

撬把门~开 rok⁵⁵gen³¹ma⁵⁵

挑挑选、选择：你自己~一个 si⁵⁵ka⁵⁵

收拾~东西 du³¹su⁵⁵pa⁵⁵

挽~袖子 tsi³¹wa⁵⁵

涮把杯子~一下 kʰa⁵⁵wa⁵⁵

洗~衣服 zi³¹ka⁵⁵

捞~鱼 dʒaŋ³⁵pa⁵⁵

拴~牛 tʃʰiŋ⁵⁵ma⁵⁵

捆~起来 tʰik⁵⁵pa⁵⁵

解~绳子 pʰik⁵⁵pa⁵⁵

挪~桌子 sik³¹tʃo⁵⁵

端~碗 pʰu⁵⁵wa⁵⁵

摔碗~碎了 ʃun⁵⁵kʰi³¹wa⁵⁵

掺~水 kaŋ⁵⁵ma⁵⁵

烧~柴 go⁵⁵pa⁵⁵

拆~房子 ʃik⁵⁵pa⁵⁵

转~圈儿 kur⁵⁵pa⁵⁵

捶用拳头~ lap³¹pa⁵⁵

打统称：他~了我一下 koŋ⁵⁵ma⁵⁵

打架动手：两个人在~ kʰo⁵⁵loŋ⁵⁵pʰi³¹wa⁵⁵

休息 ʃoŋ⁵⁵la³¹ka⁵⁵	疼~小孩儿 pʰa⁵⁵ka⁵⁵la⁵⁵
打哈欠 xam⁵⁵ʃar³¹ka⁵⁵	要我~这个 tsʰat⁵⁵la⁵⁵
打瞌睡 min³¹naŋ⁵⁵tʂip³¹la⁵⁵	有我~一个孩子 tʃa⁵⁵
睡他已经~了 ʒip³⁵ka⁵⁵	没有他~孩子 ma³¹wa⁵⁵
打呼噜 xor⁵⁵tʃaŋ³¹ka⁵⁵	是我~老师 ki³¹la⁵⁵
做梦 moŋ¹³ʃi³¹tʰoŋ³¹ka⁵⁵	不是他~老师 maŋ³¹ki⁵⁵
起床 wu³¹wa⁵⁵	在他~家 tʃa⁵⁵ka⁵⁵
刷牙 ʃa⁵⁵tsi³¹ka⁵⁵	不在他~家 ma³¹wa⁵⁵
洗澡 ri⁵⁵tsik³¹pa⁵⁵	知道我~这件事 sin⁵⁵ʃi⁵⁵
想思索：让我~一下 sam⁵⁵lu⁵⁵	不知道我~这件事 ma⁵⁵sin⁵⁵ʃi⁵⁵
想想念：我很~他 si⁵⁵mi⁵⁵la⁵⁵	懂我~英语 si⁵⁵liɛ⁵⁵
打算我~开个店 sim⁵⁵tsʰui⁵⁵	不懂我~英语 ma⁵⁵si⁵⁵liɛ⁵⁵
记得 ʒi³⁵ka⁵⁵	会我~开车 si⁵⁵liɛ⁵⁵
忘记 ŋa³¹pa⁵⁵	不会我~开车 ma⁵⁵si⁵⁵liɛ⁵⁵
怕害怕：你别~ juŋ¹³kʰe³¹wa⁵⁵	认识我~他 ko⁵⁵mie⁵⁵lo⁵⁵
相信我~你 ji³¹tʃʰi⁵⁵a³¹wa⁵⁵	不认识我~他 ko¹³ma³¹jie⁵⁵la⁵⁵
发愁 se⁵⁵man⁵⁵ȵam⁵⁵ka⁵⁵	行应答语 na³¹liɛ⁵⁵
小心过马路要~ dzap³⁵dzap⁵⁵	不行应答语 ma³¹na⁵⁵la⁵⁵
喜欢~看电视 pʰi⁵⁵wa⁵⁵	肯~来 ki³¹la⁵⁵
讨厌~这个人 na⁵⁵lam⁵⁵ti³¹ma⁵⁵la⁵⁵	应该~去 ma³¹tsa⁵⁵raŋ⁵⁵
舒服凉风吹来很~ kit⁵⁵pu⁵⁵	可以~去 na³¹liɛ⁵⁵mu⁵⁵
难受生理的 ma³¹kit³¹pa⁵⁵	说~话 ʒik³¹pa⁵⁵
难过心理的 ȵam³¹naŋ⁵⁵tʃʰat³¹pa⁵⁵	话说~ ka⁵⁵ko⁵⁵
高兴 tʂa³¹wa⁵⁵	聊天儿 wa⁵⁵pʰi⁵⁵
生气 ru³⁵tsik⁵⁵pa⁵⁵	叫~他一声儿 ra³⁵wa⁵⁵
责怪 kun⁵⁵ma⁵⁵tʃʰot⁵⁵pa⁵⁵	吆喝大声喊 tʂɛ³⁵pa⁵⁵
后悔 lo³¹dʒe⁵⁵	哭小孩 kip³⁵ka⁵⁵
忌妒 sen⁵⁵pam⁵⁵ka⁵⁵	骂当面~人 ma³¹kʰa⁵⁵pʰi³¹wa⁵⁵
害羞 ni³¹naŋ⁵⁵kʰu⁵⁵ka⁵⁵	吵架动嘴：两个人在~ kʰu⁵⁵luŋ⁵⁵pʰi³¹wa⁵⁵
丢脸 ni³¹naŋ⁵⁵kʰu⁵⁵ka⁵⁵	骗~人 so⁵⁵ta⁵⁵pʰi³¹wa⁵⁵
欺负 tʰon⁵⁵tʃʰoŋ⁵⁵	哄~小孩 brin³¹ma⁵⁵
装~病 kʰa⁵⁵la⁵⁵	撒谎 kʰa⁵⁵la⁵⁵pʰi³¹wa⁵⁵

吹牛 wa⁵⁵pʰi⁵⁵wa⁵⁵

拍马屁 priŋ³¹ka⁵⁵

开玩笑 wa⁵⁵pʰi³¹wa⁵⁵

告诉~他 jik³⁵pa⁵⁵

谢谢致谢语 pa⁵⁵tʂa⁵⁵

对不起致歉语 kʰu⁵⁵taŋ⁵⁵ma³¹ʃa⁵⁵tʃo⁵⁵

再见告别语 tʃʰap³⁵tien⁵⁵tʃʰy⁵⁵

十二　性质状态

大苹果~ tʃʰi⁵⁵lu⁵⁵

小苹果~ zin³¹pu⁵⁵

粗绳子~ ka³¹taŋ⁵⁵

细绳子~ tek⁵⁵pi⁵⁵

长线~ rəŋ³⁵pu⁵⁵

短线~ tʰom⁵⁵pi⁵⁵

长时间~ rəŋ³⁵pu⁵⁵

短时间~ tʰom⁵⁵pi⁵⁵

宽路~ tʃa³⁵tʃʰi⁵⁵lu⁵⁵

宽敞房子~ tʃa³⁵tʃʰi⁵⁵lu⁵⁵la⁵⁵

窄路~ tek⁵⁵pi⁵⁵

高飞机飞得~ tʰun⁵⁵pu⁵⁵

低鸟飞得~ mes³⁵pu⁵⁵

高他比我~ rən³⁵pu⁵⁵

矮他比我~ tʰom⁵⁵pi⁵⁵

远路~ tʰa⁵⁵rən⁵⁵pu⁵⁵

近路~ re³⁵ka⁵⁵

深水~ tiŋ⁵⁵rən⁵⁵pu⁵⁵

浅水~ tiŋ⁵⁵tʰom⁵⁵mi⁵⁵

清水~ kor⁵⁵pa⁵⁵

浑水~ kar⁵⁵pu⁵⁵

圆 kor³⁵pa⁵⁵

扁 pian⁵⁵taŋ⁵⁵

方 tʂup³⁵ʃi⁵⁵

尖 tsʰe⁵⁵pu⁵⁵

平 ȵam³⁵pu⁵⁵

肥~肉 tʃak³¹pa⁵⁵

瘦~肉 tʃam⁵⁵pu⁵⁵

肥形容猪等动物 tʃak³⁵pa⁵⁵

胖形容人 tʃak³⁵pa⁵⁵

瘦形容人、动物 tʃam⁵⁵pu⁵⁵

黑黑板的颜色 tʃʰaŋ⁵⁵lu⁵⁵

白雪的颜色 pa⁵⁵lin⁵⁵pi⁵⁵

红中国国旗的主颜色，统称 tsa⁵⁵lu⁵⁵

黄中国国旗上五星的颜色 ser⁵⁵pu⁵⁵

蓝蓝天的颜色 iŋ³⁵lu⁵⁵

绿绿叶的颜色 iŋ³⁵lu⁵⁵

多东西~ ʃa⁵⁵ma⁵⁵

少东西~ ȵoŋ⁵⁵pu⁵⁵

重担子~ tʃit⁵⁵pu⁵⁵

轻担子~ jaŋ⁵⁵pu⁵⁵

直线~ laŋ³⁵pu⁵⁵

陡坡~｜楼梯~ tsu⁵⁵pu⁵⁵

弯弯曲：这条路是~的 kʰa⁵⁵ra⁵⁵kʰu⁵⁵ru⁵⁵

歪帽子戴~了 tʰar⁵⁵taŋ⁵⁵

厚木板~ tʰek⁵⁵pu⁵⁵

薄木板~ ba¹³lu⁵⁵

稠稀饭~ bik³⁵ta⁵⁵

稀稀饭~ ʃin⁵⁵ka⁵⁵

密菜种得~ tʰet⁵⁵pu⁵⁵

稀稀疏：菜种得~ ba¹³lu⁵⁵

亮指光线，明亮 waŋ³⁵kin⁵⁵

黑指光线，完全看不见 mir³⁵suŋ⁵⁵pi⁵⁵

热天气 so⁵⁵pu⁵⁵la⁵⁵

暖和天气 kom³⁵pu⁵⁵

80

凉天气pier³¹wu⁵⁵

冷天气kʰur⁵⁵pu⁵⁵

热水tsʰa³¹lu⁵⁵

凉水pier³¹wu⁵⁵

干干燥：衣服晒~了sam⁵⁵ka⁵⁵

湿潮湿：衣服淋~了tɛm⁵⁵ka⁵⁵

干净衣服~tsaŋ⁵⁵ma⁵⁵

脏肮脏，不干净，统称：衣服~tsuk⁵⁵pa⁵⁵

快锋利：刀子~tʃʰat⁵⁵pu⁵⁵

钝刀~gak⁵⁵pa⁵⁵

快坐车比走路~dʒok³¹pu⁵⁵

慢走路比坐车~tʃʰap⁵⁵ten⁵⁵

早来得~be³⁵be⁵⁵

晚来~了tsʰiŋ⁵⁵ŋa⁵⁵

晚天色~ŋam¹³kʰe³¹la⁵⁵

松捆得~jaŋ⁵⁵pa⁵⁵

紧捆得~tam³⁵pa⁵⁵

容易这道题~ja³⁵lu⁵⁵

难这道题~ka⁵⁵lu⁵⁵

新衣服~siŋ⁵⁵ma⁵⁵

旧衣服~man¹³pa⁵⁵

老人~kat³¹pu⁵⁵

年轻人~jam³¹raŋ⁵⁵

软糖~tʃam⁵⁵pu⁵⁵

硬骨头~kak⁵⁵tar⁵⁵

烂肉煮得~dy³⁵ti³⁵wa⁵⁵

煳饭烧~了sop⁵⁵ka⁵⁵

结实家具~tan⁵⁵pu⁵⁵la⁵⁵

破衣服~tor³¹ka⁵⁵

富他家很~bi³⁵diŋ⁵⁵

穷他家很~dʒo⁵⁵pu⁵⁵

忙最近很~ma⁵⁵tʃok⁵⁵pa⁵⁵

闲最近比较~tʃʰon⁵⁵tʰa⁵⁵wa⁵⁵

累走路走得很~tʰaŋ⁵⁵tʃʰat⁵⁵la⁵⁵

疼摔~了ŋa³⁵ma⁵⁵

痒皮肤~dza³¹wa⁵⁵

热闹看戏的地方很~tʃo⁵⁵loŋ⁵⁵tʂʰuk³¹ka⁵⁵

熟悉这个地方我很~se⁵⁵liɛ⁵⁵

陌生这个地方我很~koŋ⁵⁵ma⁵⁵jɛ⁵⁵la⁵⁵

味道尝尝~ʃer⁵⁵na⁵⁵ma⁵⁵

气味闻闻~ʃer⁵⁵pʰa⁵⁵wa⁵⁵

咸菜~kʰa⁵⁵lu⁵⁵

淡菜~ȵoŋ³⁵pa⁵⁵

酸dʒur⁵⁵pu⁵⁵

甜tʃʰər⁵⁵tʃʰər⁵⁵

苦kʰa⁵⁵lu⁵⁵

辣ber³¹pu⁵⁵

鲜鱼汤~ʃer⁵⁵le⁵⁵pu⁵⁵la⁵⁵

香in⁵⁵pu⁵⁵

臭ma³¹lik⁵⁵pa⁵⁵

馊饭~ʒit¹³pa³¹

腥鱼~ʃer⁵⁵nam⁵⁵la⁵⁵

好人~lik⁵⁵pu⁵⁵

坏人~duk³⁵bin⁵⁵

差东西质量~dzui³¹ma⁵⁵

对账算~了kʰe⁵⁵wa⁵⁵

错账算~了nur⁵⁵ka⁵⁵

漂亮形容年轻女性的长相：她很~lik⁵⁵pu⁵⁵

丑形容人的长相：猪八戒很~tuk³¹pin⁵⁵

勤快bi⁵⁵jaŋ⁵⁵ku⁵⁵

懒ka³¹ʃi⁵⁵koŋ⁵⁵

乖lik⁵⁵pu⁵⁵

顽皮dʒoŋ³¹pu⁵⁵

老实lik⁵⁵pu⁵⁵

傻痴呆 juŋ^{35}pa^{55}

笨蠢 ma^{31}si^{55}wa^{55}

大方不吝啬 pʰaŋ^{55}pu^{55}ma^{31}ka^{55}

小气吝啬 sem^{55}zin^{31}pu^{55}

直爽性格~ kʰa^{55}saŋ^{55}tiŋ^{31}saŋ^{55}

犟脾气~ roŋ^{55}an^{31}pa^{55}

十三　数量

一~二三四五……，下同 tʰor^{55}

二 nik^{55}tsiŋ^{55}

三 sam^{55}

四 pʰi^{55}

五 ŋa^{35}

六 kʰoŋ^{55}

七 zum^{35}

八 jen^{35}

九 gu^{35}

十 se^{55}

二十 kʰai^{55}tʰor^{55}

三十 kʰai^{55}tʰor^{55}se^{55}

一百 tʃa^{55}tʰor^{55}

一千 toŋ^{55}tʂʰa^{55}tʰor^{55}

一万 tʂʰi^{55}tʰor^{55}

一百零五 tʃa^{55}taŋ^{35}ŋa^{55}

一百五十 tʃa^{55}taŋ^{35}kʰai^{55}nik^{55}tsiŋ^{55}se^{55}

第一~，第二 aŋ^{55}dan^{31}pa^{55}

二两重量 saŋ^{55}nik^{31}tsiŋ^{55}

几个你有~孩子? xap^{55}tur^{55}

双一~鞋 tʃʰa^{55}

毛角：一~钱 mu^{31}tsi^{55}

点儿一~东西 tik^{55}taŋ^{55}

些一~东西 tik^{55}taŋ^{55}

会儿坐了一~ tik^{55}taŋ^{55}

阵下了一~雨 tik^{55}taŋ^{55}

十四　代副介连词

我~姓王 tʃaŋ^{35}

你~也姓王 nan^{35}

他~姓张 rok^{35}

我们不包括听话人：你们别去，~去 ai^{55}pa^{55}

咱们包括听话人：他们不去，~去吧 ai^{55}te^{55}pa^{55}

你们~去 ne^{31}pa^{55}

他们~去 rok^{35}te^{55}pa^{55}

大家一起干 tʰam^{55}tʃe^{55}raŋ^{55}

自己我~做的 raŋ^{35}tian^{55}

别人这是~的 rok^{35}te^{55}

我爸~今年八十岁 dʒa^{31}ga^{35}a^{55}pa^{55}

你爸~在家吗? ru^{35}ga^{55}a^{55}pa^{55}

他爸~去世了 rok^{31}te^{55}a^{55}pa^{55}

这个我要~，不要那个 o^{55}ta^{55}

那个我要这个，不要~ o^{55}ɳa^{55}

哪个你要~杯子? o^{55}wa^{55}wu^{55}ɳu^{55}

谁你找~? ji^{55}pi^{55}

这里在~，不在那里 o^{55}ta^{55}

那里在这里，不在~ o^{55}ɳa^{55}

哪里你到~去? o^{55}wa^{55}wu^{55}ɳu^{55}

这样事情是~的，不是那样的 o^{55}ɳen^{55}

那样事情是这样的，不是~的 wu^{55}ɳu^{55}ta^{31}ka^{55}

怎样什么样：你要~? xaŋ^{55}tian^{55}a^{31}ni^{55}

这么~贵啊 a^{55}mo^{55}

怎么这个字~写? xaŋ^{35}tien^{55}

什么这个是~字? xa^{55}ka^{55}

什么你找~? xaŋ^{55}lam^{55}tʃa^{55}

为什么你~不去? xaŋ^{55}an^{55}ni^{55}

干什么 你在~? xaŋ⁵⁵an⁵⁵tʃa⁵⁵

多少 这个村有~人? xam⁵⁵tur⁵⁵

很 今天~热 ŋan³⁵pa⁵⁵

非常 比上条程度深：今天~热 kaŋ⁵⁵mien⁵⁵tsʰe⁵⁵

更 今天比昨天~热 lak³¹taŋ⁵⁵

都 大家~来了 tʰam⁵⁵tʃen⁵⁵

一共 ~多少钱? dop³⁵ni⁵⁵

一起 我和你~去 tip³¹ka⁵⁵

刚 这双鞋我穿着~好 tʃʰə⁵⁵kən⁵⁵

刚 我~到 o⁵⁵ma⁵⁵

才 你怎么~来啊? o⁵⁵ma⁵⁵

经常 我~去 tien⁵⁵tʃa⁵⁵raŋ⁵⁵

又 他~来了 om³⁵tʃaŋ⁵⁵

还 他~没回家 o⁵⁵ma⁵⁵

再 你明天~来 u⁵⁵tu⁵⁵

反正 不用急，~还来得及 xaŋ⁵⁵a⁵⁵n̠e⁵⁵wu⁵⁵

没有 昨天我~去 ma³¹wa⁵⁵

不 明天我~去 ma⁵⁵

别 你~去 ma³¹tei⁵⁵

快 天~亮了 dzok⁵⁵raŋ⁵⁵

差点儿 ~摔倒了 dik⁵⁵taŋ⁵⁵ma³¹ni⁵⁵la⁵⁵

故意 ~打破的 ŋan⁵⁵tʃa⁵⁵

随便 ~弄一下 xaŋ⁵⁵a⁵⁵n̠u⁵⁵

白 ~跑一趟 tʂa⁵⁵pu⁵⁵la⁵⁵

肯定 ~是他干的 tian⁵⁵pa⁵⁵

可能 ~是他干的 ki³⁵ka⁵⁵wu⁵⁵lo⁵⁵

一边 ~走，~说 taŋ³⁵rəŋ⁵⁵mo⁵⁵

和 我~他都姓王 tʰaŋ⁵⁵tʰor⁵⁵

和 我昨天~他去城里了 tiep³¹ka⁵⁵

往 ~东走 o³¹n̠a⁵⁵

按 ~他的要求做 paŋ⁵⁵ʃe⁵⁵

替 ~他写信 tsap⁵⁵

不管 ~怎么劝他都不听 ma⁵⁵jik³⁵pa⁵⁵

第二节

《中国语言资源调查手册·民族语言（藏缅语族）》扩展词

一　天文地理

天~地 ŋam³⁵

阳光 ŋam³⁵zər⁵⁵

日出 ŋam³⁵ʃo⁵⁵wa⁵⁵

日落 ŋam³⁵ȵup³⁵ka⁵⁵

七姐妹星 ka³⁵ma⁵⁵min³⁵tʂu⁵⁵zum³⁵zum³⁵ka⁵⁵

光~线 wei⁵⁵

影子 ʐoŋ³⁵

刮风 ri⁵⁵ti⁵⁵pʰin⁵⁵la⁵⁵

风声风呼呼声 ri⁵⁵ti⁵⁵kan⁵⁵

打雷 moŋ⁵⁵pʰo⁵⁵ka⁵⁵

响雷霹雳，名词 taŋ⁵⁵liep³¹ka⁵⁵

大雨 ŋam³⁵su⁵⁵tʃʰi⁵⁵lu⁵⁵

小雨 ŋam³⁵su⁵⁵zin³¹pu⁵⁵

毛毛雨 ŋam³⁵su⁵⁵tik⁵⁵taŋ⁵⁵kʰen³⁵la⁵⁵

雨声 ŋam³⁵su⁵⁵kan⁵⁵

下雪 pʰom⁵⁵kʰe³¹ka⁵⁵

雪崩 kaŋ³⁵ri⁵⁵

雪水 pʰom³⁵ri⁵⁵

结冰 ba⁵⁵kik⁵⁵ka⁵⁵

融化雪~了 yun³⁵tɛ³¹wa⁵⁵

乌云 muk⁵⁵pa⁵⁵tʃʰaŋ⁵⁵lu⁵⁵

蒸汽水蒸气 łaŋ³⁵pa⁵⁵

地总称 sa⁵⁵

土地 sa⁵⁵

坡地 sa⁵⁵tsu⁵⁵pu⁵⁵

荒地 paŋ⁵⁵tʰaŋ⁵⁵

山地 ri³⁵ku⁵⁵sa⁵⁵

平地平坦的土地 ȵaŋ⁵⁵pu⁵⁵

地界田地的边界 rem³⁵taŋ⁵⁵

庄稼地 a⁵⁵ren⁵⁵sa⁵⁵

沼泽地 tam³¹tsaŋ⁵⁵

坝子山中的平地 ȵaŋ³¹pu⁵⁵

地陷 xo⁵⁵ti⁵⁵ka⁵⁵

海大~ tʃam⁵⁵tsʰo⁵⁵

田总称 $a^{55}ren^{55}$

梯田 $a^{55}ren^{55}tian^{55}paŋ^{55}$

田坎 $a^{55}ren^{55}taŋ^{55}$

秧田 $li^{35}jaŋ^{55}tsam^{55}$

试验田 $tsʰui^{55}ta^{55}a^{31}ren^{55}$

小山 $ri^{31}ku^{55}zen^{31}pu^{55}$

荒山 $ri^{31}ku^{55}paŋ^{55}tʰaŋ^{55}$

雪山 $pʰom^{55}la^{55}$

山顶 $ri^{31}ku^{55}tʰoŋ^{55}ŋa^{55}$

山峰 $ri^{31}ku^{55}toŋ^{55}pa^{55}$

山腰 $ri^{31}ku^{55}tsʰe^{55}waŋ^{55}$

山脚 $ri^{31}ku^{55}diŋ^{55}pa^{55}$

阴山指山背阴一面 $ri^{31}ku^{55}tsʰiŋ^{55}ŋa^{55}$

阳山指山朝阳一面 $ri^{31}ku^{55}kup^{55}ka^{55}$

岩洞 $loŋ^{55}gaŋ^{55}$

岩石 $loŋ^{55}ta^{31}ma^{55}$

鹅卵石 $kaŋ^{55}ku^{31}la^{55}$

平原 $ȵaŋ^{55}pu^{55}$

滑坡 $pʰrin^{55}mu^{55}$

陡坡 $tso^{55}pu^{55}$

悬崖峭壁 bra^{55}

石板 $loŋ^{55}pa^{31}lɛm^{55}$

小河 $ri^{31}tek^{55}pi^{55}$

河水 $ri^{31}par^{55}ma^{55}$

上游河的～ $ri^{31}tui^{55}ka^{55}$

下游河的～ $ri^{31}mei^{55}ka^{55}$

漩涡河里的～ $tʃʰur^{55}tʃʰur^{55}pa^{55}$

泡沫河里的～ $pom^{31}naŋ^{55}$

泉水 $tsʰa^{55}tʃʰu^{55}$

清水与浊水相对 $ri^{31}tsaŋ^{31}ma^{55}$

瀑布 $pʰa^{55}tar^{55}$

草原 $tsa^{55}tʰaŋ^{55}$

沙漠 $tʃie^{55}ma^{55}tʰaŋ^{55}$

峡谷 $ri^{35}ku^{55}$

泥石流 $in^{31}tsaŋ^{55}jum^{31}ri^{55}$

地洞 $sa^{55}gaŋ^{55}$

洞口 $sa^{55}gaŋ^{55}$

山路 $ri^{31}ku^{55}lam^{35}$

岔路 $lam^{35}ʃa^{55}ma^{55}la^{55}$

大路野外的 $lam^{35}tʃʰi^{55}lu^{55}$

小路野外的 $lam^{35}zin^{31}pu^{55}$

公路 $mo^{31}tʂa^{55}lam^{35}$

桥统称 $zam^{31}pa^{55}$

石桥 $loŋ^{55}zam^{55}$

渡口 $nap^{55}ka^{55}$

菜园 $tʃʰur^{55}$

果园 $se^{55}ʃiŋ^{55}kʰa^{55}ʃiŋ^{55}tʃʰur^{55}$

尘土干燥的泥路上搅起的 $sa^{55}saŋ^{55}pu^{55}$

红土 $sa^{55}za^{55}lu^{55}$

粉末 $sok^{55}zam^{55}$

渣滓榨油剩下的～ $tʂi^{55}ma^{55}$

煤渣炭屑，煤炭燃烧后余下的东西 $tʰu^{55}lu^{55}$

锅烟子 $nak^{55}tsa^{55}$

金 $sər^{55}$

银 $ŋui^{55}$

铜 $zaŋ^{35}$

铁 $tʃa^{55}$

锈名词 $lak^{55}ka^{55}$

生锈动词 $tsa^{55}lak^{31}ka^{55}$

钢 $tʃan^{55}tər^{55}$

铝 $xa^{55}jaŋ^{55}$

玉 $na^{55}y^{55}$

玻璃 $ʃe^{55}$

火药 $tsʰei^{55}$

硝做火药的~ ts^hei^{55}

火种 $mi^{35}si\eta^{55}ma^{55}$

火光 $mi^{35}wei^{55}$

火焰 $mi^{35}lam^{55}$

火塘 $mi^{35}si\eta^{55}sa^{55}$

打火石 $mi^{35}t\int a^{55}$

山火 $mi^{35}\int u^{55}$

火把 $mi^{35}tom^{55}$

火星火塘里的 $mi^{35}tsak^{55}pa^{55}$

火舌火苗 $mi^{35}tsen^{35}pu^{55}$

火灾 $mi^{35}\int or^{55}pa^{55}$

火石 $mi^{35}t\int a^{55}$

火铲 $mi^{55}t\underset{.}{s}um^{55}ka^{55}$

汽油 $sa^{55}\underset{.}{n}om^{55}$

沸水 $lak^{35}pa^{55}$

温水 $ts^ha^{55}pu^{55}ri^{31}wa^{55}$

碱水 $p^hap^{55}te^{31}wa^{55}$

二 时间方位

春天 $\int ar^{35}$

冬天 gun^{55}

过年 $lo^{31}sar^{55}$

过节 $lo^{31}sar^{55}$

每年 $ni\eta^{55}t\underset{.}{s}a\eta^{55}a^{55}ra\eta^{55}$

上半年 $ni\eta^{55}ko^{31}ma^{55}lo^{55}ka^{55}$

下半年 $ni\eta^{55}ts^hi\eta^{55}\eta a^{55}lo^{55}ka^{55}$

二月 $ta^{31}wa^{55}ni^{55}pa^{55}$

三月 $ta^{31}wa^{55}so\eta^{55}pa^{55}$

四月 $ta^{31}wa^{55}\underset{.}{z}i^{55}pa^{55}$

五月 $ta^{31}wa^{55}\eta a^{55}pa^{55}$

六月 $ta^{31}wa^{55}t\underset{.}{s}u^{55}pa^{55}$

七月 $ta^{31}wa^{55}dun^{35}pa^{55}$

八月 $ta^{31}wa^{55}t\int i^{55}pa^{55}$

九月 $ta^{31}wa^{55}ko^{55}pa^{55}$

十月 $ta^{31}wa^{55}t\int o^{55}pa^{55}$

十一月 $t\int u^{55}t\int ik^{55}pa^{55}$

十二月 $t\int u^{55}ni^{55}pa^{55}$

月初 $la^{31}ni^{55}ko^{35}ka^{55}$

月底 $la^{31}ni^{55}t\int u^{35}ka^{55}$

元旦 $lo^{55}sar^{55}$

初一除了正月以外，其他月份的初一。下同 $ts^he^{55}t^hor^{55}$

初二 $ts^he^{55}nik^{55}tsi\eta^{55}$

初三 $ts^he^{55}sam^{55}$

初四 $ts^he^{55}p^hi^{55}$

初五 $ts^he^{55}\eta a^{55}$

初六 $ts^he^{55}k^ho\eta^{55}$

初七 $ts^he^{55}zum^{55}$

初八 $ts^he^{55}jen^{55}$

初九 $ts^he^{55}gu^{55}$

初十 $ts^he^{55}se^{55}$

昼夜指白天黑夜 $\eta am^{55}t^hor^{55}pi^{31}na\eta^{55}t^hor^{55}$

半天 $je^{35}na\eta^{55}t^hor^{55}$

古时候 $ko^{31}ma^{55}t\int u^{55}ka^{55}$

东 $\int ar^{55}$

南 $\textltailn o^{55}$

西 $\underset{.}{n}op^{35}$

北 $t\int a\eta^{35}$

正面 $kuk^{55}ka^{55}$

反面 $t\int ir^{55}t\int^hu^{55}ka^{55}$

附近 $re^{35}ka^{55}$

周围 $re^{35}ka^{55}$

对岸河的~ $tot^{55}pu\eta^{55}$

门上挂在~ $ko^{55}\int i\eta^{55}$

楼上 $t^ho\eta^{55}\eta a^{55}$

楼下 p^hraŋ^{55}ŋa^{55}

角落墙的~ zur^{55}ka^{55}lo^{55}ka^{55}

在……后 ts^{h}iŋ^{55}ŋa^{55}

在……前 kup^{35}ka^{55}

在……之间 par^{35}ka^{55}

三 植物

杨树 ko^{55}mi^{55}ʃiŋ^{55}

枫树 so^{55}ka^{55}ʃiŋ^{55}

漆树 ʃo^{55}pa^{55}ʃiŋ^{55}

青冈栎 pe^{35}to^{55}ʃiŋ^{55}

树皮 ʃiŋ^{55}k^{h}op^{55}taŋ^{55}

树枝 ʃiŋ^{55}ta^{31}ka^{55}

树干 ʃiŋ^{55}saŋ^{31}ma^{55}

树梢 ʃiŋ^{55}t^{h}ik^{35}pu^{55}

根树~ k^{h}a^{55}tsa^{55}

树浆 ʃiŋ^{55}ra^{31}tiŋ^{55}

年轮树的~ k^{h}op^{55}taŋ^{55}k^{h}op^{55}ka^{55}

松球 se^{55}

松针 jom^{55}

松脂 ro^{31}tʃo^{55}

松香 ro^{31}tʃo^{55}

松包松树枝头上的果实 se^{55}se^{55}wa^{55}

松明劈成细条的山松，可以点燃照明 lien^{55}tsoŋ^{55}

火麻路边长的一种扎人的植物 tʃa^{35}tsu^{55}

桃核 lin^{55}k^{h}u^{55}luŋ^{55}

壳核桃~ k^{h}op^{55}taŋ^{55}

核儿枣~ se^{55}

香蕉 lɛ^{35}si^{55}

芭蕉 luŋ^{55}lɛ^{35}si^{55}

柠檬 ȵom^{35}pa^{55}

柑子 k^{h}o^{55}min^{55}

果皮统称 k^{h}op^{55}taŋ^{55}

果干晒干了的果实 k^{h}op^{55}taŋ^{55}saŋ^{31}pa^{55}

葵花子未去壳的 ni^{31}ma^{55}men^{55}to^{31}se^{55}

荆藤 ba^{55}

瓜蔓 ru^{55}

艾草 me^{55}raŋ^{55}ma^{55}

草根 ŋun^{55}ra^{55}

青苔 pun^{55}pa^{55}

菊花 mom^{13}naŋ^{55}

桂花 mom^{13}naŋ^{55}

杜鹃花 tak^{55}ʃiŋ^{55}mom^{13}naŋ^{55}

海棠花 ts^{h}o^{55}mom^{13}naŋ^{55}

葵花 ni^{31}ma^{55}me^{31}to^{55}

桃花 lin^{55}ʃiŋ^{55}mom^{13}naŋ^{55}

花瓣 ko^{55}lok^{55}taŋ^{55}

花蕊 mom^{13}naŋ^{55}se^{55}

毒菇 tu^{55}ba^{55}mu^{55}

笋衣指笋的嫩壳 sui^{55}paŋ^{55}

籽菜~ mom^{13}li^{55}

荷叶 po^{31}zoŋ^{55}ʃar^{55}pa^{55}

薄荷 po^{31}zoŋ^{55}k^{h}aŋ^{55}

银耳 saŋ^{31}ru^{55}pa^{55}mu^{55}

竹根 so^{55}tsa^{55}

竹节 ts^{h}ik^{55}taŋ^{55}

竹竿 so^{55}saŋ^{55}pa^{55}

篾条编篮子的~ ba^{55}

发芽 ʃa^{55}ba^{55}lin^{55}ma^{55}

结果 se^{55}si^{55}wa^{55}

成熟 min^{55}pa^{55}

开花 p^{h}ok^{55}ka^{55}

吐须 pun^{55}pa^{55}

凋谢 y^{35}te^{35}ka^{55}

粮食统称pu³¹taŋ⁵⁵

种子li³⁵tʃʰe⁵⁵

秧植物幼苗的统称pu³¹taŋ⁵⁵

稻穗par⁵⁵kʰaŋ⁵⁵

抽穗ʒit³⁵pa⁵⁵

大米脱粒后的pa³⁵ra⁵⁵

小米脱粒后的pa³⁵ra⁵⁵

红米pa³⁵ra⁵⁵tsa⁵⁵lu⁵⁵

秕谷ma⁵⁵ʃo⁵⁵ka⁵⁵

糠xom⁵⁵

粟pʰis⁵⁵pa⁵⁵

玉米苞a⁵⁵ʃam⁵⁵ma⁵⁵ku⁵⁵pa⁵⁵

玉米秆a⁵⁵ʃam⁵⁵kʰaŋ⁵⁵

玉米须ko⁵⁵pa⁵⁵ʒi³⁵wa⁵⁵

青稞pʰe⁵⁵muŋ⁵⁵

荞麦koŋ⁵⁵pu⁵⁵

苦荞kʰa⁵⁵la⁵⁵

麦芒zu⁵⁵

麦穗tʂu³⁵se⁵⁵

麦茬麦秆割过余下的部分tʂu³⁵kʰaŋ⁵⁵

荞花kʰa⁵⁵la⁵⁵mom¹³naŋ⁵⁵

荞壳lien⁵⁵ma⁵⁵

豆子统称wor⁵⁵ʃa⁵⁵li⁵⁵

豆秸proŋ³⁵pa⁵⁵

豆芽ti³⁵bi⁵⁵ku⁵⁵ko⁵⁵liŋ⁵⁵

四季豆wor⁵⁵ʃa⁵⁵

豆苗豆类的幼苗ru⁵⁵taŋ⁵⁵ma⁵⁵

扁豆wor³⁵ʃa⁵⁵pien⁵⁵taŋ⁵⁵

冬瓜ri³⁵boŋ⁵⁵ʃa⁵⁵

苋菜mo³⁵ʃa⁵⁵wa⁵⁵

蕨菜ta³¹we⁵⁵

卷心菜所有菜心卷起来的菜的统称mom³⁵kor⁵⁵taŋ⁵⁵

苦菜mom³⁵kʰa⁵⁵lu⁵⁵

蒜苗lam⁵⁵ʃa⁵⁵pa⁵⁵

青椒so⁵⁵lo⁵⁵tʃʰaŋ³⁵ma⁵⁵

红椒so⁵⁵lo⁵⁵tsa³⁵lu⁵⁵

干辣椒so⁵⁵lo⁵⁵saŋ³¹ma⁵⁵

春笋ȵom⁵⁵

笋壳zui⁵⁵paŋ⁵⁵

笋干soŋ⁵⁵ja⁵⁵saŋ³¹ma⁵⁵

萝卜干mu³¹li⁵⁵saŋ³¹ma⁵⁵

萝卜缨子mu³¹li⁵⁵ʃa³¹wa⁵⁵

根茎菜的~mom³⁵tsa⁵⁵

四　动物

野兽po³⁵raŋ⁵⁵sem⁵⁵tʃen⁵⁵

狮子siŋ⁵⁵ge⁵⁵

豹zik³⁵

大熊猫om⁵⁵ʃa⁵⁵tʃʰi⁵⁵lu⁵⁵

狗熊om⁵⁵ʃa⁵⁵

熊掌om⁵⁵ʃa⁵⁵ga³⁵taŋ⁵⁵

熊胆om⁵⁵ʃa⁵⁵tʂʰis⁵⁵

野猪po³⁵raŋ⁵⁵pʰak³⁵pa⁵⁵

豺狗pʰa⁵⁵ra⁵⁵

鹿总称pʰa³⁵ʃa⁵⁵

鹿茸wa³⁵roŋ⁵⁵

麂子pʰa³⁵ʃa⁵⁵

狐狸ka⁵⁵wu⁵⁵ma³¹

狼pʰa⁵⁵ra⁵⁵

黄鼠狼ʂe⁵⁵mo⁵⁵

水獭tʂam⁵⁵

野牛gim⁵⁵tʃa⁵⁵

牦牛gim⁵⁵tʃa⁵⁵

挤~牛奶tʃʰu⁵⁵wa⁵⁵

大象 laŋ⁵⁵pu⁵⁵tʃʰe⁵⁵

象牙 laŋ⁵⁵pu⁵⁵tʃʰe⁵⁵wa⁵⁵

象鼻 laŋ⁵⁵pu⁵⁵na³¹xoŋ⁵⁵

松鼠 ko⁵⁵tso⁵⁵pa⁵⁵

金丝猴 za³¹la⁵⁵mu³¹pa⁵⁵

布谷鸟 ku⁵⁵ku⁵⁵

斑鸠 ti³⁵ta⁵⁵ri⁵⁵

燕子 tʃʰi³⁵lik⁵⁵taŋ⁵⁵

野鸡 po³⁵raŋ⁵⁵ku³¹wa⁵⁵

老鹰 wən³⁵pu⁵⁵

鹰爪 wən³⁵pu⁵⁵tsʰiŋ³¹naŋ⁵⁵

猫头鹰 wuk³⁵pa⁵⁵

孔雀 map³⁵tʃa⁵⁵

鹦鹉 a⁵⁵u⁵⁵ni⁵⁵tsʰo⁵⁵

画眉鸟 tʃui³⁵moŋ⁵⁵

鹌鹑 muk³⁵toŋ⁵⁵pa⁵⁵

鸟蛋 kʰa⁵⁵ko⁵⁵tʰam⁵⁵

鸟笼 kʰa⁵⁵tʃur³¹tsam⁵⁵

麝 la⁵⁵wa⁵⁵

麝香 la⁵⁵tsi⁵⁵

野兔 po³⁵raŋ⁵⁵ri³¹poŋ⁵⁵

毒蛇 tu⁵⁵pu⁵⁵ʃi³⁵la⁵⁵

蟒蛇 ki⁵⁵lin⁵⁵pu⁵⁵ʃi⁵⁵la⁵⁵

眼镜蛇 ke⁵⁵rəŋ⁵⁵pa⁵⁵pu⁵⁵tʃʰi⁵⁵la⁵⁵

菜花蛇 praŋ⁵⁵ki⁵⁵pu³¹tʃʰi⁵⁵la⁵⁵

竹叶青 一种毒蛇 saŋ⁵⁵joŋ⁵⁵pu⁵⁵ʃi⁵⁵la⁵⁵

蛇皮 pu⁵⁵ʃi⁵⁵la⁵⁵muŋ³⁵naŋ⁵⁵

七寸 ɲian⁵⁵sa⁵⁵

蛇胆 pu⁵⁵ʃi⁵⁵la⁵⁵tʂʰi⁵⁵pa⁵⁵

蛇洞 pu⁵⁵ʃi⁵⁵la⁵⁵gaŋ³⁵

刺猬 si⁵⁵ru⁵⁵

田鼠 a⁵⁵ren⁵⁵pʰiak⁵⁵pa⁵⁵

母老鼠 母的家鼠 pʰiak⁵⁵pa⁵⁵ta³¹ma⁵⁵

蜥蜴 joŋ³⁵ku⁵⁵luŋ⁵⁵

壁虎 joŋ³⁵ku⁵⁵luŋ⁵⁵

蜈蚣 tʃʰi⁵⁵pu⁵⁵

蝎子 tek³⁵seŋ⁵⁵

头虱 ʃin⁵⁵ta⁵⁵ma⁵⁵

虮子 虱卵 tʃʰik³⁵taŋ⁵⁵

蟑螂 jaŋ⁵⁵ta⁵⁵ma⁵⁵

蝗虫 蚱蜢 dek⁵⁵ter⁵⁵pa⁵⁵

螳螂 jaŋ⁵⁵a⁵⁵ma⁵⁵

蟋蟀 蛐蛐 toŋ⁵⁵tor⁵⁵pa⁵⁵

蜂 总称 mi⁵⁵zu⁵⁵ma⁵⁵

蜂窝 mi⁵⁵zu⁵⁵ma⁵⁵ʃom⁵⁵

蜂王 ju³⁵ki⁵⁵

蜂箱 mi⁵⁵zu⁵⁵ma⁵⁵kaŋ⁵⁵

蜂蜡 pis³⁵

飞蛾 pian⁵⁵pa⁵⁵lin⁵⁵

萤火虫 ai⁵⁵pi⁵⁵siŋ⁵⁵ka⁵⁵taŋ⁵⁵

白蚁 kʰaŋ⁵⁵tʃi⁵⁵la⁵⁵pa³¹liŋ⁵⁵pi⁵⁵

蚁窝 kʰaŋ⁵⁵tʃi⁵⁵la⁵⁵ʃom⁵⁵

蚁蛋 kʰaŋ⁵⁵tʃi⁵⁵la⁵⁵ko³¹tʰam⁵⁵

田蚂蟥 a⁵⁵ren⁵⁵pat³¹pa⁵⁵

山蚂蟥 saŋ⁵⁵pat³¹pa⁵⁵

牛虻 joŋ³⁵pu⁵⁵

蠓 墨蚊 pok³⁵pi⁵⁵

臭虫 sər⁵⁵pa³¹pu⁵⁵

毛毛虫 pu⁵⁵su⁵⁵kun⁵⁵

蛔虫 肚子里的 raŋ³¹pu⁵⁵

肉蛆 loŋ³¹pu⁵⁵

屎蛆 loŋ³¹pu⁵⁵

滚屎虫 屎壳郎 kʰi⁵⁵kru³¹pa⁵⁵

绿头蝇 kʰi⁵⁵joŋ⁵⁵pu⁵⁵

蜘蛛网 roŋ⁵⁵ʃaŋ⁵⁵pu⁵⁵taŋ³¹pa⁵⁵

织网_{蜘蛛～}na³¹ma⁵⁵

蟹夹_{蟹螯}tek³⁵siŋ⁵⁵ka³¹taŋ⁵⁵

蜗牛 nam⁵⁵pie³¹saŋ⁵⁵

蝌蚪 tʃuk⁵⁵tʃuk⁵⁵pa⁵⁵

泥鳅 pu⁵⁵tʃʰi⁵⁵la⁵⁵ŋa³⁵

金鱼 sər⁵⁵ka⁵⁵ŋa³⁵

鱼鳍_{鱼翅膀}ŋa³⁵jɛ⁵⁵lam⁵⁵

鱼刺 ŋa³⁵zu⁵⁵

鱼子_{鱼卵}ŋa³⁵tʰam⁵⁵

鱼苗 ŋa¹³ta³¹tsa⁵⁵

鱼饵 ŋa³⁵pu⁵⁵

鱼鳔 ŋa³⁵kaŋ³¹pu⁵⁵

鱼鳃 tsep⁵⁵tsep⁵⁵pa⁵⁵

剖鱼 pʰu⁵⁵laŋ⁵⁵jar³⁵pa⁵⁵

钓鱼竿 tʃak⁵⁵tʃy⁵⁵to³¹kaŋ⁵⁵

皮子_{总称}muŋ³⁵naŋ⁵⁵

毛_{总称}pu⁵⁵

羽毛 kʰa⁵⁵pu⁵⁵

角_{动物身上长的}wa³⁵roŋ⁵⁵

蹄子_{统称}pi⁵⁵ta⁵⁵pi⁵⁵

发情_{动物～}tʃu⁵⁵a⁵⁵liɛ⁵⁵

产崽_{动物～}ta³¹tsa⁵⁵praŋ³⁵ka⁵⁵

开膛_{剖开宰杀动物的腹部}brin⁵⁵ma⁵⁵

交尾 tun⁵⁵tʰa⁵⁵ka⁵⁵

蝉脱壳 sop⁵⁵ʃy⁵⁵pa⁵⁵

水牛 tʃʰu⁵⁵laŋ⁵⁵

黄牛 to⁵⁵ka⁵⁵

公牛_{阉过的}wa³⁵to⁵⁵ka⁵⁵

牛犊 wa¹³ta³¹tsa⁵⁵

牛角 ok⁵⁵tʃʃi⁵⁵

牛皮 ȵo⁵⁵ȵo⁵⁵pa⁵⁵

牛筋 tsi⁵⁵rut³⁵ka⁵⁵

牛垂皮_{黄牛颈项垂下的～}ok³⁵ʃi⁵⁵

牛打架 wa³⁵kʰu⁵⁵loŋ⁵⁵pʰi⁵⁵ka⁵⁵

牛反刍 to⁵⁵lok⁵⁵ka⁵⁵

公马 ta⁵⁵pʰo⁵⁵

母马 ta³¹ma⁵⁵

马驹 ko⁵⁵ta⁵⁵ta³¹tsa⁵⁵

马鬃 ŋaŋ³⁵pu⁵⁵

绵羊 ʃi⁵⁵ʃa⁵⁵

山羊 ra³⁵pa⁵⁵

公羊 ra³⁵pa⁵⁵du⁵⁵ka⁵⁵

母羊 ra³⁵pa⁵⁵ta³¹ma⁵⁵

羊羔 ra³⁵pa⁵⁵ta³¹tsa⁵⁵

羊毛 ra³⁵pa⁵⁵pu⁵⁵

羊皮 ra³⁵pa⁵⁵moŋ³⁵naŋ⁵⁵

公驴 proŋ³⁵mu⁵⁵to³¹ka⁵⁵

母驴 proŋ³⁵mu⁵⁵ta³¹ma⁵⁵

看家狗 kʰu⁵⁵

哈巴狗 tʃaŋ⁵⁵kʰu⁵⁵

猎狗 ʃa⁵⁵kʰu⁵⁵

疯狗 kʰu⁵⁵ȵos³⁵pa⁵⁵

狗窝 kʰu⁵⁵jip³⁵sa⁵⁵

冠鸡_～sor⁵⁵pa⁵⁵

鸡崽 ko³⁵wa⁵⁵ta³¹tsa⁵⁵

鸡爪 ko³⁵wa⁵⁵ta⁵⁵pi⁵⁵

鸡屎 ko³⁵kʰi⁵⁵

鸡胗 raŋ³⁵tʰaŋ⁵⁵

蛋壳 ko³⁵tʰam³⁵kʰup⁵⁵taŋ⁵⁵

蛋清 ko³⁵tʰam³⁵pa³¹lin⁵⁵mi⁵⁵

蛋黄 ser⁵⁵kʰu⁵⁵

鸡内金 raŋ³⁵naŋ⁵⁵kʰop⁵⁵taŋ⁵⁵

嗉囊_{鸟类食管后部用于暂存食物的膨大部分}tor⁵⁵

脚蹼_{鸭子的}tar³⁵

蜕皮 pu⁵⁵wut³⁵pa⁵⁵

叮_{蚊子~}ŋam⁵⁵pi⁵⁵ka⁵⁵

蜇_{蜂子~}tsu⁵⁵pi³⁵ka⁵⁵

爬_{虫子~}koŋ⁵⁵tian³¹ta⁵⁵

叫_{牛~}tʃik³⁵pa⁵⁵

五　房舍器具

楼房 pʰɛ⁵⁵tʰok⁵⁵tsi⁵⁵

木板房 pʰaŋ⁵⁵lim⁵⁵pʰɛ⁵⁵

砖瓦房 sa⁵⁵pa⁵⁵pʰɛ⁵⁵

磨坊 ʃiŋ⁵⁵pʰɛ⁵⁵

仓库 paŋ³⁵ŋa⁵⁵

棚子 praŋ⁵⁵sa⁵⁵

草棚 ʃiŋ⁵⁵ku⁵⁵pʰɛ⁵⁵

屋檐 pʰɛ⁵⁵jom⁵⁵tsər⁵⁵

屋顶 pʰɛ⁵⁵tʰoŋ⁵⁵ŋa⁵⁵

梁 goŋ³⁵ʃiŋ⁵⁵

椽子 paŋ⁵⁵tan⁵⁵

立柱_{房屋中间的主要支柱}tok³⁵ʃiŋ⁵⁵

榫头 ŋa³⁵ma⁵⁵

门 ko⁵⁵

门口 ko⁵⁵ri⁵⁵ka⁵⁵

闩_{门~}ko⁵⁵sar⁵⁵

篱笆_{竹木条~}ri³⁵taŋ⁵⁵

栏杆 kak⁵⁵tsam⁵⁵

桩子 ka⁵⁵wa⁵⁵

级_{楼梯的~}tup⁵⁵ʃe⁵⁵

木料 ʃiŋ⁵⁵tʃʰa⁵⁵

圆木 ʃiŋ⁵⁵tu⁵⁵lu⁵⁵bi⁵⁵

板子 pʰaŋ⁵⁵lem⁵⁵

墙板 tʰar⁵⁵paŋ⁵⁵

楼板 tʰok⁵⁵tsi⁵⁵tʰoŋ⁵⁵ŋa⁵⁵

木板 pʰaŋ⁵⁵lem⁵⁵ʃiŋ⁵⁵

门板 pʰaŋ⁵⁵lem⁵⁵ko⁵⁵

墙壁 tʰar⁵⁵ka⁵⁵

围墙 ri³⁵taŋ⁵⁵

砌墙 kap⁵⁵tʃo⁵⁵

砖墙 sa⁵⁵pa⁵⁵ri³¹taŋ⁵⁵

土墙 sa⁵⁵ri³¹taŋ⁵⁵

石墙 tsik⁵⁵pa⁵⁵

房间 ʃa⁵⁵

外间 tʃʰi⁵⁵ka⁵⁵ʃa⁵⁵

里间 naŋ³¹ka⁵⁵ʃa⁵⁵

箱子_{统称}gam⁵⁵

木箱 ʃiŋ⁵⁵gam⁵⁵

皮箱 moŋ³⁵naŋ⁵⁵gam⁵⁵

衣柜 kʰa⁵⁵mu⁵⁵tʰan³¹tsam⁵⁵

饭桌 to⁵⁵tsan⁵⁵tsam⁵⁵tʂok³¹tsi⁵⁵

小板凳 toŋ⁵⁵tan⁵⁵zin³¹pu⁵⁵

电灯 lo⁵⁵

灯泡 ʃe⁵⁵to⁵⁵

电线 lo⁵⁵tʰak³¹pa⁵⁵

开关 pʰik⁵⁵tsam⁵⁵

油灯 koŋ⁵⁵pu⁵⁵

灯芯 toŋ³¹ri⁵⁵

松明灯 ra³¹ma⁵⁵tom⁵⁵

电池 to⁵⁵

钟_{敲~}tʃik³⁵ka⁵⁵

盆_{洗脸~}toŋ³¹pi⁵⁵

镜子 ʃe⁵⁵ko⁵⁵

风箱 put³¹pa⁵⁵

篮子 ʃo⁵⁵ma⁵⁵

瓜果盘_{专用于盛放瓜果的}ter³¹ma⁵⁵

背篓背小孩的～ pa³¹roŋ⁵⁵

袋子装粮食的～ lam⁵⁵ka⁵⁵

麻袋 tʂu³⁵wa⁵⁵lam⁵⁵ka⁵⁵

钩子挂东西用的 ʒik³⁵tsam⁵⁵

抹布 pʰak⁵⁵tsam⁵⁵

手纸便后用的～ ka³¹taŋ⁵⁵pʰak³¹tsam⁵⁵

蓑衣 len⁵⁵pu⁵⁵

斗笠 mu³⁵ku⁵⁵liŋ⁵⁵

炉子 tʰap³⁵

吹火筒 mi⁵⁵mon⁵⁵tsam⁵⁵

火钳 kam⁵⁵pa⁵⁵

铁锅 tʃa⁵⁵xa⁵⁵jaŋ⁵⁵

铝锅 xa⁵⁵jaŋ⁵⁵kʰa⁵⁵joŋ⁵⁵

小锅 xa⁵⁵jaŋ⁵⁵zin³¹mu⁵⁵

锅盖 xa⁵⁵jaŋ⁵⁵pu³¹naŋ⁵⁵

锅垫圈 kʰui⁵⁵tʃin⁵⁵

三脚架柴火灶的～ tʰap⁵⁵luŋ⁵⁵sam⁵⁵

锅铲 to⁵⁵lem⁵⁵

调羹 lem⁵⁵

勺子盛汤、盛饭用的勺子，统称 lem⁵⁵

木勺子 ʃiŋ⁵⁵to⁵⁵lem⁵⁵

饭勺 to⁵⁵lem⁵⁵

砧板 tan⁵⁵paŋ⁵⁵

饭碗 to⁵⁵ku⁵⁵roŋ⁵⁵

大碗 ku³⁵roŋ⁵⁵tʃʰi⁵⁵lu⁵⁵

小碗 ku³⁵roŋ⁵⁵zin³⁵mu⁵⁵

木碗 ʃiŋ⁵⁵ku⁵⁵roŋ⁵⁵

筷子筒 za³⁵tom⁵⁵gun³⁵tsam⁵⁵

盘子大的 tor³⁵ma⁵⁵

碟子小的 tor³⁵ma⁵⁵zin³¹mu⁵⁵

刀总称 tʃʰo⁵⁵waŋ⁵⁵

尖刀 tʃʰo⁵⁵waŋ⁵⁵tʃat⁵⁵pu⁵⁵

刀刃 tʃʰo⁵⁵waŋ⁵⁵tʃat⁵⁵pu⁵⁵

缺口刀刃上坏掉缺少的一块 pʰe⁵⁵ti⁵⁵ka⁵⁵

刀面 tʃʰo⁵⁵waŋ⁵⁵pʰik⁵⁵pa⁵⁵

刀背 tʃʰo⁵⁵waŋ⁵⁵kak⁵⁵pa⁵⁵

刀鞘 tʃʰo⁵⁵waŋ⁵⁵ʃom⁵⁵

柴刀 ʃiŋ⁵⁵tʃʰo⁵⁵waŋ⁵⁵

磨刀石 dʒam³⁵ta⁵⁵

杯子统称 kaŋ⁵⁵zi⁵⁵

玻璃杯 ʃe⁵⁵kaŋ⁵⁵zi⁵⁵

酒杯 kaŋ⁵⁵zi⁵⁵

茶杯 kaŋ⁵⁵zi⁵⁵

箅子 mo³⁵tʂʰo⁵⁵

捞箕筑篱 ʃe⁵⁵ke⁵⁵liŋ⁵⁵

烧水壶 ri³¹tsʰa⁵⁵lu⁵⁵tur⁵⁵tsam⁵⁵

臼窝 lu⁵⁵

碓杵 ni³⁵to⁵⁵maŋ⁵⁵

工具统称 tʃa⁵⁵la⁵⁵

铁锤 tʃa⁵⁵tʰo⁵⁵wa⁵⁵

锯子 so⁵⁵li⁵⁵

推刨 pu⁵⁵li⁵⁵

钻子 miŋ³⁵tʃʰin⁵⁵tsam⁵⁵

凿子 zoŋ³⁵pu⁵⁵

墨斗 tʰik⁵⁵

尺子 zer³⁵tsam⁵⁵

铁丝 tʃa⁵⁵kui⁵⁵

纺车 nam³⁵tsam⁵⁵

织布机 tʂi⁵⁵ti⁵⁵

纺线 dʒaŋ³⁵pa⁵⁵

梭子 dʒaŋ³⁵pa⁵⁵tsər⁵⁵

针眼 kʰam⁵⁵miŋ⁵⁵

顶针 sok⁵⁵tʰur⁵⁵

枪 mem³⁵da⁵⁵

子弹 diu³⁵

子弹头 diu³⁵ʃa⁵⁵raŋ⁵⁵

子弹壳 pi⁵⁵toŋ⁵⁵

土铳火枪 bun³⁵ta⁵⁵

炮 mer³⁵dʒu⁵⁵

长矛 doŋ⁵⁵

弓箭弓与箭的统称 li³⁵pɛr⁵⁵miŋ⁵⁵

弓 li⁵⁵

箭 pɛr⁵⁵miŋ⁵⁵

毒箭 tu⁵⁵pɛr⁵⁵miŋ⁵⁵

箭绳弦 li³⁵tʰak⁵⁵pa⁵⁵

马笼头 re³¹toŋ⁵⁵

马嚼子 mier⁵⁵

马鞭 te⁵⁵tʃa⁵⁵

马鞍 ga⁵⁵

脚蹬马鞍上的~ pi³⁵tʰam⁵⁵tsam⁵⁵

缰绳 tʂʰap⁵⁵

缝纫机 kʰo⁵⁵lo⁵⁵tsʰem⁵⁵

箍桶~，名词 meir⁵⁵

柴草枝叶柴 lien⁵⁵tsoŋ⁵⁵

锉子 se⁵⁵tɵr⁵⁵

槌子 ʃiŋ⁵⁵tʰu⁵⁵wa⁵⁵

锥子 nɵŋ⁵⁵

铃打~ la³¹pa⁵⁵

手表 tʃʰu⁵⁵tsʰi⁵⁵

眼镜 mik⁵⁵ʃe⁵⁵

扇子 si⁵⁵jap⁵⁵

拐杖 to³⁵kaŋ⁵⁵

篦子篦头用的~ nas³⁵

钱包 ta³⁵jaŋ⁵⁵pa³¹ku⁵⁵

大烟罂粟 tam⁵⁵ka⁵⁵

烟头 tam⁵⁵ka⁵⁵tsam⁵⁵

烟灰 tam⁵⁵ka⁵⁵tʰu⁵⁵lu⁵⁵

烟丝 tam⁵⁵ka⁵⁵pok⁵⁵pi⁵⁵

烟斗 gaŋ³¹dza⁵⁵

竹签 tʃuk³¹paŋ⁵⁵

花瓶 mom¹³naŋ⁵⁵tʰan⁵⁵tsam⁵⁵ʃe⁵⁵tam⁵⁵

花盆 mom¹³naŋ⁵⁵tʃʰen⁵⁵tsam⁵⁵

刨花 ʃiŋ⁵⁵pok³⁵pi⁵⁵

锯末 ʃiŋ⁵⁵pok³⁵pi⁵⁵

水磨 tʃʰu⁵⁵kor⁵⁵

磨盘 ma⁵⁵poŋ⁵⁵naŋ⁵⁵

磨眼儿 tsap⁵⁵ka⁵⁵

小钢磨 raŋ³⁵tʰaŋ⁵⁵zin³¹mu⁵⁵

老虎钳 tʃa⁵⁵tʃa⁵⁵tsam⁵⁵

推剪 ke³⁵tsi⁵⁵

剃头刀 ʃa⁵⁵raŋ⁵⁵mik³¹tsam⁵⁵

剃须刀 tʂek³⁵tsam⁵⁵

棉被 pʰo⁵⁵kʰe⁵⁵

被里 tʃʰi⁵⁵ʃa⁵⁵

被面儿 naŋ³⁵ʃa⁵⁵

枕巾 kʰum⁵⁵naŋ⁵⁵

枕芯 kʰum⁵⁵naŋ⁵⁵

水池洗碗或涮墩布使用的池子 ri³⁵kom⁵⁵

沉淀物澄清后沉在底层的东西 diŋ⁵⁵ka⁵⁵

大刀 tʃʰo⁵⁵waŋ⁵⁵tʃʰi⁵⁵lu⁵⁵

小刀 tʃʰo⁵⁵waŋ⁵⁵zin³¹ɯu⁵⁵

匕首 car³⁵tsʰo⁵⁵

铁箍 tʃa⁵⁵meir⁵⁵

门帘 ko³⁵re⁵⁵

火镰 mi³⁵tʃa⁵⁵

炭火盆 tʰu⁵⁵lu⁵⁵

瓶塞儿 koŋ³⁵naŋ⁵⁵

水碓 tʂu⁵⁵

木臼 ʃiŋ⁵⁵tok⁵⁵tsi⁵⁵

水碾 tʃʰy⁵⁵ta⁵⁵

驮架 ga³⁵

靠背 椅子~ ŋa⁵⁵tsam⁵⁵

收音机 gam³⁵tʃʰe⁵⁵

手机 kʰar³¹par⁵⁵

飞机 nam⁵⁵tʂu⁵⁵

六 服饰饮食

布 总称 rɛ³⁵

棉布 mo³⁵ŋan⁵⁵pu⁵⁵

麻布 mi⁵⁵

线 总称 kut⁵⁵paŋ⁵⁵

毛线 mi⁵⁵kut⁵⁵paŋ⁵⁵

棉线 mo³⁵ŋan⁵⁵kut⁵⁵paŋ⁵⁵

麻线 mi⁵⁵kut⁵⁵paŋ⁵⁵

线团 mi⁵⁵lom⁵⁵naŋ⁵⁵

绸子 pu⁵⁵rɛ⁵⁵

皮革 moŋ³⁵naŋ⁵⁵

皮袄 moŋ³⁵naŋ⁵⁵kʰa⁵⁵mu⁵⁵

上衣 tu⁵⁵toŋ⁵⁵

内衣 naŋ⁵⁵ki⁵⁵jin³⁵tsam⁵⁵

外衣 tʃʰi⁵⁵ka⁵⁵jin³⁵tsam⁵⁵

单衣 so⁵⁵pa⁵⁵jin³⁵tsam⁵⁵

长袖 pʰu⁵⁵tum⁵⁵rən³⁵pu⁵⁵

短袖 tu⁵⁵toŋ⁵⁵tʰu³¹min⁵⁵

扣眼 tʰip⁵⁵tsi⁵⁵gaŋ⁵⁵

袖口 pʰu⁵⁵toŋ⁵⁵koŋ³¹pa⁵⁵

衣襟 dzi̩³⁵

大襟 dzi̩³⁵tʃʰi⁵⁵lu⁵⁵

小襟 dzi̩³⁵zin⁵⁵mu⁵⁵

裙子 me⁵⁵jo⁵⁵

绣花 名词 mom¹³naŋ⁵⁵tsʰo⁵⁵ka⁵⁵

花边 mom¹³naŋ⁵⁵

领子 koŋ⁵⁵pa⁵⁵

衣袋 pa⁵⁵ko⁵⁵

内裤 naŋ³¹ka⁵⁵jin³⁵tsam⁵⁵

裤裆 tor³⁵ma⁵⁵tʃʰam⁵⁵

靴子 moŋ³⁵naŋ⁵⁵pi³⁵tar⁵⁵

草鞋 ŋun⁵⁵a⁵⁵pi³⁵tar⁵⁵

皮鞋 moŋ³⁵naŋ⁵⁵pi³⁵tar⁵⁵

鞋底 pi³⁵tar⁵⁵pʰraŋ⁵⁵

鞋后跟 pi³⁵tar⁵⁵tiŋ³¹pa⁵⁵

鞋带 pi³⁵tar⁵⁵tʰak³⁵pa⁵⁵

手套 lak⁵⁵ʃom⁵⁵

腰带 tʰe⁵⁵ma⁵⁵

围腰帕 paŋ⁵⁵tan⁵⁵

绑腿 兵~ kaŋ⁵⁵ri⁵⁵

带子 统称 tu³⁵tʃi⁵⁵

头巾 ʃa⁵⁵raŋ⁵⁵pak³¹taŋ⁵⁵

头绳 ʃa⁵⁵raŋ⁵⁵tsʰam⁵⁵tʰik³¹tsam⁵⁵

镯子 tsʰo⁵⁵

耳环 na³⁵ga⁵⁵pʰin⁵⁵sam⁵⁵

项链 ŋaŋ³⁵a⁵⁵lik⁵⁵tsam⁵⁵

珠子 dʒu³¹ru⁵⁵

粉 化妆用的 sok⁵⁵tsam⁵⁵

食物 总称 zan³¹tsam⁵⁵

肉 总称 ʃa⁵⁵

肥肉 ʃa⁵⁵dʒak⁵⁵pa⁵⁵

瘦肉 ʃa⁵⁵dʒyr⁵⁵pa⁵⁵

肉皮 指猪、牛、羊等可食用的~ ʃa⁵⁵moŋ³⁵naŋ⁵⁵

排骨 kʰaŋ⁵⁵

剔骨头 kʰaŋ⁵⁵ʃo⁵⁵ka⁵⁵

五花肉 pʰo⁵⁵laŋ⁵⁵pak³¹taŋ⁵⁵

炖肉 tur³¹pa⁵⁵

猪腰子 pʰak⁵⁵pa⁵⁵tsai³¹wu⁵⁵

锅巴 tsem⁵⁵pa⁵⁵

烧饼 piam⁵⁵

素菜 mom³⁵tsaŋ³¹pa⁵⁵

荤菜 ja³⁵taŋ⁵⁵

咸菜 jin⁵⁵tʃa⁵⁵kʰa³¹lu⁵⁵

酸菜 tʃyr⁵⁵pu⁵⁵

汤总称 kam⁵⁵taŋ⁵⁵ri⁵⁵

米汤 to⁵⁵ri⁵⁵

肉汤 ʃa⁵⁵kam⁵⁵taŋ⁵⁵ri³⁵

菜汤 mom³⁵kam⁵⁵taŋ⁵⁵ri³⁵

舀汤 tʰap⁵⁵ka⁵⁵

豆腐干 li³⁵pi⁵⁵saŋ³¹ka⁵⁵

糖总称 pu³¹ram⁵⁵

白糖 ʃi⁵⁵pu³¹ram⁵⁵

茶总称 dʒa⁵⁵

浓茶 dʒa⁵⁵kar⁵⁵pu⁵⁵

油总称 si⁵⁵

板油 lok⁵⁵jan⁵⁵

猪油炼过的~ pʰak⁵⁵pa⁵⁵jan⁵⁵

油渣 ju³⁵wa⁵⁵

芝麻油 ti⁵⁵li⁵⁵si⁵⁵

花生油 tʂe⁵⁵ma⁵⁵si⁵⁵

八角 po⁵⁵ki⁵⁵

桂皮 ʃiŋ⁵⁵tsa⁵⁵ʃiŋ⁵⁵

花椒 ki³⁵

胡椒面儿 so⁵⁵lo⁵⁵pok³¹pi⁵⁵

酥油茶 dʒa³⁵su⁵⁵ka⁵⁵

牛奶 ȵu⁵⁵

酒总称 ju³⁵

酒曲 a⁵⁵ra⁵⁵kʰo⁵⁵

冷水 ri¹³pier³¹wu⁵⁵

蒸饭 ʃoŋ⁵⁵ŋa⁵⁵tsoŋ³¹ka⁵⁵

夹生饭 tʂʰa⁵⁵pa⁵⁵tʂʰu³¹pu⁵⁵

白饭 to⁵⁵pa³¹lin⁵⁵mi⁵⁵

硬饭 to⁵⁵ka⁵⁵rak⁵⁵pi⁵⁵

软饭 to⁵⁵tʃaŋ³¹pu⁵⁵

寡蛋孵不出小鸡的蛋 noŋ³⁵min⁵⁵lu³⁵ka⁵⁵

搅团一种用玉米面、荞麦面做的糊糊 kʰu⁵⁵ru³¹wa⁵⁵

七 身体医疗

身体统称 lus³¹bu⁵⁵

个头 rəŋ³⁵mu⁵⁵

皮肤 moŋ⁵⁵naŋ⁵⁵

皱纹 nir⁵⁵ma⁵⁵

肌肉人的 ʃa³¹pʰun⁵⁵

血液 ʒi³⁵

骨头 kʰaŋ⁵⁵

骨髓 kaŋ⁵⁵

肋骨 sik⁵⁵pa⁵⁵kʰaŋ⁵⁵

脊椎 tsʰəŋ⁵⁵aŋ⁵⁵toŋ³¹ʃiŋ⁵⁵

头盖骨 ʃa⁵⁵raŋ⁵⁵kʰaŋ⁵⁵

肩胛骨 lak⁵⁵so⁵⁵

踝骨 pi³⁵tsoŋ⁵⁵

内脏统称 naŋ³⁵ʃa⁵⁵

心· tʰiŋ⁵⁵loŋ⁵⁵

肝 ʃas⁵⁵kom⁵⁵

脾 tʂe⁵⁵pu⁵⁵

肺 lu⁵⁵wa⁵⁵

肾腰子 pi³⁵ma⁵⁵

胃 kʰi⁵⁵pʰu⁵⁵laŋ⁵⁵

胆 tʂʰi⁵⁵pa⁵⁵

筋 tsa⁵⁵

脉 tsa⁵⁵

血管 ʒi³⁵tsa⁵⁵

肠子 le⁵⁵

大肠 le⁵⁵ka⁵⁵taŋ⁵⁵

小肠 le⁵⁵zin³⁵pu⁵⁵

发髻 tʰik⁵⁵pa⁵⁵

头顶 ʃa⁵⁵raŋ⁵⁵woŋ³⁵

头旋脑旋 tʃʰyr⁵⁵tʃʰyr⁵⁵ma⁵⁵

脑髓 ȵok³⁵taŋ⁵⁵

后脑 tʰoŋ⁵⁵tsiŋ⁵⁵

囟门 ȵoŋ⁵⁵ȵoŋ⁵⁵pa⁵⁵

白发 ʃa⁵⁵raŋ⁵⁵pa³¹lin⁵⁵mi⁵⁵

鬓角 ȵɛ³⁵tsi⁵⁵pu⁵⁵

睫毛 miŋ³¹pu⁵⁵

气管 ʃoŋ⁵⁵to³¹tʃi⁵⁵

食道 kʰi⁵⁵to³¹tʃi⁵⁵

喉结 or³⁵toŋ⁵⁵

颧骨 kʰur⁵⁵kʰaŋ⁵⁵

太阳穴 sem⁵⁵sem⁵⁵pa⁵⁵

眼皮 miŋ³⁵kʰop⁵⁵taŋ⁵⁵

单眼皮 miŋ³⁵kʰop⁵⁵taŋ⁵⁵tʰor⁵⁵

双眼皮 miŋ³⁵kʰop⁵⁵taŋ⁵⁵nik⁵⁵tsiŋ⁵⁵

眼角 miŋ³⁵zur⁵⁵

眼白 miŋ³⁵pa⁵⁵lin⁵⁵mi⁵⁵

眼屎 miŋ³⁵kʰi⁵⁵

耳孔 na³⁵gaŋ⁵⁵

耳垂 na³⁵

耳屎 na³⁵kʰi⁵⁵

痰 xar⁵⁵

鼻孔 na⁵⁵xoŋ⁵⁵kaŋ⁵⁵

鼻尖 na⁵⁵xoŋ⁵⁵tʰoŋ⁵⁵

鼻梁 na⁵⁵xoŋ⁵⁵kʰaŋ⁵⁵

鼻毛 na⁵⁵xoŋ⁵⁵pu⁵⁵

鼻屎 na⁵⁵xoŋ⁵⁵kʰi⁵⁵

门牙 kom³⁵ʃa⁵⁵

犬齿 tʃʰe⁵⁵wa⁵⁵

臼齿 tʂaŋ³¹ʃa⁵⁵

齿龈 ʃa⁵⁵ȵɛ⁵⁵rəŋ⁵⁵

牙缝 ʃa⁵⁵tʃʰat⁵⁵pu⁵⁵

牙垢 ʃa⁵⁵kʰi⁵⁵

假牙 ʃa⁵⁵tsam⁵⁵

小舌 toŋ⁵⁵toŋ⁵⁵se⁵⁵

舌尖 le³¹tʰoŋ⁵⁵

兔唇 ʃor⁵⁵pu⁵⁵

络腮胡 dʒa⁵⁵wu⁵⁵

八字胡 maŋ⁵⁵ra⁵⁵

乳头 女性的 ȵu³⁵ʃa⁵⁵raŋ⁵⁵

乳汁 ȵu³¹pi⁵⁵

胸脯 praŋ³¹toŋ⁵⁵

腰 ʃa⁵⁵ʃi⁵⁵naŋ⁵⁵

小腹 pʰu⁵⁵laŋ⁵⁵zin³¹mu⁵⁵

手心 ka³¹taŋ⁵⁵naŋ⁵⁵

手背 ka³¹taŋ⁵⁵tʃʰi⁵⁵ka⁵⁵

手茧子 tʃʰi⁵⁵pu⁵⁵pʰo⁵⁵ka⁵⁵

手腕 ka³¹taŋ⁵⁵tsʰi⁵⁵

汗毛 za⁵⁵la⁵⁵pu⁵⁵

汗毛孔 pu⁵⁵gaŋ⁵⁵

粉刺 脸上的~ so⁵⁵pu⁵⁵

痱子 ʃup⁵⁵taŋ⁵⁵so⁵⁵pu⁵⁵

指纹 ri⁵⁵taŋ⁵⁵

虎口 ka⁵⁵taŋ⁵⁵tʃʰam⁵⁵ka⁵⁵

倒刺 指甲下方的翘起的小皮 tsiŋ⁵⁵naŋ⁵⁵ra³⁵den⁵⁵

腋窝 ka⁵⁵tʃi⁵⁵pʰaŋ⁵⁵

腿肚子 bi³¹pʰu⁵⁵laŋ⁵⁵

腘窝 大腿和腿肚子中间的弯曲处 tʂam³¹tsa⁵⁵

脚心 pi⁵⁵pʰaŋ⁵⁵

脚趾 pi⁵⁵pru⁵⁵ma⁵⁵

脚印 pi⁵⁵lam⁵⁵

响屁 pʰi⁵⁵pʰu⁵⁵wa⁵⁵

闷屁 ʃon⁵⁵tʰar⁵⁵wa⁵⁵

稀屎 kʰi⁵⁵tʂui⁵⁵pa⁵⁵

膀胱 kaŋ⁵⁵pu⁵⁵

子宫 wak³⁵za³⁵ʃom⁵⁵

阴道 tʰu⁵⁵kaŋ⁵⁵

阴毛 moŋ⁵⁵pu⁵⁵

睾丸 kʰoŋ⁵⁵se⁵⁵

汗 ʃup⁵⁵taŋ⁵⁵

汗垢 tʂi³¹ma⁵⁵

唾沫 tʰop⁵⁵taŋ⁵⁵

医院 man⁵⁵kaŋ⁵⁵

药店 man⁵⁵tsoŋ⁵⁵sa⁵⁵

中医 po⁵⁵ri⁵⁵jim¹³tʃi⁵⁵

西医 tʃa³⁵jim¹³tʃi⁵⁵

小病 zin³⁵pu⁵⁵mar⁵⁵wa⁵⁵

大病 tʃʰi⁵⁵lu⁵⁵mar⁵⁵wa⁵⁵

内伤 naŋ³¹ka⁵⁵na⁵⁵tsa⁵⁵

外伤 tʃʰi⁵⁵ka⁵⁵na⁵⁵tsa⁵⁵

药 总称 man⁵⁵

药丸 man⁵⁵ri³⁵pu⁵⁵

药粉 man⁵⁵pok³⁵pi⁵⁵

药水 man⁵⁵ri⁵⁵

药膏 man⁵⁵sok⁵⁵tsam⁵⁵

药酒 man⁵⁵ka⁵⁵a³⁵ra⁵⁵

草药 ŋun⁵⁵man⁵⁵

毒药 tu⁵⁵man⁵⁵

开药方 man⁵⁵pas⁵⁵

熬药 man⁵⁵tur⁵⁵ka⁵⁵

搽药 man⁵⁵sok⁵⁵tʃo⁵⁵

动手术 ʃak⁵⁵tʃi⁵⁵a³¹ka⁵⁵

麻药 sin⁵⁵tsa⁵⁵man⁵⁵

补药 man⁵⁵pun⁵⁵ʃo⁵⁵

忌口 zan⁵⁵ma⁵⁵na⁵⁵ka⁵⁵

治~病 man⁵⁵tuk⁵⁵tʃo⁵⁵

呕干~ kʰi⁵⁵ko⁵⁵pa⁵⁵

发冷 感冒前兆时~ tʃʰaŋ⁵⁵pa⁵⁵

打冷战 发疟疾时~ kʰo⁵⁵tʃʰaŋ⁵⁵pu⁵⁵

感冒 tʃʰa⁵⁵pa⁵⁵kʰi⁵⁵wa⁵⁵

传染 ni⁵⁵to³⁵wa⁵⁵

头晕 mi³⁵ju⁵⁵ma⁵⁵

头疼 ʃa⁵⁵raŋ⁵⁵ŋam³⁵la⁵⁵

按摩 zup³⁵tʃo⁵⁵

穴位 tsa⁵⁵kʰam⁵⁵pʰi⁵⁵sa⁵⁵

发汗 sop⁵⁵ka⁵⁵

牙痛 ʃa⁵⁵ŋam³⁵ka⁵⁵

抽筋 tsa⁵⁵tʃaŋ⁵⁵pa⁵⁵

抽风 sep⁵⁵na³¹tsa⁵⁵

瘟疫 na³¹tsa⁵⁵tun³¹tsam⁵⁵

哮喘 ʃon⁵⁵kʰun⁵⁵ma⁵⁵tʃʰi⁵⁵ma⁵⁵

麻风 lu⁵⁵nei⁵⁵

天花 me³⁵to⁵⁵so⁵⁵wu⁵⁵

水痘 tʃʰi⁵⁵pur⁵⁵pok³⁵pa⁵⁵

疟疾 tsʰat⁵⁵pa⁵⁵

麻疹 si⁵⁵pu⁵⁵

中风 ka⁵⁵rak⁵⁵pi⁵⁵ri³⁵wa⁵⁵

大脖子病 ŋaŋ³⁵tsiŋ⁵⁵ŋa³⁵ma⁵⁵

骨折 kʰaŋ⁵⁵zui⁵⁵ka⁵⁵

脱臼 ŋo³⁵ka⁵⁵

伤口 ma³¹kʰa⁵⁵

痂 伤口愈合后结的～ ma³¹kʰa⁵⁵tʃʰaŋ⁵⁵lu⁵⁵

疮 总称 so⁵⁵pu⁵⁵

痔疮 kʰi⁵⁵tʃok⁵⁵taŋ⁵⁵

起泡 n̠i³⁵pok⁵⁵pa⁵⁵

水泡 tʃʰi⁵⁵ma⁵⁵

血泡 tʃʰi⁵⁵ma⁵⁵

流鼻血 na³¹xoŋ⁵⁵ʒi³⁵ʃo⁵⁵ka⁵⁵la⁵⁵

梅毒 pʰre⁵⁵kaŋ⁵⁵kʰe⁵⁵ka⁵⁵

伤痕 未好的 ma³¹kʰa⁵⁵

胀 肚子～ tien⁵⁵ka⁵⁵

麻 手发～ si⁵⁵ka⁵⁵

僵硬 kak⁵⁵tar⁵⁵

伤 受～ nas⁵⁵pa⁵⁵

出血 ʒi³⁵ʃo⁵⁵wa⁵⁵

淤血 tʂʰa⁵⁵na⁵⁵

茧 手上长的老～ tsi⁵⁵

雀斑 to³⁵pre⁵⁵

胎记 tsan⁵⁵miŋ⁵⁵

结巴 kʰa⁵⁵ti⁵⁵

脚气 pi⁵⁵ʃir⁵⁵

灰指甲 tsʰiŋ⁵⁵naŋ⁵⁵ma³⁵na⁵⁵ka⁵⁵

瘌痢头 癞子 mier³⁵ti⁵⁵

左撇子 yn⁵⁵pa⁵⁵lo³¹ka⁵⁵

六指 tʰei⁵⁵ma⁵⁵

近视眼 miŋ³⁵ma⁵⁵tʰoŋ⁵⁵ka⁵⁵

老花眼 miŋ³⁵ra⁵⁵pa⁵⁵ru⁵⁵pu⁵⁵

白内障 miŋ³⁵pa⁵⁵lin⁵⁵pi⁵⁵

鸡眼 脚茧病 wai⁵⁵kun⁵⁵

独眼 miŋ³⁵tʰor⁵⁵

斜眼 miŋ³⁵tʃan⁵⁵ti⁵⁵

歪嘴 no⁵⁵waŋ⁵⁵jun⁵⁵tur⁵⁵

瘫痪 tʂen⁵⁵pu⁵⁵ma³¹wa⁵⁵

八　婚丧信仰

接亲 pʰun⁵⁵ma⁵⁵

抢婚 ʂun³⁵pu⁵⁵ka⁵⁵

离婚 so⁵⁵so⁵⁵a³¹ka⁵⁵

胎 pʰo⁵⁵la⁵⁵naŋ³¹ka⁵⁵

胎衣 pak³⁵daŋ⁵⁵

脐带 pu⁵⁵tei⁵⁵lie⁵⁵mo⁵⁵

小产 sem¹³zen³¹mu⁵⁵

打胎 wak⁵⁵tsa⁵⁵ki³⁵ma⁵⁵

寿命 niŋ⁵⁵

岁数 人的～ niŋ⁵⁵

送葬 pʰon⁵⁵mu⁵⁵

遗体 ro⁵⁵

寿衣 re³¹pa⁵⁵lin⁵⁵pi⁵⁵

火葬 mi³⁵tʃʰe⁵⁵pʰri³⁵pa⁵⁵

火葬场 mi³⁵kop⁵⁵sa⁵⁵sa⁵⁵tʃʰa⁵⁵

土葬 sa⁵⁵ka⁵⁵waŋ³⁵pʰi⁵⁵wa⁵⁵

坟地 tur³⁵sa⁵⁵

灵魂 nam³⁵ʃi⁵⁵

法术 pun⁵⁵po⁵⁵

作法 pun⁵⁵po⁵⁵

打卦 tsi⁵⁵kot⁵⁵pa⁵⁵

拜菩萨 son⁵⁵an⁵⁵tap⁵⁵ka⁵⁵

佛 ɬa⁵⁵

鬼 dun⁵⁵

祸 ～不单行 tu⁵⁵bin⁵⁵a³¹wa⁵⁵

仙 ɬa⁵⁵

巫师 pa⁵⁵mo⁵⁵

巫婆 tʃo³⁵mo⁵⁵

经书 pe⁵⁵tʃʰa⁵⁵

龙 pru⁵⁵

许愿 so⁵⁵wan⁵⁵tap⁵⁵ka⁵⁵

还愿 soŋ⁵⁵an⁵⁵tap⁵⁵ka⁵⁵

占卜 mo³⁵kot⁵⁵ka⁵⁵

九 人品称谓

高个儿 jaŋ⁵⁵rən⁵⁵pu⁵⁵

光头 ki⁵⁵laŋ⁵⁵

老太婆 ai⁵⁵pi⁵⁵pam³¹naŋ⁵⁵

老头子 me⁵⁵me⁵⁵kat³¹pu⁵⁵

年轻人 jam³⁵raŋ⁵⁵

小伙子 tʰa⁵⁵laŋ⁵⁵tʰo³¹loŋ⁵⁵

姑娘 dza³⁵min⁵⁵

熟人 ko³⁵mie⁵⁵ka⁵⁵

生人 ko³⁵mie³⁵lo⁵⁵la⁵⁵

富人 bi³⁵din⁵⁵soŋ⁵⁵ŋo⁵⁵

穷人 tʃo⁵⁵pu⁵⁵soŋ⁵⁵ŋo⁵⁵

工人 sok³¹pa⁵⁵

官总称 kor³⁵tʂʰi⁵⁵

头目 kor³⁵tʂʰi⁵⁵

土司 pun⁵⁵

医生 em⁵⁵tʃi⁵⁵

猎人 ʃa⁵⁵pa⁵⁵

屠夫 ʃan⁵⁵pa⁵⁵

强盗 tʃom⁵⁵ken⁵⁵

土匪 tʃom⁵⁵ken⁵⁵

骗子 kʰa⁵⁵la⁵⁵

胖子 tʃak³¹pa⁵⁵

民族族群自称 mi³⁵rik⁵⁵

汉族 tʃa³¹rik⁵⁵

老百姓 mi³¹tsʰe⁵⁵

姓你～什么? miŋ⁵⁵

主人 dak³⁵pu⁵⁵

兵总称 ma⁵⁵mi⁵⁵

老师 ki³⁵kin⁵⁵

学生 lap⁵⁵tʂa⁵⁵

敌人 lok⁵⁵tʃi⁵⁵pa⁵⁵

伙伴 rok³⁵pa⁵⁵

摆渡人 tʂu⁵⁵pʰi⁵⁵kʰan⁵⁵

酒鬼 ju⁵⁵dʒam⁵⁵kʰen⁵⁵

证人 par³⁵ka⁵⁵soŋ⁵⁵ŋo⁵⁵

鳏夫 pʰo⁵⁵rən⁵⁵

寡妇 mo³⁵rən⁵⁵

接生婆 wak³⁵tsa⁵⁵toŋ³¹kʰan⁵⁵

国王皇帝 tʃek³⁵po⁵⁵

王后皇后 tʃek³⁵po⁵⁵nie⁵⁵mo⁵⁵

头人 ko³⁵ri⁵⁵kʰən⁵⁵

石匠 luŋ⁵⁵tso⁵⁵pa⁵⁵

篾匠 pa⁵⁵tso⁵⁵pa⁵⁵

铁匠 tʃa⁵⁵tso⁵⁵pa⁵⁵

渔夫 ŋa⁵⁵pa⁵⁵

中人 tʃʰam⁵⁵ka⁵⁵soŋ⁵⁵ŋo⁵⁵

流浪汉 kor⁵⁵toŋ⁵⁵pa⁵⁵

叛徒 tuk³⁵pin⁵⁵

私生子 tʰor⁵⁵pa⁵⁵

囚犯 tsun⁵⁵pa⁵⁵

赶马人 kʰun⁵⁵ma⁵⁵

长辈统称 tʃʰi⁵⁵lu⁵⁵

曾祖父 mien⁵⁵mien⁵⁵

曾祖母 ei⁵⁵pi⁵⁵

大舅 a⁵⁵tʃaŋ⁵⁵tʃʰi⁵⁵lu⁵⁵

小舅 a⁵⁵tʃaŋ⁵⁵zin³¹mu⁵⁵

大舅母 a⁵⁵ni⁵⁵tʃʰi⁵⁵lu⁵⁵

小舅母 a⁵⁵ni⁵⁵zin³¹mu⁵⁵

兄弟 a⁵⁵ta⁵⁵po³¹niŋ⁵⁵

姐妹 a⁵⁵na⁵⁵na³¹niŋ⁵⁵

堂兄 a⁵⁵ta⁵⁵

堂弟 po³¹niŋ⁵⁵

堂姐 a⁵⁵na⁵⁵

堂妹 na³⁵niŋ⁵⁵

表姐 ma⁵⁵tʰaŋ⁵⁵tʃʰi⁵⁵lu⁵⁵

表妹 ma⁵⁵tʰaŋ⁵⁵zen³¹mu⁵⁵

表哥 kʰot⁵⁵ken⁵⁵tʃʰi⁵⁵lu⁵⁵

表弟 kʰot⁵⁵ken⁵⁵zen⁵⁵mu⁵⁵

子女 wak³¹tsa⁵⁵

侄女 tsʰa⁵⁵mu⁵⁵

外甥女 tsʰa⁵⁵mu⁵⁵

孙女 tsʰo⁵⁵min⁵⁵

外孙女 tsʰo⁵⁵min⁵⁵

重孙 tsʰo⁵⁵

祖宗 mi⁵⁵dʒy⁵⁵

孤儿 pʰa⁵⁵ma⁵⁵ma³⁵wa⁵⁵wak³¹tsa⁵⁵

母女俩 a⁵⁵ma⁵⁵taŋ⁵⁵sa⁵⁵min⁵⁵nik⁵⁵tsiŋ⁵⁵

男朋友 to⁵⁵saŋ⁵⁵

女朋友 tʃa⁵⁵ro⁵⁵

大舅子 kʰot⁵⁵ken⁵⁵tʃʰi⁵⁵lu⁵⁵

小舅子 kʰot⁵⁵ken⁵⁵zin³¹mu⁵⁵

大姨子 ma⁵⁵tʰaŋ⁵⁵tʃʰi⁵⁵lu⁵⁵

小姨子 ma⁵⁵tʰaŋ⁵⁵zin³¹mu⁵⁵

兄弟俩 a⁵⁵ta⁵⁵po⁵⁵niŋ⁵⁵nik³⁵tsiŋ⁵⁵

夫妻俩 mak⁵⁵pa⁵⁵tʃʰi⁵⁵min⁵⁵nik³⁵tsiŋ⁵⁵

姐妹俩 a³¹na⁵⁵na⁵⁵niŋ⁵⁵nik³⁵tsiŋ⁵⁵

曾孙 tsʰo⁵⁵

母子俩 a⁵⁵ma⁵⁵taŋ⁵⁵wak³⁵tsa⁵⁵nik⁵⁵tsiŋ⁵⁵

父女俩 a⁵⁵pa⁵⁵taŋ⁵⁵tsa³⁵min⁵⁵nik⁵⁵tsiŋ⁵⁵

婆家 a⁵⁵tʃaŋ⁵⁵a⁵⁵ni⁵⁵pʰɛ⁵⁵

亲家 a⁵⁵tʃaŋ⁵⁵a⁵⁵ni⁵⁵pʰɛ⁵⁵

亲家公 a⁵⁵tʃaŋ⁵⁵

亲家母 a⁵⁵ni⁵⁵

父子 a³¹pa⁵⁵taŋ⁵⁵wak³⁵tsa⁵⁵

父女 a³¹pa⁵⁵taŋ⁵⁵tsa³⁵min⁵⁵

母子 a⁵⁵ma⁵⁵taŋ⁵⁵wak³⁵tsa⁵⁵

母女 a⁵⁵ma⁵⁵taŋ⁵⁵tsa³⁵min⁵⁵

十　农工商文

种水稻 a⁵⁵ren⁵⁵tʃʰe³¹ka⁵⁵

播种 li³⁵jap⁵⁵ka⁵⁵

点播 tʃʰe⁵⁵ka⁵⁵

撒播 jaŋ³⁵ma⁵⁵

犁田 loʔ³⁵pa⁵⁵

种田 tʃʰe⁵⁵ka⁵⁵

栽种 tʃʰe⁵⁵ka⁵⁵

耙田 kʰui⁵⁵n̩om⁵⁵ka⁵⁵

挖地 tʃik⁵⁵pa⁵⁵

锄地 kʰak⁵⁵taŋ⁵⁵koŋ⁵⁵ma⁵⁵

除草 wən⁵⁵pʰut⁵⁵pa⁵⁵

收割 mek³⁵pa⁵⁵

开荒 sa⁵⁵ty⁵⁵wa⁵⁵

浇水 ri³⁵luk⁵⁵ka⁵⁵

肥料 ʃa³⁵

施肥 ʃa³⁵luk⁵⁵ka⁵⁵

沤肥 ra⁵⁵ga⁵⁵lu⁵⁵ka⁵⁵

掰玉米 a⁵⁵ʃam⁵⁵pʰut⁵⁵ka⁵⁵

杠子（抬物用的）pʰun⁵⁵tsam⁵⁵

楔子（橛）sap⁵⁵

连枷 tsʰap⁵⁵tsam⁵⁵

连枷把 to³⁵kaŋ⁵⁵

锄柄 kaŋ³¹tʃi⁵⁵

铁锹 lem⁵⁵tʃa⁵⁵

铲子 re^{35}ka^{55}

犁头 t^{h}oŋ^{55}pa^{55}t^{h}oŋ^{55}

犁铧 tʃak^{55}pa^{55}kaŋ^{55}tʃi^{55}

犁架 tʃak^{55}pa^{55}tʃʰo^{55}ʃiŋ^{55}

犁把 tʃak^{55}pa^{55}tsoŋ^{55}tsam^{55}

耙~地 sa^{55}lo^{55}tsam^{55}

牛轭 ɳa^{35}ʃiŋ^{55}

打场指在谷场上脱粒 p^{h}un^{55}tsam^{55}

晒谷 p^{h}u^{55}ka^{55}

晒谷场 p^{h}u^{55}taŋ^{55}p^{h}un^{55}tsam^{55}

麻绳 so^{55}maŋ^{55}tak^{35}pa^{55}

木耙 ʃer^{55}ma^{55}ʃiŋ^{55}

鞭子 te^{55}tʃa^{55}

牛鼻绳 ɳoŋ^{35}t^{h}ak^{35}pa^{55}

筐统称 pa^{31}roŋ^{55}

粗筛指眼大的筛子 miŋ^{35}tʃʰi^{55}lu^{55}

细筛指眼小的筛子 miŋ^{35}zin^{35}mu^{55}

圈儿统称，名词 tʃur^{55}tsam^{55}

牛圈 wa^{35}tʃur^{55}tsam^{55}

马棚 kor^{55}ta^{55}tʃʰiŋ^{55}tsam^{55}

羊圈 ra^{35}pa^{55}tʃur^{55}tsam^{55}

鸡窝 ku^{55}wa^{55}tʃur^{55}tsam^{55}

笼子 p^{h}ok^{55}pa^{55}

猪槽 p^{h}ak^{55}pa^{55}to^{55}

木槽 t^{h}oŋ^{55}kor^{55}

谷桶 to^{55}

舂米 t^{h}oŋ^{55}ka^{55}

猪食 p^{h}ak^{55}pa^{55}to^{55}

买 ŋun^{35}wa^{55}

卖 tsoŋ^{55}ma^{55}

交换物物~ liŋ^{55}ma^{55}

价钱 koŋ^{35}ts^{h}e^{55}

借钱 tʃʰi^{55}ka^{55}

还钱 pi^{35}ka^{55}

讨价 p^{h}ap^{55}tʃo^{55}

还价 jik^{35}tʃo^{55}

出租 ŋa^{35}wa^{55}

债 pu^{35}lie^{55}

赢~钱 tʂak^{35}pa^{55}

输~钱 ʃor^{55}pa^{55}

秤钩 tʃa^{35}ma^{55}jik^{35}tsam^{55}

秤盘 tʃa^{35}ma^{55}ter^{35}ma^{55}

秤星 tʃa^{35}ma^{55}k^{h}a^{55}tʂaŋ^{55}

秤砣 tʃa^{35}ma^{55}loŋ^{55}

火车 ri^{35}lu^{55}

汽车 mu^{31}tʂ^{h}a^{55}

船总称 tʂu^{35}tsiŋ^{55}

渡船专门用于摆渡的~ tʂu^{35}tsiŋ^{55}

划船 tʂu^{35}tsiŋ^{55}p^{h}i^{55}wa^{55}

电话 k^{h}a^{55}par^{55}

机器 tʂ^{h}ui^{55}tʃ^{h}a^{55}

属相 lo^{31}ʃiŋ^{55}

子属鼠 dʒi^{35}wa^{55}

丑属牛 laŋ^{55}

寅属虎 ta^{55}

卯属兔 ye^{35}

辰属龙 pru^{55}

巳属蛇 dzʐi^{55}

午属马 tai^{55}

未属羊 lu^{55}

申属猴 dzʐu^{55}

酉属鸡 ʃa^{35}

戌属狗 k^{h}i^{55}

亥属猪 p^{h}a^{55}

国家统称dʒi¹³kʰap⁵⁵

政府si⁵⁵ʃoŋ⁵⁵

乡政府ʃaŋ⁵⁵si⁵⁵ʃoŋ⁵⁵

省行政区划的～tʂoŋ⁵⁵tʃʰir⁵⁵

县行政区划的～tsoŋ³⁵

村行政～doŋ⁵⁵

印章统称，名词tʰe⁵⁵tsi⁵⁵

私章个人用的raŋ³¹ten⁵⁵pʰi⁵⁵ka⁵⁵

记号标记ta⁵⁵

证据par⁵⁵ka⁵⁵

黑板tʃaŋ³¹ʃiŋ⁵⁵

粉笔sa⁵⁵kar⁵⁵

笔总称ɳu⁵⁵ku⁵⁵

纸总称ʃo⁵⁵ku⁵⁵

书总称dep³⁵

念书dep³⁵lo⁵⁵ka⁵⁵

小学lap⁵⁵tʂa⁵⁵zin³¹mu⁵⁵

中学lap⁵⁵tʂa⁵⁵par³⁵ma⁵⁵

大学lap⁵⁵tʂa⁵⁵tʃʰi⁵⁵lu⁵⁵

请假goŋ³¹pa⁵⁵ʃo⁵⁵ka⁵⁵

放假ni³¹so⁵⁵tʰa³⁵ka⁵⁵

毕业lap⁵⁵tʂa⁵⁵tʰun³⁵ka⁵⁵

荡秋千tʃoŋ⁵⁵ke⁵⁵pi⁵⁵ka⁵⁵

吹口哨pʰis⁵⁵pa⁵⁵pi⁵⁵ka⁵⁵

唱调子指民族地区说唱的一种形式ŋaŋ⁵⁵ɳur⁵⁵ka⁵⁵

练武术wu³⁵su⁵⁵lam⁵⁵ka⁵⁵

打弹弓pan⁵⁵da⁵⁵kap³¹ka⁵⁵

翻筋斗wak⁵⁵toŋ⁵⁵pa⁵⁵pʰi⁵⁵ka⁵⁵

潜水ri³¹me⁵⁵a³¹wa⁵⁵

跳舞pur³⁵pʰi⁵⁵wa⁵⁵

锣总称kʰaŋ⁵⁵ŋa⁵⁵

钹pup³⁵tʃʰa⁵⁵

鼓总称ku³⁵

腰鼓ʃa⁵⁵ʃi⁵⁵naŋ⁵⁵ku³⁵

琴总称pi⁵⁵waŋ⁵⁵

镲小钹rut³⁵pa⁵⁵zin³¹mu⁵⁵

箫nan⁵⁵pu⁵⁵loŋ⁵⁵

号吹～mun⁵⁵tsam⁵⁵

唢呐ma⁵⁵doŋ⁵⁵

口弦tʃit³⁵kuaŋ⁵⁵

簧口弦～lie⁵⁵

哨子ʃur⁵⁵mun⁵⁵tsam⁵⁵

喇叭kʰa⁵⁵par⁵⁵

戏演～dʒoŋ³⁵tar⁵⁵

照相par⁵⁵tʃap⁵⁵ka⁵⁵

相片par⁵⁵ʃo⁵⁵wa⁵⁵

颜色do³¹kʰa⁵⁵

射击gap³¹ka⁵⁵

墨水nak⁵⁵tsa⁵⁵

墨汁nak⁵⁵tsa⁵⁵

糨糊tsar⁵⁵tsam⁵⁵

地图sap⁵⁵tʂʰa⁵⁵

图画par⁵⁵

涂改ʃi⁵⁵ka⁵⁵

字写～ji¹³ki⁵⁵

算～数tsi⁵⁵pʰi⁵⁵wa⁵⁵

数～数dzaŋ³⁵

加数学中的～法tom⁵⁵ka⁵⁵

减数学中的～法pʰap⁵⁵ka⁵⁵

球总称pu³¹lu⁵⁵

倒立ku⁵⁵laŋ⁵⁵ka⁵⁵

对歌ʃe³¹tʂen⁵⁵tur⁵⁵

唱山歌ri³⁵ko⁵⁵ʃe⁵⁵pa⁵⁵pʰi⁵⁵ka⁵⁵

比赛tʂən³¹tur⁵⁵pʰi⁵⁵ka⁵⁵

游泳 tʃɑ⁵⁵ji³⁵pʰi⁵⁵kɑ⁵⁵

骑马 ko⁵⁵tɑ⁵⁵lɑŋ³¹kɑ⁵⁵

钓鱼 tʃak⁵⁵tʃu⁵⁵pʰi⁵⁵kɑ⁵⁵

十一 动作行为

燃烧 火~ kok³⁵pɑ⁵⁵

哈气 mu³⁵kɑ⁵⁵

浮 ~在水面 pun³⁵kɑ⁵⁵

流水 ~动 tʃo³⁵kɑ⁵⁵

飞 在天上~ pian⁵⁵kɑ⁵⁵

住 ~旅馆 tʃʰo⁵⁵kɑ⁵⁵

来 ~家里 o⁵⁵to⁵⁵

吹 ~火 mu³⁵kɑ⁵⁵

拉 ~车 tʃɑŋ³⁵kɑ⁵⁵

挖 ~土豆 tʃik³⁵kɑ⁵⁵

捉 ~鸡 tsoŋ⁵⁵kɑ⁵⁵

挠 用手指或指甲抓人 pat⁵⁵kɑ⁵⁵

圈 动词，~牲口 kor⁵⁵tʰɑ⁵⁵kɑ⁵⁵

刺 ~了一刀 tsuk³⁵pɑ⁵⁵

搓 ~手掌 zop³⁵tʃo⁵⁵

榨 ~油 tʂap³⁵kɑ⁵⁵

抹 ~水泥 sop⁵⁵kɑ⁵⁵

笑 ŋar³⁵kɑ⁵⁵

旋转 kor⁵⁵pʰi⁵⁵

沉 ~没 dzik⁵⁵pɑ⁵⁵

浸 ~泡 las⁵⁵pɑ⁵⁵

漏 ~雨 yut³⁵kɑ⁵⁵

溢 水~出来了 ki³⁵mɑ⁵⁵

取名 miŋ³⁵ʒik³⁵tʃo⁵⁵

晾衣 pʰu⁵⁵wɑ⁵⁵

补 ~衣服 tsʰok⁵⁵pɑ⁵⁵

剪 ~布 tʃat⁵⁵pɑ⁵⁵

裁 ~衣服 zer³⁵kɑ⁵⁵

织 ~毛线 na³⁵mɑ⁵⁵

扎 ~稻草人、风筝等 tʃʰoŋ⁵⁵mɑ⁵⁵

砍柴 ʃiŋ⁵⁵lɑ³¹wɑ⁵⁵

淘米 pɑ³⁵rɑ⁵⁵tsik³⁵kɑ⁵⁵

洗碗 ko⁵⁵roŋ⁵⁵tsik⁵⁵kɑ⁵⁵

搅拌 ruk⁵⁵kɑ⁵⁵

炖 ~牛肉 tor⁵⁵pɑ⁵⁵

烤 ~白薯 ʃɑ⁵⁵kor⁵⁵kɑ⁵⁵

腌 ~咸肉 tʰɑ⁵⁵wɑ⁵⁵

饱 吃~了 kʰɑ⁵⁵wɑ⁵⁵

醉酒 ~ ju³⁵soŋ⁵⁵kʰu⁵⁵wɑ⁵⁵

打嗝 tʃi⁵⁵ku⁵⁵pɑ⁵⁵

讨饭 pʰon⁵⁵mɑ⁵⁵

酿酒 ju³⁵tʃot⁵⁵kɑ⁵⁵

搬家 pʰɛ⁵⁵toŋ⁵⁵kɑ⁵⁵

分家 pʰɛ⁵⁵poŋ³⁵kɑ⁵⁵

开门 ko⁵⁵pʰik⁵⁵kɑ⁵⁵

关门 ko⁵⁵tam³¹kɑ⁵⁵

洗脸 toŋ³¹pɑ⁵⁵zi³⁵kɑ⁵⁵

漱口 yɛ³⁵kɑ⁵⁵

做鬼脸 jon⁵⁵ɑ³¹wɑ⁵⁵

伸懒腰 dus³⁵pu⁵⁵ʃo³⁵kɑ⁵⁵

点灯 lu⁵⁵tʃʰar⁵⁵kɑ⁵⁵

熄灯 lu⁵⁵ʃi³¹kɑ⁵⁵

说梦话 moŋ³⁵ʃi⁵⁵ko³¹ko⁵⁵

醒 睡~ se⁵⁵wɑ⁵⁵

晒太阳 ŋam³⁵pʰu⁵⁵wɑ⁵⁵

烤火 mi³⁵kom⁵⁵kɑ⁵⁵

暖被窝 pʰo⁵⁵kʰem⁵⁵koŋ³¹pu⁵⁵

等待 luŋ³⁵mɑ⁵⁵

走路 lam³⁵taŋ⁵⁵mɑ⁵⁵

遇见 tʂʰa⁵⁵pa⁵⁵

去~街上 te³⁵wa⁵⁵

进~山 naŋ³⁵

出~操 tʂʰi⁵⁵

进来 naŋ³¹ka⁵⁵o⁵⁵to⁵⁵

上来 ka⁵⁵o⁵⁵to⁵⁵

下去 toŋ³⁵ti⁵⁵wa³⁵

争~地盘 ru⁵⁵ru⁵⁵pa⁵⁵a⁵⁵wa⁵⁵

吃亏 tʂoŋ⁵⁵kʰe⁵⁵wa⁵⁵

上当 kʰu⁵⁵kor⁵⁵te³⁵wa⁵⁵

道歉 ŋu⁵⁵ne⁵⁵a³¹wa⁵⁵

帮忙 ro³¹ram⁵⁵

请客 tʂən³⁵ri⁵⁵pa⁵⁵

送礼 taŋ⁵⁵pi³⁵wa⁵⁵

告状 zui³⁵ma⁵⁵a⁵⁵wa⁵⁵

犯法 nor⁵⁵pa⁵⁵

赌博 dʒe³⁵tsup⁵⁵ka⁵⁵

坐牢 tsun⁵⁵kaŋ⁵⁵

砍头 ʃa⁵⁵raŋ⁵⁵tʃat⁵⁵ka⁵⁵

吻 tʃok⁵⁵pʰa⁵⁵wa⁵⁵

呛喝水~着了 sɛ⁵⁵lap⁵⁵ti³¹ka⁵⁵

呼气 ʃoŋ⁵⁵ʃuk⁵⁵ka⁵⁵

抬头 ŋaŋ³⁵proŋ⁵⁵ka⁵⁵

低头 toŋ³⁵kor³¹ka⁵⁵

点头 ʃa⁵⁵raŋ⁵⁵tʰup³⁵ka⁵⁵

摇头 ʃa⁵⁵raŋ⁵⁵wa³⁵ka⁵⁵

摇动 tʂən³⁵ma⁵⁵

招手 ka³⁵taŋ⁵⁵jap³⁵ka⁵⁵

举手 ka³⁵taŋ⁵⁵rən³⁵ma⁵⁵

笼手 指双手各自插到另一个袖子里 ka³⁵taŋ⁵⁵kun⁵⁵ tʃʰo⁵⁵ka⁵⁵

拍手 pa⁵⁵tsa⁵⁵ma⁵⁵tsʰap⁵⁵ka⁵⁵

握手 ka³⁵taŋ⁵⁵tsoŋ³⁵ma⁵⁵

弹手指 tek⁵⁵pa⁵⁵lin⁵⁵

掐两手指~虱子 tsəʔ⁵⁵ka⁵⁵

抠手指~ tʃek⁵⁵pʰa⁵⁵ka⁵⁵

牵~一头牛 ri³⁵pa⁵⁵

扳~手腕 pʰi⁵⁵ka⁵⁵

捧~水 xo⁵⁵wa⁵⁵

抛向空中~物 ka³⁵tʰu⁵⁵pa⁵⁵

掏从洞中~出来 ʃop⁵⁵ka⁵⁵

骗~猪 ʃa⁵⁵tʃot⁵⁵pa⁵⁵

夹~腋下 ka³⁵pu⁵⁵wa⁵⁵

抓~把米 tsoŋ⁵⁵ma⁵⁵

甩~水 kʰan⁵⁵ki⁵⁵ma⁵⁵

搓~面条 pu⁵⁵taŋ⁵⁵ʃoŋ³⁵ma⁵⁵

跟~在别人的后面 de³⁵ga⁵⁵

跪~在地上 ɳor⁵⁵ka⁵⁵

踢~了他一脚 pi³⁵ti⁵⁵pʰi⁵⁵wa⁵⁵

躺~在地上 ga³⁵lak⁵⁵pa⁵⁵

侧睡 tien⁵⁵tʃʰo⁵⁵ka⁵⁵

靠~在椅子上睡着了 tian⁵⁵tʃʰo⁵⁵ka⁵⁵

遗失 ki³¹ma⁵⁵

堆放 poŋ³⁵pa⁵⁵

叠~被子 tap⁵⁵ka⁵⁵

摆~碗筷 lik⁵⁵pu⁵⁵tʰai⁵⁵

搬~粮食 pʰu⁵⁵ni⁵⁵toŋ³¹ka⁵⁵

塞堵~ su⁵⁵wa⁵⁵

抢~东西 ru³⁵wa⁵⁵

砸~核桃 pʰut⁵⁵ka⁵⁵

刮~胡子 tʃʰik⁵⁵pa⁵⁵

揭~锅盖 tʃʰok⁵⁵ka⁵⁵

翻~地 tʂop³⁵ka⁵⁵

挂~书包 jik⁵⁵ka⁵⁵

包~饺子lo⁵⁵ma⁵⁵

贴~年画pik³⁵ka⁵⁵

割~麦子mik⁵⁵ka⁵⁵

锯~木头tʃat⁵⁵ka⁵⁵

雕~花kot⁵⁵ka⁵⁵

箍~桶ku³⁵wa⁵⁵tʃut⁵⁵ka⁵⁵

装~口袋kun³⁵tsam⁵⁵

卷~席子lom³⁵ʃo⁵⁵

染~花布sok⁵⁵tsam⁵⁵

吓~人joŋ³⁵kʰe⁵⁵wa⁵⁵

试~衣服tak⁵⁵tsi⁵⁵kot³¹ka⁵⁵

换~灯泡liŋ⁵⁵ma⁵⁵

填~土pun⁵⁵ʃo⁵⁵

留~在我这里lys³⁵pa⁵⁵

使用be³⁵tʃʰe⁵⁵

顶用角~tes⁵⁵pa⁵⁵

刨食鸡用脚~prat³⁵pa⁵⁵

晒衣kʰa⁵⁵mun⁵⁵pʰu⁵⁵wa⁵⁵

摘菜mom³⁵ʃi⁵⁵wa⁵⁵

切菜mom³⁵tʃat⁵⁵ka⁵⁵

烧开水ri³⁵tsʰa⁵⁵lu⁵⁵

熬~茶tur⁵⁵pa⁵⁵

烘把湿衣服~干kiŋ⁵⁵ma⁵⁵

蘸~一点辣椒ne⁵⁵pa⁵⁵

溅水泼到地上~了 身pi³¹jak³⁵pi⁵⁵wa⁵⁵

洒水ri³⁵jap⁵⁵ka⁵⁵

返回tsʰiŋ⁵⁵lo⁵⁵ka⁵⁵

到达~北京ʃek⁵⁵pa⁵⁵

招待tʃʰo⁵⁵ke⁵⁵ri³⁵ka⁵⁵

认罪nor⁵⁵pa⁵⁵

包庇ku⁵⁵ma⁵⁵

卖淫ʃaŋ⁵⁵tsoŋ⁵⁵min⁵⁵

偷盗dzo³⁵pʰan⁵⁵

毒~死du³⁵

听见na³⁵tʰa⁵⁵wa⁵⁵

偷听ko³⁵mi⁵⁵niaŋ⁵⁵ka⁵⁵

看见tʰoŋ⁵⁵ma⁵⁵

瞄准miŋ⁵⁵ba⁵⁵

剐蹭我的车被他的车~了rət³¹ka⁵⁵

啃~骨头ren³⁵mu⁵⁵tʃo⁵⁵

磕头ʃa⁵⁵raŋ⁵⁵kur⁵⁵ka⁵⁵

拖在地上~着走tʃaŋ³¹pa⁵⁵

拍~肩tsʰap³¹ka⁵⁵

托用双手~pʰu⁵⁵wa⁵⁵

压双手~pɛn⁵⁵pa⁵⁵

抽鞭~pa⁵⁵tsa⁵⁵ma⁵⁵

勒~在脖子上ŋaŋ³¹tʂe³⁵pa⁵⁵

抖~袋kʰa⁵⁵wa⁵⁵

挂~杖to³⁵kaŋ⁵⁵

垫~在屁股底下chɛm⁵⁵tsam⁵⁵

划刀~jar³⁵pa⁵⁵

锉~锯子rik³⁵tʃo⁵⁵

钻~地洞里kʰaŋ³⁵tʃek³⁵pa⁵⁵

捂用手~住嘴no³⁵waŋ⁵⁵puk³⁵pa⁵⁵

渗~透sim⁵⁵ka⁵⁵

滤~沙子jɛt³⁵ka⁵⁵

叼~烟kam³⁵ka⁵⁵

叉腰ʃa⁵⁵ʃi⁵⁵naŋ³⁵te⁵⁵ka⁵⁵

赤膊pʰoŋ⁵⁵ʃat⁵⁵ka⁵⁵

敲打tʃʰa⁵⁵tie⁵⁵lap³¹ka⁵⁵

撒娇tʃa⁵⁵laŋ⁵⁵

呻吟ŋam³⁵la⁵⁵

仰睡ŋaŋ⁵⁵pru⁵⁵jip³¹ka⁵⁵

喂草ŋon⁵⁵siŋ⁵⁵ma⁵⁵

放夹_{捕捉猎物方式} tʃa⁵⁵tor⁵⁵pa⁵⁵

装索套_{捕捉猎物方式} kʰa⁵⁵ʃoŋ⁵⁵

拔毛 pu⁵⁵

燎毛 ku⁵⁵ko³¹ka⁵⁵

剥皮_{剥动物皮} kʰop⁵⁵taŋ⁵⁵kop⁵⁵tʃo⁵⁵

烧砖 sa⁵⁵pa⁵⁵kok³¹tsam⁵⁵

烧窑 sa⁵⁵pa⁵⁵kok³¹tsam⁵⁵

刷墙 tʰar⁵⁵ka⁵⁵sop⁵⁵tʃo⁵⁵

穿针 kʰam⁵⁵niŋ⁵⁵ma⁵⁵

绣花 mom¹³naŋ⁵⁵tsʰo⁵⁵ka⁵⁵

劈柴 ʃiŋ⁵⁵tsʰe⁵⁵wa⁵⁵

酒醒 ju³⁵tsaŋ¹³pa⁵⁵

闩门 ko³⁵te⁵⁵wa⁵⁵

剪指甲 tsiŋ⁵⁵naŋ⁵⁵tʃa⁵⁵tsam⁵⁵

掏耳朵 na⁵⁵tʃik³⁵pa⁵⁵

动身 te³⁵lo⁵⁵

赶路 ʃa⁵⁵ʃir⁵⁵

让路 sy³⁵ʃo⁵⁵

劝架 kʰak⁵⁵pa⁵⁵

报恩 ja⁵⁵so⁵⁵a³¹lo⁵⁵

报仇 tʂa³⁵lin⁵⁵tʃur⁵⁵ka⁵⁵a³¹lo⁵⁵

照顾 kot³⁵pa⁵⁵

收礼 tʰiŋ⁵⁵tok⁵⁵pa⁵⁵

抢劫 tsen⁵⁵woŋ⁵⁵

杀人 soŋ⁵⁵ŋo⁵⁵ʃe⁵⁵wa⁵⁵

劳改 tʃor³⁵ki⁵⁵pʰi⁵⁵wa⁵⁵

鞭打 ʃo⁵⁵ʃo⁵⁵pa⁵⁵la⁵⁵pa⁵⁵

胜利 dzak³¹pa⁵⁵

失败 pʰa⁵⁵ma⁵⁵

瞪_{~着双眼} ti³⁵wa⁵⁵

拽_{用绳子~} dʒaŋ³¹pa⁵⁵

捋_{~袖子} pʰu⁵⁵tum⁵⁵tʂi³¹wa⁵⁵

搁_{把东西~在房顶上} ma⁵⁵tʰa⁵⁵wa⁵⁵

揣_{怀~} praŋ³⁵tun⁵⁵lo⁵⁵pa⁵⁵

携带 mien³⁵ka⁵⁵

扒_{~土} prat³⁵pa⁵⁵

蹦_{一~老高} jɛr⁵⁵pa⁵⁵

跺脚 pi⁵⁵tʰu⁵⁵pa⁵⁵

打滚 ri³⁵wa⁵⁵

扑_{猫~老鼠} tsoŋ⁵⁵pa⁵⁵

粘_{~贴} tʃer⁵⁵pa⁵⁵

剖_{~膛开肚} jɛr³⁵pa⁵⁵

劈_{分开} kʰu⁵⁵wa⁵⁵

漆_{~桌子} sok⁵⁵tʃo⁵⁵

搓_{~绳} tʂi³⁵wa⁵⁵

钉_{~钉子} tap⁵⁵ka⁵⁵

绞_{~肉} ʒim³⁵ka⁵⁵

蒙_{~眼} pu⁵⁵tʰar⁵⁵ka⁵⁵

和_{下象棋~了} to⁵⁵ka⁵⁵

发脾气 sem⁵⁵ru³⁵tsi⁵⁵ka⁵⁵

赌气 sem⁵⁵ru³⁵tsi⁵⁵ka⁵⁵

生长 so³⁵ka⁵⁵

打猎 ʃa⁵⁵ʃe⁵⁵li⁵⁵

蛀_{虫子吃} ŋam³⁵ka⁵⁵

系围裙 paŋ⁵⁵tan⁵⁵tam⁵⁵tʃu⁵⁵

打结 tʃʰiŋ⁵⁵naŋ⁵⁵pʰi⁵⁵

认得 kum³⁵je⁵⁵lie⁵⁵

伤心 sem⁵⁵tʃok⁵⁵pu⁵⁵

讨喜_{讨人喜欢} pʰi⁵⁵wa⁵⁵

恨_{你别~我} na⁵⁵lam⁵⁵ten⁵⁵ma⁵⁵la⁵⁵

满意 na³⁵wa⁵⁵la⁵⁵

着急 pat³¹pa⁵⁵

理睬 ja⁵⁵ma⁵⁵la⁵⁵

担心 sem⁵⁵tuk⁵⁵pin⁵⁵

放心 sem^{55}ȵam^{55}tʃi^{55}

愿意 na^{35}liɛ^{55}

变~作 dʒur^{55}ka^{55}

恼火 ro^{35}tsek^{55}pa^{55}

心痛 sem^{55}ŋa^{35}ma^{55}

记仇 ro^{35}ŋan^{55}pa^{55}

害~人 tuk^{55}pin^{55}

反悔 tʃur^{35}pa^{55}

可惜 ma^{55}kʰen^{55}ʃi^{55}

声音 gan^{55}

喊~话 ra^{13}wa^{55}

问~话 tʃi^{35}ma^{55}

答应 kʰai^{55}la^{55}ka^{55}

介绍 jek^{35}pi^{55}ka^{55}

回答 jek^{35}tʃo^{55}

造谣 jo^{55}ja^{55}ma^{55}

打听 ȵan^{55}kot^{55}po^{55}

十二　性质状态

凸 ʃut^{55}ka^{55}

凹 xok^{55}ti^{55}ka^{55}

正 kʰar^{55}tʰu^{55}

反 tʃʰir^{55}ka^{55}

斜 jun^{55}ka^{55}

横 tiŋ^{55}kin^{55}

竖 doŋ^{35}

活~鱼 ma^{31}ʃi^{55}wa^{55}

满水很~ pʰuŋ^{55}ma^{55}

足分量~ na^{31}wa^{55}

光滑鱼很~ pʰriŋ^{55}pu^{55}

冷清街上~得很 tsaŋ^{55}kin^{55}

浊 kar^{35}pu^{55}

空瓶子是~的 toŋ^{55}pa^{55}

嫩 miŋ^{55}ma^{55}

生 siŋ^{55}ma^{55}

熟 tʰu^{55}wa^{55}

乱 xaŋ^{55}raŋ^{55}ma^{31}ne^{55}wa^{55}tʃit^{55}pa^{55}

真 ten^{35}pa^{55}

假 kʰa^{55}la^{55}

暗光~ mi^{13}su^{55}pi^{55}

闷热 so^{55}pu^{55}la^{55}

破碗~了 tor^{35}ka^{55}

缩~脖子 dik^{31}pa^{55}

困了 dzɿ^{35}pʰa^{55}wa^{55}

瘪压~了 pien^{55}taŋ^{55}

倒~着放，去声 ku^{55}pi^{55}laŋ^{35}ka^{55}

纯~棉衣服 tsaŋ^{55}pa^{55}

枯叶子~了 saŋ^{55}ka^{55}

潮衣服~ tam^{35}ka^{55}

强身体~ lik^{55}pu^{55}

弱身体~ tʃo^{55}pu^{55}

焦烤~了 dʒar^{35}pa^{55}

清楚 sɛ^{55}pu^{55}sen^{55}ʃi^{55}

模糊 lik^{55}pu^{55}tʰoŋ^{55}ma^{55}la^{55}

准确 kʰi^{55}wa^{55}

耐用 pɛ^{35}tʃi^{55}ʃa^{55}ma^{55}te^{55}wa^{55}

空闲 lɛ^{31}xaŋ^{55}raŋ^{55}mu^{55}tʃʰoŋ^{55}dʒa^{55}

涩柿子~嘴 kʰa^{55}pek^{55}taŋ^{55}

脆花生米~ tʂəp^{55}tʂəp^{55}la^{55}

霉烂 ma^{31}na^{55}wa^{55}ri^{35}wa^{55}

不要紧 ma^{31}pa^{55}tʃo^{55}

方便很~ ta^{55}ka^{55}mu^{31}wa^{55}

浪费 tʂʰo^{55}la^{55}

疏忽大意 tʂʰo^{55}la^{55}ti^{31}ka^{55}

顺利 lik⁵⁵pu⁵⁵tʃoŋ³¹ʃi⁵⁵

聪明 kʰai⁵⁵pa⁵⁵

狡猾 kʰa⁵⁵la⁵⁵

大胆 lo⁵⁵kʰop⁵⁵tʃʰi⁵⁵lu⁵⁵

胆小 lo⁵⁵kʰop⁵⁵zen³¹mu⁵⁵

慌张 tsʰap⁵⁵tsʰap⁵⁵

麻利 tʃok³¹pa⁵⁵

节俭 tʂun³¹tʃʰoŋ⁵⁵

厉害 ŋan³⁵pa⁵⁵

勇敢 joŋ³⁵tʰek⁵⁵pu⁵⁵

可怜 pʰaŋ⁵⁵ki⁵⁵la³¹ma⁵⁵

麻烦 ka⁵⁵lu⁵⁵tak³¹pa⁵⁵

光荣 pa⁵⁵wu⁵⁵tʰu³¹pa⁵⁵

孤独 sem⁵⁵ma³¹ȵaŋ⁵⁵pa⁵⁵

亲 他跟奶奶特别~ tʃes⁵⁵pu⁵⁵

齐心 sem⁵⁵tʰaŋ⁵⁵tʰor⁵⁵

贪心 sem⁵⁵toŋ⁵⁵pa⁵⁵

拖拉 做事情~ tai³⁵wa⁵⁵

十三　数量

十一 soŋ⁵⁵tʰor⁵⁵

十二 soŋ⁵⁵nik⁵⁵tsiŋ⁵⁵

十三 soŋ⁵⁵sam⁵⁵

十四 soŋ⁵⁵pʰi⁵⁵

十五 soŋ⁵⁵ŋa⁵⁵

十六 soŋ⁵⁵kʰoŋ⁵⁵

十七 soŋ⁵⁵zum⁵⁵

十八 soŋ⁵⁵jen⁵⁵

十九 soŋ⁵⁵gu⁵⁵

二十一 kʰai⁵⁵tʰor³¹tʰor⁵⁵

四十 kʰai⁵⁵nik⁵⁵tsiŋ⁵⁵

五十 kʰai⁵⁵nik⁵⁵tsiŋ⁵⁵se⁵⁵

六十 kʰai⁵⁵sam⁵⁵

七十 kʰai⁵⁵sam⁵⁵se⁵⁵

八十 kʰai⁵⁵pʰi⁵⁵

九十 kʰai⁵⁵pʰi⁵⁵se⁵⁵

一百零一 tʃa⁵⁵taŋ⁵⁵tʰor⁵⁵

百把个 tʃa⁵⁵dzaŋ⁵⁵kin⁵⁵

千把个 toŋ⁵⁵dzaŋ⁵⁵kin⁵⁵

左右 ʒi³⁵pa⁵⁵yn⁵⁵pa⁵⁵

三四个 sam⁵⁵taŋ³¹pʰi⁵⁵

十几个 se⁵⁵tsaŋ⁵⁵kin⁵⁵

十多个 se⁵⁵tsaŋ⁵⁵kin⁵⁵

第二 aŋ⁵⁵ni³¹pa⁵⁵

第三 aŋ⁵⁵sun³¹pa⁵⁵

大约 om³⁵tor⁵⁵wu⁵⁵tu⁵⁵

半个 tsʰe⁵⁵paŋ⁵⁵

倍 tap³⁵

堆 一~垃圾 pom⁵⁵ʃi⁵⁵ʃi⁵⁵

庹 两臂伸展开后的长度 roŋ³⁵naŋ⁵⁵

拃 拇指和中指伸开两端间的长度 ja³⁵naŋ⁵⁵

斤 重量单位 dʒa³⁵ma⁵⁵

两 重量单位 saŋ⁵⁵

分 重量单位 li⁵⁵

斗 brɛ³⁵

步 走一~ kon³⁵paŋ⁵⁵

次 玩一~ rap³⁵

十四　代副介连词

这些 近指 wu⁵⁵tu⁵⁵pa⁵⁵

那些 中指 wu⁵⁵ȵo⁵⁵pa⁵⁵

那些 远指 wu⁵⁵na⁵⁵pa⁵⁵

那些 更远指 le⁵⁵la⁵⁵pa⁵⁵

哪些 wo⁵⁵wa⁵⁵wu⁵⁵ȵo⁵⁵pa⁵⁵

我俩 a⁵⁵ʃiŋ⁵⁵nik⁵⁵tsiŋ⁵⁵

咱俩 a⁵⁵ʃiŋ⁵⁵nik⁵⁵tsiŋ⁵⁵

他俩 rok³⁵ʃiŋ⁵⁵nik⁵⁵tsiŋ⁵⁵

人家 rok³⁵te⁵⁵

每人 soŋ⁵⁵ŋo⁵⁵tʰo⁵⁵re⁵⁵tʰo⁵⁵re⁵⁵

多久 xap⁵⁵tur⁵⁵

人们 soŋ⁵⁵ŋo⁵⁵pa⁵⁵

到底 ma³¹dza⁵⁵

差不多 ʃa⁵⁵ma⁵⁵tʰor⁵⁵

起码 wo⁵⁵nen⁵⁵mɛ⁵⁵

马上 o⁵⁵ma⁵⁵raŋ⁵⁵

先~走 ko³¹ma⁵⁵

后~走 tsʰiŋ⁵⁵ŋa⁵⁵

一直他~没有来 ten⁵⁵tʃaŋ⁵⁵

从前 ko³¹ma⁵⁵

后来指过去 tʃʰyr³⁵ka⁵⁵

来不及 ʃek⁵⁵pu⁵⁵ma³¹la⁵⁵

来得及 ʃek⁵⁵pu³¹la⁵⁵

偷偷地 tʃʰap⁵⁵te⁵⁵a⁵⁵ni⁵⁵

完全 tʰam⁵⁵tʃe⁵⁵raŋ⁵⁵

全部 tʰam⁵⁵tʃe⁵⁵raŋ⁵⁵

难道 ma³⁵sen⁵⁵ʃi⁵⁵mo⁵⁵

究竟 ma³¹tsa⁵⁵

也许 a⁵⁵ɲi⁵⁵la⁵⁵

一定 tem³⁵ba⁵⁵raŋ⁵⁵

暂时 o⁵⁵ma⁵⁵ti⁵⁵taŋ⁵⁵

互相 a⁵⁵ʃiŋ⁵⁵naŋ³¹ka⁵⁵

居然 ma³¹tsa⁵⁵raŋ⁵⁵

趁~热吃 tʃok³⁵ɲi⁵⁵

像~他那样 tʰaŋ⁵⁵tor⁵⁵

归~你管 liŋ³¹gən⁵⁵

第三节

其他词

一　天文地理

西藏 per³⁵

拉萨 ɬa⁵⁵sa⁵⁵

林芝 niŋ³¹tʂʰi⁵⁵

巴宜（区）pa⁵⁵ji⁵⁵

墨脱 me³¹toʔ⁵⁵

德兴乡 te³¹ʃiŋ⁵⁵tsʰo⁵⁵

背崩乡 pe³¹pəŋ⁵⁵tsʰo⁵⁵

甘登乡 kɛn³¹ten⁵⁵tsʰo⁵⁵

加热萨乡 tʃa³¹rə⁵⁵sa³¹tsʰo⁵⁵

帮辛乡 paŋ⁵⁵ʃiŋ⁵⁵tsʰo⁵⁵

格当乡 ke³¹taŋ⁵⁵tsʰo⁵⁵

背崩村 pe³¹pəŋ⁵⁵tʂʰoŋ³¹tsʰo⁵⁵

江新村 tʃaŋ³¹ʃiŋ⁵⁵tʂʰoŋ³¹tsʰo⁵⁵

格林村 ke³¹lin⁵⁵tʂʰoŋ³¹tsʰo⁵⁵

德尔贡村 te⁵⁵koŋ⁵⁵tʂʰoŋ³¹tsʰo⁵⁵

阿苍村 ŋa⁵⁵tsʰaŋ⁵⁵tʂʰoŋ³¹tsʰo⁵⁵

波东村 po⁵⁵toŋ⁵⁵tʂʰoŋ³¹tsʰo⁵⁵

巴登村 pa⁵⁵ten⁵⁵tʂʰoŋ³¹tsʰo⁵⁵

地东村 ti³¹toŋ⁵⁵tʂʰoŋ³¹tsʰo⁵⁵

西让村 ʃi⁵⁵raŋ⁵⁵tʂʰoŋ³¹tsʰo⁵⁵

德兴村 te³¹ʃiŋ⁵⁵tʂʰoŋ³¹tsʰo⁵⁵

文朗村 wən⁵⁵laŋ⁵⁵tʂʰoŋ³¹tsʰo⁵⁵

德果村 te³¹ko⁵⁵tʂʰoŋ³¹tsʰo⁵⁵

荷扎村 xo⁵⁵ra⁵⁵tʂʰoŋ³¹tsʰo⁵⁵

那尔东村 nar³¹tuŋ⁵⁵tʂʰoŋ³¹tsʰo⁵⁵

巴登则村 pa⁵⁵ten⁵⁵tse⁵⁵tʂʰoŋ³¹tsʰo⁵⁵

易贡白村 ji³¹kuŋ⁵⁵pɛ⁵⁵tʂʰoŋ³¹tsʰo⁵⁵

地球 sa⁵⁵ʒi⁵⁵

雅鲁藏布江 ja³¹loŋ⁵⁵tsaŋ⁵⁵po⁵⁵

南迦巴瓦峰 nap⁵⁵tʃa⁵⁵pa³¹wa⁵⁵ri³¹ku⁵⁵

娜姆山 nam⁵⁵la⁵⁵

石头山 tsa³¹ri⁵⁵

丛林小路 lam³⁵tse³⁵mu⁵⁵

野地 sa⁵⁵toŋ⁵⁵pa⁵⁵

树林 ʃiŋ⁵⁵naŋ³¹

岛 tʂʰu⁵⁵waŋ⁵⁵

黄土 sɑ⁵⁵tsɑ⁵⁵lu⁵⁵

灶灰 tʰu⁵⁵lu⁵⁵

露水 pras⁵⁵

白云 sɑ⁵⁵ʒɑ⁵⁵pɑ³¹lin⁵⁵pi⁵⁵

大雾 muʔ³⁵pɑ⁵⁵tʃʰi⁵⁵lu⁵⁵

大雪 pʰum⁵⁵tʃʰi⁵⁵lu⁵⁵

泥石流 rut⁵⁵pɑ⁵⁵tʃʰit⁵⁵pɑ³¹

藤桥 pɑ⁵⁵tsam³⁵pɑ⁵⁵

溜索 prən⁵⁵

二　时间

半个月 lɑ³¹n̠i⁵⁵tsʰai⁵⁵paŋ⁵⁵

第二天 ŋam⁵⁵nik⁵⁵tsiŋ⁵⁵

第三天 ŋam⁵⁵sam⁵⁵

第四天 ŋam⁵⁵phi⁵⁵

一月 公历3月 lɑ³¹n̠i⁵⁵tʰor⁵⁵

二月 公历4月 lɑ³¹n̠i⁵⁵nik⁵⁵tsiŋ⁵⁵

三月 公历5月 lɑ³¹n̠i⁵⁵sam⁵⁵

四月 公历6月 lɑ³¹n̠i⁵⁵pʰi⁵⁵

五月 公历7月 lɑ³¹n̠i⁵⁵ŋɑ³⁵

六月 公历8月 lɑ³¹n̠i⁵⁵kʰoŋ⁵⁵

七月 公历9月 lɑ³¹n̠i⁵⁵zum³⁵

八月 公历10月 lɑ³¹n̠i⁵⁵jen³⁵

九月 公历11月 lɑ³¹n̠i⁵⁵gu³⁵

十月 公历12月 lɑ³¹n̠i⁵⁵se⁵⁵

十一月 公历1月 lɑ³¹n̠i⁵⁵tʃu⁵⁵tʃik⁵⁵

十二月 公历2月 lɑ³¹n̠i⁵⁵tʃu⁵⁵n̠i⁵⁵

好日子 tem⁵⁵tʂi⁵⁵

今早 tʰi⁵⁵noŋ⁵⁵wun⁵⁵

今晚 tʰi⁵⁵noŋ⁵⁵n̠ɛ³¹ri⁵⁵

今天中午 tʰi⁵⁵noŋ⁵⁵je³¹nɑŋ⁵⁵

明天晚上 nam³¹n̠iŋ⁵⁵n̠ɛ³¹ri⁵⁵

明天中午 nam³¹n̠iŋ⁵⁵je³¹nɑŋ⁵⁵

每晚 n̠ɛ³¹ri⁵⁵tʂaŋ³⁵ɑ⁵⁵n̠i³¹

每月 lɑ³¹n̠i⁵⁵tʂaŋ³⁵ɑ⁵⁵n̠i³¹

时间 ty³¹tsʰø⁵⁵

一会儿 ri³¹ken⁵⁵tʰor⁵⁵

有时候 lai³⁵la⁵⁵

常常 tien⁵⁵tʃa⁵⁵raŋ³¹

永远 pɑ⁵⁵ʃe⁵⁵tsiŋ³⁵ɑ⁵⁵

三　植物

茶树 tʃɑ³¹ʃiŋ⁵⁵

柠檬树 n̠om³⁵pɑ⁵⁵ʃiŋ⁵⁵

橘子树 tsʰɑ⁵⁵lu⁵⁵ʃiŋ⁵⁵

枯树 ʃiŋ⁵⁵saŋ⁵⁵kar³¹

花椒树 ki³¹ʃiŋ⁵⁵

乌木树 tʃʰuk⁵⁵ʃiŋ⁵⁵

嫩草 ŋun⁵⁵pok⁵⁵pi⁵⁵

黄叶 tsik⁵⁵suŋ⁵⁵pɑ⁵⁵ʃiŋ⁵⁵

白木耳 ji³¹ly⁵⁵bɑ⁵⁵mu⁵⁵

毒蘑菇 tuk³⁵bɑ⁵⁵mu⁵⁵

獐子菌 lɑ⁵⁵wɑ⁵⁵bɑ³¹mu⁵⁵

大柠檬 n̠om³⁵pɑ⁵⁵tʃʰi⁵⁵lu⁵⁵

野生芭蕉 luŋ⁵⁵lɛ³⁵si⁵⁵

苹果花 wu⁵⁵ʃo⁵⁵mom³⁵nɑŋ⁵⁵

橘子花 tsʰɑ⁵⁵lu⁵⁵mom³⁵nɑŋ⁵⁵

花粉 mom³⁵nɑŋ⁵⁵pok⁵⁵pi⁵⁵

四　动物

蝉 ko³¹jiŋ⁵⁵

雌蜂 mi³¹tsu⁵⁵mɑ³¹mo⁵⁵

雄蜂 mi³¹tsu⁵⁵ma³¹pʰo⁵⁵

毒蜘蛛 tu³⁵ai⁵⁵pi⁵⁵kuŋ³¹ʃu⁵⁵

老鼠大的 kʰa⁵⁵tʃa⁵⁵

老鼠小小的 pʰiak⁵⁵pa⁵⁵tʃɛ⁵⁵tʃɛ⁵⁵

老鼠尾巴白、肚子白的 ru³¹kar⁵⁵

老鼠红色的 pu³¹liŋ⁵⁵kʰa⁵⁵tʃʰa⁵⁵

肚子黑色的老鼠 ru³¹na⁵⁵

野狗 po³¹raŋ⁵⁵kʰu⁵⁵

野山羊红色的 pa⁵⁵ʃa⁵⁵

野山羊黑色的 ʃaŋ⁵⁵ʃa⁵⁵

马蹄 ku⁵⁵ta⁵⁵pi⁵⁵

马尾 ku⁵⁵ta⁵⁵ʃam⁵⁵

米虫 pa⁵⁵ra⁵⁵pu⁵⁵

大黄蜂嘴巴是红色的 mi⁵⁵tsu⁵⁵ju³⁵ki⁵⁵

幼崽 ta³¹tsa⁵⁵

水蛭蚂蟥 pat⁵⁵pa⁵⁵

鱼尾 ŋa³⁵ʃam⁵⁵pi⁵⁵

五　房屋器具

草房 ʃin⁵⁵pu⁵⁵pʰai³¹

粮仓 paŋ³⁵ŋa⁵⁵

转经房 tʃʰy⁵⁵an⁵⁵tsam⁵⁵ko⁵⁵ra⁵⁵pʰɛ⁵⁵

走廊 taŋ³¹tsam⁵⁵

房顶 tʂa³¹lu⁵⁵

灶膛 tʰap⁵⁵tsaŋ⁵⁵

门框 ko⁵⁵ʃiŋ⁵⁵

门闩 ko⁵⁵sar⁵⁵

地板 paŋ⁵⁵lem⁵⁵

床头 ɲi³¹tʂʰi⁵⁵ko⁵⁵

床尾 ɲi³¹tʂʰi⁵⁵tʃu⁵⁵

床上 ɲi³¹tʂʰi⁵⁵tʰoŋ⁵⁵ŋa⁵⁵

床下 ɲi³¹tʂʰi⁵⁵ra³⁵ka⁵⁵

草堆 wun⁵⁵tʰa⁵⁵sa⁵⁵

背篓背玉米的 a⁵⁵ʃam⁵⁵pa³¹roŋ⁵⁵

藤萝背筐 pʰrok⁵⁵pa⁵⁵

竹筐 so⁵⁵pa³¹roŋ⁵⁵

乌木筷子 tʃʰuk⁵⁵ʃiŋ⁵⁵za³¹dum⁵⁵

案板 tan⁵⁵pan⁵⁵

汤碗 ku³⁵loŋ⁵⁵

茶壶 tʃɛn³¹toŋ⁵⁵

酒壶 tʃok⁵⁵

酒瓶 y³⁵tʃam⁵⁵tsɛn⁵⁵ku³¹roŋ⁵⁵

酿酒器 pa⁵⁵toŋ⁵⁵

石磨 raŋ³⁵tʂaŋ⁵⁵

石锅 kʰo⁵⁵

砂锅 ʂa⁵⁵kuo⁵⁵

水缸金属制造的 zaŋ³⁵

捕鱼筐 ku⁵⁵zar⁵⁵

鱼笼 po⁵⁵ra⁵⁵

马镫 jo？³⁵

马蹄铁 mik⁵⁵tʃa⁵⁵

牛缰绳 lɛn³⁵

打猎包藤子编 tɛn⁵⁵dʒu⁵⁵

腰刀 tʃʰo⁵⁵waŋ⁵⁵

砍刀 ʃiŋ⁵⁵tʃʰo⁵⁵waŋ⁵⁵

手铐 tʃa⁵⁵tʂoŋ⁵⁵

刀带 tʰu⁵⁵waŋ⁵⁵to⁵⁵tʃi⁵⁵

刀把儿 tʃu⁵⁵waŋ⁵⁵kaŋ⁵⁵tʃi³¹

掏耳勺 na³¹tʃik⁵⁵tsam⁵⁵

六　服饰饮食

全身衣服 tor⁵⁵ma⁵⁵tu⁵⁵toŋ⁵⁵

男性上衣 tu⁵⁵toŋ⁵⁵

男性下衣 ko⁵⁵ta⁵⁵ga⁵⁵tu⁵⁵toŋ⁵⁵

女衣内衫 naŋ³⁵kə³¹jin⁵⁵tsam³⁵kʰa⁵⁵mu⁵⁵

女衣外衫 tʃi⁵⁵jin⁵⁵tsam³⁵kʰa⁵⁵mu⁵⁵

套装 tor⁵⁵ma⁵⁵tu⁵⁵toŋ⁵⁵

裹腿 kaŋ⁵⁵ri⁵⁵

女性耳坠 na³⁵ŋa⁵⁵pʰin⁵⁵tsam⁵⁵

女性头饰 ʃa⁵⁵ram⁵⁵pʰin⁵⁵tsam⁵⁵

女性颈饰 ŋa⁵⁵pʰin⁵⁵tsam⁵⁵

串珠 dʒu³¹ru⁵⁵

补丁 pa³¹tam⁵⁵pʰi⁵⁵kar³¹

汤长时间炖的 tur³¹ka⁵⁵re⁵⁵

鸡汤 ko³¹tʰam⁵⁵re⁵⁵

玉米粥 a⁵⁵ʃam⁵⁵jum³¹re⁵⁵

藏白酒 per³¹ra⁵⁵

蜂蜜液态 pes³⁵ma³¹re⁵⁵ka⁵⁵ka⁵⁵

狗肉 kʰu⁵⁵ka³¹ʃa⁵⁵

鸡爪谷 kuŋ⁵⁵pu⁵⁵

鸡爪谷饭 kuŋ⁵⁵pu⁵⁵pi⁵⁵

鸡爪谷酒 kuŋ⁵⁵pu⁵⁵ju⁵⁵

辣子酱 tʃʰa⁵⁵min⁵⁵

荞麦粉 kʰa⁵⁵la⁵⁵pok³¹po⁵⁵

荞麦酒 kʰa⁵⁵la⁵⁵ju⁵⁵

荞麦面条 kʰa⁵⁵la⁵⁵pu⁵⁵tam⁵⁵

手抓饭 kʰa⁵⁵la⁵⁵tsam³⁵to⁵⁵

叶子吃手抓饭用 po³¹pu⁵⁵la⁵⁵ka⁵⁵

虫草 jar⁵⁵za⁵⁵kun³⁵pu³¹

獐子菌菜肴 la⁵⁵wa⁵⁵ba³¹mu⁵⁵kam⁵⁵taŋ⁵⁵

石锅炖菜 kʰo⁵⁵ka³¹zoŋ³⁵ka⁵⁵kam⁵⁵taŋ⁵⁵

七　身体医疗

病人 nat⁵⁵pa⁵⁵

精神病 niu³¹taŋ⁵⁵na³¹tsa⁵⁵

刀伤 tʂʰuaŋ⁵⁵ʒi³¹tʃa⁵⁵min³¹ka³¹

开刀 ʃak⁵⁵tʃi⁵⁵ja³¹ka⁵⁵

跌伤 tʃik⁵⁵mi³¹ka⁵⁵

烧伤 mik⁵⁵so³¹ka⁵⁵

烫伤 rik⁵⁵ʃi³¹ka⁵⁵

打摆子 kʰu⁵⁵tʃʰaŋ⁵⁵pu⁵⁵kʰa⁵⁵ka⁵⁵

浮肿 kʰu⁵⁵ka³¹

车祸 mu³¹tʂa³¹tʃip⁵⁵ka³¹

歪脖子 maŋ³⁵jun⁵⁵tor⁵⁵

耳眼 noŋ³⁵na³¹gam³⁵

后脖颈 naŋ³⁵dziŋ⁵⁵

大脑 ɳok³¹tʂaŋ⁵⁵tʂəŋ⁵⁵ka³¹

大腿 roŋ³¹

大腿根 roŋ⁵⁵ʒa³¹

脊梁 tsʰi⁵⁵aŋ⁵⁵

脚背 pi³⁵tʰoŋ⁵⁵a⁵⁵

脚底 pi³⁵pʰraŋ⁵⁵

脚后跟 pi³⁵tiŋ⁵⁵pa³¹

脚踝 pi³⁵tsʰək⁵⁵daŋ⁵⁵

脚尖 pi³⁵pru⁵⁵ma³¹

脚筋 pi³⁵tsa⁵⁵

脚掌 pi³⁵pʰek⁵⁵pa⁵⁵

脚趾缝 pi³⁵pru⁵⁵ma⁵⁵tʃʰam⁵⁵

平头 prum⁵⁵jim³¹ka³¹tsam³¹

上唇 naŋ³⁵kʰop⁵⁵taŋ³⁵ak³¹pa³¹

下唇 naŋ³⁵kʰop⁵⁵tuɲ³⁵pʰɪuɲ⁵⁵u³¹

上牙 ak⁵⁵pa⁵⁵ʃa³¹

下牙 pʰraŋ⁵⁵ʃa³¹

牙龈 ʂan⁵⁵tə³¹rəŋ⁵⁵

舌根 li³¹ra³⁵a³¹

胸骨 praŋ³⁵toŋ⁵⁵kʰaŋ⁵⁵

眼窝 miŋ⁵⁵kʰi⁵⁵

八　婚丧信仰

神 ɬa⁵⁵

佛教 suan⁵⁵tap⁵⁵ka³¹

拜佛 suan⁵⁵tap⁵⁵ka³¹

报丧 ta³¹liŋ⁵⁵la⁵⁵ka³¹

吃素 ʃa³¹ma⁵⁵aŋ⁵⁵kʰan⁵⁵

哈达 kʰa³¹tar³⁵

树葬 ʃiŋ⁵⁵tʰoŋ⁵⁵a³¹tʰa³⁵ka³¹

献祭 tʃin³¹da⁵⁵pʰi⁵⁵ka³¹

舞蹈祭祀时跳的 pruŋ⁵⁵tʃoŋ⁵⁵pa³¹

算命先生 mu³⁵kut³⁵ka³¹soŋ⁵⁵ŋo⁵⁵

九　人品称谓

英雄 pa⁵⁵wo⁵⁵

主席 tʂu⁵⁵ʃi³¹

书记 ʂu⁵⁵tʃi³¹

村主任 tsʰun⁵⁵tʂu³⁵rən⁵⁵

乡长 tsʰu⁵⁵pən⁵⁵

县长 tsuŋ³⁵pã⁵⁵

警察 dʒi⁵⁵ti³¹li⁵⁵koŋ⁵⁵

民兵 ʒi³⁵ma⁵⁵

牧民 tʂuk⁵⁵pa⁵⁵

地主 nik⁵⁵pu⁵⁵

仆人 jok⁵⁵pu⁵⁵

船夫 tʂu³⁵pa³¹

汉人 dʒa³¹ri⁵⁵

珞巴人 lo⁵⁵pa⁵⁵soŋ⁵⁵ŋoŋ⁵⁵

拉萨人 ɬa⁵⁵sa⁵⁵soŋ⁵⁵ŋoŋ⁵⁵

大学生 lap⁵⁵tʂa⁵⁵tʃʰi⁵⁵lu⁵⁵

中学生 lap⁵⁵tʂa⁵⁵tʂən³⁵wa⁵⁵

小学生 lap⁵⁵tʂa⁵⁵rin³⁵mu³¹

丑八怪 sup⁵⁵tai⁵⁵tu³⁵pi³¹

瘦子 tʃaŋ⁵⁵pu⁵⁵

矬子 ʃe⁵⁵tar⁵⁵

好朋友 to⁵⁵saŋ⁵⁵lik⁵⁵pu⁵⁵

好心人 sem⁵⁵lik⁵⁵pu⁵⁵

好兄弟 a⁵⁵ta⁵⁵po³¹niŋ⁵⁵ lik⁵⁵pu⁵⁵

娘家 raŋ³⁵tiŋ⁵⁵pʰɛ⁵⁵

婆家 rok³⁵ti⁵⁵pʰɛ⁵⁵

怕老婆的人 ni⁵⁵mu⁵⁵paŋ⁵⁵tʃʰi³¹ka³¹

外号 tʂun⁵⁵miŋ⁵⁵

十　农工商文

耕地动词 sa⁵⁵los³⁵

拔草 wən⁵⁵pru⁵⁵ka³¹

背柴火 ʃiŋ⁵⁵paŋ⁵⁵ka³¹

化肥 ʃar³⁵

车上 mu³¹tʂa⁵⁵tʰoŋ⁵⁵a⁵⁵

车下 mu³¹tʂa⁵⁵ra³⁵a⁵⁵

车头 mu³¹tʂa⁵⁵ʃa⁵⁵raŋ⁵⁵

车身 mu³¹tʂa⁵⁵par³⁵ka⁵⁵

车尾 mu³¹tʂa⁵⁵dʒi³⁵kua⁵⁵

鼓声 gu⁵⁵ka³¹kɛn⁵⁵

财 tʃo³¹

电影 lo⁵⁵ɲɛ⁵⁵

吹笛子 nam⁵⁵lu³¹u³¹ka⁵⁵

吹口哨 pʰik⁵⁵pa⁵⁵pʰi⁵⁵ka⁵⁵

玩具 ɲip⁵⁵tsaŋ⁵⁵

打牌 das³⁵pʰi⁵⁵ka³¹

打麻将 ma³⁵tʃaŋ⁵⁵pʰi⁵⁵ka³¹

体育 ly³¹tse⁵⁵

饭馆 za³⁵kʰaŋ⁵⁵

银行 wei⁵⁵xaŋ⁵⁵

铅笔 tʃian^{55}pi^{55}

报纸 tsap^{55}par^{55}

书桌 tʂuk^{55}tsi^{55}

汉语 dʒa^{31}ki^{55}

珞巴话 lo^{55}pa^{55}ki^{55}

拉萨话 ɬa^{55}sa^{55}ki^{55}

十一　动作行为

挨饿 pi^{55}laŋ^{55}kʰu^{55}la^{55}

报答 tʂi^{55}lin^{55}tʃur^{55}ka^{31}

尝试 tsʰui^{55}ta^{31}ka^{31}

决定 par^{55}ʃe^{55}

超过 ru^{35}ni^{55}ka^{31}

抽大烟 ni^{31}ti^{31}tʃiŋ^{55}li^{31}tʃaŋ^{55}ka^{31}

穿裤子 tur^{35}ma^{55}ʒi^{55}ka^{31}

穿鞋子 pi^{35}tər^{35}tu^{55}ka^{31}

穿衣 tu^{55}toŋ^{55}ʒi^{55}ka^{31}

打扫卫生 pram^{35} pʰa^{55}ka^{31}

打仗 tsʰaŋ^{55}tʃiŋ^{55}ka^{31}

带孩子 wak^{55}tsa^{55}kok^{31}ka^{55}

戴耳环 a^{31}luŋ^{55}pʰi^{55}ka^{31}

戴帽子 mu^{31}ku^{55}liŋ^{55}mu^{31}ka^{31}

荡秋千 tʃom^{35}ti^{31}tʰiŋ^{55}tsam^{55}

堵车 mu^{31}tʂa^{55}ka^{44}ros^{55}ka^{31}

哆嗦 kʰɯ^{55}ka^{31}

翻白眼 miŋ^{55}pos^{55}ka^{31}

防火 mi^{55}pʰi^{55}ka^{31}

放火 mi^{55}ʃo^{55}ka^{31}

放牧 tsiʔ^{35}pa^{31}

拐弯 gar^{35}tʃi^{31}kur^{55}tʃi^{31}

过吊桥 saŋ^{31}pa^{55}a^{55}ʃi^{31}ka^{31}

行礼 sa^{55}la^{55}mi^{55}ʃo^{55}ka^{31}

造谣 kʰa^{55}la^{55}pʰi^{55}gan^{55}

虎啸 kʰe^{55}la^{55}gan^{55}

换衣服 tu^{55}toŋ^{55}liŋ^{55}ka^{31}

回头 tsʰən^{55}tʃiŋ^{55}ni^{55}kot^{55}ka^{31}

拣~粪 dioŋ^{35}ka^{31}

守 kʰoŋ^{53}

见面 roŋ^{35}ka^{31}

交朋友 to^{55}saŋ^{55}a^{31}ka^{31}

节约 tʂun^{31}tʃʰoŋ^{55}a^{31}ka^{31}

结冰 pa^{31}a^{35}kʰi^{55}ka^{31}

敬酒 ju^{35}rəŋ^{55}ka^{31}

看守 ʃiŋ^{55}tʃat^{55}ka^{31}

烤玉米 a^{31}ʃam^{55}kup^{35}ka^{31}

扣扣子 tiu^{55}toŋ^{55}tʰep^{55}tsi^{31}ʃi^{55}ka^{31}

劳动 le^{35}a^{31}xa^{31}

离开 kʰa^{55}pre^{55}ka^{31}

咧嘴 noŋ^{35}ti^{35}ka^{31}

灭火 mi^{55}ʃe^{55}ka^{31}

鸟鸣 kʰa^{55}xa^{55}kan^{55}

牛叫 wa^{35}xa^{55}kan^{55}

趴下 pa^{35}xa^{55}ta^{55}lu^{55}ka^{31}

依靠 tin^{55}

爬树 ʃiŋ^{55}tʰoŋ^{55}ma^{55}koŋ^{55}ka^{31}

拍打 suŋ^{55}kim^{55}ka^{31}

继续 wu^{31}tʰu^{55}

请问 tʃi^{55}wun^{55}

讨论 tʂui^{55}tʰu^{55}a^{31}

惩罚 ɳe^{55}pa^{53}ka^{55}

跑步 ʒi^{55}a^{31}ti^{35}ka^{31}

陪客 ʃi^{55}pʰi^{55}ʃi^{55}ka^{31}

劝酒 wu^{35}tsu^{35}pʰi^{55}ka^{31}

扔石头 roŋ^{55}kim^{35}ka^{55}

赛跑 ʒi³⁵pu³¹tʂən⁵⁵to⁵⁵

伸 ~大拇指 rən³⁵ka³¹

停 tʰim⁵³

修 sop⁵⁵

绑 tʃʰiŋ³⁵ma⁵⁵

扭 joŋ⁵⁵kai⁵⁵

剩 lu⁵⁵ka³¹

分 poŋ⁵⁵mu⁵⁵

传递 tʃʰu³⁵

失踪 man⁵⁵ka³¹

比较 tu⁵⁵lu⁵⁵

吓唬 joŋ⁵⁵kʰi⁵⁵

夸奖 tio⁵⁵ta³¹pʰi⁵⁵

孝顺 pʰan⁵⁵ma⁵⁵

收工 le³⁵tʰim⁵⁵ka³¹

防止 kap⁵⁵pu³⁵

和好 tʃʰaŋ⁵⁵bu⁵⁵

跪 双腿~kuŋ⁵⁵ka³¹

谈恋爱 ni³⁵na³¹ka³¹

相爱 pʰi⁵⁵ka³¹

旅游 ju⁵⁵kor⁵⁵

待 koŋ³⁵

通知 ta⁵⁵lian⁵⁵

准备 dʒa⁵⁵

摘下 ʃe⁵⁵pʰaŋ⁵⁵

同意 mu³⁵tʰin⁵⁵na³¹ka³¹

脱裤子 tur⁵⁵mə⁵⁵ʃi³⁵ka³¹

脱鞋子 pi³⁵tər³⁵ʃi⁵⁵ka³¹

脱衣 pər⁵⁵toŋ⁵⁵ʃi⁵⁵ka³¹

握拳 mu³¹tu⁵⁵pa³¹tʃat⁵⁵ka³¹

拼命 u⁵⁵lu⁵⁵ta⁵⁵ku⁵⁵

羡慕 niu³⁵tʃʰit⁵⁵ka³¹

摘手镯 tʃʰy⁵⁵ʃot⁵⁵ka³¹

摘手表 tʃʰy⁵⁵tsi⁵⁵ʃot⁵⁵ka³¹

摘香蕉 les⁵⁵ʃot⁵⁵ka³¹

摘帽子 mu³¹ku⁵⁵li⁵⁵ʃot⁵⁵ka³¹

抓着吃 pre³¹mi⁵⁵tsa⁵⁵ka³¹

做噩梦 moŋ³⁵ʃi⁵⁵tʰoŋ⁵⁵ka³¹

不客气 mu³⁵tsa⁵⁵mai⁵⁵

不用谢 pa⁵⁵tʂai⁵⁵mai³⁵tʃu³⁵

十二　性质状态

傲慢 tʰuŋ⁵⁵tʃʰoŋ⁵⁵a³¹ka³¹

不冷不热 ma³¹tʃʰaŋ⁵⁵ka³¹ma³¹tsʰa⁵⁵ka³¹

凶残 an³⁵pa⁵⁵

沉甸甸 tʃit⁵⁵pu⁵⁵

吃力 pa³⁵mar⁵⁵ka³¹

肥沃 sa⁵⁵lik⁵⁵pu⁵⁵

费事 tʃa⁵⁵ziŋ⁵⁵pu⁵⁵

憨厚 tʂaŋ⁵⁵pu³¹tʂaŋ⁵⁵ʃa⁵⁵

和气 nam⁵⁵tʃu⁵⁵lik⁵⁵pu⁵⁵

黑咕隆咚 pi³⁵nam³⁵tʃʰaŋ⁵⁵lu³¹

红彤彤 tsa⁵⁵lu³¹

金黄色 tu³¹xa³¹sər⁵⁵pu³¹

哗哗地 大河流水声 am³⁵su⁵⁵kan⁵⁵

筋疲力尽 tʰam⁵⁵tʃʰat⁵⁵ka³¹

困难 gaŋ⁵⁵ar³¹

乱哄哄 tui³⁵tʰa⁵⁵ka³¹

胖乎乎 toŋ⁵⁵tʃʰi⁵⁵lu³¹

圆圆的 kur³⁵pa³¹

公平 kʰe⁵⁵n̯u⁵⁵

偏心 pak⁵⁵tʰa⁵⁵ka³¹

熟练 kə³¹tar³⁵tʃok⁵⁵pu³¹

清澈 sak⁵⁵pu⁵³

同样 tʰam^{55}tʰor^{55}

驼的背~ tsʰə^{55}gaŋ^{55}pot^{35}pu^{31}

弯弯曲曲 kar^{35}ta^{35}tʃi^{35}ku^{55}tə^{55}tʃi^{31}

慢慢地 tʃʰap^{55}tian^{55}na^{55}ni^{31}

孝顺 kʰa^{55}a^{55}nian^{55}pu^{31}

易怒 ru^{35}tʃʰik^{55}pa^{31}ja^{35}lu^{31}

有趣 ni^{31}tsak^{55}lik^{5}pu^{31}

安静 ʃi^{31}tsam^{55}ken^{55}

足够 na^{31}wa^{55}

重要 tsu^{55}o^{55}

特别 xa^{35}ma^{55}

急忙 tsuk^{55}tsu^{55}

十三　数量

零 kur^{35}pa^{31}

八百 tʃa^{55}jen^{31}

六千 toŋ^{55}tʃʰa^{55}kʰoŋ^{55}

四万 tʂʰi^{55}pʰi^{55}

二十二 kʰai^{55}tʰor^{55}nik^{55}tsiŋ^{55}

二十五 kʰai^{55}tʰor^{55}ŋa^{35}

三十一 kʰai^{55}tʰor^{55}suŋ^{55}tʰor^{55}

三十六 kʰai^{55}tʰor^{55}suŋ^{55}kʰoŋ^{55}

四十三 kʰai^{55}nik^{55}tsiŋ^{55}sam^{55}

四十七 kʰai^{55}nik^{55}tsiŋ^{55}zum^{35}

五十五 kʰai^{55}nik^{55}tsiŋ^{55}suŋ^{55}ŋa^{35}

六十四 kʰai^{55}sam^{55}taŋ^{35}pʰi^{35}

六十九 kʰai^{55}sam^{55}taŋ^{35}gu^{35}

七十四 kʰai^{55}sam^{55}taŋ^{35}suŋ^{55}pʰi^{35}

八十六 kʰai^{55}pʰi^{55}taŋ^{35}kʰoŋ^{35}

八十八 kʰai^{55}pʰi^{55}taŋ^{35}jen^{35}

九十九 kʰai^{55}pʰi^{55}se^{55}taŋ^{35}suŋ^{55}gu^{35}

一些 tʰor^{55}kua^{55}

十四　其他

其他 tʃa^{35}na^{53}

到处 wa^{31}naŋ^{55}naŋ^{55}

本领 tʃum^{55}

喊声 tʂa^{55}gan^{55}

喘气的声音 ʃoŋ^{55}ka^{35}kan^{55}

牛叫声 wa^{35}tʃi^{55}kan^{55}

用处 pe^{31}tʃir^{55}

关系 tʂe^{55}wa^{55}

机会 ku^{35}ka^{31}

任何 xaŋ^{55}a^{55}ɳu^{5}

第五章

语 法

第一节

词类

根据词类划分的句法、形态标准并参考语义特征，仓洛语的词可划分为名词、动词、形容词和副词四种主要词类，其中名词和动词具有较强的开放性。此外，仓洛语中还有代词、数词、量词、连词、语气词这些较小的封闭词类。本节将逐一描写这九个词类，最后单设一小节讨论负载重要语法功能的几种附加成分。

一 名词

（一）名词的分类

名词指那些表示人、事物、时空等概念的词。参照传统语法的分类方法，可根据名词所指称的内容将仓洛语的名词分为普通名词、专有名词、时间名词、处所名词四个次类。

1. 普通名词

普通名词通常指称具体或抽象的人、事物等，详细分类可参见第四章。这里略举几例：

ka⁵⁵rak⁵⁵pi⁵⁵	冰	a⁵⁵reŋ⁵⁵	水田
ap⁵⁵sa⁵⁵	运气	kan⁵⁵tʃu⁵⁵sum⁵⁵	老天爷
tsʰoŋ⁵⁵kaŋ⁵⁵	商店	ʃiŋ⁵⁵pʰe⁵⁵	磨坊
pʰu⁵⁵tum⁵⁵	袖子	tʂu³¹pʰian⁵⁵	贼

2. 专有名词

专有名词是指向特定事物的名词，主要包括地名、人名、机构名、族群名等。例如：

me³¹toʔ⁵⁵	墨脱	ɬa⁵⁵sa⁵⁵	拉萨
pe³¹tʃiŋ⁵⁵	北京	kʰa³⁵tʃa⁵⁵	卡佳

a⁵⁵kai⁵⁵	阿盖	tʂa⁵⁵ʃi⁵⁵	扎西
na⁵⁵ʃi⁵⁵	纳西族	be³¹rei⁵⁵	藏族

3. 时间名词

时间名词是表示各种时间概念的名词，根据语义内容大致分为如下几个小类。

（1）表示年、月、日的名词。例如：

ta³¹rer⁵⁵	今年	soŋ⁵⁵ŋan⁵⁵	明年
la³¹ni⁵⁵ko³⁵ka⁵⁵	月初	la³¹ni⁵⁵tʃu³⁵ka⁵⁵	月底
tʰi⁵⁵noŋ⁵⁵	今天	kʰi⁵⁵niŋ⁵⁵	前天

（2）表示季节的名词。例如：

ʃar³⁵	暖季、春夏	gun⁵⁵	冷季、秋冬

仓洛门巴族习惯将一年分为冷、暖两季，冷季为十一月至次年二月，暖季为三月至十月，分别对应四季中的秋冬和春夏。

（3）表示昼夜的名词。例如：

ŋam³⁵par⁵⁵ka⁵⁵	夜晚	ŋam³⁵par⁵⁵ka⁵⁵	白天
pi³⁵naŋ⁵⁵par⁵⁵ka⁵⁵	半夜	je³⁵naŋ⁵⁵	中午

（4）表示古今前后的名词。例如：

ko³¹ma⁵⁵	从前	ko³¹ma⁵⁵tʃu⁵⁵ka⁵⁵	古时候
o⁵⁵ma⁵⁵	现在	tsʰiŋ⁵⁵a⁵⁵	以后

4. 处所名词

处所名词是表示空间处所的名词，在句中主要表达空间关系中的地点或空间背景信息，描述主体所在的位置或事件可能发生的区域，亦可作为位移事件的源点、终点、途经点出现。空间性最强的处所名词是地名。例如：

niŋ³¹tʂʰi⁵⁵	林芝	te³¹ʃiŋ⁵⁵tsʰo⁵⁵	德兴乡
per³⁵	西藏	tʂʰən³⁵tu⁵⁵	成都
nar³¹tuŋ⁵⁵tʂʰoŋ³¹tsʰo⁵⁵	那尔东村	tʂoŋ⁵⁵ko⁵⁵	中国

除墨脱本地的地名外，其他地名主要借自汉语或藏语。

仓洛语中还有一些名词，兼具实体性和空间性。例如：

man⁵⁵kaŋ⁵⁵	医院	lap⁵⁵tʂa⁵⁵	学校
lap⁵⁵tʂa⁵⁵kʰaŋ⁵⁵	教室	ri¹³nap⁵⁵ka⁵⁵	河岸
tsa⁵⁵tʰaŋ⁵⁵	草原	sa⁵⁵gaŋ⁵⁵	洞口

这些词都存在同形不同类的情况，例如man⁵⁵kaŋ⁵⁵"医院"这一形式既可以是实体名词，也可以是处所名词。此外，还有一些形式复杂的处所名词。例如：

ri³¹ku⁵⁵ + diŋ⁵⁵pɑ⁵⁵ 山脚　　　　　ri³¹ku⁵⁵ + tʰoŋ⁵⁵ŋɑ⁵⁵ 山顶

山　+　底部　　　　　　　　　　　山　+　顶部

仓洛语还有较为丰富的方位名词。例如：

pɑr³¹kɑ⁵⁵	中间	tot⁵⁵poŋ⁵⁵kɑ⁵⁵	对面
kuʔ¹³kɑ⁵⁵	前面	tsʰiŋ⁵⁵(lo¹³)kɑ⁵⁵	后面
ʒi⁵⁵pɑ⁵⁵(lo¹³)kɑ⁵⁵	左边	yn⁵⁵pɑ⁵⁵(lo¹³)kɑ⁵⁵	右边
nɑŋ³¹kɑ⁵⁵	里面	tʃʰi⁵⁵(lo¹³)kɑ⁵⁵	外面
kɑr⁵⁵(lo³¹)kɑ⁵⁵	上面	toŋ¹³(lo¹³)kɑ⁵⁵	下面
re³¹kɑ⁵⁵	旁边	tʰoŋ⁵⁵ŋɑ⁵⁵	上面（顶部）

仓洛语的方位名词具有封闭性，数量有限，是在方位词①toŋ⁵⁵"下"、re³¹"旁"、tʃʰi⁵⁵lo¹³"外"、kuʔ¹³"前"、pɑr³¹"中"、nɑŋ³¹"里"等的基础上后加kɑ⁵⁵而构成。kɑ³¹本为处所标记，因方位词在话语中总是与之组合，久而久之这种组合凝固为可以单独充当句法成分的方位名词。在这一过程中，kɑ³¹由中降调变为高平调，k有时候会脱落或被同化，例如tʰoŋ⁵⁵ŋɑ⁵⁵/tʰoŋ⁵⁵ɑ⁵⁵"上面"；还可能出现音节脱落现象，例如在tʃʰi⁵⁵(lo¹³)kɑ⁵⁵"外面"中，lo¹³可选择性脱落。

方位名词主要表示空间方位义，以实体为参照点可进一步表达具体的处所义，这个参照点在句法层面有显性和隐性的区分。例如：

ri³⁵ko⁵⁵　tʃu³⁵kɑ⁵⁵　o⁵⁵n̠ɑ⁵⁵　ra³⁵pɑ⁵⁵　pɑ⁵⁵　tʃɑ⁵⁵　taŋ⁵⁵　jen³⁵　lɑ⁵⁵.

山　下面：LOC　DEM:DIST　羊群　PL　百　CONJ　八　有:MIR

山下那群羊有108只。

soŋ⁵⁵ŋo⁵⁵　tʰor⁵⁵　ki⁵⁵　n̠i⁵⁵lɑ⁵⁵n̠i³¹　tʃʰi⁵⁵lo⁵⁵kɑ⁵⁵　le³¹ɑ³¹-tʃʰo⁵⁵-kɑ⁵⁵　lɑ³⁵　tɑ³¹.

人　一　AGT　LNK　外面：LOC　干活–Lv–PERF　有:MIR　FPRT

有一个人在外面干活。

上例中，tʃu³⁵kɑ⁵⁵"下面"的参照点"山"在句子表层显化，而tʃʰi⁵⁵lo⁵⁵kɑ⁵⁵"外面"的参照点隐含在语境中。无论参照点是显性还是隐性，方位名词与之组合的目的都是为表述一个具体的处所。所以，方位名词也可以归入广义的处所名词范围内。

此外，仓洛语还有四个表示绝对方向的方位名词。例如：

| ʃar⁵⁵ | 东 | n̠op³⁵ | 西 |
| ɬo⁵⁵ | 南 | tʃaŋ³⁵ | 北 |

---

① 仓洛语的方位词主要用于构成方位名词。方位词的词类属性一直存有争议，本文不就仓洛语的方位词展开详细论述。

（二）名词的语法特征

1. 名词的数

仓洛语中的部分名词能够后加复数标记（te⁵⁵）pa⁵⁵，类似于汉语的"们"，但比简单的"多于一个"有更多的语义内容。复数小品词pa⁵⁵经常与表人或表物的所指搭配并具有明确性。例如：

soŋ⁵⁵ŋo⁵⁵	pa⁵⁵	kʰa⁵⁵	pa⁵⁵
人	PL	鸟	PL
mi³¹tsʰi⁵⁵	pa⁵⁵	ʃiŋ⁵⁵te⁵⁵	pa⁵⁵
农民	PL	树	PL

语料显示，（te⁵⁵）pa⁵⁵主要用于［＋有生］名词之后。在与可数的名词词组组合时，（te⁵⁵）pa⁵⁵是附着在最外层的。例如：

（ki³⁵kin⁵⁵ ka³¹ lap⁵⁵tʂa⁵⁵） pa⁵⁵　　老师的学生们
（老师　　GEN　学生）　　　　PL

（pʰɛ⁵⁵tsaŋ⁵⁵ taŋ⁵⁵ to⁵⁵saŋ⁵⁵） pa⁵⁵　　亲戚和朋友们
（亲戚　　　CONJ　朋友）　　　PL

"老师的学生"是领属结构，"亲戚和朋友"是并列结构，pa⁵⁵管辖的范围是这些短语结构。

仓洛语中的名词还可以接受tʰam⁵⁵tʃe⁵⁵raŋ⁵⁵"全部"、ʃa⁵⁵ma⁵⁵"多"、ŋoŋ⁵⁵pu⁵⁵"少"、tik⁵⁵taŋ⁵⁵"一些"等量度形容词的修饰限制。当句中有其他表[＋复数]语义特征的词汇出现时，名词可以直接使用无标记的单数形式，整个结构表示模糊多数。例如：

ri⁵⁵　 naŋ⁵⁵ka⁵⁵ ŋa⁵⁵ tʂa³⁵min³⁵tʂa³⁵ sen⁵⁵-ka⁵⁵ la⁵⁵.
水　里面:LOC　鱼　各种各样　　养–PERF　AUX
水里养着各色各样的鱼。

该句中，tʂa³⁵min³⁵tʂa³⁵"各种各样"本身具备[＋复数]特征，可直接修饰单数的ŋa⁵⁵"鱼"，ŋa⁵⁵ tʂa³⁵min³⁵tʂa³⁵"各种各样的鱼"就表示模糊多数。

再如下面这个句子，其中ne³¹pa⁵⁵"你们"具有明确的复数特征，后面的soŋ⁵⁵ŋo⁵⁵"人"无须再加复数标记，整体传递数量不明的信息。

ne³¹pa⁵⁵ ma³¹tsa⁵⁵ tʃo⁵⁵ soŋ⁵⁵ŋo⁵⁵ xam⁵⁵tur⁵⁵ o⁵⁵-ka⁵⁵-tʃʰo⁵⁵ lo⁵⁵?
2pl　究竟　TOP　人　　多少　　来–PERF-Lv　AUX
你们究竟来了多少人？

当语境中不含有表达[±PL]语义特征的概念且需强调数量"一"时，可以将tʰor⁵⁵"一"置于名词之后表单数。例如：

tʂuk³¹tsi⁵⁵   pʰraŋ⁵⁵ŋa⁵⁵   kʰu⁵⁵   tʰor⁵⁵   jip⁵⁵-tʃʰo⁵⁵-ka⁵⁵   la⁵⁵.

桌子   底下:LOC   狗   一   躺-Lv-PERF   AUX

桌子下躺着一只狗。

以上讨论的都是可数名词，与之相对的是不可数名词。不可数名词没有复数形式，也不能接受数量词语的修饰或限制，其最典型的小类就是集合名词。例如：ʃiŋ⁵⁵naŋ³¹"树林"、mi³¹bor⁵⁵"人口"、no³⁵tsaŋ⁵⁵"物品"等。

2. 名词的指小形式

仓洛语的名词存在分析性的指小形式，一般在动物名词（主要是家畜、家禽）后加 ta³¹tsa⁵⁵指幼崽。例如：

ko⁵⁵ta⁵⁵ta³¹tsa⁵⁵	马驹	ra³⁵pa⁵⁵ta³¹tsa⁵⁵	羊羔
ko³⁵wa⁵⁵ta³¹tsa⁵⁵	鸡崽	ŋa¹³ta³¹tsa⁵⁵	鱼苗
wa¹³ta³¹tsa⁵⁵	牛犊		

这种"小"并不是体型小，而是强调幼小状态。ta³¹tsa⁵⁵中的 ta³¹是一个小品词，tsa⁵⁵可能由 wak⁵⁵tsa⁵⁵"孩子"虚化而来，发展出［＋幼小］的特征，现在已经作为一个附着语素与 ta³¹组合共同黏附在名词上了。

仓洛语中没有与小称标记相对应的大称标记，只能通过词汇手段表示"大"，一般是在名词之后直接加形容词 tʃʰi⁵⁵lu⁵⁵"大"。同样地，用词汇手段表"小"可以直接在名词之后加形容词 zin³¹pu⁵⁵或 zin³¹mu⁵⁵"小"，可搭配［—有生］的事物，也可形容人。例如：

ŋam³⁵su⁵⁵zin³¹pu⁵⁵	小雨	lam³⁵zin³¹pu⁵⁵	小路
rut³⁵pa⁵⁵zin³¹mu⁵⁵	镲小钹	xa⁵⁵jaŋ⁵⁵zin³¹mu⁵⁵	小锅
a⁵⁵tʃaŋ⁵⁵zin³¹mu⁵⁵	小舅	ma⁵⁵tʰaŋ⁵⁵zin³¹mu⁵⁵	小姨子

上述例子中的 zin³¹pu⁵⁵或 zin³¹mu⁵⁵都可替换为 tʃʰi⁵⁵lu⁵⁵表示反义。这种情况下的"大"与"小"主要描述的是体型或外形。

3. 名词的性

仓洛语没有严格意义上的性范畴。一般在动物名词后加 ma⁵⁵或前加 mu³¹表示［＋雌性］。例如：

ta³¹ma⁵⁵	母鸡	ta³¹ni⁵⁵ma⁵⁵	母猫
mu³¹kʰi⁵⁵	母狗	mu³¹pʰa⁵⁵	母猪

而雄性动物的表达形式多样。例如：

pʰo⁵⁵kʰi⁵⁵	公狗	la³¹pu⁵⁵	公鸡
wa⁵⁵to⁵⁵ka⁵⁵	公牛	pʰu⁵⁵pʰa⁵⁵	公猪
ta³¹ni⁵⁵pʰo⁵⁵	公猫		

可以看出，仓洛语中［＋雄性］的表示方式没有严整的规律。

（三）名词的语法功能

1. 仓洛语名词可以直接充当小句的主语和宾语。例如：

ŋam⁵⁵　tʰor⁵⁵,　naŋ³¹kɑ⁵⁵　ji³¹na³¹n̩i⁵⁵　kɑ⁵⁵wu⁵⁵ma³¹　ki⁵⁵　n̩i⁵⁵la⁵⁵n̩i³¹　si⁵⁵mi⁵⁵
天　　一　　里面:LOC　LNK　狐狸　　　AGT　LNK　　心

naŋ⁵⁵kɑ³¹　ji³¹na³¹　o⁵⁵tɑ⁵⁵　　kʰai⁵⁵la⁵⁵　ʃe⁵⁵-lo³⁵　sam⁵⁵-kɑ³⁵.
里面:LOC　LNK　　DEM:PROX　老虎　　杀-PRT　想-PERF

有一天，狐狸想杀死这头老虎。（kɑ⁵⁵wu⁵⁵ma³¹ "狐狸" 做句子的主语、kʰai⁵⁵la⁵⁵ "老虎" 做宾语）

ko⁵⁵tɑ⁵⁵　tɑ³¹n̩u⁵⁵　a³¹ku⁵⁵　n̩ik⁵⁵tsiŋ⁵⁵　n̩i⁵⁵na³¹n̩i⁵⁵　nam⁵⁵pie³¹san⁵⁵　we⁵⁵n̩i³¹　pʰɛ⁵⁵
男孩　　和　　叔叔　　二　　　LNK　　蜗牛　　　　PRT　　家

pu⁵⁵-kɑ⁵⁵　　tɑ³¹.
带-PERF　FPRT

小男孩和叔叔把蜗牛带回家。（nam⁵⁵pie³¹san⁵⁵ "蜗牛" 和 pʰɛ⁵⁵ "家" 均为句子的宾语）

2. 仓洛语名词可接受数（量）词的修饰、限制，构成名词短语后可做主语、宾语等句法成分。例如：

a³¹tɑ⁵⁵po⁵⁵niŋ⁵⁵　sam⁵⁵　n̩i³⁵　ki³⁵　n̩i³¹la³¹　lam³⁵　naŋ⁵⁵kɑ³¹　daŋ³⁵ma⁵⁵　ki³¹
兄弟　　　　三　　LNK　AGT　LNK　路　里面:LOC　走　　　　PRT

ni³¹la³⁵　　tɑ³¹.
LNK　　FPRT

三个兄弟在路上走。

tʃaŋ³⁵　tʰi⁵⁵noŋ⁵⁵　kor³⁵wa⁵⁵　tʰor⁵⁵,　ŋa⁵⁵　n̩ik⁵⁵tsiŋ⁵⁵,　ʃa⁵⁵　dʒa³⁵ma³¹　sam⁵⁵,　ŋoŋ³⁵-kɑ⁵⁵.
1sg　今天　鸡　　　一　　鱼　二　　　肉　斤　　　三　　买-PERF

我今天买了一只鸡、两条鱼、三斤肉。

a³¹tɑ⁵⁵po⁵⁵niŋ⁵⁵ "兄弟" 受数词sam⁵⁵ "三" 的修饰，整个结构在句中做主语。kor³⁵wa⁵⁵ "鸡"、ŋa⁵⁵ "鱼" 分别受数词修饰，而ʃa⁵⁵ "肉" 受数量结构dʒa³⁵ma³¹sam⁵⁵ "三斤"修饰，三者构成并列结构整体做句子的宾语。

3. 名词可直接充当判断句（及其疑问形式）的谓语，用来说明主语的身份、性质等。例如：

rok³⁵　tʃo⁵⁵　be³¹rei⁵⁵,　xui³⁵tsu³⁵　maŋ³⁵-ki⁵⁵.
3sg　TOP　藏族　　回族　　NEG-COP

他是藏族，不是回族。（be³¹rei⁵⁵ "藏族" 做句子的谓语）

第
五
章

语
法

123

nan⁵⁵ tʃo⁵⁵ dun⁵⁵ mo³⁵ʔ

2sg　　TOP　鬼　　QUES

你是鬼吗？（dun⁵⁵"鬼"做句子的谓语）

4. 名词可充当定语。例如：

pʰɛ⁵⁵　ɑ³¹　　dak⁵⁵pu⁵⁵　ki⁵⁵　ɳi⁵⁵na³¹ɳi³⁵　rok³⁵te⁵⁵　ʃi⁵⁵pin⁵⁵　ʒik³⁵-ka⁵⁵　ka³¹ku⁵⁵

家　　GEN　主人　　AGT　LNK　　　　3pl　　客人　　说-GEN　　话

tʃi⁵⁵　ma³¹-ɳan⁵⁵-ka³⁵　ta³¹.

PFV　NEG-听-PERF　FPRT

主人家没听客人说的话。

za³⁵kʰaŋ⁵⁵　ɑ³¹　　dak⁵⁵pu⁵⁵　ki³⁵　ɳi³¹na³¹ɳi³⁵　son⁵⁵ŋo⁵⁵　kʰa⁵⁵la⁵⁵pʰi⁵⁵wa⁵⁵　na³⁵　　ta³¹.

饭店　　GEN　主人　　AGT　LNK　　　人　　　撒谎　　　　　　AUX　FPRT

饭馆的主人骗人。

pʰɛ⁵⁵"家"、za³⁵kʰaŋ⁵⁵"饭店"在各句中都做定语限定中心语dak⁵⁵pu⁵⁵"主人"。大多数情况下，定中之间都有领属标记ɑ³¹。

5. 部分名词可充当状语

充当状语的名词主要是时间名词和处所名词。例如：

ŋam⁵⁵　tʰor⁵⁵,　naŋ³¹ka⁵⁵　ɳi³¹　rok³⁵　ki⁵⁵　ɳi⁵⁵na³¹ɳi⁵⁵　ri³¹ku⁵⁵　tʰoŋ⁵⁵ŋa⁵⁵

天　　　一　　　里面:LOC　LNK　3sg　AGT　LNK　　　　山　　　上面:LOC

ki⁵⁵　ɳi⁵⁵la³¹ɳi⁵⁵　ra⁵⁵pa⁵⁵　lin³⁵-tʃʰo³¹-lo³⁵　ta³¹.

PRT　LNK　　　　羊　　放-Lv-NPFV　　FPRT

有一天，他在山上放羊。

上例中，处所词语ri³¹ku⁵⁵tʰoŋ⁵⁵ŋa⁵⁵"山上"做谓语"放羊"的状语，表达这一事件的空间信息。

ai³¹te⁵⁵pa⁵⁵　tʰi⁵⁵noŋ⁵⁵　ri³¹ku⁵⁵　tʰoŋ⁵⁵ŋa⁵⁵　te³⁵　kʰe⁵⁵.

1pl:INCL　　今天　　　山　　上面:LOC　去　IMP

咱们今天上山去吧。

时间名词tʰi⁵⁵noŋ⁵⁵"今天"在上句中主要提供"咱们今天上山"这件事的时间信息，句法上做"上山"的状语。

6. 名词可以做话题语。例如：

tsʰa⁵⁵pa⁵⁵bu⁵⁵　tʃo⁵⁵　ɳi³¹　pian⁵⁵-ɳi³¹　ki⁵⁵　ɳi⁵⁵na⁵⁵ɳi³¹　tʰa⁵⁵rən⁵⁵pu⁵⁵　ʃek⁵⁵-ka³⁵

蜻蜓　　　　TOP　LNK　飞-NF　　PRT　LNK　　　　远　　　　到达-PERF

ta³¹,　　ta³¹niŋ⁵⁵　ta³¹tsa⁵⁵　tʃo⁵⁵　n̠i³¹　tsoŋ⁵⁵-ma⁵⁵-n̠u⁵⁵-ka³⁵　ta³¹,　　n̠i³¹　lok⁵⁵　wu⁵⁵n̠i⁵⁵

FPRT　猫　　崽　　TOP　LNK　抓–NEG–RES–PERF　FPRT　LNK　回　　之后

ki⁵⁵　n̠i⁵⁵na⁵⁵n̠i³¹　wu³¹tʰu⁵⁵-n̠i³¹　tʃak⁵⁵tʃu⁵⁵pʰi⁵⁵-ka³⁵　　ta³¹.

PRT　LNK　　继续–NF　　钓鱼–PERF　　　　FPRT

　　蜻蜓越飞越远，小猫捉不到，只好回来继续钓鱼。（tsʰa⁵⁵pa⁵⁵bu⁵⁵"蜻蜓"和ta³¹niŋ⁵⁵ ta³¹tsa⁵⁵"小猫"在句子中做话题语）

二　代词

（一）代词的分类

　　仓洛语代词根据所替代内容可分为人称代词、指示代词、反身代词、疑问代词和泛指代词五类。

1. 人称代词

　　仓洛语的人称代词包括第一人称、第二人称和第三人称代词，都有单、双、复数的对立，其中第一人称的复数形式有包括式和排除式的区别。详见表5–1。

表5–1　仓洛语的人称代词系统

	单数形式	双数形式	复数形式	
			包括式	排除式
第一人称	tʃaŋ³⁵	a⁵⁵ʃiŋ⁵⁵	ai³¹te⁵⁵pa⁵⁵	ai⁵⁵pa⁵⁵
第二人称	nan³⁵	na³⁵ʃiŋ⁵⁵	ne³¹pa⁵⁵	
第三人称	rok³⁵	rok³⁵ʃiŋ⁵⁵	rok³⁵te⁵⁵/rok³¹te⁵⁵pa⁵⁵	

　　有关仓洛语的人称代词需做如下说明：

　　（1）上表中列举的双数形式中，第二人称更为常见，而第一人称和第三人称代词的双数义更常用单数人称代词加nik⁵⁵tsiŋ⁵⁵"二"这种分析形式来表示，但在句法—语义上还没形成X＋ʃiŋ⁵⁵"X俩"这种较为紧密的关系。

　　（2）第一人称复数代词分包括式和排除式两类。除第三人称复数形式rok³⁵te⁵⁵外，其他复数人称代词均由表复数的词尾-pa⁵⁵标记。根据李大勤（2001），-pa⁵⁵本是名词的复数标记，在演变过程中慢慢覆盖了所有的人称代词复数系统。

　　（3）双数人称代词和复数人称代词是互补分布的，人称代词后不可同时出现双数和复数标记，否则会造成语义冗余。

　　（4）第一人称和第二人称单数形式的人称代词在语音上会受其后成分的发音影响发生

逆同化现象。例如：

rok³⁵ ka³¹ pʰɛ⁵⁵ka⁵⁵ soŋ⁵⁵ŋo⁵⁵ tʰam³⁵tʃen⁵⁵ raŋ⁵⁵ **tʃi³⁵ ki³¹** kom⁵⁵ʒɛn⁵⁵-tʃʰo⁵⁵-lo⁵⁵.

3sg GEN 家里:LOC 人 所有 FOC 1sg AGT 熟悉–Lv–NPFV

他全家人我都熟悉。

tʃa³⁵ ka³¹ a⁵⁵pa⁵⁵ ki⁵⁵ rok³⁵te⁵⁵ ka³¹ wok⁵⁵tsa³¹ tʃa³⁵ ki⁵⁵ lap⁵⁵-tʃʰo⁵⁵-ka⁵⁵

1sg GEN 爸爸 AGT 3pl GEN 孩子 汉族 话 学–Lv–PERF

la⁵⁵.

AUX

我爸爸教他们的孩子说汉语。

以第一个句子为例进行说明：主语tʃi³⁵"我"受其后的施事标记ki³¹发音的影响，由原形tʃaŋ³⁵变读为tʃi³⁵。

2. 指示代词

指示代词主要起指示或替代作用，仓洛语的指示代词根据指代内容可分为指代事物、指代处所或指代性状三类。如表5-2所示。

表5-2 仓洛语的指示代词系统

			指代事物	指代处所	指代性状
近指		单数	o⁵⁵ta⁵⁵/wu⁵⁵tu⁵⁵	o⁵⁵ta⁵⁵	o⁵⁵ɳen⁵⁵
		复数	wu⁵⁵tu⁵⁵pa⁵⁵		
非近指	中指	单数	o⁵⁵ɳa⁵⁵/wu⁵⁵ɳo⁵⁵	o⁵⁵ɳa⁵⁵	wu⁵⁵ɳu⁵⁵
		复数	wu⁵⁵ɳo⁵⁵pa⁵⁵		
	远指	单数	wu⁵⁵na⁵⁵		
		复数	wu⁵⁵na⁵⁵pa⁵⁵		
	更远指	单数	le⁵⁵la⁵⁵		
		复数	le⁵⁵la⁵⁵pa⁵⁵		

依据表5-2，每一个指代事物的代词都有单、复数的对立形式，复数形式就是在单数形式的基础上后加pa⁵⁵。此外，指代事物的非近指代词还有中指、远指、更远指的区分。

仓洛语中最常用的指示代词就是指代事物的o⁵⁵ta⁵⁵"这个"和o⁵⁵ɳa⁵⁵"那个"，指代处所的代词与之同形。二者既可单独使用，又可以对举使用。例如：

o⁵⁵ta⁵⁵ tʃo⁵⁵ tʃa³⁵ ka³¹ tu⁵⁵toŋ⁵⁵, o⁵⁵ɳa⁵⁵ tʃo⁵⁵ nan³⁵ ka³¹, ɳi³⁵ʂhi⁵⁵

DEM:PROX TOP 1sg GEN 衣服 DEM:DIST TOP 2sg GEN 床

tʰoŋ⁵⁵ŋa⁵⁵   tʰa⁵⁵-kʰan⁵⁵   tʃo⁵⁵   rok³⁵te³¹   ka³¹.

上面:LOC   摆-NMLZ   TOP   3pl   GEN

这是我的衣服，那是你的，床上摆着的是人家的。

3. 反身代词

仓洛语中存在两种表达反身意义的代词形式。

（1）反身代词 raŋ³⁵tian⁵⁵ "自己"

反身代词可以在句中单独做句法成分。例如：

ko³¹ma⁵⁵   ki⁵⁵,   n̠i⁵⁵na³¹n̠i⁵⁵   soŋ⁵⁵ŋo⁵⁵   tʰor⁵⁵ji³⁵   ki⁵⁵   n̠i⁵⁵na³¹n̠i⁵⁵   doŋ⁵⁵   naŋ³¹ka⁵⁵

从前   PRT   LNK   人   一   AGT   LNK   村   里面:LOC

soŋ⁵⁵ŋo⁵⁵   pa⁵⁵   ri⁵⁵ke⁵⁵-n̠i⁵⁵   ki⁵⁵   n̠i⁵⁵na³¹n̠i⁵⁵   raŋ³⁵tian⁵⁵   pʰɛ⁵⁵ka⁵⁵   o⁵⁵-n̠i³¹   to⁵⁵

人   PL   请-NF   PRT   LNK   自己   家里:LOC   来-NF   饭

za³⁵-n̠i³¹,   ju³⁵   tʃa³¹ma⁵⁵-ka³⁵   ta³¹.

吃-NF   酒   喝-PERF   FPRT

从前，有一个人请村里的人到自己家来吃饭、喝酒。（raŋ³⁵tian⁵⁵ "自己" 在句中做定语）

（2）人称代词 + ten⁵⁵

这种形式在仓洛语中更常见。具体情况如表 5-3 所示。

表 5-3   仓洛语的反身代词系统

	单数形式	双数形式	复数形式	
			包括式	排除式
第一人称	tʃaŋ³⁵ ten⁵⁵	a⁵⁵ʃiŋ⁵⁵ ten⁵⁵	ai³¹te⁵⁵pa⁵⁵ ten⁵⁵	ai⁵⁵pa⁵⁵ten⁵⁵
第二人称	nan³⁵ ten⁵⁵	na³⁵ʃiŋ⁵⁵ ten⁵⁵	ne³¹pa⁵⁵ ten⁵⁵	
第三人称	rok³⁵ ten⁵⁵	rok³⁵ʃiŋ⁵⁵ ten⁵⁵	rok³⁵te⁵⁵ten⁵⁵/rok³¹te⁵⁵pa⁵⁵ ten⁵⁵	

需要注意的是，ten⁵⁵ 不能单用，只有构成反身代词才能充当句子成分。例如：

nan³⁵   ten⁵⁵   ka³¹   le⁵⁵   nan³⁵   ten⁵⁵   ai⁵⁵.

2sg   REFL   GEN   事情   2sg   REFL   做:IMP

你自己的事情自己做。

上例中，"你自己" 必须由 nan³⁵ + ten⁵⁵ 构成，ten⁵⁵ 无法单独充当句法成分，可以看作一个反身标记。

4. 疑问代词

仓洛语的疑问代词根据提问内容可分为指人、物、时间、空间、数量、方式六类。不同类型的疑问代词可概括如表 5-4 所示。

表5-4　仓洛语的疑问代词系统

	常用形式	其他形式
指人	ji⁵⁵pi⁵⁵ "谁"	
指物	xaŋ⁵⁵lam⁵⁵tʃa⁵⁵ "什么"	o⁵⁵wa⁵⁵wu⁵⁵n̺u⁵⁵ "哪个" o⁵⁵wa⁵⁵wu⁵⁵n̺o⁵⁵pa⁵⁵ "哪些"
指时间	xa⁵⁵la⁵⁵te⁵⁵lo⁵⁵ "何时"	
指空间	o⁵⁵wa⁵⁵wu⁵⁵n̺u⁵⁵ "哪里"	o⁵⁵pa⁵⁵sa⁵⁵tʃʰa⁵⁵ "何地"
指数量	xam⁵⁵tur⁵⁵ "多少"	
指方式	xaŋ³⁵tien⁵⁵ "怎么"	xaŋ⁵⁵tian⁵⁵a³¹ni⁵⁵ "怎样"

（1）指人的疑问代词

ji⁵⁵pi⁵⁵为仓洛语中的指人疑问代词。例如：

rok³⁵　　tʃo³¹　　ji⁵⁵pi⁵⁵?

3sg　　TOP　　谁

他是谁？

ji⁵⁵pi⁵⁵有时不用于表疑问，而是用于虚指。例如：

ji⁵⁵pi⁵⁵　　ki⁵⁵　　n̺i³⁵　　na³⁵　　a³¹　　tu⁵⁵lu⁵⁵　　ma³¹la³⁵　　ta³¹!

谁　　　　AGT　　LNK　　2sg　　DAT　　比较　　没有　　　　FPRT

谁也比不上你！

ji⁵⁵pi⁵⁵　　ji⁵⁵　　ko³¹ma⁵⁵　　ki⁵⁵　　n̺i⁵⁵na³¹n̺i⁵⁵　　dʑui³¹-tʃʰo⁵⁵-to⁵⁵　　mo³⁵　　n̺i³¹　　ju³⁵

谁　　　　AGT　　先　　　　PRT　　LNK　　　　画–Lv–SUB　　　　QUES　　LNK　　酒

tʃo³¹　　ki⁵⁵　　n̺i⁵⁵la³¹　　rok³⁵　　ka³¹　　pi³⁵-lo³⁵　　ta³¹.

TOP　　PRT　　LNK　　　3sg　　DAT　　给–NPFV　　FPRT

谁画得好就把酒给他。

（2）指物的疑问代词

仓洛语中指物的疑问代词有三个，其中比较常用的是xaŋ⁵⁵lam⁵⁵tʃa⁵⁵ "什么"。例如：

nan⁵⁵　　ki⁵⁵　　n̺i⁵⁵na⁵⁵n̺i³¹　　ka⁵⁵lu³¹　　xaŋ⁵⁵lam⁵⁵tʃa⁵⁵　　tʂʰap⁵⁵-tʃi³⁵　　ta³¹?

2sg　　AGT　　LNK　　　　困难　　什么　　　　　　遇见–PERF　　FPRT

你遇到了什么困难？

在上面的例句中，xaŋ⁵⁵lam⁵⁵tʃa⁵⁵ "什么"置于ka⁵⁵lu³¹ "困难"后并对其进行限定提问，这时一般以完整形式出现。当xaŋ⁵⁵lam⁵⁵tʃa⁵⁵ "什么"在句中单独做句子成分时，一般只出现省略形式xaŋ⁵⁵。例如：

tʃaŋ³⁵   kə³¹   ro³⁵-ma⁵⁵   n̩i⁵⁵ma³¹   xaŋ⁵⁵   raŋ⁵⁵   ma⁵⁵-tʰoŋ⁵⁵-ma⁵⁵   ma³¹-wa⁵⁵

1sg   DAT   行:NPFV–NEG   LNK   什么   FOC   NEG–看见–PERF   NEG–有

ta³¹.

FPRT

没有我的话，什么也看不见。

nan³⁵   xaŋ⁵⁵   zap⁵⁵-ki⁵⁵   lam⁵⁵-la⁵⁵?

2sg   什么   吃–NMLZ   想–NPFV

你想吃点什么？

和普通话中的"什么"一样，xaŋ⁵⁵有时也表任指。例如：

tʃaŋ³⁵   xaŋ⁵⁵   raŋ⁵⁵   zap⁵⁵-ki⁵⁵   lam⁵⁵-ma³¹-la⁵⁵.

1sg   什么   FOC   吃–NMLZ   想–NEG–NPFV

我什么也不想吃。

mi³¹tsʰi⁵⁵   pa⁵⁵   ri³¹ku⁵⁵   tʰoŋ⁵⁵ŋa⁵⁵   jar⁵⁵   ki⁵⁵   n̩i⁵⁵   kot⁵⁵-pa⁵⁵,   n̩i³¹   xaŋ⁵⁵

农民   PL   山   上面:LOC   跑   PRT   LNK   看–PFV   LNK   什么

raŋ⁵⁵   ma³¹-la³⁵   ta³¹.

FOC   NEG–有:MIR   FPRT

农夫们跑到山上一看，什么也没有。

（3）指时间的疑问代词

仓洛语常用的时间疑问代词主要是xa⁵⁵la⁵⁵te⁵⁵lo⁵⁵"什么时候"，在句中一般简化为xa³¹la⁵⁵。例如：

ʃi⁵⁵bin⁵⁵   xa³¹la⁵⁵   ʃek⁵⁵-pu⁵⁵?

客人   什么时候   到–PROS

客人什么时候到？

（4）指空间的疑问代词

o⁵⁵wa⁵⁵wu⁵⁵n̩u⁵⁵"哪里"是仓洛语中最常见的空间疑问代词。例如：

nan³⁵   tʰi⁵⁵noŋ⁵⁵   o⁵⁵wa⁵⁵wu⁵⁵n̩u⁵⁵   te³⁵-wa⁵⁵?

2sg   今天   哪里   去–PFV

你今天去哪儿？

此外，o⁵⁵wa⁵⁵wu⁵⁵n̩u⁵⁵也有相应的简化形式wu⁵⁵we⁵⁵。例如：

rok³⁵te⁵⁵pa⁵⁵   wu⁵⁵we⁵⁵   o⁵⁵-ka⁵⁵?

3pl   哪里   来–PERF

他们从哪儿来的？

除表疑问外，o⁵⁵wa⁵⁵wu⁵⁵n̠u⁵⁵还有非疑问用法。例如：

ŋam⁵⁵ tʰor⁵⁵ ka³¹ wən⁵⁵to⁵⁵ ki⁵⁵, n̠i⁵⁵na³¹n̠i⁵⁵ rok³⁵ ji³¹ kot⁵⁵-pa⁵⁵ ki⁵⁵

天　　一　　LOC　早上　　PRT LNK　　3sg　AGT 看见-PERF PRT

n̠i⁵⁵na³¹n̠i⁵⁵ ra⁵⁵pa⁵⁵ tʰor⁵⁵, ki⁵⁵ n̠i⁵⁵na³¹ ma⁵⁵-la³⁵ ta³¹ o⁵⁵wa⁵⁵wu⁵⁵n̠u⁵⁵

LNK　　羊　　　一　　　PRT LNK　　NEG-有:MIR FPRT 哪里

tʰoŋ⁵⁵-ma⁵⁵ la³⁵ ta³¹.

看见-PFV　AUX　FPRT

一天早上，他发现少了一只羊，哪里也找不到。

（5）指数量的疑问代词

仓洛语中最常见的表数量的疑问代词是xam⁵⁵tur⁵⁵"多少"。例如：

ne³¹pa⁵⁵ ma³¹tsa⁵⁵ tʃo⁵⁵ soŋ⁵⁵ŋo⁵⁵ xam⁵⁵tur⁵⁵ o⁵⁵-ka⁵⁵-tʃʰo⁵⁵ lo⁵⁵?

2pl　究竟　　TOP　人　　　多少　　　来-PERF-Lv　AUX

你们究竟来了多少人？

（6）指方式的疑问代词

xaŋ³⁵tien⁵⁵"怎么"是仓洛语最常见的方式疑问代词，在句中可以做状语，也可以单用。分别举例如下：

nan⁵⁵ a³¹ pʰu⁵⁵toŋ⁵⁵ ki⁵⁵ ni³⁵la³¹ni³¹ ba⁵⁵lu⁵⁵-la³⁵ ta³¹, n̠i³¹ kun⁵⁵ ki³¹

2sg　GEN　衣服　　PRT LNK　　薄-NPFV FPRT LNK 冬天　PRT

n̠i⁵⁵na⁵⁵ xaŋ³⁵tien⁵⁵ a³¹ni⁵⁵ tʃʰo⁵⁵-lo⁵⁵ ja³⁵ ta³¹?

LNK　　怎么　　　ADV　过-NPFV QUES FPRT

你的衣服很薄，冬天是怎么过的？

n̠i⁵⁵ kur³¹ta⁵⁵ zin³¹pu⁵⁵ ki⁵⁵ n̠i⁵⁵na⁵⁵n̠i³¹ a⁵⁵tio⁵⁵ma³¹ ko⁵⁵tso⁵⁵pa⁵⁵ zin³¹pu⁵⁵

LNK　马　　　小　　　AGT LNK　　我看　　松鼠　　　小

ʒik³⁵-ka³⁵ ka³¹ n̠an⁵⁵-n̠i⁵⁵ ki⁵⁵ n̠i⁵⁵na⁵⁵n̠i³¹ xaŋ³⁵dien⁵⁵ ma⁵⁵-sin⁵⁵-ka³⁵ ta³¹.

说-PERF　话　听完-NF PRT LNK　　怎么办　　NEG 知道 PERF FPRT

小马听完小松鼠的话不知道该怎么办了。

在第一个例句中，xaŋ³⁵dien⁵⁵"怎么"出现在动词tʃʰo⁵⁵lo⁵⁵"过"之前对其进行限定。在第二个例子中，xaŋ³⁵dien⁵⁵出现在谓语ma⁵⁵sin⁵⁵"不知道"之前充当宾语小句，意思是"怎么办"。

5. 泛指代词

仓洛语的泛指代词主要是rok³⁵te⁵⁵"别人"、tʰam⁵⁵tʃe⁵⁵raŋ⁵⁵"大家"等，前者与第三人称代词同形，后者与"完全、全部"同形。泛指代词可以直接做句子主语或宾语。

例如：

tʰam⁵⁵tʃe⁵⁵raŋ⁵⁵   ki⁵⁵   ni⁵⁵na³¹ni³⁵   kaŋ⁵⁵mien⁵⁵tsʰe⁵⁵   ru³⁵tsik⁵⁵-ka³⁵   ta³¹.

大家   PRT   LNK   非常   生气-PERF   FPRT

大家非常生气。

o⁵⁵ta⁵⁵   ne³¹tsʰor⁵⁵   tʃaŋ³⁵   raŋ⁵⁵   ma³⁵-se⁵⁵-ʃi⁵⁵,   nan³⁵   te³⁵   ni⁵⁵   rok³⁵te⁵⁵

DEM:PROX   事情   1sg   FOC   NEG-知道-RES   2sg   去   LNK   3pl

tʃim³⁵   ʃo⁵⁵!

问   IMP

这件事我也不清楚，你去问别人吧！

（二）代词的语法功能

1. 充当主语

仓洛语中，所有类型的代词都能充当主语。

（1）人称代词充当主语。例如：

rok³⁵   ki⁵⁵   ni⁵⁵na³¹ni⁵⁵   nam⁵⁵pie³¹saŋ⁵⁵,   ni³¹   nip⁵⁵-ka⁵³   ta³¹   ki⁵⁵nu⁵⁵

3sg   AGT   LNK   蜗牛   LNK   玩-PFV   FPRT   LNK

nam⁵⁵pie³¹saŋ⁵⁵   a³¹   ʃa³¹raŋ⁵⁵   taŋ⁵⁵   pʰik⁵⁵pa⁵⁵   ki⁵⁵   ni⁵⁵na³¹   kup⁵⁵-ni³¹   ki³¹

蜗牛   GEN   头   CONJ   脚   PRT   LNK   钻-NF   PRT

naŋ³¹ka⁵⁵   nup⁵⁵-ʃi³⁵   ta³¹.

里面:LOC   进去-PERF   FPRT

他想玩小蜗牛，但小蜗牛把头和脚都钻进去了。（人称代词rok³⁵“他”在句子中做主语）

（2）指示代词充当主语。例如：

o⁵⁵ta⁵⁵   tʃo⁵⁵   tʃa³⁵   ka³¹   ka³¹taŋ³⁵   pʰin⁵⁵tsam⁵⁵,   o⁵⁵na⁵⁵   tʃo⁵⁵   nan³⁵   ka³¹

DEM:PROX   TOP   1sg   GEN   手   镯子   DEM:DIST   TOP   2sg   GEN

ka³¹taŋ³⁵   pʰin⁵⁵tsam⁵⁵.

手   镯子

这是我的手镯，那是你的手镯。（指示代词o⁵⁵ta⁵⁵“这”充当句子的主语）

（3）反身代词充当主语。例如：

lai⁵⁵a³¹   xan⁵⁵a⁵⁵nu⁵⁵,   wu³¹ni³⁵   raŋ³⁵tian⁵⁵   ki⁵⁵   ni⁵⁵la⁵⁵   ŋun⁵⁵su⁵⁵   ki⁵⁵   ni⁵⁵la⁵⁵ni³¹

事情   任何   之后   自己   AGT   LNK   亲自   AGT   LNK

tsʰui⁵⁵ta⁵⁵   a³¹ni⁵⁵   sin⁵⁵-ʃi⁵⁵   lo³⁵   ta³¹.

试   ADV   知道-RES   AUX   FPRT

任何事情，只有自己亲自试了才知道。（反身代词raŋ³⁵tian⁵⁵“自己”做句子主语）

（4）疑问代词充当主语，最常见的是指人的疑问代词。例如：

ji⁵⁵pi⁵⁵　　ki⁵⁵　　n̠i³⁵　　na³⁵　　a³¹　　tu⁵⁵lu⁵⁵　　ma³¹la³⁵　　ta³¹!

谁　　　　AGT　LNK　2sg　DAT　比较　　没有　　　FPRT

谁也比不上你!（疑问代词ji⁵⁵pi⁵⁵"谁"做句子的主语）

（5）泛指代词充当主语。例如：

tʰam⁵⁵tʃe⁵⁵raŋ⁵⁵　ki⁵⁵　n̠i⁵⁵la⁵⁵　tʂa³⁵-n̠i⁵⁵　a³¹ni⁵⁵　tʃʰo⁵⁵-ka³⁵　ta³¹.

大家　　　　　　PRT　LNK　　高兴-NF　ADV　有-PERF　FPRT

大家都很开心。（泛指代词tʰam⁵⁵tʃe⁵⁵raŋ⁵⁵"大家"做句子的主语）

2. 充当宾语

所有类型的代词都能充当宾语。

（1）人称代词充当宾语。例如：

tik⁵⁵taŋ⁵⁵　nuŋ³⁵-n̠i³¹　ki⁵⁵　n̠i⁵⁵na⁵⁵n̠i³¹　tʃaŋ³⁵　ki⁵⁵　　n̠i⁵⁵la⁵⁵n̠i³¹　ŋuŋ⁵³　tik⁵⁵taŋ⁵⁵

一点　　等-NF　　PRT　LNK　　　1sg　AGT　LNK　　之后　一点

za³⁵-n̠i³¹-ki³¹　tʃak⁵⁵pa⁵⁵ri³⁵-n̠i³¹,　ki⁵⁵　n̠i⁵⁵na⁵⁵n̠i³¹　ne³¹pa⁵⁵　ki⁵⁵　n̠i⁵⁵la⁵⁵n̠i³¹　tʃaŋ³⁵

吃-NF-NMLZ　胖-NF　　　　PRT　LNK　　　2pl　　AGT　LNK　　　1sg

za³⁵　ʃo³⁵　ta³¹.

吃　IMP　FPRT

等到我吃胖了，你们再吃我吧。（第二个tʃaŋ³⁵"我"充当句子的宾语）

（2）指示代词充当宾语。例如：

ʃi⁵⁵bin⁵⁵　xa³¹la⁵⁵　o⁵⁵ta⁵⁵　ka³¹　ʃek⁵⁵-pu⁵⁵?

客人　　什么时候　这里　LOC　到-PROS

客人什么时候到这儿?（o⁵⁵ta⁵⁵"这里"在句子中充当宾语）

（3）反身代词充当宾语。例如：

proŋ⁵⁵pu⁵⁵　ki³¹　sin⁵⁵-ʃi⁵⁵　raŋ³⁵tian⁵⁵　za³⁵wa⁵⁵　na³⁵　ta³¹.

驴　　　AGT　知道-RES　自己　　吃掉　　AUX　FPRT

驴知道他们要吃自己。（raŋ³⁵tian⁵⁵"自己"做句子的宾语）

（4）疑问代词充当宾语。例如：

rok³⁵　tʃo³¹　ji⁵⁵pi⁵⁵?

3sg　TOP　谁

他是谁?（ji⁵⁵pi⁵⁵"谁"做句子的宾语）

（5）泛指代词充当宾语。例如：

pu³¹taŋ⁵⁵　lan³⁵-pʰa⁵⁵　n̠i³¹　rok³⁵te⁵⁵pa⁵⁵　ka⁵⁵　pi⁵⁵-ka⁵⁵.

粮食　　运–PERF　LNK　3pl　　　　　DAT　给–PERF

粮食运来后就分给大家了。（rok³⁵te⁵⁵pa⁵⁵"大家"做句子的宾语）

3. 充当定语

所有代词都可做定语，位于修饰成分之前。例如：

o⁵⁵ta⁵⁵　　　tʃo⁵⁵　tʃa³⁵　ka³¹　tu⁵⁵toŋ⁵⁵, o⁵⁵n̠a⁵⁵　　tʃo⁵⁵　nan³⁵　ka³¹, n̠i³⁵ʂhi⁵⁵

DEM:PROX　TOP　1sg　GEN　衣服　　DEM:DIST　TOP　2sg　　GEN　床

tʰoŋ⁵⁵ŋa⁵⁵　tʰa⁵⁵-kʰan⁵⁵　tʃo⁵⁵　rok³⁵te⁵⁵　ka³¹.

上面:LOC　摆–NMLZ　TOP　3pl　　　GEN

这是我的衣服，那是你的，床上摆着的是人家的。（tʃa³⁵"我"、nan³⁵"你"、rok³⁵te⁵⁵"别人"分别做相应中心语的定语）

nan³⁵　ten⁵⁵　ka³¹　le⁵⁵　nan³⁵　ten⁵⁵　ai⁵⁵.

2sg　REFL　GEN　事情　2sg　　REFL　做:IMP

你自己的事情自己做。（nan³⁵ten⁵⁵"你自己"充当le⁵⁵"事情"的定语）

4. 充当状语

充当状语的代词，主要是指代时间和空间的代词。例如：

rok³⁵te⁵⁵pa⁵⁵　u⁵⁵we⁵⁵　o⁵⁵-ka⁵⁵?

3pl　　　　　哪里　　来–PERF

他们从哪儿来的？（u⁵⁵we⁵⁵"哪里"做谓语动词的状语）

ne³¹pa⁵⁵　xa³¹la⁵⁵　ʃek⁵⁵-pu⁵⁵?

2pl　　　什么时候　到–PROS

你们什么时候到？（xa³¹la⁵⁵"什么时候"充当谓语动词的状语）

三　数词

仓洛语的数词受藏语影响较大，其自身的数词系统并不是很发达，但有其独特的计量方式。

（一）数词的分类

1. 基数词

（1）个数词

仓洛语的个数词中，只有"二"为双音节，其余全为单音节。我们将仓洛语的个数词与藏语拉萨话和昌都话进行对比，如表5–5所示。

表5-5　仓洛语、拉萨话、昌都话的个数词对照表①

汉语	仓洛语	拉萨话	昌都话
一	t^hor^{55}	$tʃiʔ^{53}$	$tɕek^{33}$
二	$nik^{55}tsiŋ^{55}$	$ȵi^{55}$	$ȵi^{33}$
三	sam^{55}	sum^{55}	$suŋ^{33}$
四	p^hi^{55}	$ʃi^{132}$	$zʅ^{33}$
五	$ŋa^{35}$	$ŋa^{53}$	$ŋa^{51}$
六	$k^hoŋ^{55}$	$tʂ^hu^{132}$	$dʑo^{35}$
七	zum^{35}	$tỹ^{132}$	$ndyn^{31}$
八	jen^{35}	$cɛ^{132}$	$ȵdʑe^{35}$
九	gu^{35}	ku^{132}	$ŋgo^{31}$

通过对比可以发现，仓洛语的三、五、九在发音上基本跟藏语方言一致。需要注意的是，"二"在计数时一定为双音节，但是在修饰实体名词时可以缩略为nik^{55}。例如：

ko^{55}ta^{55}　　　nik^{55}tsiŋ^{55}　　　　　　ko^{55}ta^{55}　　　nik^{55}　　两匹马

马　　　　　二　　　　　　　　马　　　　　二

（2）位数词

仓洛语中的位数词主要有以下五个：

soŋ^{55}　　　　　十　　k^{h}ɑi^{55}　　　　　二十

tʃɑ^{55}　　　　　百　　toŋ^{55}tʂ^{h}ɑ^{55}　　　千　　　　tʂ^{h}i^{55}　　　万

仓洛语位数词的特殊之处在于k^{h}ɑi^{55}"二十"被看作位数词。也就是说，仓洛语并非简单的十进制计数，其二十到九十九之间的合成数词是以k^{h}ɑi^{55}"二十"为倍数计算的，下文将对此做详细的说明。此外，在仓洛门巴族传统的数字观念中一百以上的数字都是通过计算得出的，没有百、千、万这三个比较大的数目概念，这三个位数词是从藏语引进仓洛语的（见表5-6），还可以用作量词。

表5-6　仓洛语、拉萨话、昌都话的位数词对照表②

汉语	仓洛语	拉萨话	昌都话
百	$tʃɑ^{55}$	$ca^{13}t^haŋ^{55}pa^0$	$dʑɑ^{51}$
千	$toŋ^{55}tʂ^hɑ^{55}$	$toŋ^{55}$	$tuŋ^{55}$
万	$tʂ^hi^{55}$	$tʂ^hi^{53}$	$tʂ^hi^{51}$

---

① 表中语料均来自语保工程相关课题。

② 同①。

（3）合成数词

仓洛语中的数词"十"为 se^{55}，但在合成数词中变读为 soŋ^{55}。仓洛语二十以内的合成数词的表达方式与同语族诸语言基本相同：十位数在前，个位数在后，二者是相加的数学运算关系。具体如表5-7所示。

表5-7　仓洛语二十以内的合成基数词

汉语	仓洛语
十一	soŋ^{55}tʰor^{55}
十二	soŋ^{55}nik^{55}tsiŋ^{55}
十三	soŋ^{55}sam^{55}
十四	soŋ^{55}pʰi^{55}
十五	soŋ^{55}ŋa^{55}
十六	soŋ^{55}kʰoŋ^{55}
十七	soŋ^{55}zum^{55}
十八	soŋ^{55}jen^{55}
十九	soŋ^{55}gu^{55}

仓洛语二十以内的合成数词是按照"soŋ^{55} + 个位数"的形式严整地构成的，只是五、七、八、九四个数词在合成数词中发音由35调变为55调。

仓洛语二十至九十九之间的合成数词有其表达的特殊性，采用了二十进制。具体来说，凡为二十倍数的两位数词，其表示方式为二十在前，倍数在后，即以 kʰɑi^{55} "二十"为基准[1]，若是二十的整倍数就在 kʰɑi^{55} 后加相当的倍数词，前后为相乘的运算关系。例如：

kʰɑi^{55}tʰor^{55}　　　　→　　kʰɑi^{55}　　tʰor^{55}

二十　　　　　　　　　20　×　1

kʰɑi^{55}nik^{55}tsiŋ^{55}　→　　kʰɑi^{55}　　nik^{55}tsiŋ^{55}

四十　　　　　　　　　20　×　2

kʰɑi^{55}sam^{55}　　　　→　　kʰɑi^{55}　　sam^{55}

六十　　　　　　　　　20　×　3

kʰɑi^{55}pʰi^{55}　　　　→　　kʰɑi^{55}　　pʰi^{55}

八十　　　　　　　　　20　×　4

如果不是二十的整倍数，那么就在整倍数的基础上加所差的数值。例如：

---

① 张济川（1986）认为这里的"二十"用作量词。

$k^hai^{55}t^hor^{55}se^{55}$ → k^hai^{55} t^hor^{55} se^{55}

三十 　　　　　　20 × 1 ＋ 10

$k^hai^{55}nik^{55}tsiŋ^{55}se^{55}$ → k^hai^{55} $nik^{55}tsiŋ^{55}$ se^{55}

五十 　　　　　　20 × 2 ＋ 10

$k^hai^{55}sam^{55}se^{55}$ → k^hai^{55} sam^{55} se^{55}

七十 　　　　　　20 × 3 ＋ 10

$k^hai^{55}p^hi^{55}se^{55}$ → k^hai^{55} p^hi^{55} se^{55}

九十 　　　　　　20 × 4 ＋ 10

$k^hai^{55}t^hor^{31}t^hor^{55}$ → k^hai^{55} t^hor^{31} t^hor^{55}

二十一 　　　　　20 × 1 ＋ 1

$k^hai^{55}sam^{55}taŋ^{31}k^hoŋ^{55}$ → k^hai^{55} sam^{55} $taŋ^{31}$ $k^hoŋ^{55}$

六十六 　　　　　20 × 3 ＋ 6

其中，"加"的运算还可以用连接标记$taŋ^{31}$来表示，但在句子中并非强制出现。

仓洛语合成数词的这种表示方式与藏缅语族其他语言都不相同。根据周毛草（1998），藏语合成数词的构成一般有三种形式：A. 十位数等与个位数直接组合；B. 十位数等与个位数之间加连接成分的组合；C. 百位和个位等两个不相连的位数之间加连接成分的组合。该文随后列举了藏语拉萨话、昌都话、阿坝话和夏河话的合成数词，其构成方式均为十位数在前，后为个位数，前后为相加的运算关系，构成有规律的数词系统。显然，仓洛语二十至九十九的合成数词并非借自藏语各方言，而是与门巴族其他语言的表述方式相同[①]。具体情况如表5-8所示。

表5-8　仓洛语、墨脱门巴语、错那门巴语的部分基数词对照表[②]

汉语	仓洛语	墨脱门巴语	错那门巴语
十	se^{55}	$tɕi^{55}$	$tɕi^{53}$
十一	$soŋ^{55}t^hor^{55}$	$tɕi^{55}t^hi^{55}$	$tɕi^{53}t^he^{53}$
十六	$soŋ^{55}k^hoŋ^{55}$	$tɕi^{55}gro^{51}$	$tɕi^{53}kro^{35}$
二十	$k^hai^{55}t^hor^{55}$	$k^ha^{55}li^{51}$	$k^hɛ^{55}t^he^{53}$
七十	$k^hai^{55}sam^{55}se^{55}$	$k^hai^{55}som^{55}tɕi^{51}$	$che^{53}sum^{53}tɕi^{53}$
二十一	$k^hai^{55}t^hor^{31}t^hor^{55}$	$k^ha^{55}li^{55}t^hi^{55}$	$k^ha^{55}li^{53}t^he^{53}$
六十六	$k^hai^{55}sam^{55}taŋ^{31}k^hoŋ^{55}$	$k^hai^{55}som^{55}gro^{51}$	$che^{53}sum^{53}kro^{35}$

[①] 根据陆绍尊（1984，2002），错那门巴语二十以上数词的构成也是采用二十进位法。

[②] 表中语料均来自语保工程相关课题。

结果显示，墨脱门巴语和错那门巴语均在二十以内采用十进制、二十到九十九之间采用二十进制[1]。由此可以初步判断这一计数特征具有民族特性，反映了门巴族独特的计数思维与习惯。

此外，一百以上的合成数词是以藏语借词 tʃa⁵⁵ "百"、toŋ⁵⁵tʂʰa⁵⁵ "千"、tʂhi⁵⁵ "万" 为位数加相应的基数词，前后是相加的运算关系，可用 taŋ⁵⁵ 连接。例如 tʃa⁵⁵taŋ⁵⁵tʰor⁵⁵ "一百零一"。

2. 序数词

仓洛语中的序数词都借自藏语，没有独立的表达形式。例如：

taŋ³¹pa⁵⁵	第一	ni³¹pa⁵⁵	第二
sun³¹pa⁵⁵	第三	ʃi³¹pa⁵⁵	第四
ŋa³¹pa⁵⁵	第五	tʂuk³¹pa⁵⁵	第六
tun³¹pa⁵⁵	第七	tʃi³¹pa⁵⁵	第八
ku³¹pa⁵⁵	第九	tʃu³¹pa⁵⁵	第十

这些序数词在表示排名或排队的顺序时需前加 aŋ⁵⁵。例如：

tʃaŋ³⁵　aŋ⁵⁵taŋ³¹pa⁵⁵, nan³⁵　aŋ⁵⁵ni³¹pa⁵⁵, rok³⁵　tʃuk⁵⁵tʰok⁵⁵ma⁵⁵.

1sg　第一　　2sg　第二　　3sg　老末

我排第一，你排第二，他排老末。

仓洛门巴人根据月相盈亏来确定月份，月份排序统一借用藏语词 ta³¹wa⁵⁵ "月亮" 加序数词表示。例如：

ta³¹wa⁵⁵ni⁵⁵pa⁵⁵　　二月

ta³¹wa⁵⁵tʂuk⁵⁵pa⁵⁵　六月

ta³¹wa⁵⁵tʃu⁵⁵pa⁵⁵　十月

在亲属称谓上，一般通过亲属名词后加形容词 "大" "中间" "小" 进行排序。例如：

a⁵⁵tʃaŋ⁵⁵tʃʰi⁵⁵lu⁵⁵　　大舅

a⁵⁵tʃaŋ⁵⁵par³¹ka⁵⁵　　二舅

a⁵⁵tʃaŋ⁵⁵zin³¹mu⁵⁵　　小舅

根据发音人表述，三舅之下的所有舅舅可统称为 a⁵⁵tʃaŋ⁵⁵zim³¹tʰaŋ⁵⁵ma³¹。

3. 倍数和分数的表达形式

仓洛语的倍数表达一般将表倍数的 tap³⁵ 置于基数词之前。例如：

---

[1] 根据陈立明（1995），二十进位制的出现，可能反映了门巴族曾经历过手脚并用的阶段。

o⁵⁵ɳa⁵⁵　　　ai⁵⁵pi⁵⁵　ɳiŋ³¹　kʰai⁵⁵　pʰi⁵⁵　taŋ⁵⁵　soŋ⁵⁵　pʰi⁵⁵　te³⁵-ka⁵⁵,　tʃaŋ³⁵　ka³¹

DEM:DIST　老太婆　岁　二十　四　CONJ　十　四　去-PERF　1sg　GEN

lu³⁵　ki⁵⁵　tap³⁵　ɳik³¹tsiŋ³¹　tsaŋ⁵⁵ki⁵⁵.

年龄　PRT　倍　两　　　左右

那个老太太94岁了，是我年龄的两倍左右。

仓洛语中没有表达分数的手段，只有 tsʰe⁵⁵paŋ⁵⁵ 这种表示"一半"的说法，可在句中单独充当句法成分。例如：

ɳi⁵⁵　pʰe⁵⁵muŋ⁵⁵　dut³⁵ka⁵⁵-a³¹　tsʰe⁵⁵paŋ⁵⁵　ki³¹　ɳi⁵⁵na⁵⁵ɳi³¹　ju⁵⁵　tʃut⁵⁵-tʃʰo⁵⁵-lo³⁵

LNK　青稞　　收获-GEN　一半　　AGT　LNK　　酒　酿-Lv-NPFV

ta³¹,　tsʰe⁵⁵paŋ⁵⁵　ki³¹　ɳi⁵⁵la⁵⁵ɳi³¹　ŋui³⁵　a³¹　liŋ⁵⁵-tʃʰo⁵⁵-lo³⁵　ta³¹.

FPRT　一半　　PRT　LNK　　钱　PAT　交换-Lv-NPFV　FPRT

收获的青稞一半酿酒，一半卖钱。

kʰai⁵⁵tʰor⁵⁵se⁵⁵　ka³¹　tsʰe⁵⁵paŋ⁵⁵　tʃo⁵⁵　soŋ⁵⁵ŋa⁵⁵.

三十　　　　GEN　一半　　　TOP　十五

三十的一半是十五。

4. 概数或约数的表达形式

仓洛语表示概数或约数主要有以下几种方式：

（1）在数量结构之后用动词 ʃek⁵⁵pa⁵⁵ "到达"表示接近某个数值。例如：

dʒa³⁵ma⁵⁵　nik⁵⁵tsiŋ⁵⁵　ma³⁵-ʃek⁵⁵-pa⁵⁵　不到两斤

斤　　　二　　　　NEG-到-PFV

je³⁵naŋ⁵⁵　ʃek⁵⁵-pa⁵⁵　快中午（了）

中午　　　到-PFV

（2）若表示超过某个数值一点，可在数词后加 dzaŋ⁵⁵kin⁵⁵ 表示。例如：

tʃa⁵⁵dzaŋ⁵⁵kin⁵⁵　一百多个　　　　　　　toŋ⁵⁵dzaŋ⁵⁵kin⁵⁵　一千多个

se⁵⁵dzaŋ⁵⁵kin⁵⁵　十几个

（3）用 om³⁵tor⁵⁵wu⁵⁵tu⁵⁵ "大约"表示差不多的数值。例如：

soŋ⁵⁵ŋo⁵⁵　tʃa⁵⁵tʰor⁵⁵　om³⁵tor⁵⁵wu⁵⁵tu⁵⁵　大约100人

人　　　一百　　　大约

（4）用两个相邻的基数词表示约数。例如：

rok³⁵te⁵⁵pa⁵⁵　niŋ⁵⁵　soŋ⁵⁵ŋa⁵⁵　soŋ⁵⁵kʰoŋ⁵⁵　te³⁵-wa⁵⁵　la⁵⁵.

3pl　　　岁数　十五　　十六　　　去-PFV　AUX

他们十五六岁了。

有时候，两个相邻数词之间可用 taŋ⁵⁵ 连接，也表示概数。例如：

pʰɛ⁵⁵ka⁵⁵　　soŋ⁵⁵ŋo⁵⁵　sam⁵⁵　taŋ⁵⁵　pʰi⁵⁵　tʃa⁵⁵-ka⁵⁵.

家里:LOC　人　　　三　　CONJ　四　　有:EGO–PERF

家里有三四个人。

（二）数词的语法功能

1. 充当定语

仓洛语的基数词和表示概数的词语可直接修饰可数名词做定语，表达确切的或模糊的量。例如：

a³¹ta⁵⁵po⁵⁵niŋ⁵⁵　　ȵik⁵⁵tsiŋ⁵⁵　kʰa⁵⁵　ga³¹pu⁵⁵　te³⁵-ka³⁵　ta³¹.

兄弟　　　　　　二　　　鸟　射　　　去–PERF　FPRT

两兄弟射鸟。（ȵik⁵⁵tsiŋ⁵⁵ "二" 充当 a³¹ta⁵⁵po⁵⁵niŋ⁵⁵ "兄弟" 的定语）

soŋ⁵⁵ŋo⁵⁵　tʰor⁵⁵kua⁵⁵　ji³¹ne³¹　mi³¹　ʃe⁵⁵　na³⁵　ta³¹,　soŋ⁵⁵ŋo⁵⁵　tʰor⁵⁵kua⁵⁵　ji³¹ne³¹

人　　　一些　　　　PRT　火　灭　AUX　FPRT　人　　　一些　　　PRT

rok³⁵　ru⁵⁵pa⁵⁵　ki⁵⁵　ȵi⁵⁵na³¹　no³⁵tsaŋ⁵⁵　toŋ⁵⁵-ka³⁵　na³⁵　ta³¹,　mi³¹　tʃo⁵⁵kua⁵³ʃe⁵⁵kua³⁵

3sg　帮忙　PRT　LNK　　东西　　搬–PERF　AUX　FPRT　火　最后

ji³¹ne³¹　mi⁵⁵　tʃo⁵⁵　ȵi³¹　ʃe⁵⁵-ka³⁵　ta³¹.

PRT　　火　TOP　LNK　灭–PERF　FPRT

有些人扑火，有些人帮他搬东西，最后把火扑灭了。（tʰor⁵⁵kua⁵⁵ "一些" 充当 soŋ⁵⁵ŋo⁵⁵ "人" 的定语）

2. 充当主语和宾语

数词充当小句主宾语往往是承前省略了被限定的中心语。例如：

rok³⁵　ka³¹　pʰɛ⁵⁵ka⁵⁵　wak⁵⁵tsa⁵⁵　sam⁵⁵　tʃʰo⁵⁵-lo⁵⁵,　tʰor⁵⁵　tʃo⁵⁵　lap⁵⁵tʃa⁵⁵　tʃa⁵⁵,

3sg　GEN　家里:LOC　孩子　　　三　　有–NPFV　一　　TOP　学校　　在:EGO

tʰor⁵⁵　tʃo⁵⁵　pʰɛ⁵⁵ka⁵⁵　tʃa⁵⁵,　　om⁵⁵tʃaŋ⁵⁵　tʰor⁵⁵　le³⁵noŋ³¹-ka⁵⁵　la⁵⁵.

一　　TOP　家里:LOC　在:EGO　又　　　一　　工作–PERF　　AUX

他家有三个孩子，一个在学校，一个在家里，还有一个已经工作了。

tʰor⁵⁵ "一" 分别做后面三个并列小句的主语，前提条件是前文语境中有同形式的中心语 wak⁵⁵tsa⁵⁵ "孩子"。也就是说，三个小句的主语 tʰor⁵⁵ "一" 都受前面的 wak⁵⁵tsa⁵⁵ sam⁵⁵ "三个孩子" 限定，其实是 wak⁵⁵tsa⁵⁵ tʰor⁵⁵ "一个孩子" 的省略形式。三个 wak⁵⁵tsa⁵⁵ 与前文的 wak⁵⁵tsa⁵⁵ 遵循 "同形同指，在后删除" 的原则都失去了相应的语音形式。这种语言现象被称为 "异指约束"（李大勤，2003）。此外，数词还可以与人称代词或名词构成同位短语来充当句法成分。例如：

ȵi⁵³   rok³⁵te⁵⁵   sam⁵⁵   ki³⁵   ȵi³¹na³¹ȵi³⁵   o⁵⁵ta5   te⁵⁵   ȵi³¹la³¹ȵi⁵⁵   sin⁵⁵-ka³⁵

LNK   3pl   三   AGT   LNK   DEM:PROX   去   LNK   知道－PERF

ta³¹   o⁵⁵ŋa⁵⁵   za³⁵kʰaŋ⁵⁵   a³¹   dak⁵⁵pu⁵⁵   ki³⁵   ȵi³¹na³¹ȵi³⁵   soŋ⁵⁵ŋo⁵⁵   kʰaŋ⁵⁵la⁵⁵pʰi⁵⁵wa⁵⁵

FPRT   DEM:DIST   饭店   GEN   主人   AGT   LNK   人   撒谎

na³⁵   ta³¹.

AUX   FPRT

他们三个这才知道饭馆的主人骗人。

这里数词 sam⁵⁵ "三" 与前面的代词 rok³⁵te⁵⁵ "他们" 构成了同位短语，整体充当句子的主语。

四　量词

仓洛语和藏语支其他语言一样，没有发达的量词系统，其名词可以直接受数词的修饰，一般不需要加量词。例如：

ta³⁵tsa⁵⁵   ŋa³⁵   五头猪崽   ra³⁵pa⁵⁵   pa⁵⁵   tʃa⁵⁵   taŋ⁵⁵   jen³⁵ 一百零八只羊

猪崽   五   　　　羊   PL   百   CONJ   八

pɛn⁵⁵tsoŋ³¹ʃiŋ⁵⁵   se⁵⁵ 十棵松树   luŋ⁵⁵lɛ⁵⁵si⁵⁵   kʰai⁵⁵tʰor³¹tʰor⁵⁵   二十一根芭蕉

松树   十   　　芭蕉   二十一

（一）量词的分类

仓洛语中为数不多的量词大多是名量词，具体如表5-9所示。

表5-9　仓洛语的名量词系统

名量词类型		汉语	仓洛语
群体量词		双	tʃʰa⁵⁵
		堆	pom⁵⁵ʃi⁵⁵ʃi⁵⁵
		捆	tom⁵⁵
度量衡量词	长度单位	庹 双臂平展开后两手中指之间的长度	roŋ³⁵naŋ⁵⁵
		拃 大拇指到中指展开的长度	ja³⁵naŋ⁵⁵
		指 一根手指的宽度	dʒa³⁵ma⁵⁵
		步	kon³⁵paŋ⁵⁵
		米/公尺借自汉语	koŋ⁵⁵tʂʰi⁵⁵

名量词类型		汉语	仓洛语
度量衡量词	重量单位	斤	dʒa³⁵ma⁵⁵
		两	saŋ⁵⁵
		分	li⁵⁵
	货币单位	毛角	mu³¹tsi⁵⁵

仓洛门巴人表长度的度量衡单位主要从人体或物体取量。根据度量的不同对象，使用不同的计量单位。计量比较短的东西，如缝制衣物时主要使用 ja³⁵naŋ⁵⁵ "拃" 和 dʒa³⁵ma⁵⁵ "指"。建房、搭经幡时一般用 roŋ³⁵naŋ⁵⁵ "庹"，有时会先借助竹棍或细藤测量，再换算为 roŋ³⁵naŋ⁵⁵。

仓洛语中的动量词目前仅搜集到 rap³⁵ "次" 一词，与数词构成的数量结构一般出现在动词之前。例如：

sam⁵⁵　rap³⁵　te³⁵wa⁵⁵ 去三次
三　　次　　去

（二）量词的语法特点

1. 仓洛语的名量词能且只能接受数词或指代数量的代词修饰。

2. 名量词和动量词可与数词共现构成数量短语，分别出现于名词和动词之前。

3. 量词不能加数标记 pa⁵⁵ 表示复数形式。

4. 仓洛语中不存在类似于现代汉语 "个" 这样的通用名量词。

5. 仓洛语量词是一个较小的封闭词类，附着性强，不能直接充当句法结构成分。

（三）量词的语法功能

量词一般出现在数词之前，先与数词构成数量结构，再充当句法成分，包括主语、宾语、谓语、定语、补语。例如：

o⁵⁵ta⁵⁵　　　　ŋa⁵⁵　pʰe⁵⁵tʃʰe⁵⁵a³¹　ni⁵⁵la³¹　dʒa³¹ma⁵⁵　ŋa³⁵　o⁵⁵ta⁵⁵.
DEM:PROX 鱼　至少　　　　LNK　斤　　　五　DEM:PROX
这条鱼至少有五斤重。（名词性数量结构 dʒa³¹ma⁵⁵ŋa³⁵ "五斤" 做句子的谓语）

o⁵⁵ta⁵⁵　　　　dep³⁵　tʃaŋ³⁵　rap⁵⁵　sam⁵⁵　kot⁵⁵-ka⁵⁵.
DEM:PROX 书　1sg　次　三　看-PFV
这本书我看过三遍了。（动量词 rap⁵⁵ "次" 与 sam⁵⁵ "三" 构成的数量结构做补语）

五　动词

从句法上讲，仓洛语和其他语言一样，每一个定式小句中都必须有一个谓语，该谓语必包含一个显性或隐性的动词（包括系动词）。

（一）动词的分类

动词可以从不同角度进行分类，首先可以划分为词汇性动词和功能性动词两大类。仓洛语动词以词汇类为主，功能类主要是能愿动词。下面先依据语义特征对动词进行细分，而后再讨论其他角度的分类。

1. 动词的意义分类

（1）动作行为动词

仓洛语中最丰富的动词语义类型就是动作行为动词，其可直接充当谓语核心，后附时、体、态等标记。例如：

a^{31}ta^{55}po^{55}niŋ^{55}　　n̠ik^{55}tsiŋ^{55}　　kʰa^{55}　　ɡa^{31}pu^{55}　　te^{35}-ka^{35}　　ta^{31}.

兄弟　　　　　　　二　　　　鸟　　射　　去-PERF　FPRT

两个兄弟射鸟。

pʰɛ^{55}　　a^{31}　　dak^{55}pu^{55}　　ki^{55}　　n̠i^{55}na^{31}n̠i^{35}　　rok^{35}te^{55}　　ʃi^{55}pin^{55}　　ʒik^{35}-ka^{55}　　ka^{31}ku^{55}

家　GEN　主人　　AGT　LNK　　　　　3pl　　客人　　说-GEN　话

tʃi^{55}　　ma^{31}-n̠an^{55}-ka^{35}　　ta^{31}.

PFV　NEG-听-PERF　FPRT

主人家没听客人说的话。

tsʰiŋ^{55}a^{55}　　ʃek^{55}-pa^{55}　　ki^{31}　　ni^{55}na^{31}n̠i^{35}　　ri^{31}pon^{55}　　tʃik^{55}pʰi^{31}-ka^{31}　　n̠i^{31}　　tʰor^{55}　　raŋ^{55}

后来　　到-PERF　AGT　LNK　　　兔子　　撞-PERF　　LNK　一　FOC

ji^{31}na^{31}　　toŋ^{55}　　ma^{55}-n̠i^{31}-ʃi^{35}　　ta^{31}.

LNK　　捡　　NEG-有-PERF　FPRT

结果（他）再也没有捡到过撞死的兔子。

上述例句中的ɡa^{31}pu^{55}"射"、n̠an^{55}"听"、toŋ^{55}"捡"都是典型的动作行为动词，可后接表示不同语法意义的标记。

（2）存在动词

仓洛语中常用的存在动词有三个：tʃa^{55}、la^{35}、tʃʰo^{55}。

1）tʃa^{55}

tʃa^{55}表示"有""在"之义。例如：

na³⁵　　ka³¹　　pʰɛ⁵⁵ka⁵⁵　　wa³⁵　xam⁵⁵tur⁵⁵　tʃa⁵⁵?

2sg　　GEN　　家里:LOC　　牛　　多少　　　有:EGO

你家有多少头牛？

tʃa⁵⁵一般用于说话人已知且熟知的情况，其否定形式为man⁵⁵–tʃa⁵⁵。

2）la³⁵

与tʃa⁵⁵相对应的存在动词是la³⁵，用于表示新发现的情况。例如：

nan³⁵　ki³¹　tʂaŋ⁵⁵an⁵⁵　kot³¹　tʃo⁵⁵,　o⁵⁵ta⁵⁵　　tʃur⁵⁵kaŋ⁵⁵　naŋ³¹ka⁵⁵　pʰak⁵⁵pa⁵⁵

2sg　AGT　数数　　　看　　IMP　DEM:PROX　猪圈　　　里面:LOC　猪

xap⁵⁵tur⁵⁵　la³⁵?

几　　　　　有:MIR

你数数看，这圈里有几头猪？

tʃa⁵⁵和la³⁵在语用功能上的这种差异表现为自我中心范畴中的自我中心和非自我中心的对立，详见下文讨论。另外，二者均可语法化为助动词，或作为附加成分出现在句子的主要动词之后标记非完整体。

3）tʃʰo⁵⁵

tʃʰo⁵⁵也有存在之义，具体表示"生活、在、住、有"等。例如：

rok³⁵　　ka³¹　　pʰɛ⁵⁵ka⁵⁵　　wak⁵⁵tsa⁵⁵　sam⁵⁵　tʃʰo⁵⁵-lo⁵⁵,　tʰor⁵⁵　tʃo⁵⁵　lap⁵⁵tʂa⁵⁵

3sg　　GEN　　家里:LOC　　孩子　　　三　　有-NPFV　　一　　TOP　学校

tʃa⁵⁵,　　　tʰor⁵⁵　tʃo⁵⁵　pʰɛ⁵⁵ka⁵⁵　tʃa⁵⁵,　　om⁵⁵tʃaŋ⁵⁵　tʰor⁵⁵　le³⁵noŋ³¹-ka⁵⁵　la⁵⁵.

在:EGO　一　　TOP　家里:LOC　在:EGO　又　　　　一　　　工作-PERF　AUX

他家有三个孩子，一个在学校，一个在家里，还有一个已经工作了。

tʃʰo⁵⁵还可以作为轻动词出现在主要动词之后，说明主要动词所表示的动作行为是持续的，所以其后常常附加非完整体标记。此外，动词tʰa⁵⁵（本义为"放"）也有轻动词的用法，强调主要动词表示的动作行为有处置或主动的意味。

（3）位移动词

位移动词表示空间位置移动，如下面的o⁵⁵"来"、lok⁵⁵"回"、te³⁵"去"都是典型的位移动词，句中位移主体的空间位置随时间推移而发生变化。例如：

kur³¹ta⁵⁵　zin³¹pu⁵⁵　pu³¹taŋ⁵⁵　paŋ⁵⁵ma⁵⁵　ki⁵⁵　n̠i⁵⁵na⁵⁵n̠i³¹　te⁵⁵-ka³⁵　ta³¹.

马　　　小　　　粮食　　　背　　　　PRT　LNK　　　　　去-PERF　FPRT

小马背着粮食走了。

ko³¹ma⁵⁵　ki³¹　n̠i⁵⁵la⁵⁵n̠i³¹,　la³¹niŋ⁵⁵ŋam⁵⁵　ʃi⁵⁵-n̠u⁵³　ki³¹　n̠i⁵⁵na⁵⁵n̠i³¹　lok⁵⁵

从前　　　PRT　LNK　　　　月亮　　　　死-RES　　PRT　LNK　　　　　回

o^{55}-lo^{31}　　tʃʰo^{55}-lo^{35}　　ta^{31},　　soŋ^{55}ŋo^{55}　　ʃi^{55}-n̠u^{53}　　ki^{55}n̠u^{55}　　lok^{55}　　o^{55}-lo^{31}　　tʃʰo^{55}-lo^{35}

来–NPFV　有–NPFV　FPRT　人　　死–RES　LNK　回　　来–NPFV　有–NPFV

ta^{31}.

FPRT

从前，月亮死了能活过来，人死了也能活过来。

（4）判断动词

仓洛语的判断动词为ki^{55}。按照仓洛语SOV的基本语序，判断动词一般出现在句末，后面可接时、体标记。例如：

no^{31}waŋ^{55}　ki^{55}　n̠i^{55},　na^{31}xoŋ^{55}　ki^{55}　n̠i^{55},　miŋ^{35}　ki^{55}　n̠i^{55},　na^{35}　ki^{55}

嘴巴　　　PRT　LNK　鼻子　　　PRT　LNK　眼睛　PRT　LNK　耳朵　PRT

n̠i^{55}　tʰam^{55}tʃe^{55}raŋ^{55}　n̠i^{35}　tsu^{55}o^{55}　ki^{31}-la^{55}　　ta^{31}.

LNK　都　　　　　　LNK　重要　COP–NPFV　FPRT

嘴巴、鼻子、眼睛、耳朵都很重要。

tʃʃaŋ^{35}　te^{35}　tʃʰom^{55}　n̠i^{31}　ki^{31},　rok^{35}te^{55}pa5　xaŋ^{55}　jik^{55}　ka^{55}　sa^{55}?

1sg　走　完　LNK　COP　3pl　　　什么　说　PFV　QUES

我走了以后，他们又说了些什么？

判断动词的否定形式为maŋ^{35}-ki^{55}，否定标记ma^{55}只有出现于ki^{55}之前才变读为maŋ^{35}。例如：

rok^{35}　tʃo^{55}　be^{31}rei^{55},　xui^{35}tsu^{35}　maŋ^{35}-ki^{55}.

3sg　TOP　藏族　　回族　　　NEG–COP

他是藏族，不是回族。

仓洛语的判断动词有时在句中可以省略，为隐性形式。例如：

tsʰun^{55}tṣu^{35}rən^{55}　ki^{31}ni^{55}-la^{55}　soŋ^{55}ŋo^{55}　lik^{55}pu^{55}.

村主任　　　　　可是–NPFV　人　　　好

村主任可是个好人。

（5）心理动词

心理动词主要表示认知、感受、情感等心理活动或状态。仓洛语的心理动词数量远远少于动作行为动词，但是比其他语义类动词要多。例如：

pʰi^{55}wa^{55}	喜欢	tʃa^{31}wa^{55}	高兴
na^{55}lam^{55}ti^{31}ma^{55}la^{55}	讨厌	ru^{35}tsɻk^{55}pa^{55}	生气
lo^{31}dʒe^{55}	后悔	juŋ^{13}kʰe^{31}wa^{55}	害怕
si^{55}liɛ^{55}	懂，会，熟悉	ko^{55}mie^{55}lo^{55}	认识

心理动词的否定形式一般是前加否定标记，如ma⁵⁵-si⁵⁵liɛ⁵⁵"不懂"；或者中间插入否定标记，如ko¹³-ma³¹-jie⁵⁵la⁵⁵"不认识"。

心理动词在句中主要充当谓语。例如：

o⁵⁵ta⁵⁵　　　　soŋ⁵⁵ŋo⁵⁵　pa⁵⁵　tʃaŋ³⁵　na³⁵lam⁵⁵　ten³⁵ma³⁵　la⁵⁵.
DEM:PROX　　人　　　　PL　　1sg　　恨　　　　透　　　　　NPFV
这些人我恨透了。

n̠i⁵⁵　kot⁵⁵-pa⁵⁵　rok³⁵te⁵⁵　kaŋ⁵⁵mien⁵⁵tsʰe⁵⁵　pʰi⁵⁵-ka⁵⁵　　la³⁵　ta³¹,　ai⁵⁵pa⁵⁵
LNK　看-PFV　3pl　　非常　　　　　　喜欢-PERF　AUX　FPRT　1PL:EXCL
raŋ³⁵tian⁵⁵　wu⁵⁵n̠i³¹　kaŋ⁵⁵mien⁵⁵tsʰe⁵⁵　ki⁵⁵　n̠i⁵⁵na³¹n̠i⁵⁵　tʂa³⁵wa⁵⁵-ʃi³⁵　ta³¹.
自己　　　之后　　非常　　　　　　PRT　LNK　　　高兴-PERF　FPRT
看着他们很喜欢，我们也很开心。

（6）能愿动词

能愿动词也称助动词，必须与动作行为动词共现才能做句子的谓语核心。仓洛语中的能愿动词屈指可数，包括na³¹liɛ⁵⁵mu⁵⁵"可以"、na³⁵liɛ⁵⁵"愿意"、ma³¹tsa⁵⁵raŋ⁵⁵"应该"、lam³⁵"想"等，可以自由出现在动词之前或之后。例如：

n̠i³¹　tʃo³¹ka⁵⁵　ʃek⁵⁵-pa³¹　rok³⁵te⁵⁵pa⁵⁵　ma³¹tsa⁵⁵raŋ⁵⁵　kʰu⁵⁵luŋ⁵⁵-ma⁵⁵-pʰi⁵⁵-ka³⁵　ta³¹,
LNK　最后　　到-PFV　3pl　　　应该　　　　吵架-NEG-PERF　　　FPRT
tʰam⁵⁵tʃe⁵⁵raŋ⁵⁵　ki⁵⁵　n̠i⁵⁵la⁵⁵　tʂa³⁵-n̠i⁵⁵　a³¹n̠i⁵⁵　tʃʰo⁵⁵-ka³⁵　ta³¹.
大家　　　　　AGT　LNK　高兴-NF　ADV　有-PERF　FPRT
最后他们再也不争吵了，大家都很开心。

ai³¹te⁵⁵pa⁵⁵　me³¹me³⁵　ki⁵⁵　tam⁵⁵　ʒik³⁵-pa⁵⁵　n̠an⁵⁵-ki⁵⁵　lam³⁵-la⁵⁵.
1pl:INCL　爷爷　　AGT　故事　讲-PFV　听-NMLZ　想-NPFV
我们很想听爷爷讲故事。

上述为动词的语义特征分类，下面从其他角度对仓洛语动词进行分组讨论。

2. 动词的题元结构类别

词汇类动词最大的特点就是有题元结构特征，在句法层面可以指派题元角色。根据动词可共现的论元的数量与性质可将词汇类动词分为一元动词、二元动词和三元动词。

（1）一元动词

一元动词与一个必有论元共现，与内论元（主要是主题论元）共现的是非宾格动词。例如：

mi³¹tsʰi⁵⁵　pa⁵⁵　ki⁵⁵　n̠i⁵⁵na³¹n̠i³⁵　ru³⁵tsik⁵⁵-n̠i³¹　a³¹ni⁵⁵　te³⁵-ka³⁵　ta³¹.
农民　　PL　AGT　LNK　　　生气-NF　　　ADV　去-PERF　FPRT
农夫们生气地走了。

这个句子中的谓语动词 te³⁵ "去" 就是非宾格动词，只与一个必有论元共现，即 mi³¹tsʰi⁵⁵ pa⁵⁵ "农民们"。位移动词大都是非宾格动词。

与外论元（主要是施事论元）共现的一元动词为非作格动词。例如：

ki³¹kin⁵⁵	taŋ⁵⁵	lap⁵⁵tʂa⁵⁵	pa⁵⁵	pu⁵⁵lo⁵⁵	tʰoŋ⁵⁵ŋa⁵⁵	ɲip⁵⁵-tʃʰo⁵⁵-ka³¹	la⁵⁵.
老师	CONJ	学生	PL	操场	上面:LOC	玩耍-Lv-PERF	AUX

老师和学生们在操场上玩。

该句谓语动词 ɲip⁵⁵tʃʰo⁵⁵ "玩耍" 是一元动词，不带宾语，只与施事论元 ki³¹kin⁵⁵ taŋ⁵⁵ lap⁵⁵tʂa⁵⁵pa⁵⁵ "老师和学生们" 共现。句中另外一个体词性成分 pu⁵⁵lo⁵⁵tʰoŋ⁵⁵ŋa⁵⁵ "操场上面" 提供事件的空间信息，属于非必有论元，有一个类似于汉语介词 "在" 的隐性格标记在句法上为其指派斜格。

（2）二元动词

能够与两个必有论元共现的为二元动词。例如：

pʰak⁵⁵pa⁵⁵	ta³¹ma⁵⁵	ki³¹	ta³⁵tsa⁵⁵	ŋa³⁵	pʰik⁵⁵-ka⁵⁵	la⁵⁵.
猪	母	AGT	猪崽	五	生下-PERF	AUX

老母猪下了五头小猪崽。

上句中的谓语动词 pʰik⁵⁵ "生" 可与施事论元 pʰak⁵⁵pa⁵⁵ ta³¹ma⁵⁵ "老母猪"、主题论元 ta³⁵tsa⁵⁵ ŋa³⁵ "五头小猪崽" 共现，所以称之为二元动词。动作行为动词大多是二元动词。

（3）三元动词

三元动词与三个必有论元共现，这类动词在仓洛语中非常少。例如：

rok³⁵	ki⁵⁵	po³¹niŋ⁵⁵	ka⁵⁵	ɳu⁵⁵ku⁵⁵	tʰor⁵⁵	pi³⁵-ka⁵⁵	la⁵⁵.
3sg	AGT	弟弟	DAT	笔	一	给-PERF	AUX

他给了弟弟一支笔。

nan⁵⁵	a³¹ma⁵⁵	ro⁵⁵ram⁵⁵	a³¹ɲi⁵⁵	ki⁵⁵	ɳi⁵⁵la⁵⁵ɲi³¹	o⁵⁵ta⁵⁵	pu³¹taŋ⁵⁵	lam⁵⁵ka⁵⁵
2sg	妈妈	帮助	ΛDV	ΛGT	LNK	DEM:PROX	粮食	袋

tʰor⁵⁵	a³¹tio⁵⁵tu³¹	ri³¹	tot⁵⁵poŋ⁵⁵	ki⁵⁵	ɳi⁵⁵la⁵⁵ɲi³¹	doŋ⁵⁵	naŋ³¹ka⁵⁵	ri³¹	pu³¹taŋ⁵⁵
一	我看	河	对面	PRT	LNK	村	里面:LOC	河	粮食

pi³⁵	ta³¹.
送	FPRT

你帮妈妈把这袋粮食送到河对面的村子里。

以第一个句子为例，谓语动词 pi³⁵ "给" 可与施事论元 rok³⁵ "他"、主题论元 ɳu⁵⁵ku⁵⁵ tʰor⁵⁵ "一支笔" 和与事论元 po³¹niŋ⁵⁵ "弟弟" 共现，属于三元动词。

3. 自主动词与非自主动词

根据动作发出者是否自主或有意志，可以将动词分为自主动词与不自主动词两类。

自主动词的主观控制性很强，强调施事的主观意识对动作的支配。仓洛语大部分动词都是自主类。例如：

ka⁵⁵wu⁵⁵mɑ³¹ ki⁵⁵ n̠i⁵⁵lɑ⁵⁵n̠i³¹ si⁵⁵mi⁵⁵ naŋ⁵⁵ka⁵⁵ ji³¹na³¹ o⁵⁵ta⁵⁵ kʰai⁵⁵lɑ⁵⁵
狐狸　　　AGT　LNK　　　　心　　里面:LOC　LNK　DEM:PROX　老虎

ʃe⁵⁵-lo³⁵ sam⁵⁵-kɑ³⁵.
杀-NPFV　想-PERF

狐狸想杀死这只老虎。

上述例句中，ʃe⁵⁵"杀死"是自主类动词，与之相对的非自主动词的主观控制性不强，例如下句中的ʃi⁵⁵"死"和se⁵⁵"醒"并非主观意愿：

tʃaŋ³⁵ ki⁵⁵ n̠i⁵⁵na⁵⁵n̠i³¹ o⁵⁵ma⁵⁵raŋ⁵⁵ ʃi⁵⁵-lo³¹ la³⁵ ta³¹.
1sg　　PRT　LNK　　　马上　　　死-NPFV　AUX　FPRT

我马上要死了。

ri³¹pon⁵⁵ mi³⁵ na³¹ se⁵⁵-wɑ⁵⁵ ki⁵⁵ n̠i⁵⁵na³¹n̠i⁵⁵ ɑ³¹te⁵⁵ ru⁵⁵te⁵⁵ ki⁵⁵ n̠i⁵⁵na³¹n̠i⁵⁵
兔子　　　PRT　PRT　醒-PFV　PRT　LNK　　　　　我看　乌龟　AGT　LNK

ko³¹raŋ⁵⁵ ki⁵⁵ n̠i⁵⁵na³¹n̠i⁵⁵ la³¹ ʃek⁵⁵-tʃʰo⁵⁵-kɑ³⁵ ta³¹.
时候　　　PRT　LNK　　　　　AUX　到达-Lv-PERF　FPRT

当兔子醒来的时候乌龟已经到达终点了。

4. 自动动词与使动动词

自动即自身的动作行为，而使动是外力导致的动作行为。仓洛语中存在小部分成对的自动、使动词。例如下面两个例句中的"吃"和"喂"：

rok³⁵te⁵⁵ ki⁵⁵ n̠i⁵⁵lɑ³¹ tṣa³⁵ ɑ³¹ni⁵⁵ o⁵⁵ta⁵⁵ o⁵⁵to⁵⁵-n̠i³¹ ki⁵⁵ n̠i⁵⁵lɑ³¹ to⁵⁵
3pl　　　AGT　LNK　　高兴　ADV　这里　　来-NF　　　PRT　LNK　饭

za³⁵-kɑ³⁵ ta³¹.
吃-PERF　FPRT

他们很高兴来这里吃饭。

rok³⁵ ki³¹ ji⁵⁵na³¹ siŋ⁵⁵ni³¹ tʃʰi⁵⁵lu⁵⁵ ki⁵⁵ n̠i⁵⁵na³¹n̠i⁵⁵ tson⁵⁵-tʃʰo³¹-lo³⁵ ta³¹.
3sg　PRT　LNK　喂-NF　大　　PRT　LNK　　　卖-Lv-NPFV　　FPRT

把它喂大就卖了。

（二）动词的句法功能

1. 主要功能

动词最主要的句法功能是做谓语核心，详见上文各类动词的例句。这里再举两例：

ko⁵⁵ta⁵⁵　ta³¹ɲu⁵⁵　a³¹ku⁵⁵　ɲik⁵⁵tsiŋ⁵⁵　ɲi⁵⁵na³¹ɲi⁵⁵　nam⁵⁵pie³¹saŋ⁵⁵　we⁵⁵ɲi³¹

男孩　　CONJ　叔叔　二　　　LNK　　　蜗牛　　　　　LNK

men³⁵-ɲi³¹　pʰe⁵⁵　pu⁵⁵-ka⁵⁵　ta³¹,　ɲi³¹　mi⁵⁵　re⁵⁵kə⁵⁵　ɲi⁵⁵na³¹ɲi⁵⁵　tʰa⁵⁵-ka³⁵　ta³¹.

携带-NF　家　拿走-PERF FPRT　LNK　火　近处　　LNK　　　　放-PERF FPRT

小男孩和叔叔把蜗牛带回家，放在离火近的地方。（men³⁵"带"和tʰa⁵⁵"放"分别做前后两个小句的谓语核心）

rok³⁵　ki³⁵　ri³⁵ku⁵⁵　tʰoŋ⁵⁵ŋa⁵⁵　gim⁵⁵tʃa⁵⁵　tʰoŋ⁵⁵-ʃi⁵⁵.

3sg　AGT　山　　上面:LOC　野牛　　看见-RES

他在山上看见过野牛。（tʰoŋ⁵⁵"看见"充当句子的谓语核心）

2. 其他功能

（1）动词可后加名词化标记充当主语或宾语等。例如：

a⁵⁵pu⁵⁵　dza³¹min³⁵,　nan⁵⁵　lam³⁵taŋ⁵⁵-ma⁵⁵　ki⁵⁵　ɲi⁵⁵la³¹ni³⁵　pa⁵³a³¹tʰo⁵⁵ka³¹

乌鸦　　姑娘　　2sg　走-PFV　　　　PRT　LNK　　第一

lik⁵⁵pu⁵⁵-la³⁵　ta³¹.

好看-NPFV　FPRT

乌鸦姑娘，你走起路来最漂亮了。

lam³⁵taŋ⁵⁵"走"后加名词化标记ma⁵⁵，这是一种语音上的依附；在句法上，ma⁵⁵依附在整个主谓结构之后，即（nan⁵⁵ lam³⁵taŋ⁵⁵）-ma⁵⁵，整个结构名词化后做句子的主语。再如：

wu⁵⁵ʃo⁵⁵　ŋoŋ³⁵-ɲi⁵⁵　ŋui³⁵les⁵⁵　ŋoŋ³⁵-ɲi³¹　ŋui³⁵　na⁵⁵-lo⁵⁵.

苹果　　买-NF　　香蕉　　买-NF　　买　可以-NPFV

买苹果或香蕉都可以。

该句中，wu⁵⁵ʃo⁵⁵ ŋoŋ³⁵"买苹果"和ŋui³⁵les⁵⁵ ŋoŋ³⁵"买香蕉"各自名词化后构成并列结构做句子的主语。

（2）动词可后加状语标记a³¹ni⁵⁵或ni³¹充当小句的状语。例如：

miŋ³⁵　ki³¹　ru³⁵tsik⁵⁵-ɲi³¹　a³¹ni⁵⁵　ʒik³⁵-ka⁵⁵　ta³¹.

眼睛　AGT　生气-NF　　　ADV　说-PERF FPRT

眼睛生气地说。（ru³⁵tsik⁵⁵"生气"后加a³¹ni⁵⁵做句中谓语动词的状语）

ʃi⁵⁵pin⁵⁵　pa⁵⁵　tsaŋ⁵⁵ki⁵⁵　a³¹ni⁵⁵　o⁵⁵ta⁵⁵　　ne⁵⁵tsʰo⁵⁵　tsui³⁵　a⁵⁵-tʃʰo⁵⁵-ka³¹　la⁵⁵.

客人　　PL　悄悄　　ADV　DEM:PROX　事情　　谈论　做-Lv-PERF　AUX

客人们都在悄悄地议论这件事。（tsaŋ⁵⁵ki⁵⁵"悄悄"后加 a³¹ni⁵⁵ 做句中谓语动词的状语）

六　形容词

（一）形容词的分类

仓洛语的形容词大都是表示事物属性和特点的性质形容词。根据语义内容可划分为如下三类：

1. 维度形容词　例如：

ka³¹taŋ⁵⁵	粗	tek⁵⁵pi⁵⁵	细
tʃʰi⁵⁵lu⁵⁵	大	zin³¹pu⁵⁵	小
tʰun⁵⁵pu⁵⁵	高	mes³⁵pu⁵⁵	低
tʰɑ⁵⁵rən⁵⁵pu⁵⁵	远	re³⁵ka⁵⁵	近
tiŋ⁵⁵rən⁵⁵pu⁵⁵	深	tiŋ⁵⁵tʰom⁵⁵mi⁵⁵	浅
iŋ³⁵lu⁵⁵	长	tʰom⁵⁵pi⁵⁵	短
kor³⁵pɑ⁵⁵	圆	pian⁵⁵taŋ⁵⁵	扁
tʂup³⁵ʃi⁵⁵	方	tsʰe⁵⁵pu⁵⁵	尖
ȵam³⁵pu⁵⁵	平		

2. 色彩形容词　例如：

pa⁵⁵lin⁵⁵pi⁵⁵	白	tʃʰaŋ⁵⁵lu⁵⁵	黑
ser⁵⁵pu⁵⁵	黄	tsa⁵⁵lu⁵⁵	红
iŋ³⁵lu⁵⁵	绿，蓝		

3. 其他形容词　例如：

kʰɑ⁵⁵la⁵⁵	假	lik⁵⁵pu⁵⁵	漂亮
tsʰɑ³⁵lu⁵⁵	热	pier³¹wu⁵⁵	凉
kʰɑ⁵⁵lu⁵⁵	苦	ka⁵⁵lu⁵⁵	难
jɑ³⁵lu⁵⁵	容易	tʃam⁵⁵pu⁵⁵	瘦
tʃak³¹pɑ⁵⁵	肥	tʃo⁵⁵loŋ⁵⁵tʂʰuk³¹ka⁵⁵	热闹
koŋ⁵⁵ma⁵⁵jɛ⁵⁵la⁵⁵	陌生	tsʰap⁵⁵tsʰap⁵⁵	慌张
tʃok³¹pɑ⁵⁵	麻利		

仓洛语形容词还可依据是否有同形的动词分为两类。一类是专用形容词，如 pa⁵⁵lin⁵⁵pi⁵⁵"白"、tʃʰaŋ⁵⁵lu⁵⁵"黑"、ka³¹taŋ⁵⁵"粗"、tek⁵⁵pi⁵⁵"细"等，与动词没有任何形式上的关系。另一类是与动词同形的形容词，例如：kʰɑ⁵⁵la⁵⁵"假的"与 kʰɑ⁵⁵la⁵⁵"装"、lik⁵⁵pu⁵⁵"漂亮"与 lik⁵⁵pu⁵⁵"喜欢"。这类形容词都对应一个形式相同的动词，语义上也有关联，可推测这些形容词可能是由动词演变而来的。

（二）形容词的语法功能特征

1. 形容词通常是体词性短语的修饰成分，在仓洛语中形容词通常位于所修饰的中心语之后。例如：

| proŋ⁵⁵pu⁵⁵ | kʰai⁵⁵pɑ⁵⁵ | 聪明的驴 |
| 驴 | 聪明 | |

| wɑ⁵⁵roŋ⁵⁵ | rəŋ³⁵pu⁵⁵ | lik⁵⁵pu⁵⁵ | 漂亮的长角 |
| 角 | 长 | 漂亮 | |

一般来讲，置于名词之后的形容词通常具有非限制功能，用于进一步提供关于名词所指的描述性信息。在仓洛语中，形容词还可以置于名词之前，这时形容词的限制功能更为突出，用于明确名词核心的所指。例如：

| dʒo⁵⁵pu⁵⁵ | wak⁵⁵tsɑ⁵⁵ | | 穷苦的孩子 |
| 穷 | 小孩 | | |

| bi³⁵diŋ⁵⁵ | kɑ³¹ | miak⁵⁵tsɑ⁵⁵ | 富有的女人 |
| 富 | GEN | 女人 | |

2. 形容词还可以出现在一个系动词小句的表语位置上。例如：

| o⁵⁵tɑ⁵⁵ | tʃʰu⁵⁵waŋ⁵⁵ | lik⁵⁵pu⁵⁵ | taŋ⁵⁵ | lik⁵⁵pu⁵⁵ | lɑ³⁵, | ki⁵⁵ ɳu⁵⁵ | koŋ³⁵tʃʰi⁵⁵-kɑ⁵⁵ |
| DEM:PROX | 刀 | 好 | CONJ | 好 | NPFV | LNK | 贵－PERF |

lɑ⁵⁵.

AUX

这把刀好是好，就是太贵了。（lik⁵⁵pu⁵⁵ "好" 和 koŋ³⁵tʃʰi⁵⁵ "贵" 分别做前后两个小句的表语）

| tʃaŋ³⁵ | ma³¹tsɑ⁵⁵raŋ³⁵ | ki⁵⁵ | tʃa⁵⁵ | rak⁵⁵-lɑ³⁵, | wu⁵⁵wɑ⁵⁵raŋ⁵⁵ | tik⁵⁵taŋ⁵⁵ | raŋ⁵⁵ |
| 1sg | 因为 | AGT | 1sg | 累－NPFV | 所以 | 一点 | FOC |

| te³⁵-ki⁵⁵ | lam³⁵ | ma³⁵-lɑ⁵⁵. |
| 去－NMLZ | 想 | NEG－NPFV |

因为我实在太累了，所以一点都不想去。（rak⁵⁵ "累" 充当句子的表语）

3. 形容词做状语或补语，以前置于中心语为常，后置的情况也不少。例如：

（1）前置于中心语

| pʰoŋ⁵⁵ | kɑ⁵⁵ | lot⁵⁵ 装满 | tsɑ³⁵-ɳi⁵⁵ | nip⁵⁵-tʃʰo⁵⁵ 玩得高兴 |
| 满 | ADV | 装 | 高兴－NF | 玩－Lv |

（2）后置于中心语

| lop³¹tʃaŋ⁵⁵ | lik³⁵pu⁵⁵ 好好学习 | koŋ⁵⁵ | tʃʰap⁵⁵ten⁵⁵ 爬得慢 |
| 学习 | 好 | 爬 | 慢 |

（三）形容词的其他特征

1. 形容词的重叠

和汉语一样，仓洛语的形容词在句中可以重叠使其性质或状貌程度有所加深。例如：

tʂʰap⁵⁵ten⁵⁵　慢的　　　　　　→　　　　　tʂʰap⁵⁵ten⁵⁵ tʂʰap⁵⁵ten⁵⁵ 慢慢的

tʰek⁵⁵pu⁵⁵　厚的　　　　　　→　　　　　tʰek⁵⁵pu⁵⁵ tʰek⁵⁵pu⁵⁵　厚厚的

2. 形容词语音拖长

仓洛语形容词用以加深程度的另外一种手段是在语音上有意拖长。最为常见的是 ʃa⁵⁵ma⁵⁵ "多"，在口语中说话人往往通过非常夸张地拖长第二个音节来传达"非常非常多"的含义。

七　副词

仓洛语副词是一个半封闭词类，在句法功能和语义功能上区别于其他词类。仓洛语各类副词在句中的位置和语义功能有所不同，下面分而述之。

（一）程度副词

表示程度的副词是仓洛语中最常见的一个副词类别，主要用于修饰形容词和心理动词。仓洛语的程度副词主要有 kaŋ⁵⁵mien⁵⁵tsʰe⁵⁵ "非常"、ŋan³⁵pa⁵⁵ "很"、lak³¹taŋ⁵⁵ "更" 等，大都出现于谓语核心之前做状语。例如：

tʰam⁵⁵tʂe⁵⁵raŋ⁵⁵　ki⁵⁵　ɲi⁵⁵na³¹ɲi³⁵　kaŋ⁵⁵mien⁵⁵tsʰe⁵⁵　ru³⁵tsik⁵⁵-ka³⁵　ta³¹.
大家　　　　　　PRT　LNK　　　　非常　　　　　　生气–PERF　FPRT
大家都非常生气。（kaŋ⁵⁵mien⁵⁵tsʰe⁵⁵ "非常" 充当状语）

ra⁵⁵pa⁵⁵　lin³⁵kʰan⁵⁵　wak⁵⁵tsa⁵⁵　ki⁵⁵　ɲi⁵⁵na³¹　ŋan³⁵pa⁵⁵　juŋ³⁵kʰe⁵⁵-ka³⁵　ta³¹.
羊　　放　　孩子　　PRT　LNK　　很　　害怕–PERF　FPRT
放羊的孩子很害怕。（ŋan³⁵pa⁵⁵ "很" 在句中充当状语）

（二）范围副词

仓洛语常用的范围副词有：tʰam⁵⁵tʂe⁵⁵raŋ⁵⁵ "都/全"、tip³¹ka⁵⁵ "一起"、o⁵⁵ma⁵⁵ "还"。范围副词一般出现在动词之前、名词之后，管辖名词所指范围。例如：

tʰi⁵⁵noŋ⁵⁵　nam³¹　ki⁵⁵　ɲi⁵⁵na³¹ɲi⁵⁵,　a⁵⁵te⁵⁵ma³¹　ka⁵⁵wu⁵⁵ma³¹　ki⁵⁵　ɲi⁵⁵na³¹ɲi⁵⁵
今天　　天　　PRT　LNK　　　我看　　狐狸　　　AGT　　LNK

o⁵⁵ma⁵⁵　pʰa⁵⁵ra⁵⁵　ra³⁵-ɲi³¹　ki⁵⁵　ɲi⁵⁵　tip³¹ka⁵⁵　ki⁵⁵　ɲi⁵⁵na³¹ɲi⁵⁵　kʰai⁵⁵la⁵⁵　la³⁵ma⁵⁵
现在　狼　　叫–NF　PRT　LNK　一起　　PRT　LNK　　老虎　　找

te³⁵-ka³⁵　ta³¹.
去–PERF　FPRT

这天，狐狸叫上狼一起去找老虎。（tip³¹ka⁵⁵ "一起" 在句中充当状语）

tsʰiŋ⁵⁵a⁵⁵   ki⁵⁵   ɲi⁵⁵na³¹,   ten⁵⁵pa⁵⁵raŋ⁵⁵   mi³¹te¹³-ka⁵⁵   ta³¹,   tʰa⁵⁵ru⁵⁵   ka³¹

后来   PRT   LNK   真的   失火-PERF   FPRT   附近   LOC:GEN

soŋ⁵⁵ŋo⁵⁵   ji³¹   tʰam⁵⁵tʃe⁵⁵raŋ⁵⁵   o⁵⁵-ʃi³¹   ji⁵⁵   ta³¹.

人   AGT   全部   来-PERF   IMP   FPRT

后来，真的着火了，附近的人都来了。（tʰam⁵⁵tʃe⁵⁵raŋ⁵⁵ "全部" 在句中充当状语）

（三）时间、频率副词

这类副词主要说明动作行为进行的时间和频率，仓洛语中常见的有：om³⁵tʃaŋ⁵⁵ "又"、tien⁵⁵tʃa⁵⁵raŋ⁵⁵ "经常"、o⁵⁵ma⁵⁵ "刚、才"、ten⁵⁵tʃaŋ⁵⁵ "一直"、o⁵⁵ma⁵⁵raŋ⁵⁵ "马上" 等，可以出现在动词性词语之前，也可以出现在其后，位置不固定。例如：

tʃaŋ³⁵   ki⁵⁵   ɲi⁵⁵na⁵⁵ɲi³¹   o⁵⁵ma⁵⁵raŋ⁵⁵   ʃi⁵⁵-lo³¹   la³⁵   ta³¹.

1sg   PRT   LNK   马上   死-NPFV   AUX   FPRT

我马上要死了。（o⁵⁵ma⁵⁵raŋ⁵⁵ "马上" 出现在动词之前做状语）

a³¹pa⁵⁵   ki³¹   ɲi³¹   om³⁵tʃaŋ⁵⁵   kur³¹ta⁵⁵dzuŋ⁵⁵   laŋ⁵⁵-ka³⁵   ta³¹,   wok³¹dza⁵⁵

父亲   AGT   LNK   又   马   骑-PERF   FPRT   儿子

ji³¹ki⁵⁵   ɲi⁵⁵na³¹ɲi⁵⁵   kur³¹ta⁵⁵   ri³⁵   daŋ³⁵-ka³⁵   ta³¹.

AGT   LNK   马   牵   走-PERF   FPRT

父亲又骑上马，儿子牵着马走。（om³⁵tʃaŋ⁵⁵ "又" 出现在动词短语之前做状语）

tʃaŋ³⁵   jam³¹naŋ⁵⁵-tʃʰo⁵⁵   te⁵⁵   ki⁵⁵   ɲi⁵⁵na³¹   tien⁵⁵tʃa⁵⁵raŋ⁵⁵   ki⁵⁵   ɲi⁵⁵na³¹ɲi⁵⁵

1sg   年轻-Lv   去   PRT   LNK   经常   PRT   LNK

ri³¹ku⁵⁵   tʰoŋ⁵⁵ŋa⁵⁵   te⁵⁵-ɲi⁵⁵   ji⁵⁵na³¹   ʃa⁵⁵ʃe⁵⁵-tʃo³¹-lo³⁵   ta³¹.

山   上面:LOC   去-NF   LNK   打猎-Lv-NPFV   FPRT

我年轻的时候经常到山上去打猎。（tien⁵⁵tʃa⁵⁵raŋ⁵⁵ "经常" 出现在动词短语之后做状语）

kur³¹ta⁵⁵   zin³¹pu⁵⁵   ki⁵⁵   ɲi⁵⁵na⁵⁵ɲi³¹   ri³¹   ko⁵⁵-pu³⁵   o⁵⁵ma⁵⁵   tʃʰo³¹-ka³⁵   ta³¹.

马   小   AGT   LNK   河   过-PROS   刚   有   PERF   FPRT

小马刚要过河。（o⁵⁵ma⁵⁵ "刚" 出现在动词之后做状语）

（四）性状副词

仓洛语的性状副词主要用于表述动作行为的性质和状貌。这类副词一般与形容词、动词同形，用于修饰动词性成分。例如：

na³⁵ʃiŋ⁵⁵   ɲik³⁵tsiŋ⁵⁵   tem³⁵ba⁵⁵raŋ⁵⁵   lop³¹tʃaŋ⁵⁵   lik³⁵pu⁵⁵   ɛ⁵⁵.

2dl   二   一定   学习   好   AUX

你们俩一定要好好地学习。（tem³⁵ba⁵⁵raŋ⁵⁵ "一定" 在句子中充当状语）

lik⁵⁵pu⁵⁵ ɑ³¹ni³⁵ kot⁵⁵-pa⁵⁵ ki⁵⁵ ȵi⁵⁵ la³⁵ ta³¹, ȵi⁵⁵ rok³⁵ ki³¹ ki⁵⁵
仔细   ADV   看-PFV   PRT   LNK   找   FPRT   3sg   AGT   PRT

ȵi⁵⁵nɑ³¹ȵi⁵⁵ ɑ⁵⁵tien³¹ ra⁵⁵pa⁵⁵ tʃur⁵⁵tsam⁵⁵ pʰɛ⁵⁵ ki⁵⁵ ȵi⁵⁵nɑ³¹ȵi⁵⁵ tor⁵⁵waŋ⁵⁵ tʰor⁵⁵
LNK   我看   羊   圈   家   PRT   LNK   窟窿   一

ka³¹ toŋ⁵⁵ma⁵⁵-ka³⁵ ta³¹.
PRT   看见-PERF   FPRT

仔细一看，他发现羊圈破了一个大窟窿。（lik⁵⁵pu⁵⁵ "仔细" 在句子中充当状语）

soŋ⁵⁵ŋo⁵⁵ pa⁵⁵ ŋar³⁵-ȵi³¹ ʒik³⁵-nɑ³⁵ ta³¹: "kur³¹ta⁵⁵ ma⁵⁵-laŋ⁵⁵-ka⁵⁵ ȵi³¹, kur³¹ta⁵⁵
人   PL   笑-NF   说-PRT   FPRT   马   NEG-骑-PERF   LNK   马

ri³⁵ki³¹-nɑ³⁵ ta³¹!"
牵-PRT   FPRT

人们笑着说："不骑马，牵着走！"（ŋar³⁵ "笑" 在句子中做状语）

总的来说，副词最基本的语法功能就是在句中做状语，主要修饰句中的动词或形容词。

八 连词

连词主要起到连接作用，可以连接词、短语、分句和句子等不同语言单位。仓洛语的连词是封闭词类，数量较少，没有形态变化。根据其出现的层次分为三种情况：一是出现在单句之内的，二是出现在复句层面的，三是语篇层面上使用的。下面分别进行论述。

（一）单句层面的连词

1. taŋ⁵⁵

仓洛语连词taŋ⁵⁵及其变体taŋ³¹连接两个体词性成分，相当于现代汉语的连词"和"。例如：

pʰa⁵⁵ra⁵⁵ taŋ⁵⁵ om⁵⁵ʃa⁵⁵ ka⁵⁵wu⁵⁵ma³¹ ji⁵⁵ ki⁵⁵ ȵi⁵⁵la⁵⁵ȵi³¹ o⁵⁵ma⁵⁵ proŋ⁵⁵pu⁵⁵
狼   CONJ   熊   狐狸   AGT PRT LNK   现在   驴

ɑ³¹ ki⁵⁵ ȵi⁵⁵ kʰai⁵⁵la⁵⁵-ka³⁵ ta³¹.
DAT PRT LNK   答应-PERF   FPRT

狼、熊和狐狸答应了驴。

kʰai⁵⁵la⁵⁵ ki³¹ ȵi⁵⁵la³¹ȵi⁵⁵ ŋam³¹tʰor⁵⁵ta³¹ku⁵⁵ ji³⁵ nɑ³¹ȵi⁵⁵ ȵi³¹ ɑ⁵⁵te³¹ma³¹
老虎   AGT LNK   每天   AGT LNK   LNK   我看

ka⁵⁵wu⁵⁵ma³¹ taŋ³¹ pʰa⁵⁵ra⁵⁵ ki³¹ nu⁵³pʰaŋ⁵⁵-ka³⁵ ka³¹ ʃa⁵⁵ ɑ³¹ pʰi³⁵-ȵi³¹
狐狸   CONJ   狼   AGT 送-PERF   GEN   肉   PAT 给-NF

ro³⁵   ta³¹.

行:NPFV   FPRT

老虎每天吃着狐狸和狼送过来的肉。

taŋ⁵⁵并非强制使用。在下面的例句中，发音人就省略了连接标记。例如：

soŋ⁵⁵ŋo⁵⁵   doŋ⁵⁵pa⁵⁵   tʰoŋ⁵⁵ŋa⁵⁵   ki⁵⁵   n̠i⁵⁵na³¹n̠i⁵⁵   no³¹waŋ⁵⁵,   na³¹xoŋ⁵⁵,   miŋ³⁵,

人   脸   上面:LOC   PRT   LNK   嘴巴   鼻子   眼睛

na³⁵   ki⁵⁵   ji⁵⁵na⁵⁵   rok³⁵te⁵⁵pa⁵⁵   ki⁵⁵   n̠i⁵⁵na³¹n̠i⁵⁵   tʂui⁵⁵tʰo⁵³   ai⁵⁵   n̠i⁵⁵na³¹n̠i⁵⁵

耳朵   PRT   PRT   3pl   AGT   LNK   议论   做:IMP   LNK

ji⁵⁵pi⁵⁵   tʃo⁵⁵   tsu⁵⁵-ka³⁵   ta³¹.

谁   TOP   重要-PERF   FPRT

人脸上的嘴巴、鼻子、眼睛、耳朵互相议论谁最重要。

在该句中，no³¹waŋ⁵⁵ "嘴巴"、na³¹xoŋ⁵⁵ "鼻子"、miŋ³⁵ "眼睛"、na³⁵ "耳朵"四个并列的成分之间有语音上的停顿，未使用并列连词。

2. n̠i⁵⁵

连词n̠i⁵⁵及其变体n̠i³¹用于连接两个谓词性短语，表示先后发生的两个动作或存在的两种状态，相当于汉语的连词"就"。例如：

rok³⁵   tʂʰoŋ⁵⁵   naŋ⁵⁵ka⁵⁵   te³⁵   n̠i⁵⁵   ʃa⁵⁵   ŋoŋ⁵⁵-ka⁵⁵.

3sg   街   里面:LOC   去   LNK   肉   买-PERF

他要去街上买肉。

ʒip³⁵-tʰa⁵⁵-ʃi³¹   n̠i⁵⁵   ka³⁵   wu³⁵ni³¹   kʰun⁵⁵-pu³⁵   n̠i³¹   kʰun⁵⁵-ʃi⁵⁵   ta³¹.

睡-Lv-PERF   LNK   PFV   之后   追-PROS   LNK   追-RES   FPRT

睡起来之后也能追上乌龟。

仓洛语中的连词不能单独充当句法成分，连接前后两个成分构成一个并列结构或连动结构再充当句子成分。

（二）复句层面的连词

1. ma³¹tsa⁵⁵

ma³¹tsa⁵⁵是专用于连接分句的连词，一般出现在第一个分句之前，即句首位置。例如：

ma³¹tsa⁵⁵   tʃaŋ³⁵   te³⁵-ki⁵⁵   lam³⁵   ma³⁵-la⁵⁵,   ki³¹ni⁵⁵wu⁵⁵   kot³⁵-pa⁵⁵   ʒik³⁵   rən³⁵

LNK   1sg   去-NMLZ   想   NEG-NPFV   LNK   看-PFV   说   方便

ma³¹-la⁵⁵.

NEG-NPFV

虽然我也不想去，但又不便当面说。

ma³¹tsɑ⁵⁵	ŋam³⁵	lik⁵⁵pu⁵⁵	ɑ³¹ni⁵⁵	la³⁵,	ai³¹te⁵⁵pa⁵⁵	ɑ⁵⁵ʃam⁵⁵	pʰot⁵⁵po⁵⁵	te³⁵	kʰe⁵⁵.
LNK	天气	好	ADV	COP	1pl:INCL	玉米	收	去	IMP

如果天气好的话，我们就收玉米去。

根据上例，ma³¹tsɑ⁵⁵ 是一个概括性较强的连词，可表示多种分句间的逻辑关系。

2. ki³¹ni⁵⁵wu⁵⁵

仓洛语中的转折连词为 ki³¹ni⁵⁵wu⁵⁵ "可是，但是"，表示分句之间的转折关系，大都出现在后一分句开头。例如：

ta³⁵wa³⁵	pʰɛ⁵⁵ka⁵⁵	pa⁵⁵ra⁵⁵	toŋ⁵⁵	tʃʰom⁵⁵-ka⁵⁵,	ki³¹ni⁵⁵wu⁵⁵	kə³¹ʃi⁵⁵	pʰɛ⁵⁵ka⁵⁵
达娃	家里:LOC	稻子	收	完-PERF	LNK	格西	家里:LOC

pa⁵⁵ra⁵⁵	toŋ⁵⁵	tʃʰom⁵⁵-ka⁵⁵	ma³¹-la⁵⁵.
稻子	收	完-PERF	NEG-AUX

达娃家的稻子收完了，但格西家的稻子还没有收完。

这里需要注意的是，在语流中，ki³¹ni⁵⁵wu⁵⁵ 的后两个音节常常会发生合并，读为 ki⁵⁵ȵu⁵⁵。例如：

ki⁵⁵ȵu⁵⁵	ȵi³¹	mien³¹mien⁵⁵kʰa⁵⁵	ji³¹	ki³¹	ȵi⁵⁵na⁵⁵ȵi³¹	wu⁵⁵	ka³¹ku⁵⁵	ʒik³⁵-pu⁵⁵
LNK	LNK	啄木鸟	AGT	PRT	LNK	之后	话	说-PROS

ɑ³¹	tʃir⁵⁵ni³¹	ɑ³¹ni⁵⁵	tʃʰu³⁵-tʰɑ³¹-ka³⁵	ta³¹.
PAT	反	ADV	传-Lv-PERF	FPRT

可是啄木鸟把话传反了。

（三）语篇层面的连词

ȵi⁵⁵（变体 ȵi³¹）和 ȵi⁵⁵ X ȵi⁵⁵ 结构（如 "ȵi⁵⁵na³¹ȵi⁵⁵""ȵi³¹la⁵⁵ȵi³¹" 等）在仓洛语中最为常见，既可以连接动词，也可以作为语篇层面的连接词使用，主要出现在口语中。有时候一个句子可以出现多个这样的关联标记，位置非常灵活，可分布在句首、句中和分句末。这类连词没有实在意义，只是使话语连贯，类似于汉语中的 "然后……"。例如：

ȵu⁵⁵	rok³⁵te⁵⁵pa⁵⁵	ki³⁵	ȵi⁵⁵na³¹ȵi⁵⁵	ȵi³⁵	kʰai⁵⁵la⁵⁵	gop³¹ka⁵⁵	ʃe⁵⁵-ka³⁵	ta³¹,
LNK	3pl	AGT	LNK	LNK	老虎	面前:LOC	来-PERF	FPRT

ka⁵⁵wu⁵⁵ma³¹	ji⁵⁵	ki⁵⁵	ȵi⁵⁵na³¹ȵi⁵⁵	kʰai⁵⁵la⁵⁵	ʒik³⁵-ka³⁵	ta³¹:	"nan⁵⁵	tʃo⁵⁵	ki⁵⁵
狐狸	AGT	PRT	LNK	老虎	说-PERF	FPRT	2sg	TOP	PRT

ȵi⁵⁵na³¹ȵi⁵⁵	ŋan⁵⁵pa⁵⁵,	tʰam⁵⁵	ma³¹-ki⁵⁵-la⁵⁵	ta³¹,	tʰam⁵⁵tʃen⁵⁵	ki⁵⁵	ȵi³¹	nan
LNK	厉害	都	NEG-COP-NPFV	FPRT	大家	PRT	LNK	2sg

juŋ³⁵kʰe⁵⁵-tʃʰo⁵⁵-lo³⁵	ta³¹.	nan⁵⁵	ȵi⁵⁵	ki⁵⁵	ȵi⁵⁵na³¹ȵi⁵⁵	ai⁵⁵pa⁵⁵	ka³¹	ȵi⁵⁵na³¹ȵi⁵⁵
害怕-Lv-NPFV	FPRT	2sg	LNK	PRT	LNK	1pl:EXCL	GEN	LNK

tʃe⁵⁵po⁵⁵ a³¹ ji⁵⁵ ta³¹, tsʰiŋ⁵⁵a⁵⁵ ki⁵⁵ n̩i⁵⁵na³¹ ai⁵⁵pa⁵⁵ raŋ⁵⁵ nan⁵⁵ ȵan⁵⁵-pu³⁵ ta³¹."
大王   做 IMP FPRT 以后   PRT LNK 1pl:EXCL FOC 2sg 听–PROS FPRT

他们来到老虎的面前，狐狸对老虎说："你是世上最厉害的，大家都害怕你。请你当我们的大王吧，以后我们都听你的。"

laŋ⁵⁵pu⁵⁵tʃʰe⁵⁵ ji³¹ ki⁵⁵   n̩i³¹la⁵⁵n̩i³¹ rok³⁵ jaŋ⁵⁵rən⁵⁵ku⁵⁵ la³⁵   ta³¹,   n̩i³¹
大象   AGT PRT LNK   3sg 高个子   有:MIR FPRT LNK

rok³⁵ ki³¹ ki⁵⁵ n̩i³¹la⁵⁵n̩i³¹ na³¹xoŋ⁵⁵ ki⁵⁵ n̩i³¹la⁵⁵n̩i³¹ ʃa⁵³pu⁵⁵ ki⁵⁵ n̩i³¹na⁵⁵
3sg AGT PRT LNK   鼻子   INST LNK   牙   INST LNK

ʃiŋ⁵⁵ tʰoŋ⁵⁵a⁵⁵ se⁵⁵ pa⁵⁵ za³⁵-tʃo³¹-lo³⁵ ta³¹. n̩i³¹ ri³¹pon⁵⁵ tʃo⁵⁵ ki⁵⁵ n̩i³¹la⁵⁵n̩i³¹
树 上面:LOC 树 PL 吃–Lv–NPFV FPRT LNK 兔子 TOP PRT LNK

ʃiŋ⁵⁵ a³¹ se⁵⁵ za³⁵-ma⁵⁵-n̩u⁵⁵-pa⁵⁵ ki⁵⁵ n̩i³¹na⁵⁵ ŋan³⁵pa⁵⁵ ru³⁵tsik⁵⁵-ka³⁵ ta³¹.
树 GEN 果 吃–NEG–RES–PFV PRT LNK 很 生气–PERF FPRT

大象的个子高，就用鼻子取树上的果子吃。兔子吃不到果子很生气。

通过观察仓洛语的大篇幅话语材料可以发现，这类连词的使用非常普遍。其中 n̩i⁵⁵ 常出现在句首，开启下一个话题；n̩i⁵⁵ X n̩i⁵⁵ 主要出现在句中，衔接语句。

九　语气词

仓洛语的语气词主要出现在整个句子的末尾，位置比较固定，用于表达句子的语气或强调说话人的主观情感。仓洛语中比较常用的语气词可列举如下。

（一）mo³⁵

疑问语气词 mo³⁵ 是仓洛语中最常见的语气词，其基本功能是构成是非问句，且句中不出现疑问代词。例如：

ji⁵⁵niŋ⁵⁵ ta³¹jaŋ⁵⁵ man⁵⁵-ki³⁵-kʰan⁵⁵ tʰoŋ⁵⁵-ʃi⁵⁵ mo³⁵?
昨天 大洋 丢–PRT–NMLZ   看见–RES QUES

昨天丢失的钱找到了吗？

nan³⁵ o⁵⁵-lo⁵⁵   mo³⁵?
2sg 来–NPFV QUES

你能来吗？

kur³¹ta⁵⁵ laŋ⁵⁵-n̩i³¹ kur³¹ta⁵⁵ tʰaŋ⁵⁵tʃʰat⁵⁵ ma⁵⁵-ʃi⁵⁵-la³⁵   mo³⁵ ta³¹?
马 骑–NF 马 累   NEG–死–NPFV QUES FPRT

马不会累死吗？

（二）ja³⁵

ja³⁵ 出现于句尾，往往搭配疑问代词xaŋ³⁵dien⁵⁵ "怎么" 使用表示疑问语气。例如：

kun⁵⁵	ki³¹	ȵi⁵⁵na⁵⁵	xaŋ³⁵dien⁵⁵	a³¹ni⁵⁵	tʃʰo⁵⁵-lo⁵⁵	ja³⁵	ta³¹?	nan⁵⁵	ʃa³¹raŋ⁵⁵
冬天	PRT	LNK	怎么	ADV	过–NPFV	QUES	FPRT	2sg	头

ki⁵⁵	ȵi³⁵la³¹	kʰur⁵⁵pa⁵⁵-ma⁵⁵-la³⁵	mo³⁵	ta³¹?
PRT	LNK	冷–NEG–NPFV	QUES	FPRT

（你）冬天是怎么过的？你的头不冷吗？

ka⁵⁵wu⁵⁵ma³¹	ki³¹	ȵi⁵⁵	om³⁵tʃaŋ⁵⁵	tʃi⁵⁵ma⁵⁵-ka³⁵	ta³¹:	"ȵi³¹	wi³⁵lam⁵⁵
狐狸	AGT	LNK	又	问–PERF	FPRT	LNK	翅膀

pʰraŋ³⁵lo³⁵	ka³¹	ki⁵⁵	ȵi³⁵na³¹	xaŋ³⁵dien⁵⁵	a³¹ni⁵⁵	tʰan⁵⁵-tʃo³¹-la³⁵	ja³⁵	ta³¹?"
底下	LOC	PRT	LNK	怎么	ADV	钻–Lv–NPFV	QUES	FPRT

狐狸又问："翅膀底下怎么个钻法啊？"

（三）sa⁵⁵

疑问语气词sa⁵⁵在句末固定地与疑问代词xaŋ³⁵ "什么" 搭配出现。例如：

o⁵⁵na⁵⁵	tu⁵⁵toŋ⁵⁵	tor⁵⁵ka³⁵	a³¹ka³¹	je³⁵-kʰan⁵⁵	soŋ⁵⁵ŋo⁵⁵	kor⁵⁵taŋ⁵⁵rei⁵⁵	tʰiŋ⁵⁵
DEM:DIST	衣服	破	ADV	穿–NMLZ	人	一会儿	BK

o⁵⁵-ȵi³¹,	kor⁵⁵taŋ⁵⁵rei⁵⁵	lin⁵⁵	te³⁵-ȵi³¹,	ma³⁵tsa⁵⁵raŋ⁵⁵	xaŋ³⁵	tʃʰo⁵⁵-lo⁵⁵	sa⁵⁵?
来–NF	一会儿	OT	去–NF	到底	什么	有–NPFV	QUES

那个穿破衣裳的家伙一会儿过来、一会儿过去的，到底在做什么？

tʃaŋ³⁵	te³⁵	tʃʰom⁵⁵-ȵi³¹	ki³¹,	rok³⁵te⁵⁵pa⁵⁵	xaŋ³⁵	ʒik³⁵-ka⁵⁵	sa⁵⁵?
1sg	走	完–NF	PRT	3pl	什么	说–PERF	QUES

我走了以后，他们又说了些什么？

十　附加成分

附加成分也称 "附着形式" 或 "辅助成分"，指附着于词或短语并表示语法意义的成分，包括句法、语义标记。根据附加成分所黏附的成分的性质，我们将仓洛语中的附加成分分为体词性附加成分和谓词性附加成分两类。下面分而述之。

（一）体词性附加成分

1. 属格标记

仓洛语最常见的属格标记为ka³¹，但有时在话语中辅音k会脱落，形成变体标记a³¹。此外，在语流中受相邻音节的影响，还存在一种比较少见的变体形式ka⁵⁵。属格标记一般会出现在名词短语内部，表示两个实体之间的领属关系，近似于现代汉语的 "的"。例如：

rok³⁵te⁵⁵   ka³¹   le³⁵   别人的事情

人家   GEN   事情

rok³⁵   ka³¹   wak⁵⁵tsɑ⁵⁵   他的小孩

3sg   GEN   小孩

to⁵⁵   ka³¹   ŋui⁵⁵   饭钱

饭   GEN   钱

za³⁵kʰaŋ⁵⁵   a³¹   dak⁵⁵pu⁵⁵   饭馆老板

饭馆   GEN   老板

rok³⁵   ka⁵⁵   a³¹ʃam⁵⁵   他的玉米

3sg   GEN   玉米

在领属关系更为紧密的短语结构内，例如表示亲属关系的结构中，可以不出现属格标记。例如：

tʃa³⁵   ka³¹   a⁵⁵pa⁵⁵   我的爸爸   tʃa³⁵   a⁵⁵pa⁵⁵   我爸爸

1sg   GEN   爸爸   1sg   爸爸

此外，属格标记后的中心语在语境中若已有所指或已在前面出现，那么可以承前省略，构成"DP＋ka³¹"的形式。例如：

o⁵⁵ta⁵⁵   ȵen³⁵tu⁵⁵   ȵik³⁵tsiŋ⁵⁵   tʃa³⁵   ka³¹.

DEM:PROX 雨伞   二   1sg   GEN

这两把雨伞是我的。

该句中，宾语原为tʃa³⁵ka³¹ ȵen³⁵tu⁵⁵"我的雨伞"，ȵen³⁵tu⁵⁵"雨伞"承前省略，实现为零形式。再如：

o⁵⁵ta⁵⁵   tʃo⁵⁵ tʃa³⁵ ka³¹ tu⁵⁵toŋ⁵⁵, o⁵⁵ȵa⁵⁵   tʃo⁵⁵ nan³⁵ ka³¹, ȵi³⁵ʃhi⁵⁵

DEM:PROX TOP 1sg   GEN   衣服   DEM:DIST TOP 2sg   GEN   床

tʰoŋ⁵⁵ŋa⁵⁵   tʰa⁵⁵-kʰan⁵⁵   tʃo⁵⁵   rok³⁵te⁵⁵   ka³¹.

上面:LOC   摆–NMLZ   TOP   3pl   GEN

这是我的衣服，那是你的，床上摆着的是人家的。

这个句子中，nan³⁵ka³¹"你的"和rok³⁵te⁵⁵ ka³¹"别人的"后面均有一个零形式的tu⁵⁵toŋ⁵⁵"衣服"。因为与前面tʃa³⁵ka³¹ tu⁵⁵toŋ⁵⁵"我的衣服"中的tu⁵⁵toŋ⁵⁵同形同指，依据经济原则将后面两个tu⁵⁵toŋ⁵⁵删除。再看下面这个句子：

dza³⁵-lo⁵⁵   ka³¹,   je³⁵-lo⁵⁵   ka³¹   ma³¹   tʃʰom⁵⁵-ka⁵⁵-tʃʰo⁵⁵-lo³⁵.

吃–PRT   GEN   穿–PRT   GEN   NEG   愁–PERF–Lv–NPFV

吃的、穿的都不愁。

这里，ka³¹附着在动词性成分之后，后面隐含了一个类似于"东西"的中心语。这时，ka³¹除了表述领属关系，还发挥了类似于名词化标记的功用，将所附着的动词转化为名词性成分。

2. 话题语标记

话题语标记一般出现在做话题语的体词性成分之后。仓洛语的话题语标记为tʃo⁵⁵，另有变体形式tʃo³¹。例如：

| tʰi⁵⁵noŋ⁵⁵ | tʃo⁵⁵ | lo³⁵ | toŋ⁵⁵tʂʰa⁵⁵ | n̠ik³⁵tsiŋ⁵⁵ | taŋ⁵⁵ | soŋ⁵⁵ŋa⁵⁵ | ta³¹wa⁵⁵ | tʃok⁵⁵pa⁵⁵ |
| 今天 | TOP | 年 | 千 | 二 | CONJ | 十五 | 月 | 十 |

| tsʰe⁵⁵ | tʰor⁵⁵. |
| 日 | 一 |

今天是2015年10月1日。

| rok³⁵ | tʃo³¹ | ji⁵⁵pi⁵⁵? |
| 3sg | TOP | 谁 |

他是谁?

3. 施事标记

仓洛语是施-通格语言，呈现出"流动S"（Dixon，1994）的趋向。施事标记通常是显性的，最常见的是ki⁵⁵，其变体形式为ki³¹和ji³¹。施事标记是语义标记，一般出现在获得施事角色的主语之后。例如：

| laŋ⁵⁵pu⁵⁵tʃʰe⁵⁵ | ki⁵⁵ | n̠i⁵⁵ | rok³⁵ | n̠i³¹ | se⁵⁵ | za³⁵-ki³¹ | lam⁵⁵-ka³⁵ | ta³¹. |
| 大象 | AGT | LNK | 3sg | LNK | 果子 | 吃–NMLZ | 想–PERF | FPRT |

大象想吃果子。

| ʃi⁵⁵pin⁵⁵ | ki³¹ | ʒik³⁵-ka⁵⁵-ka³⁵ | ka³¹ku⁵⁵ | n̠i³⁵na³¹n̠i⁵⁵ | ʒik³⁵-ka⁵⁵ | wu³¹-ka³⁵ | o⁵⁵n̠a⁵⁵ |
| 客人 | AGT | 说–PERF–GEN | 话 | LNK | 说–PERF | 来–PERF | DEM:DIST |

| n̠i³⁵na³¹n̠i⁵⁵ | ki⁵⁵n̠i⁵⁵ | n̠i³⁵ | ta³¹, | kaŋ⁵⁵mien⁵⁵tsʰe⁵⁵ | lo³¹dʒe⁵⁵ | ji³¹ | ʃi³⁵ | ta³¹. |
| LNK | LNK | LNK | FPRT | 非常 | 后悔 | IMP | PFV | FPRT |

房子的主人这才想起那位客人的话，非常后悔。

| a⁵⁵kai⁵³ | ji³¹ | ki⁵⁵ | n̠i⁵⁵la⁵⁵n̠i³¹ | wak⁵⁵tsa⁵⁵ | n̠ip⁵⁵tsaŋ⁵⁵ | ki⁵⁵ | n̠i⁵⁵na⁵⁵ | mɛn³⁵pu³¹-ka³⁵ |
| 阿盖 | AGT | PRT | LNK | 小孩 | 玩具 | PRT | LNK | 带–PERF |

| ta³¹. |
| FPRT |

阿盖把小孩玩具带走了。

4. 受事标记

仓洛语的通格标记通常为零形式。但在标记受事论元时，偶尔会用ka³¹，还存在一个

变体形式 ɑ³¹，标记其前成分为受施事动作行为影响的受事。例如：

a⁵⁵pu⁵⁵　ki³¹　ȵi⁵⁵na³¹ȵi⁵⁵　lik⁵⁵pu⁵⁵　ka³¹　pʰi⁵⁵-tʃʰo³¹-lo³⁵　ta³¹
乌鸦　　AGT　LNK　　　　美丽　　　PAT　喜欢-Lv-NPFV　FPRT
乌鸦爱美丽。

rok³⁵　ka³¹　na³¹xoŋ⁵⁵　rən³⁵kʰu³¹　ki³⁵　ȵi⁵⁵la⁵⁵ȵi³¹　ri³¹　naŋ³¹ka⁵⁵　ri⁵⁵　ka³¹
3sg　GEN　鼻子　　长　　　　INST　LNK　　　　河　里面:LOC　水　PAT
tʃam⁵⁵pu⁵⁵-ȵi³¹　ki³¹　ȵi⁵⁵la⁵⁵ȵi³¹　ʃiŋ⁵⁵　a³⁵　jap⁵⁵-ka³⁵　ta³¹.
吸-NF　　　PRT　LNK　　　　树　DAT　浇水-PERF　FPRT
他用长鼻子从河里吸水给树浇水。

5. 与事标记

仓洛语中的与事标记为 ka⁵⁵，变体形式为 ka³¹ 和 ɑ³¹，通常出现在与事论元之后，标明动作、行为的非主动参与者，即非必有成分。例如：

a⁵⁵ma⁵⁵　ki³⁵　tʃa⁵⁵　ka⁵⁵　tu⁵⁵toŋ⁵⁵　seŋ⁵⁵ma⁵⁵　tʃʰa³⁵　tʰor⁵⁵　tsʰuk⁵⁵　pi⁵⁵-ʃi⁵⁵.
妈妈　AGT　1sg　DAT　衣服　　新　　　件　　一　　缝　　给-PERF
妈妈为我缝了一件新衣服。

pʰa⁵⁵ra⁵⁵　taŋ⁵⁵　om⁵⁵ʃa⁵⁵,　ka⁵⁵wu⁵⁵ma³¹　ji⁵⁵　ki⁵⁵　ȵi⁵⁵la⁵⁵ȵi³¹　o⁵⁵ma⁵⁵　proŋ⁵⁵pu⁵⁵
狼　　CONJ　熊　　狐狸　　　AGT　PRT　LNK　　　　现在　驴
a³¹　ki⁵⁵　ȵi⁵⁵　kʰai⁵⁵la⁵⁵-ka³⁵　ta³¹.
DAT　PRT　LNK　答应-PERF　FPRT
狼、熊和狐狸答应了驴。

laŋ⁵⁵pu⁵⁵tʃʰe⁵⁵　ki⁵⁵　ȵi³¹la⁵⁵ȵi³¹　soŋ⁵⁵ŋo⁵⁵　kʰai⁵⁵pa⁵⁵　tʰor⁵⁵　la³⁵ma⁵⁵　ki⁵⁵　ȵi³¹na⁵⁵
大象　　AGT　LNK　　人　　聪明　　一　　找　　PRT　LNK
rok³⁵　ka³¹　tik⁵⁵taŋ⁵⁵　ro⁵⁵pa⁵⁵-ki³⁵-ji³¹-ka³⁵　ta³¹.
3sg　DAT　一下　　帮忙-PRT-IMP-PERF　FPRT
大象找来一个聪明人帮他。

6. 工具标记

仓洛语的工具标记为 ki³⁵，变体形式为 ki⁵⁵，一般用来标记表工具的体词性成分，例如下面两个例子中的 mo³⁵pi⁵⁵ "毛笔" 和 tʃʰo⁵⁵waŋ⁵⁵ "刀" 就是典型的工具论元。例如：

lop⁵⁵tʃa⁵⁵　pa⁵⁵　mo³⁵pi⁵⁵　ki³⁵　ji⁵⁵ki³⁵　dʑui³⁵-ka⁵⁵.
学生　　PL　毛笔　　INST　字　　写-PERF
学生们用毛笔写字。

tʃaŋ³⁵　o⁵⁵ta⁵⁵　　　tʃʰo⁵⁵waŋ⁵⁵　ki³⁵　ʃa⁵⁵　tʃat⁵⁵-tʃʰo⁵⁵-lo⁵⁵.

1sg　DEM:PROX　刀　　　INST　肉　切-Lv-NPFV

我用这把刀切肉。

laŋ⁵⁵pu⁵⁵tʃʰe⁵⁵　ji³¹　ki⁵⁵　ȵi³¹la⁵⁵ȵi³¹　rok³⁵　jaŋ⁵⁵rən⁵⁵ku⁵⁵　la³⁵　　ta³¹,　　ȵi³¹

大象　　　　AGT　PRT　LNK　　　3sg　高个子　　　有:MIR　FPRT　LNK

rok³⁵　ki³¹　ki⁵⁵　ȵi³¹la⁵⁵ȵi³¹　na³¹xoŋ⁵⁵　ki⁵⁵　ȵi³¹la⁵⁵ȵi³¹　ʃa⁵³pu⁵⁵　ki⁵⁵　ȵi³¹na⁵⁵

3sg　AGT　PRT　LNK　　鼻子　　INST　LNK　　　牙　　INST　LNK

ʃiŋ⁵⁵　tʰoŋ⁵⁵a⁵⁵　se⁵⁵　pa⁵⁵　za³⁵-tʃo³¹-lo³⁵　ta³¹.

树　　上面:LOC　树　PL　吃-Lv-NPFV　FPRT

大象的个子高，就用鼻子取树上的果子吃。

7. 处所标记

仓洛语的处所标记为ka³¹，其变体形式有a³¹和ka⁵⁵两种，通常用来标记事件发生的地点或位置等。例如：

soŋ⁵⁵ŋo⁵⁵　tʰor⁵⁵　ki⁵⁵　ȵi⁵⁵la⁵⁵ȵi³¹　tʃʰi⁵⁵lo⁵⁵　ka³¹　le³¹a³¹-tʃʰo⁵⁵-ka⁵⁵　la³⁵　　　ta³¹.

人　　一　　PRT　LNK　　外面　LOC　干活-Lv-PERF　有:MIR　FPRT

有一个人在外面干活。

a³¹ta⁵⁵po⁵⁵niŋ⁵⁵　ȵik⁵⁵tsiŋ⁵⁵　ki³¹　ȵi⁵⁵rə³¹ȵi⁵⁵　kʰa⁵⁵　ga³¹pu⁵⁵　te³⁵-ka⁵⁵　ta³¹,

兄弟　　　　　二　　　AGT　LNK　　鸟　射　去-PERF　FPRT

lam³⁵naŋ⁵⁵　a³¹　te⁵⁵-la⁵⁵　ki⁵⁵　ȵi⁵⁵na³¹ȵi⁵⁵　kʰa⁵⁵　ki⁵⁵　ȵi⁵⁵na³¹ȵi⁵⁵　pom⁵⁵naŋ⁵⁵mu⁵⁵re³¹

路上　　LOC　去-NPFV　PRT　LNK　　鸟　PRT　LNK　　堆

ŋam⁵⁵　tʰor⁵⁵　pʰian⁵⁵-ka³¹　tʰoŋ⁵⁵-ʃi³⁵　ta³¹.

天　　一　　飞-PERF　看见-RES　FPRT

有两兄弟去打鸟，路上发现有一群鸟在天上飞。

ȵi³¹　tsʰiŋ⁵⁵a⁵⁵　tʃo⁵⁵,　ki³¹　ȵi³¹la³¹　kʰai⁵⁵la⁵⁵　tʃo⁵⁵　ki³¹　ȵi⁵⁵la³¹ȵi⁵⁵　tʃʰi⁵³

LNK　以后　TOP　PRT　LNK　老虎　　TOP　AGT　LNK　　门

ka⁵⁵　te⁵⁵　ki³¹　ȵi⁵⁵la³¹ȵi⁵⁵　zan¹³tsam⁵⁵　ma⁵⁵-la³⁵ma⁵⁵-tʃʰo⁵⁵-lo³⁵　ta³¹.

LOC　去　AGT　LNK　　食物　　NEG-找-Lv-NPFV　　FPRT

以后，老虎就不再出门去找食物了。

如上文所述，部分方位词在话语中总是与处所标记ka³¹组合，久而久之凝固为可以单独充当句法成分的方位名词。在这一过程中，ka³¹由中降调变为高平调。例如：

o⁵⁵na⁵⁵　ʃa⁵⁵pa⁵⁵　naŋ³¹ka⁵⁵　o⁵⁵-ʃi⁵⁵　lok⁵⁵　ȵi⁵⁵　tʃʰi⁵⁵ka⁵⁵　te³⁵-ʃi⁵⁵,　rəp³⁵

DEM:DIST　猎人　里面:LOC　来-PERF　又　LNK　外面:LOC　去-PERF　野外

kai⁵⁵ tʰor⁵⁵ ka³¹ rəp⁵⁵ ko⁵⁵wa⁵⁵ tʰor⁵⁵ mi⁵⁵ n̠i⁵⁵ ʃek⁵⁵-tʃi⁵⁵.

ABL 一 GEN 野外 鸡 一 拿 LNK 到–PFV

那个猎人进来以后又出去了，随后拿回来一只野鸡。

naŋ³¹ka⁵⁵就是由方位词naŋ³¹"里"与处所标记ka³¹长期组合而固化为一个方位名词的。

仓洛语中的处所标记有时候会出现在表时间的成分之后，用于标记事件所发生的时间信息，可以看作是处所标记的语义引申，是通过隐喻由空间域映射到时间域的结果。例如：

ŋam⁵⁵ tʰor⁵⁵ ka⁵⁵, ki⁵⁵ n̠i⁵⁵na³¹n̠i⁵⁵ dak⁵⁵pu⁵⁵ ki⁵⁵ n̠i⁵⁵na³¹n̠i⁵⁵ pʰɛ⁵⁵ naŋ³¹ka⁵⁵

天 一 LOC PRT LNK 主人 AGT LNK 家 里面:LOC

tʂun³⁵ri⁵⁵-ka³⁵ ta³¹.

请客–PERF FPRT

有一天，主人家里请客。

niŋ³¹tʂaŋ⁵⁵ ka³¹ ta³¹wa⁵⁵ʒi⁵⁵pa⁵⁵ ka³¹, n̠i⁵⁵ ai⁵⁵pa⁵⁵ ki⁵⁵ n̠i⁵⁵la⁵⁵n̠i³¹ a³¹ʃam⁵⁵

每年 GEN 四月 LOC LNK 1pl:EXCL AGT LNK 玉米

ki⁵⁵ n̠i⁵⁵na³¹ ku⁵⁵tsuk⁵⁵-n̠i³¹ tʃʰe⁵⁵-tʃʰo⁵⁵-lo³⁵ ta³¹, ko³¹ma⁵⁵ ki⁵⁵ n̠i⁵⁵na⁵⁵n̠i³¹

PRT LNK 开始–NF 种–Lv–NPFV FPRT 先 PRT LNK

sa⁵⁵los³⁵-tʃʰo⁵⁵-lo³⁵ ta³¹, o⁵⁵n̠en⁵⁵ ki⁵⁵ n̠i⁵⁵la⁵⁵n̠i³¹ li³⁵ jap⁵⁵-tʃʰo⁵⁵-lo³⁵ ta³¹.

耕地–Lv–NPFV FPRT 这样 PRT LNK 种 播–Lv–NPFV FPRT

每年四月，我们开始种玉米，先耕地，然后播种。

仓洛语的处所标记还可以标记时空的终点位置。例如：

tʰi⁵⁵noŋ⁵⁵ ka³¹ tsʰoŋ⁵⁵ti⁵⁵ o⁵⁵ta⁵⁵ ka³¹ tsʰam⁵⁵-tʰa⁵⁵-lo⁵⁵.

今天 GEN 会议 这里 LOC 结束–Lv–NPFV

今天的会就开到这里。

在上面例句中，ka³¹标记了会议进程结束的时间点。再如：

rok³⁵ n̠iŋ⁵⁵ tʰor⁵⁵ ta³⁵ ka³¹ pʰɛ⁵⁵ ka³¹ wən⁵⁵-tʃʰo⁵⁵-lo⁵⁵.

3sg 年 一 每 LOC 家 LOC 回–Lv–NPFV

他年年都回家。

这个句子中的pʰɛ⁵⁵"家"为位移动词wən⁵⁵"回"的终点，也用ka³¹标记。

8. 比较标记

仓洛语的比较标记为ʃe⁵⁵，出现于"被比较者"（比较基准）之后。例如：

dʒo⁵⁵pu⁵⁵ pʰɛ⁵⁵ ka³¹ miak⁵⁵tsa⁵⁵ ki⁵⁵ n̠i⁵⁵ ŋar³⁵-n̠i³⁵ ʒik³⁵-ka³⁵ ta³¹: "n̠i³¹

穷 家里:LOC 女人 AGT LNK 笑–NF 说–PERF FPRT LNK

tʃaŋ³⁵ mu³¹ tʃʰo⁵⁵-lo³⁵ ta³¹, nan⁵⁵ ki³¹ a⁵³ tʃa⁵⁵-wa⁵⁵ ki⁵⁵ n̠i⁵⁵na³¹n̠i⁵⁵

1sg PRT 有–NPFV FPRT 2sg PRT PRT 有:EGO–PFV PRT LNK

koŋ⁵⁵-ʃe⁵⁵　　ki⁵⁵　ȵi⁵⁵na³¹ȵi⁵⁵　no³⁵tsaŋ⁵⁵　ki⁵⁵　ȵi⁵⁵na³¹ȵi⁵⁵　koŋ⁵⁵tʃʰi⁵⁵lu⁵⁵　ku³¹na³¹wa⁵⁵　ta³¹."

贵–COMPR　PRT　LNK　　东西　　PRT　LNK　　　贵　　　　有　　　　　FPRT

贫穷的女人笑着说："我有，我的东西比你的更珍贵。"

9. 焦点标记

仓洛语中的焦点标记为raŋ⁵⁵，一般出现在焦点语之后，标记被强调的成分。例如：

tʃaŋ³⁵　xaŋ⁵⁵　raŋ⁵⁵　zap⁵⁵-ki⁵⁵　lam⁵⁵-ma³¹-la⁵⁵!

1sg　什么　FOC　吃–NMLZ　想–NEG–NPFV

我什么也不想吃！

mi³¹tsʰi⁵⁵　pa⁵⁵　ri³¹ku⁵⁵　tʰoŋ⁵⁵ŋa⁵⁵　jar⁵⁵　ki⁵⁵　ȵi⁵⁵　kot⁵⁵-pa⁵⁵,　ȵi³¹　xaŋ⁵⁵　raŋ⁵⁵

农民　　PL　山　　上面:LOC　跑　PRT　LNK　看–PFV　　LNK　什么　FOC

ma³¹-la³⁵　　ta³¹.

NEG–有:MIR　FPRT

农夫们跑到山上一看，什么也没有。

（二）谓词性附加成分

1. 完整体标记

完整体表示一个事件或动作行为已发生，强调从外部整体看事件或行为。仓洛语中的完整体标记为ca⁵⁵，当它附加于主要动词时，受动词尾音的影响，c可实现为不同的辅音：元音后为wa⁵⁵，鼻辅音后为ma⁵⁵，非鼻辅音后为pa⁵⁵。例如：

nan³⁵　tʰi⁵⁵noŋ⁵⁵　o⁵⁵wa⁵⁵wu⁵⁵ȵu⁵⁵　te³⁵-wa⁵⁵?

2sg　今天　　哪里　　　　去–PFV

你今天去哪儿？

ra⁵⁵pa⁵⁵　tʰor⁵⁵　ki⁵⁵　ȵi⁵⁵na³¹　ma⁵⁵-la³⁵　　ta³¹,　o⁵⁵wa⁵⁵wu⁵⁵ȵu⁵⁵　tʰoŋ⁵⁵-ma⁵⁵

羊　　　一　　PRT　LNK　　NEG–有:MIR　FPRT　哪里　　　　看见–PFV

la³⁵　　ta³¹.

AUX　FPRT

有一只羊没有了，哪里也找不到。

pi³¹naŋ⁵⁵,　ki⁵⁵　ȵi⁵⁵na³¹ȵi⁵⁵　pʰa⁵⁵ra⁵⁵　ki⁵⁵　ȵi⁵⁵na³¹ȵi⁵⁵　ŋuŋ⁵⁵na³¹　tor⁵⁵waŋ⁵⁵

晚上　　PRT　LNK　　　狼　　AGT　LNK　　　之后　　窟窿

naŋ³¹　naŋ³¹ka⁵⁵　o⁵⁵to⁵⁵　kaŋ⁵⁵tʃek⁵⁵-pa⁵⁵,　ki⁵⁵　ȵi⁵⁵la³¹ȵi⁵⁵　ra⁵⁵pa⁵⁵　ŋam⁵⁵-ka³⁵

里　　里面:LOC　进来　钻–PFV　　　　PRT　LNK　　　羊　　吃掉–PERF

la³⁵　　ta³¹.

AUX　FPRT

晚上，狼从窟窿里钻进来，把羊吃了。

2. 非完整体标记

非完整体与完整体对立，表示某一事件或动作行为正在进行或经常发生，包含进行体和惯常体。仓洛语的非完整体标记为 la^{55} 和 lo^{55}。例如：

tʃaŋ^{35} o^{55}ma^{55} ri^{35}ku^{55} tʰoŋ^{55}ŋa^{55} ʃiŋ^{55} tʃat^{55}-tʃˤʰo^{55}-lo^{35}.

1sg 现在 山 上面:LOC 柴 砍–Lv–NPFV

我正在山上砍柴。

soŋ^{55}ŋo^{55} pa^{55} ki^{31} tʃak^{55} ka^{31} xa^{55}jaŋ^{55} ka^{55} to^{55} tʃot^{55}-la^{55}.

人 PL AGT 铁 GEN 锅 LOC 饭 做–NPFV

人们用铁锅做饭。

3. 完成体标记

完成体表示事件或动作行为已经发生并产生一定结果或对现在仍有影响，具有现实相关性。相较于完整体，完成体强调从内部观察事件行为，关注其阶段或过程。仓洛语的完成体主要由 ka^{31} 标记，其声调受前后成分发音的影响处于不稳定的状态。例如：

ki^{31}kin^{55} taŋ^{55} lap^{55}tʂa^{55} pa^{55} pu^{55}lo^{55} tʰoŋ^{55}ŋa^{55} ȵip^{55}-tʃˤʰo^{55}-ka^{31} la^{55}.

老师 CONJ 学生 PL 操场 上面:LOC 玩耍–Lv–PERF AUX

老师和学生们在操场上玩。

ŋam^{55} xap^{55}tur^{55} te^{55}-la^{55}, ki^{55} ȵi^{55}na^{31}ȵi^{35} pʰa^{55}ra^{55} ten^{55}pa^{55}raŋ^{55} o^{55}-ka^{35} ta^{31},

天 几 过–NPFV PRT LNK 狼 真的 来–PERF FPRT

ȵi^{35} ra^{55}pa^{55} ki^{55} ȵi^{55}na^{31}ȵi^{35} ʃa^{55}ma^{55} za^{35}-wa^{55}-ka^{35} ta^{31}.

LNK 羊 AGT LNK 多 吃–PFV–PERF FPRT

过了几天，狼真的来了，吃了很多羊。

上述第一个句子的谓语为完成非完整体形式；第二个句子的谓语为完成完整体形式。此外，还有一组完成体标记 tʃi^{55} 和 ʃi^{55}，出现频率较低，主要出现在第二、第三人称为主语的句子中。例如：

o^{55}ȵa^{55} ʃa^{55}pa^{55} naŋ^{31}ka^{55} o^{55}-ʃi^{55} lok^{55} ȵi^{55} tʃʰi^{55}ka^{55} tɕ^{35}-ʃi^{55},

DEM:DIST 猎人 里面:LOC 来–PERF 又 LNK 外面:LOC 去–PERF

rəp^{35} kai^{55} tʰor^{55} ka^{31} rəp^{55} ko^{55}wa^{55} tʰor^{55} mi^{55} ȵi^{55} ʃek^{55}-tʃi^{55}.

野外 ABL 一 GEN 野外 鸡 一 拿 LNK 到–PERF

那个猎人进来以后又出去了，随后拿回来一只野鸡。

4. 将行体标记

将行体标记一般附着于动词之后，表示事件或某一动作将要进行。仓洛语中典型的将行体标记为 pu^{35}。例如：

pʰa⁵⁵ra⁵⁵　　ʒik³⁵-ka³⁵　ta³¹:　"ai⁵⁵pa⁵⁵　ji⁵⁵　ki³¹　n̠i⁵⁵　n̠i³⁵　nan⁵⁵　ji⁵⁵　n̠i⁵⁵na³¹

狼　　　说-PERF　FPRT　1pl:EXCL　AGT　PRT　LNK　LNK　2sg　PRT　LNK

pʰɛ⁵⁵　lik⁵⁵pu⁵⁵　tʰor⁵⁵　dʒot⁵⁵-pu³⁵　na³⁵　ta³¹."

房子　漂亮　　一　　盖-PROS　　可以　FPRT

狼说："我们要给你建一座漂亮的房子。"

nan⁵⁵　n̠i⁵⁵　ki⁵⁵　n̠i⁵⁵na³¹n̠i⁵⁵　ai⁵⁵pa⁵⁵　ka³¹　n̠i⁵⁵na³¹n̠i⁵⁵　tʃe⁵⁵po⁵⁵　ai³¹　ji⁵⁵

2sg　LNK　PRT　LNK　　　1pl:EXCL　GEN　LNK　　　大王　　做　IMP

ta³¹,　tsʰin̠⁵⁵a⁵⁵　ki⁵⁵　n̠i⁵⁵na³¹　ai⁵⁵pa⁵⁵　ran̠⁵⁵　nan⁵⁵　n̠an⁵⁵-pu³⁵　ta³¹.

FPRT　以后　　　PRT　LNK　　1pl:EXCL　FOC　2sg　听-PROS　FPRT

请你当我们的大王吧，以后我们都听你的。

5. 结果体标记

结果体强调动作行为的结果。仓洛语的结果体标记为ʃi⁵⁵和n̠u⁵⁵，主要出现在动词之后。例如：

nan⁵⁵　tʰon̠⁵⁵-ʃi⁵⁵　mo³⁵　o⁵⁵n̠a⁵⁵　to⁵⁵pʰən³¹kʰan⁵⁵?

2sg　看见-RES　QUES　DEM:DIST　乞丐

你看见那个乞丐了吗?

tsʰa⁵⁵pa⁵⁵bu⁵⁵　tʃo⁵⁵　n̠i³¹　pian⁵⁵-n̠i³¹　ki⁵⁵　n̠i⁵⁵na⁵⁵n̠i³¹　tʰa⁵⁵rən⁵⁵pu⁵⁵　ʃek⁵⁵-ka³⁵

蜻蜓　　　TOP　LNK　飞-NF　　PRT　LNK　　　远　　　到达-PERF

ta³¹,　ta³¹nin̠⁵⁵　ta³¹tsa⁵⁵　tʃo⁵⁵　n̠i³¹　tson̠⁵⁵-ma⁵⁵-n̠u⁵⁵-ka³⁵　ta³¹.

FPRT　猫　　崽　　TOP　LNK　抓-NEG-RES-PERF　FPRT

蜻蜓越飞越远，小猫捉不到。

6. 名词化标记

仓洛语中最常见的名词化标记为ki⁵⁵，一般出现在谓词性成分之后，使之转化为体词性成分，从而在句中做主语和宾语。例如：

son̠⁵⁵n̠o⁵⁵　tʰor⁵⁵　ki⁵⁵　n̠i⁵⁵la⁵⁵　tʃʰo³¹pu⁵⁵ka⁵⁵　dʒur⁵⁵-ki⁵⁵　sam⁵⁵-lo⁵⁵　a³¹-ka³⁵　ta³¹.

人　　　一　　AGT　LNK　富　　　　变-NMLZ　想-NPFV　做-PERF　FPRT

（有）一个人想变富。

lan̠⁵⁵pu⁵⁵tʃʰe⁵⁵　ki³¹　n̠i⁵⁵　rok³⁵　n̠i³¹　se⁵⁵　za³⁵-ki³¹　lam⁵⁵-ka³⁵　ta³¹.

大象　　　　PRT　LNK　3sg　LNK　果子　吃-NMLZ　想-PERF　FPRT

大象也想吃果子。

这里有必要注意区分"名词化"和"名物化"两个概念。"名物化"指动词或形容词的述谓义在语义平面转化为名物义。而"名词化"指的是动词、形容词在句法平面转化为名词的现象。仓洛语中的ki⁵⁵标记后附于动词性成分就是在句法层面将其转化为名词性成分，是一种名词化现象，所以ki⁵⁵为名词化标记。

另有名词化标记kʰan³¹，表示"……者/的人"，常出现在关系化结构中。例如：

nam³¹niŋ⁵⁵	ta⁵⁵ku³¹,	ra⁵⁵pa⁵⁵	lin³⁵-kʰan³¹	ka³¹	wak⁵⁵tsa⁵⁵	ki⁵⁵	n̠i⁵⁵na³¹n̠i³⁵
明天	到	羊	放-NMLZ	GEN	孩子	AGT	LNK

om³⁵tʃaŋ⁵⁵	ki⁵⁵	n̠i⁵⁵na³¹n̠i³⁵	ri³¹pu⁵⁵	tʰoŋ⁵⁵ŋa⁵⁵	ra⁵⁵-ka³⁵	ta³¹.
又	AGT	LNK	山	上面:LOC	喊-PERF	FPRT

7. 趋向标记

仓洛语中的趋向标记出现频率不高，一般出现在典型的位移动词之后，可分为四类：上趋、下趋、外趋、返回。例如：

tʃaŋ³⁵	min³⁵	ki³⁵	kot⁵⁵-pa⁵⁵	wu⁵⁵n̠u⁵⁵	kʰu⁵⁵	ka³⁵	jar⁵⁵	toŋ³⁵	jar³⁵,	lik⁵⁵pu⁵⁵
1sg	眼睛	INST	看-PFV	DEM:DIST	狗	UP	跳	DW	跳	好

a³¹ni⁵⁵	n̠ik³⁵-tʃʰo⁵⁵-ka³¹	la⁵⁵.
ADV	玩-Lv-PERF	AUX

我亲眼看见那只花狗跳上跳下，可好玩了。

o⁵⁵ta⁵⁵	no³¹tsaŋ⁵⁵	lin³⁵	pon⁵⁵	tʰiŋ⁵⁵	pon⁵⁵	ka⁵⁵lu⁵⁵-la⁵⁵,	nan³⁵	ma³¹-pui⁵⁵.
DEM:PROX	东西	OT	拿	BK	拿	麻烦-NPFV	2sg	NEG-拿:IMP

这个东西拿来拿去太费事了，你就别拿了。

8. 否定标记

仓洛语的否定标记一般黏附在谓词性成分之前，主要有ma³⁵和maŋ³⁵两种形式。例如：

a³¹ta⁵⁵po⁵⁵niŋ⁵⁵	sam⁵⁵	ji³¹	ʒik³⁵-ka³⁵	ta³¹:	"o⁵⁵ta⁵⁵	to⁵⁵	za³⁵	xaŋ³¹	soŋ⁵⁵ŋo⁵⁵
兄弟	三	AGT	说-PERF	FPRT	这里	饭	吃	什么	人

pa⁵⁵	ŋui⁵⁵	pi⁵⁵-lo³¹	ma⁵⁵-pi³⁵-la³¹	ɯaŋ⁵⁵-ki⁵⁵	mo³⁵	ta³¹?"
PL	钱	给-NPFV	NEG-给-NPFV	NEG-COP	QUES	FPRT

三个兄弟说："这里吃饭的人不是不用给钱吗？"

nan³⁵	tʃo⁵⁵	lok⁵⁵	ma³¹-te³⁵.
2sg	TOP	回	NEG-去

你别回去了。

soŋ⁵⁵ŋo⁵⁵	pa⁵⁵	ŋar³⁵-n̠i³¹	ʒik³⁵-na³⁵	ta³¹:	"kur³¹ta⁵⁵	ma⁵⁵-laŋ⁵⁵-ka⁵⁵	n̠i³¹	kur³¹ta⁵⁵
人	PL	笑-NF	说-PRT	FPRT	马	NEG-骑-PERF	LNK	马

ri³⁵ki³¹-na³⁵　　ta³¹!"

牵−PRT　　　FPRT

　　人们笑着说："不骑马，牵着走！"

　　ma³⁵只有与系动词ki⁵⁵同现时才会变读为maŋ³⁵，其他情况下均为ma³⁵，只是声调不太稳定。另外，否定标记也有后附加于动词的情况。例如：

pʰan⁵⁵-ma⁵⁵　ka³¹　wak⁵⁵tsa⁵⁵　ki⁵⁵　ȵi⁵⁵na³¹ȵi⁵⁵　kur³¹ta⁵⁵　laŋ⁵⁵-ka⁵⁵　la³⁵　ta³¹,

孝顺−NEG　GEN　孩子　　AGT　LNK　　　　马　　　骑−PERF　AUX　FPRT

a³¹pa⁵⁵　tʃo³¹　kur³¹ta⁵⁵　ri³⁵-ka³⁵　　la³⁵　　ta³¹.

父亲　　TOP　马　　　牵−PERF　AUX　FPRT

　　不孝顺的孩子自己骑马，父亲牵马。

rok³⁵　tʰor⁵⁵　a⁵⁵ka³⁵　jip³⁵-ki⁵⁵　　rei³⁵-ka⁵⁵　ma³¹-la⁵⁵.

3sg　一个人　ADV　　睡觉−NMLZ　敢−PERF　NEG−AUX

她不敢一个人睡觉。

9. 自我中心范畴

　　自我中心（向心）表示说话人对信息的态度，即说话人自身是信息源头，对所述事件确知或深知，常出现在主语为第一人称的句子中。如上文所述，仓洛语的存在动词tʃa⁵⁵一般用于说话人已知且熟知的情况，所以tʃa⁵⁵可同时用于标记自我中心范畴。例如：

na³⁵　ka³¹　pʰɛ⁵⁵ka⁵⁵　wa³⁵　xam⁵⁵tur⁵⁵　tʃa⁵⁵?

2sg　GEN　家里:LOC　牛　多少　　　有:EGO

你家有多少头牛？

o⁵⁵ta⁵⁵　ki⁵⁵　ȵi⁵⁵na³¹ȵi⁵⁵　ri³¹ku⁵⁵　tʰun⁵⁵pu⁵⁵　ʃa⁵⁵ma⁵⁵　tʃa⁵⁵-tʃʰo³¹-lo³⁵　　ta³¹.

这里　PRT　LNK　　　山　高　　　多　　　有:EGO−Lv−NPFV　FPRT

这里有许多高山。

10. 新异范畴

　　新异范畴指事件信息对说话人来说是新知，而非熟知。在仓洛语中，新异范畴也是借由存在动词表示的，也就是上文所说的la⁵⁵。例如：

o⁵⁵ȵen⁵⁵　ki⁵⁵　ȵi⁵⁵na⁵⁵ȵi³¹　kur³¹ta⁵⁵　zin³¹pu⁵⁵　taŋ⁵⁵　a³¹ma⁵⁵　rok³⁵　nik⁵⁵tsiŋ⁵⁵

这样　　PRT　LNK　　　马　　小　　CONJ　妈妈　3sg　二

ki⁵⁵　ȵi⁵⁵na⁵⁵ȵi³¹　ri³¹　zin³¹pu⁵⁵　re³¹ka⁵⁵　　ʃek⁵⁵-ka³⁵　ta³¹,　ȵi⁵⁵　kur³¹ta⁵⁵　zin³¹pu⁵⁵

AGT　LNK　　　河　小　　旁边:LOC　到−PFV　FPRT　LNK　马　　　小

ki⁵⁵　ȵi⁵⁵　raŋ³⁵tian⁵⁵　ki⁵⁵　ȵi⁵⁵la⁵⁵ȵi³¹　ri³¹　ko⁵⁵-ka³⁵　ta³¹,　ȵi⁵⁵　rok³⁵　ki³¹

AGT　LNK　自己　　　AGT　LNK　　　河　过−PERF　FPRT　LNK　3sg　AGT

kot⁵⁵pa⁵⁵   ki⁵⁵   ɲi⁵⁵na⁵⁵ɲi³¹   ri³¹   wa⁵⁵   kat³⁵pu⁵⁵   ʒik³⁵-ka³⁵   tak⁵⁵tu³¹   tiŋ⁵⁵tʰom⁵⁵pi⁵⁵
看   PRT   LNK   河   牛   老   说-GEN   那么   浅

ma⁵⁵-la⁵⁵   ta³¹,   ɲi³¹   ko⁵⁵tso⁵⁵pa⁵⁵   zin³¹pu⁵⁵   ʒik³⁵-ka³⁵   tak⁵⁵tu³¹   tiŋ⁵⁵rən⁵⁵pu⁵⁵
NEG-有:MIR   FPRT   LNK   松鼠   小   说-PERF   那么   深

ma⁵⁵-la⁵⁵   ta³¹.
NEG-有:MIR   FPRT

于是小马和妈妈来到小河边，小马亲自过河，它发现河水既没有老牛说的那么浅，也没有小松鼠说的那么深。

自我中心范畴和新异范畴均与示证范畴关系密切，尤其是新异范畴。根据 Andvik（2010），藏语支其他语言均是以示证范畴的表达为基本，新异范畴为扩展用法；而塔希冈仓拉语是以新异范畴为基本用法，示证范畴为扩展。也就是说，示证范畴是新异标记的次级用法。在本次调查的德兴仓洛语中，新异范畴和自我中心范畴的对立体现为两种存在动词形式上的差异，而示证范畴的表达还有待进一步探索。

（三）仓洛语附加成分的特点

仓洛语的附加成分整体呈现以下特点：

1. 后置为主

在线性序列上，仓洛语中绝大多数附加成分位于所黏附的成分之后。例外的是否定标记 ma³⁵，它可以位于动词之前或作为中缀插入多音节动词。

2. 黏附性

附加成分无法单独充当句法成分，必须黏附于其他结构成分。

3. 以单音节形式为主

上述讨论的所有附加成分都是单音节形式。

4. 声调不稳定

仓洛语中的附加成分在句中的发音很不稳定，容易受前后成分的影响发生临时变调。

5. 趋于简化

仓洛语的附加成分正处于简化状态。这主要表现在两个方面：一是辅音的脱落，如属格标记 ka³¹ 有相应的 a³¹ 变体，辅音脱落；二是一些体词性附加成分存在同形的现象，例如属格标记、受事标记和处所标记同形。这种简化的趋势都是语言中的经济原则在起作用。

第二节

短语

　　"短语"有两种不同的含义，一是词与词的组合（吕叔湘，1942），二是实际话语中切分下来的有意义的语言形式（王维贤，1984）。本节主要探讨第一种含义的"短语"，其组成成分之间的关系可以根据句法手段、词类功能以及语言选择限制加以描写。这样的短语往往被称为"句法结构体"，是更高一级语言单位——句子的句法基础。

　　短语结构主要从两个角度分类：一是短语的功能类型，即依据短语可充当的句法成分划分，仓洛语中的短语分为体词性短语结构和谓词性短语结构；二是短语的结构类型，即依据短语内部成分的结构关系划分，仓洛语中的短语分为并列短语、偏正短语、主谓短语、述宾短语、述补短语、连谓短语、同位短语七种类型。下面一一展开论述。

一　短语的功能类型

（一）体词性短语

　　体词性短语主要是以名词、代词、数词以及体词性功能词为核心的结构，其主要功能是充当句子的主语、宾语，也可以充当定语。例如：

pʰak⁵⁵pa⁵⁵　　ta³¹ma⁵⁵　ki³¹　　　ta³⁵tsa⁵⁵　ŋa³⁵　pʰik⁵⁵-ka⁵⁵　la⁵⁵.
猪　　　　　母　　　　AGT　猪崽　　　五　　生下-PERF　AUX
老母猪下了五头小猪崽。

　　该句中，pʰak⁵⁵pa⁵⁵ ta³¹ma⁵⁵"母猪"做主语，ta³⁵tsa⁵⁵ ŋa³¹"五头小猪崽"做宾语。两个体词性短语在结构类型上都属于定中短语。

tʃaŋ³⁵　　tʰi⁵⁵noŋ⁵⁵　kor³⁵wa⁵⁵　tʰor⁵⁵,　ŋa⁵⁵　ɲik⁵⁵tsiŋ⁵⁵,　ʃa⁵⁵　dʒa³⁵ma³¹　sam⁵⁵,
1sg　　　今天　　　鸡　　　　一　　　鱼　　二　　　　　肉　斤　　　　三

ŋoŋ³⁵-ka⁵⁵.

买–PERF

我今天买了一只鸡、两条鱼、三斤肉。

该例句的宾语为 kor³⁵wa⁵⁵ tʰor⁵⁵ "一只鸡"、ŋa⁵⁵ n̠ik⁵⁵tsiŋ⁵⁵ "两条鱼"、ʃa⁵⁵ dʐɑ³⁵ma³¹ sam⁵⁵ "三斤肉" 三个定中结构组成的并列短语。

另外，体词性短语还可以充当状语。例如：

tʃaŋ³⁵ o⁵⁵ta⁵⁵ tʃʰo⁵⁵waŋ⁵⁵ ki³⁵ ʃa⁵⁵ tʃat⁵⁵-tʃʰo⁵⁵-lo³⁵.

1sg DEM:PROX 刀 INST 肉 切–Lv–NPFV

我用这把刀切肉。

该例句中的定中结构 o⁵⁵ta⁵⁵ tʃʰo⁵⁵waŋ⁵⁵ "这把刀" 在句中做谓语核心的状语。

上述例句显示，仓洛语中的体词性结构在结构类型上通常为定中短语或并列短语。

（二）谓词性短语

谓词性短语的核心一般是动词、形容词以及谓词性功能词，其主要功能是充当句子的谓语、状语和补语。例如：

ri³¹pon⁵⁵ ʒip³⁵-tʃʰo³¹-la³¹, ki⁵⁵ n̠i⁵⁵na³¹n̠i⁵⁵ ru⁵⁵pe⁵⁵ ki⁵⁵ n̠i⁵⁵lo³¹ ma³¹tsa⁵⁵

兔子 睡觉–Lv–NPFV PRT LNK 乌龟 AGT LNK 居然

ma⁵³-tʰim⁵³-ka⁵³ n̠i⁵⁵na³¹n̠i⁵⁵ jar⁵⁵-ka³⁵ ta³¹.

NEG–停–PERF LNK 爬–PERF FPRT

兔子睡觉的时候，乌龟不停地爬。

tʃo⁵⁵tʃʰi⁵⁵ ʃa⁵⁵ma³¹ te⁵⁵-la⁵⁵, ki³¹ n̠i³¹la³⁵ ta³¹ kʰai⁵⁵la⁵⁵ ki³¹ n̠i³¹la³¹n̠i³⁵

时间 长 过–NPFV PRT LNK FPRT 老虎 AGT LNK

ka³¹ʃi⁵⁵koŋ⁵⁵ xa³⁵ma⁵⁵ dʒur⁵⁵-ka³⁵ ta³¹.

懒 特别 变–PERF FPRT

时间长了，老虎就变得特别懒。

n̠i⁵⁵ o⁵⁵ŋa⁵⁵ son⁵⁵ŋo⁵⁵ ki⁵⁵ n̠i⁵⁵na³¹n̠i⁵⁵ o⁵⁵ma⁵⁵ ji⁵⁵tar³¹ n̠i⁵⁵ kaŋ⁵⁵mien⁵⁵tsʰe⁵⁵

LNK DEM:DIST 人 AGT LNK 现在 才 LNK 非常

a³¹n̠i⁵⁵ ki⁵⁵ n̠i⁵⁵na³¹n̠i⁵⁵ lo³¹dʒe⁵⁵ to⁵⁵saŋ⁵⁵ ʒik³⁵-ka³⁵-n̠i³¹ ka³¹ku⁵⁵ ma⁵⁵-n̠an⁵⁵-ka³⁵ ta³¹.

ADV PRT LNK 后悔 朋友 说–PERF–NF 话 NEG–听–PERF FPRT

那个人现在才后悔没有听朋友的话。

第一个例句中的状中结构 ma⁵³-tʰim⁵³ "不停" 做句子的状语。第二个例句是状中结构 ka³¹ʃi⁵⁵koŋ⁵⁵ xa³⁵ma⁵⁵ "特别懒" 充当句子的补语。最后一个句子中，动宾结构 kaŋ⁵⁵mien⁵⁵ tsʰe⁵⁵a³¹n̠i⁵⁵ki⁵⁵n̠i⁵⁵na³¹n̠i⁵⁵lo³¹dʒe⁵⁵ to⁵⁵saŋ⁵⁵ ʒik³⁵-ka³⁵-n̠i³¹ka³¹ku⁵⁵ ma⁵⁵-n̠an⁵⁵-ka³⁵ "非常后悔没

有听朋友的话"做句子的谓语。

仓洛语中，基本上所有结构类型的短语都可以是谓词性短语。下面就对各结构类型的短语逐一展开论述。

二　短语的结构类型

（一）并列短语

并列短语由两个或两个以上的成分构成，成分之间可以互换位置，语序自由。

1. 依据结构形式分类

根据表层结构是否出现并列标记首先将并列短语分为如下两种情况：

（1）有连接标记的并列短语。例如：

ʃa³¹raŋ⁵⁵　　taŋ⁵⁵　　pʰik⁵⁵pa⁵⁵　　　　　　头和脚

头　　　　　CONJ　脚

（2）无连接标记并列短语。例如：

kor³⁵wa⁵⁵　tʰor⁵⁵　ŋa⁵⁵　n̠ik⁵⁵tsiŋ⁵⁵　ʃa⁵⁵　dʒa³⁵ma³¹　sam⁵⁵　一只鸡、两条鱼和三斤肉

鸡　　　　　一　　鱼　二　　　　　肉　斤　　　　三

若三项成分并列，连接标记taŋ⁵⁵可以自由出现在不同位置。例如：

pʰa⁵⁵ra⁵⁵　　taŋ⁵⁵　　om⁵⁵ʃa⁵⁵　ka⁵⁵wu⁵⁵ma³¹　狼和熊、狐狸

狼　　　　　CONJ　熊　　　　狐狸

pʰa⁵⁵ra⁵⁵　om⁵⁵ʃa⁵⁵　　taŋ⁵⁵　　ka⁵⁵wu⁵⁵ma³¹　狼、熊和狐狸

狼　　　　熊　　　　　CONJ　狐狸

上述例子中的前后几项在逻辑语义上是合取关系，此外还有析取关系的并列短语。例如：

wu⁵⁵ʃo⁵⁵　　ŋoŋ³⁵-n̠i⁵⁵　ŋui³⁵les⁵⁵　ŋoŋ³⁵-n̠i³¹　ŋui³⁵　na⁵⁵-lo⁵⁵.

苹果　　　买–NF　　香蕉　　买–NF　　买　　可以–NPFV

买苹果或香蕉都可以。

仓洛语中没有与"或"对应的析取连接标记，一般通过句法环境辨别其具体的语义类型。

2. 依据成分性质分类

依据内部成分的性质，可将并列结构分为体词性和谓词性两类。

（1）体词性并列短语

仓洛语中常见的体词性并列结构可列举如下：

a. 名词（短语）＋名词（短语）

ka⁵⁵wu⁵⁵ma³¹　　taŋ⁵⁵　　pʰa⁵⁵ra⁵⁵　　　　　狐狸和狼

狐狸　　　　　　CONJ　狼

a⁵⁵pa⁵⁵　taŋ⁵⁵　rok³⁵　ka³¹　dza⁵⁵　　　　爸爸和他的儿子

爸爸　　CONJ　3sg　GEN　儿子

b. 代词 + 代词

naŋ³⁵	taŋ⁵⁵	rok³⁵te⁵⁵pa⁵⁵	你和他们
你	CONJ	他们	

c. 名词（短语）+ 代词

ki³¹kin⁵⁵	taŋ⁵⁵	tʃaŋ³⁵	老师和我
老师	CONJ	我	

d.［名词 +（量词）+ 数词］+［名词 +（量词）+ 数词］

mien³¹mien⁵⁵kʰai⁵⁵la⁵⁵	tʰor⁵⁵	taŋ⁵⁵	ka⁵⁵wu⁵⁵ma³¹	tʰor⁵⁵	一只老虎和一只狐狸
老虎	一	CONJ	狐狸	一	

此外，谓词性词语可以通过名词化成为并列结构成分，例如上面提到的 wu⁵⁵ʃo⁵⁵ ŋoŋ³⁵-n̠i⁵⁵ "买苹果"、ŋui³⁵les⁵⁵ ŋoŋ³⁵-n̠i³¹ "买香蕉"。

（2）谓词性并列短语

仓洛语中最常见的谓词性并列结构是以下两种类型：

a. 动词（短语）+ 动词（短语）

lin³⁵	pon⁵⁵	tʰin³⁵	pon⁵⁵	拿来拿去
来	拿	去	拿	

b. 形容词（短语）+ 形容词（短语）

kʰai⁵⁵pa⁵⁵	n̠i³¹	lik⁵⁵pu⁵⁵	漂亮又聪明
聪明	LNK	漂亮	

（二）偏正短语

偏正结构内部的各成分之间为修饰语和中心语的关系。根据中心语的性质，仓洛语中的偏正结构可大致分为以下三种。

1. 以名词（短语）为中心语

当中心语为名词性词语时，修饰语可以是限定性的，也可以是描写性的，构成的是定中结构。例如：

sa³¹tʃʰa⁵⁵	lik⁵⁵pu⁵⁵	tʰor⁵⁵	一个美丽的地方
地方	美丽	一	

ʃi⁵⁵pin⁵⁵	ʒik³⁵-ka³¹	ka³¹ku⁵⁵	客人说的话
客人	说-GEN	话	

ŋa⁵⁵	tʂa³⁵min³⁵tʂa³⁵	各种各样的鱼
鱼	各种各样	

第一个例子中的内层修饰语 lik⁵⁵pu⁵⁵ "美丽" 为描写性的，外层修饰语 tʰor⁵⁵ "一" 为

限定性的。例二的修饰语 ʃi⁵⁵pin⁵⁵ʒik⁵⁵ "客人说" 为限定性的短语形式。最后一个例子中的 tʂa³⁵min³⁵tʂa³⁵ "各种各样" 为描写性定语。

通过观察语料可以发现，除了数量结构，限定性修饰语基本都置于中心语前，而描写性修饰语和数量结构都置于中心语后。

2. 以动词（短语）为中心语

当中心语为动词性成分时，修饰语一般为副词、形容词、代词，二者构成状中结构。例如：

tsaŋ⁵⁵ki⁵⁵　a³¹ni⁵⁵　o⁵⁵ta⁵⁵　　　　ne⁵⁵tsʰo⁵⁵　tʂui³⁵an⁵⁵-tʃʰo⁵⁵ 悄悄地议论事情

悄悄　　　ADV　　DEM:PROX　事情　　　议论–Lv

lik⁵⁵pu⁵⁵　a³¹ni⁵⁵　dʒot⁵⁵-pu³⁵ 仔细地修建

仔细　　　ADV　　建–PROS

ko⁵⁵te⁵⁵　a⁵⁵ 咯哒咯哒地叫

咯哒咯哒　叫

xaŋ³⁵dien⁵⁵　a³¹ni⁵⁵　tʃʰo⁵⁵-lo⁵⁵ 怎么过

怎么　　　ADV　　过–NPFV

仓洛语中的状语一般出现在中心语之前，一般带状语标记 a³¹ni⁵⁵，该标记大多数情况下是显性的，也可以不出现，如上面第三个例子。

3. 以形容词（短语）为中心语

形容词性词语做偏正结构的中心语时，前面比较固定地出现副词。例如：

kaŋ⁵⁵mien⁵⁵tsʰe⁵⁵　kʰai⁵⁵pa⁵⁵ 非常聪明

非常　　　　　　聪明

ŋaŋ³⁵pa⁵⁵　tsaŋ⁵⁵kin⁵⁵ 很冷清

很　　　冷清

（三）主谓短语

主谓结构由主语和谓语构成，在语义上为陈述与被陈述的关系。仓洛语中的主语一般是名词或代词，谓语位置上主要是动词，其语序固定为主语在前、谓语在后。例如：

tʃaŋ³⁵　te³⁵ 我走　　　　　　ŋam³⁵　ʃo⁵⁵wa⁵⁵　太阳升起

1sg　走　　　　　　　　　太阳　升

ʃiŋ⁵⁵　zok⁵⁵ 树生长　　　　　wak⁵⁵tsa⁵⁵　ŋar³⁵ 孩子笑

树　生长　　　　　　　　孩子　　笑

（四）述宾短语

仓洛语中的述宾短语由宾语和述语构成，二者在语义上是支配与被支配的关系。由于仓洛语是SOV型语言，其宾语总是在述语之前，所以严格意义上说是"宾述短语"。例如：

kʰɑ⁵⁵ ga³¹pu⁵⁵　　　射鸟　　　se⁵⁵ za³⁵ 吃果子

鸟　　 射　　　　　　　果子 吃

ʃiŋ⁵⁵ tʰoŋ⁵⁵ɑ⁵⁵ koŋ⁵⁵ 爬树上面　　lie⁵⁵ tʃɑt⁵⁵ 割舌头

树　　 上面　　 爬　　　　　舌头 割

（五）述补短语

述补短语由两个语义上具有补充关系的成分构成。被补充的成分为中心语，在仓洛语中通常由动词充当；发挥补充作用的是补语，仓洛语中最典型的补语为 tʃʰom "完"。例如：

toŋ⁵⁵ tʃʰom⁵⁵　　　 收完　　　te³⁵ tʃʰom⁵⁵ 走完

收　 完　　　　　　　走　 完

tʃʰom⁵⁵ "完"只能出现在动词之后，不可单独充当句法成分。另外，仓洛语更常用状中结构表述相应的述补结构所表达的语义内容。比如汉语中的"装得满满的"，在仓洛语中表述如下：

pʰoŋ⁵⁵ kɑ⁵⁵ lot⁵⁵　　满满地装

满　 ADV 装

（六）连谓短语

连谓短语有多项谓词性成分连用。在仓洛语中，谓语成分表达的是先后发生的动作或事件，它们之间通常有连接标记 ȵi³¹。例如：

ta³¹ma⁵⁵ la³⁵ma⁵⁵ ȵi³¹ te³⁵ 找母鸡去

母鸡　　 找　　 LNK 去

tʃʰɑp⁵⁵ten³⁵ ɑ⁵⁵ ȵi⁵⁵ tʃʰi⁵⁵lo⁵⁵ ri³⁵ 慢慢长大

慢慢　　 做 LNK 大　　 成长

（七）同位短语

同位短语通常由两项构成，前后项形式不同，但指称同一事物。仓洛语中比较典型的同位结构就是"体词（短语）+数词"。例如：

rok³⁵te⁵⁵ sam⁵⁵ 他们仨

3pl　　 三

ko⁵⁵tɑ⁵⁵ tɑ³¹ȵu⁵⁵ ɑ³¹ku⁵⁵ ȵik⁵⁵tsiŋ⁵⁵ 男孩和叔叔俩

男孩　　 和　　 叔叔　 二

第三节

句子

"句子"是最小的话语单位，它可以不依赖于周围语境而表达一个相对完整的意思。本节首先介绍一下仓洛语的小句结构，尤其是句法成分，而后对不同类型的句子进行描写、分析。

一　小句

（一）小句结构

仓洛语句法层面最大的结构单位是小句。小句是没有语气、语力、语调的句法单位，由一个谓词及其必有论元投射而成，严格遵循"施事论元在动词之前、受事论元在动词之后"等句法、语义规则。

1. 小句的动词类型从根本上决定着小句的必有论元数量。

在上一节"动词"部分，我们已经根据题元数量将动词分为一元动词、二元动词和三元动词。下面就各类动词的题元结构展开进一步说明。

（1）一个非作格动词只能直接指派一个施事角色。例如：

ŋar³⁵（笑）：〈施事〉

（2）一个非宾格动词只能直接指派一个主题角色。例如：

ʃi⁵⁵（死）：〈主题〉

（3）单及物宾格动词则可直接指派一个主题角色，间接指派一个施事。例如：

za³⁵（吃）：〈〈施事〉，主题〉

（4）双及物宾格动词直接指派一个主题角色，还可以间接指派施事、与事两个题元角色。例如：

pi³⁵（给）：〈〈施事，〈与事〉〉，主题〉

2. 获得题元角色的体词性词语必须严格按照如下句法-语义序列规则与动词共同构成小句的基础结构。这一点就仓洛语而言，具体情况可概括如下：

（1）施事论元 + 非作格动词（SV非作格）。例如：

rok^{35} + ŋar^{35}

3sg　笑

（2）主题论元 + 非宾格动词（SV非宾格）。例如：

soŋ^{55}ŋo^{55} + ʃi^{55}

人　　死

（3）施事论元 + 主题论元 + （二元）宾格动词（SOV）。例如：

nan^{35} + xaŋ^{55} + zap^{55}

2sg　什么　吃

（4）施事论元 + 与事论元 + 主题论元 + （三元）宾格动词（SO$_1$O$_2$V）例如：

rok^{35} + po^{31}niŋ^{55} + ȵu^{55}ku^{55} + tʰor^{55} + pi^{35}

3sg　弟弟　笔　　　一　给

3. 根据上述四种小句结构模式做出形态或句法上的进一步调整。例如：

（1）rok^{35}　ŋar^{35}-ka^{55}

　　3sg　笑-PERF

他笑了

（2）soŋ^{55}ŋo^{55}　ʃi^{55}-ȵi^{31}

　　人　　　死-NF

（如果）人死了

（3）aŋ^{55}pu^{55}tʃʰe^{55}　ki^{31}　ȵi^{55}la^{55}　se^{55}a^{55}si^{55}　za^{35}-lo^{35}

　　大象　　　　AGT　LNK　果子　　吃-NPFV

大象吃果子

（4）rok^{35}　ki^{55}　po^{31}niŋ^{55}　ka^{55}　ȵu^{55}ku^{55}　tʰor^{55}　pi^{35}-ka^{55}　la^{55}

　　3sg　AGT　弟弟　　DAT　笔　　　一　　给-PERF　AUX

他给了弟弟一支笔

负载不同题元角色的论元在句法运算过程中核查了句法格特征，最终转化为结构成分。

（二）句法成分

小句的结构成分就是句法成分。下面就仓洛语的句法成分进行描写与介绍。

1. 主语

主语是小句中的被陈述对象，一般由体词性表达式充当。例如：

wən⁵⁵pɑ⁵⁵　ki⁵⁵　ri³⁵poŋ⁵⁵　ʃe⁵⁵-kɑ⁵⁵　　　lɑ⁵⁵.

猎人　　　AGT　兔子　　　杀死–PERF　AUX

猎人打死了兔子。

rok³⁵te⁵⁵pɑ⁵⁵　lo⁵⁵niŋ⁵⁵　kot⁵⁵-pu⁵⁵　te³⁵-ʃi⁵⁵.

3pl　　　　　　电影　　　看–PROS　去–PERF

他们看电影去了。

a³¹ta⁵⁵po⁵⁵niŋ⁵⁵　n̠ik⁵⁵tsiŋ⁵⁵　kʰa⁵⁵　ga³¹pu⁵⁵　te³⁵-kɑ³⁵　　tɑ³¹.

兄弟　　　　　　　二　　　　　鸟　　射　　　　去–PERF　FPRT

两兄弟射鸟。

2. 谓语

谓语是小句中用以陈述主语的部分，主要由谓词性表达式充当。例如：

tʃaŋ³⁵　　rip³⁵kin⁵⁵raŋ⁵⁵　lok⁵⁵　o⁵⁵-lo⁵⁵.

1sg　　　一会儿　　　　　回　　来–NPFV

我一会儿就回来。

soŋ⁵⁵ŋo⁵⁵　tʰor⁵⁵　ki⁵⁵　n̠i⁵⁵na³¹n̠i⁵⁵　pʰɛ⁵⁵　siŋ⁵⁵mɑ⁵⁵　dʒot⁵⁵-kɑ³⁵　tɑ³¹.

人　　　　一　　　AGT　LNK　　　　房子　新　　　　盖–PERF　FPRT

有一个人盖了新房子。

当句中系动词呈隐性形式时，体词性单位在表层也可以看作直接充当谓语。例如：

rok³⁵　tʃo³¹　ji⁵⁵pi⁵⁵?

3sg　　TOP　谁

他是谁？

o⁵⁵ta⁵⁵　　　　tʃo⁵⁵　tʃa³⁵　ka³¹　ka³¹taŋ³⁵　pʰin⁵⁵tsam⁵⁵,　o⁵⁵na⁵⁵　　　tʃo⁵⁵　nan³⁵

DEM:PROX　TOP　1sg　GEN　手　　　镯子　　　　　DEM:DIST　TOP　2sg

ka³¹　　ka³¹taŋ³⁵　pʰin⁵⁵tsam⁵⁵.

GEN　手　　　镯子

这是我的手镯，那是你的手镯。

上面例句中的体词性单位ji⁵⁵pi⁵⁵"谁"、tʃa³⁵ ka³¹ ka³¹taŋ³⁵ pʰin⁵⁵tsam⁵⁵"我的手镯"、nan³⁵ ka³¹ ka³¹taŋ³⁵ pʰin⁵⁵tsam⁵⁵"你的手镯"分别是各小句的谓语，它们之前分别隐含着一个系动词。

3. 宾语

宾语是动宾结构短语中由动词支配或关涉的对象，一般由体词性词语充当。例如：

ko⁵⁵ta⁵⁵　zin⁵⁵mu⁵⁵　tʰor⁵⁵　ki⁵⁵　ȵi⁵⁵na³¹ȵi⁵⁵　nam⁵⁵pie³¹saŋ⁵⁵　zin⁵⁵mu⁵⁵　tʰor⁵⁵

男孩　　小　　一　　AGT　LNK　　蜗牛　　　　小　　一

ki³¹　ji³¹na³⁵　toŋ⁵⁵-ka³⁵　ta³¹.

PRT　LNK　　捡–PERF　FPRT

小男孩捡了一只小蜗牛。

ȵi³¹　tsʰiŋ⁵⁵a⁵⁵　tʃo⁵⁵,　ki³¹　ȵi³¹la³¹　kʰai⁵⁵la⁵⁵　tʃo⁵⁵　ki³¹　ȵi⁵⁵la³¹ȵi⁵⁵　tʃʰi⁵³　ka⁵⁵

LNK　以后　　TOP　PRT　LNK　　老虎　　TOP　AGT　LNK　　　门　LOC

te⁵⁵　ki³¹　ȵi⁵⁵la³¹ȵi⁵⁵　zan¹³tsam⁵⁵　ma⁵⁵-la³⁵ma⁵⁵-tʃʰo⁵⁵-lo³⁵　ta³¹.

去　AGT　LNK　　　食物　　NEG–找–Lv–NPFV　　　FPRT

以后，老虎就不再出门去找食物了。

依据上文，宾格动词的受事或主题角色可以充当小句的宾语，所以上面例句中的谓语动词都是宾格动词，体词性短语 nam⁵⁵pie³¹saŋ⁵⁵ zin⁵⁵mu⁵⁵ tʰor⁵⁵ "一只小蜗牛"、zan¹³tsam⁵⁵ "食物" 分别是各小句的宾语。

4. 定语

仓洛语小句的定语成分一般由形容词性词语与体词性词语充当。例如：

rok³⁵　ki³¹　ʒik³⁵-ka³⁵　ta³¹:　"nan⁵⁵　ka⁵⁵　wu⁵⁵na³¹　ʃo⁵⁵ma⁵⁵　naŋ³¹ka⁵⁵

3sg　AGT　说–PERF　FPRT　2sg　GEN　之后　　篮子　　里面:LOC

jar⁵⁵za⁵⁵kun³⁵pu³¹　tʰor⁵⁵　tʃaŋ³⁵　pi³⁵　ji³⁵　ta³¹."

虫草　　　　　一　　1sg　给　IMP　FPRT

他说："把你篮子里的虫草给我一支吧。"

tʃaŋ³⁵　tʃʰo⁵⁵　ki⁵⁵　ȵi³¹na³¹ȵi³¹　wa⁵⁵roŋ⁵⁵　ki⁵⁵　ȵi³¹na³¹　lik⁵⁵pu⁵⁵　ka³¹　ȵik⁵⁵tsiŋ⁵⁵

1sg　TOP　PRT　LNK　　　角　　　PRT　LNK　美丽　GEN　二

tʃʰo⁵⁵-lo³⁵　ta³¹.

有–NPFV　FPRT

我有两只美丽的角。

上面例句中，形容词 lik⁵⁵pu⁵⁵ "美丽的" 和处所短语 ʃo⁵⁵ma⁵⁵ naŋ³¹ka⁵⁵ "篮子里面" 分别做小句定语，修饰中心语 jar⁵⁵za⁵⁵kun³⁵pu³¹ "虫草" 和 wa⁵⁵roŋ⁵⁵ "角"。

5. 状语

在小句结构中，状语通常修饰谓语动词或形容词，可表示时间、地点、来源、工具、关系等。仓洛语中常见的状语有以下几类：

（1）时间状语，表示事件或动作行为发生的时间。例如：

tʃaŋ³⁵　　tʰi⁵⁵noŋ⁵⁵　　kor³⁵wa⁵⁵　　tʰor⁵⁵　　ŋoŋ³⁵-ka⁵⁵.

1sg　　今天　　鸡　　　　一　　买−PERF

我今天买了一只鸡。

（2）处所状语，表示事件或动作行为发生的处所。例如：

tʃaŋ³⁵　o⁵⁵ma⁵⁵　ri³⁵ku⁵⁵　tʰoŋ⁵⁵ŋa⁵⁵　　ʃiŋ⁵⁵　tʃat⁵⁵-tʃʰo⁵⁵-lo³⁵.

1sg　　现在　　山　　上面:LOC　　柴　　砍−Lv−NPFV

我正在山上砍柴。

（3）工具状语，表示在实施某动作行为时所借用的工具，一般需后加工具格标记ki³⁵。例如：

lop⁵⁵tʂa⁵⁵　pa⁵⁵　mo³⁵pi⁵⁵　ki³⁵　ji⁵⁵ki³⁵　dzui³⁵-ka⁵⁵.

学生　　　PL　毛笔　　INST　字　　写−PERF

学生们用毛笔写字。

（4）方式状语，表示实施动作行为或事件发生的情态或方式，一般用形容词后加状语标记ɑ³¹ni⁵⁵表示。例如：

ʃi⁵⁵pin⁵⁵　pa⁵⁵　tsaŋ⁵⁵ki⁵⁵　ɑ³¹ni⁵⁵　o⁵⁵ta⁵⁵　　　ne⁵⁵tsʰo⁵⁵　tʂui³⁵　a⁵⁵-tʃʰo⁵⁵-ka⁵⁵　la⁵⁵.

客人　　PL　悄悄　　ADV　DEM:PROX　事情　　谈论　做−Lv−PFRF　AUX

客人们都在悄悄地议论这件事。

6. 补语

如上文所述，仓洛语中最典型的补语就是tʃʰom⁵⁵“完”，出现在主要动词之后，表示动作行为的结果或状态。例如：

ʒik³⁵　tʃʰom⁵⁵-mɑ³¹,　ki⁵⁵　ɳi³¹na³⁵　rok³⁵　tʃʰo³¹　ki⁵⁵　ɳi⁵⁵na³¹ɳi⁵⁵　tʂa³⁵-ɳi³¹

说　　完−PFV　　　PRT　LNK　　3sg　TOP　PRT　LNK　　　高兴−NF

ɑ³¹ni⁵⁵　ju³⁵　tʃɑ³¹ma⁵⁵-ka³⁵　ta³¹.

ADV　酒　喝−PERF　　　FPRT

说完，他就高兴地喝酒了。

（三）小句语序

语序是表达语法意义的重要手段。与其他藏语支语言一样，仓洛语小句的基本语序是主宾谓，即SOV型。例如：

ku³¹wa⁵⁵　ri³¹pon⁵⁵　za³¹la⁵⁵　laŋ⁵⁵pu⁵⁵tʃʰe⁵⁵　ki³¹　se⁵⁵a⁵⁵si⁵⁵　za³⁵-lo³⁵　ta³¹.

鸡　　　兔　　　猴子　　大象　　　　AGT　果子　　吃−NPFV　FPRT

　　　　　　　　　S　　　　　　　　　　　　　O　　　V

鸡、兔、猴子、大象吃果子。

而上文所述的非宾格动词或非作格动词所在的无宾语的小句，基本语序为SV。

二　单句

（一）句子成分

句子的结构成分简称句子成分，具有语用性质。句法成分在相应结构位置获得指称性或陈述性后可成为句子成分。句子成分还包括话题语和评述、主题语和述题、焦点语和预设、插入语等。这里主要介绍仓洛语中的话题语、焦点语、插入语这三个句子成分。

1. 话题语

话题是表述的起点，也是句子的轴心，围绕着话题展开的是评述部分。一个单句的话题通常位于句首，是根据语篇表达的需要先于评述部分生成的。仓洛语的话题有固定的标记形式，即 ki^{55} 和 $t\int o^{55}$。这两个标记的出现频率很高，在句中发挥了强调话题并分隔话题和评述的功能。

一般情况下，话题控制着评述部分至少一个体词性词语的指称性及所指解读。依据话题和评述之间的语用和语义关联，仓洛语中的话题语可出现下述四种情况。

（1）话题语与主要动词的必有论元成分同形同指。例如：

rok^{35}	ki^{35}	$ri^{35}ku^{55}$	$t^ho\eta^{55}\eta a^{55}$	$gim^{55}t\int a^{55}$	$t^ho\eta^{55}$-$\int i^{55}$.
3sg	AGT	山	上面:LOC	野牛	看见–RES

他在山上看见过野牛。

该句的话题语为 rok^{35} "他"，评述部分中的施事主语与之同形同指而实现为零形式。

$ri^{55}po\eta^{55}$	$t\int o^{55}$	$wən^{55}pa^{55}$	ki^{55}	$\int en^{55}$-t^ha^{55}-ka^{55}	la^{55}.
兔子	TOP	猎人	AGT	杀死–Lv–PERF	AUX

兔子被猎人打死了。

这个句子的话题语 $ri^{55}po\eta^{55}$ "兔子"同指约束评述中同形的受事宾语，后者因经济原则而被省略。

（2）话题语与主要动词的非必有论元成分同形同指。例如：

$tik^{55}ta\eta^{55}$	$te^{35}la^{55}$	ki^{55}	$\underline{n}i^{55}la^{55}\underline{n}i^{55}$	$nam^{55}pie^{31}sa\eta^{55}$	ki^{55}	ni^{31}	$kom^{55}pu^{55}$	$a^{55}kə^{35}$
一会儿	时间	PRT	LNK	蜗牛	PRT	LNK	暖和	变

ta^{31}.

FPRT

过了一会儿，小蜗牛变暖和了。

这个句子的话题语是时间词语 $tik^{55}ta\eta^{55}$ $te^{35}la^{55}$ "一会儿时间"，评述部分有与之同形同指而被删除的主题语。该主题语提供事件的时间信息，是句子的非必有论元成分。

（3）话题语与评述中的某个成分产生复指关系。例如：

ta³¹niŋ⁵⁵　ta³¹tsa⁵⁵　tʃo⁵⁵　rok³⁵　ki⁵⁵　　n̠i⁵⁵la⁵⁵　tsuk⁵⁵tsuk⁵⁵ma⁵⁵　a³¹n̠i⁵⁵　ku⁵⁵tsuk⁵⁵-n̠i³¹
猫　　　　崽　　　　TOP　3sg　AGT　LNK　　急忙　　　　　　　ADV　　开始-NF

tʃak⁵⁵tʃu⁵⁵pʰi⁵⁵-ka³⁵　ta³¹.
钓鱼-PERF　　　　FPRT

小猫它急忙开始钓鱼。

该句的话题语ta³¹niŋ⁵⁵ ta³¹tsa⁵⁵"小猫"与评述部分的主语rok³⁵"它"构成复指关系。

（4）话题语是评述中某个成分的领属者。例如：

soŋ⁵⁵ŋo⁵⁵　doŋ⁵⁵pa⁵⁵　tʰoŋ⁵⁵ŋa⁵⁵　ki⁵⁵　n̠i⁵⁵na³¹n̠i⁵⁵　no³¹waŋ⁵⁵,　na³¹xoŋ⁵⁵,　miŋ³⁵,
人　　　　脸　　　　上面:LOC　PRT　LNK　　　　嘴巴　　　鼻子　　　眼睛

na³⁵　ki⁵⁵　ji⁵⁵na⁵⁵　rok³⁵te⁵⁵pa⁵⁵　ki⁵⁵　n̠i⁵⁵na³¹n̠i⁵⁵　tʂui⁵⁵tʰo⁵³　ai⁵⁵　n̠i⁵⁵na³¹n̠i⁵⁵
耳朵　PRT　PRT　　3pl　　　　AGT　LNK　　　　议论　　　做:IMP　LNK

ji⁵⁵pi⁵⁵　tʃo⁵⁵　tsu⁵⁵-ka³⁵　ta³¹.
谁　　　　TOP　重要-PERF　FPRT

人脸上的嘴巴、鼻子、眼睛、耳朵互相议论谁最重要。

话题语soŋ⁵⁵ŋo⁵⁵ doŋ⁵⁵pa⁵⁵ tʰoŋ⁵⁵ŋa⁵⁵"人脸上"与主语no³¹waŋ⁵⁵ na³¹xoŋ⁵⁵ miŋ³⁵ na³⁵"嘴巴、鼻子、眼睛、耳朵"之间具有明显的领属关系。话题语还控制着主语的指称性及所指解读。因二者不同指，所以构成的是异指约束关系。

2. 焦点语

焦点一般分为自然焦点和非自然焦点。在无标记的情况下，句末是信息传达的自然焦点位置。当需要特别强调某一信息时，就要把强调对象移出句末位置，一般有相应的形式标记。仓洛语的非自然焦点一般位于主语之前，由raŋ⁵⁵标记。例如：

tʃaŋ³⁵　xaŋ⁵⁵　raŋ⁵⁵　zap⁵⁵-ki⁵⁵　lam⁵⁵-ma³¹-la⁵⁵!
1sg　　什么　　FOC　吃-NMLZ　想-NEG-NPFV

我什么也不想吃！

nan⁵⁵　n̠i⁵⁵　ki⁵⁵　n̠i⁵⁵na³¹n̠i⁵⁵　ai⁵⁵pa⁵⁵　ka³¹　n̠i⁵⁵na³¹n̠i⁵⁵　tʃe⁵⁵po⁵⁵　ai³¹　ji⁵⁵
2sg　LNK　PRT　LNK　　　　1pl:EXCL　GEN　LNK　　　　大王　　做　IMP

ta³¹,　tsʰiŋ⁵⁵a⁵⁵　ki⁵⁵　n̠i⁵⁵na³¹　ai⁵⁵pa⁵⁵　raŋ⁵⁵　nan⁵⁵　n̠an⁵⁵-pu³⁵　ta³¹.
FPRT　以后　　　PRT　LNK　1pl:EXCL　FOC　2sg　听-PROS　FPRT

请你当我们的大王吧，以后我们都听你的。

tʃaŋ³⁵　ma³¹tsa⁵⁵raŋ³⁵　ki⁵⁵　tʃa⁵⁵　rak⁵⁵-la³⁵,　wu⁵⁵wa⁵⁵raŋ⁵⁵　tik⁵⁵taŋ⁵⁵　raŋ⁵⁵　te³⁵-ki⁵⁵
1sg　　因为　　　　　AGT　1sg　累-NPFV　所以　　　　一点　　　FOC　去-NMLZ

lam³⁵　　mɑ³⁵-lɑ⁵⁵.

想　　　NEG–NPFV

因为我实在太累了，所以一点都不想去。

观察上述句子可以发现，当句中主语与话题语同形同指被删除时，焦点语及其标记在句子表层就位于主要动词之前。

3. 插入语

插入语是句内独立于其他句法成分的特殊成分，不与其他成分产生结构关系，但在表达上有其作用。仓洛语中有一个较为常见的插入语"ɑ⁵⁵te⁵⁵mɑ³¹"，有不同的变体，表示现在人在讲过去发生的故事，有"我们（现在）看……"之意。例如：

rok³⁵　　ki⁵⁵　　n̪i⁵⁵lɑ³¹　　mu⁵³tʰu⁵⁵　　n̪i³¹ki⁵⁵n̪i⁵⁵　　kuʔ³⁵kɑ³¹　　te³⁵-kɑ³⁵　　tɑ³¹,　　n̪i³⁵

3sg　　AGT　　LNK　　继续　　　　LNK　　　　前面:LOC　　去–PERF　FPRT　　LNK

te⁵⁵-lɑ⁵⁵　　ki⁵⁵　　n̪i⁵⁵nɑ³¹n̪i⁵⁵　　ɑ⁵⁵te⁵⁵mɑ³¹　　ʃo⁵⁵mɑ⁵⁵　　tʰor⁵⁵　　pʰu⁵⁵-ni³¹　　te³⁵-kɑ³¹　　kap⁵⁵

去–DUR　AGT　　LNK　　　　我看　　　　篮子　　　一　　提–ADV　　走–GEN　　时候

miɑk⁵⁵tsɑ⁵⁵　　tʰor⁵⁵　　tʂʰɑp⁵⁵-kɑ³⁵　　tɑ³¹.

女人　　　　一　　　　碰见–PERF　FPRT

他继续向前走，碰见一个提篮子的女人。

ŋam⁵⁵　　tʰor⁵⁵　　te⁵⁵-lɑ⁵⁵,　　ki³¹ni³¹nɑ³¹　　n̪i³⁵　　ɑ⁵⁵te⁵⁵mɑ³¹　　kɑ⁵⁵wu⁵⁵mɑ³¹　　tɑŋ⁵⁵　　pʰɑ⁵⁵rɑ⁵⁵

天　　　一　　　过–NPFV　LNK　　　　TOP　我看　　　狐狸　　　　CONJ　狼

n̪ik⁵⁵tsin̪⁵⁵　　tip⁵⁵kɑ⁵⁵　　o⁵⁵-ni³¹　　ki³¹　　n̪i³¹nɑ³¹n̪i³¹　　kʰɑi⁵⁵lɑ⁵⁵　　kot⁵⁵-pu³¹　　kɑ³⁵　　tɑ³¹.

二　　　　一起　　来–NF　AGT　LNK　　　　老虎　　看–PROS　PFV　FPRT

有一天，狐狸和狼一起来看老虎。

（二）单句的语气类别

根据句子的语气，单句可以分为陈述句、疑问句、祈使句、感叹句四大类。

1. 陈述句

陈述句是具有逻辑命题的句子，可判断其真假值。仓洛语的陈述句可大致分为肯定陈述句和否定陈述句两类。

（1）肯定陈述句

肯定陈述句没有专用的标记。例如：

ɑ⁵⁵pu⁵⁵　　ki³¹　　n̪i⁵⁵nɑ³¹n̪i⁵⁵　　lik⁵⁵pu⁵⁵　　ɑ³¹　　pʰi⁵⁵-tʃʰo³¹-lo³⁵　　tɑ³¹.

乌鸦　　　AGT　　LNK　　　　美丽　　PAT　喜欢–Lv–NPFV　FPRT

乌鸦爱美丽。

ta³¹niŋ⁵⁵   ta⁵⁵tsa⁵⁵   ki³¹   ŋa⁵⁵   tʃak⁵⁵tʃu⁵⁵pʰi⁵⁵-ka⁵⁵.

猫   崽   AGT   鱼   钓-PERF

小猫钓鱼。

（2）否定陈述句

否定陈述句必须在谓词前后出现否定词或表达否定意义的附加成分。例如：

o⁵⁵ta⁵⁵   ne³¹tsʰor⁵⁵   tʃaŋ³⁵   raŋ⁵⁵   ma³⁵-se⁵⁵-ʃi⁵⁵.

DEM:PROX   事情   1sg   FOC   NEG-知道-RES

这件事我也不清楚。

rok³⁵   tʃo⁵⁵   xui³⁵tsu³⁵   maŋ³⁵-ki⁵⁵.

3sg   TOP   回族   NEG-COP

他不是回族。

2. 疑问句

（1）特指问句

仓洛语是wh-in-situ（wh在原位）型语言，其疑问句中的疑问代词与陈述句中相应的体词性单位处于同一句法位置。对特指问句的回答是句中疑问代词所求取的具体信息，因此这类疑问句多是借助疑问代词来实现有疑而问的，有时句末会出现疑问标记sa⁵⁵。例如：

nan³⁵   xaŋ⁵⁵   si⁵⁵mi⁵⁵   na⁵⁵?

2sg   怎么样   想   AUX

你想怎么样？

ʃi⁵⁵bin⁵⁵   xa³¹la⁵⁵   ʃek⁵⁵-pu⁵⁵?

客人   什么时候   到-PROS

客人什么时候到？

rok³⁵te⁵⁵pa⁵⁵   xaŋ⁵⁵   jik⁵⁵-ka⁵⁵   sa⁵⁵?

3pl   什么   说-PERF   QUES

他们说了些什么？

（2）选择问句

这类疑问句通常需要给出两个或两个以上的选项来供听话人选择，两个并列选项之间一般会出现连接词ma³⁵ɲi⁵⁵la³¹"或者"。例如：

tʂa⁵⁵ʃi⁵⁵   tʰa⁵⁵-lo⁵⁵   mo³⁵,   ma³⁵ɲi⁵⁵la³¹   kʰa³⁵tʃa⁵⁵   tʰa⁵⁵-lo⁵⁵?

扎西   留-NPFV   QUES   还是   卡佳   留-NPFV

是扎西留下，还是卡佳留下？

（3）是非问句

是非问句一般是在句末加疑问标记mo³⁵或疑问句调。例如：

nan³⁵　o⁵⁵-lo⁵⁵　　mo³⁵?

2sg　来-NPFV　QUES

你能来吗?

zok³⁵te⁵⁵pa⁵⁵　pek⁵⁵pe⁵⁵raŋ³¹　te³⁵-tʃʰo⁵⁵-ka⁵⁵?

3pl　　　　　早　　　　　　走-Lv-PERF

他们早已经走了吧?

3. 祈使句

（1）命令祈使句

命令祈使句是指态度较为强硬的肯定祈使句。在仓洛语中，这类句子一般在动词之后加祈使标记"ji³⁵"或"ʃo⁵⁵"。例如：

rok³⁵　ʒik³⁵-ka³⁵　ta³¹: "nan⁵⁵　ka³¹　lam⁵⁵ka⁵⁵　naŋ³¹ka⁵⁵　ŋa⁵⁵　tʃʰo³¹　ki⁵⁵

3sg　说-PERF　FPRT　2sg　GEN　袋　　　里面:LOC　鱼　TOP　PRT

ɲi⁵⁵la⁵⁵　tʃaŋ³⁵　tʃʰo³¹　pi³⁵　ji³⁵　ta³¹."

LNK　　　1sg　　TOP　给　IMP　FPRT

他说: "把你袋里的鱼给我一条吧。"

o⁵⁵ta⁵⁵　　ne³¹tsʰor⁵⁵　tʃaŋ³⁵　raŋ⁵⁵　ma³⁵-se⁵⁵-ʃi⁵⁵,　　nan³⁵　te³⁵　ɲi⁵⁵　rok³⁵te⁵⁵

DEM:PROX　事情　　　1sg　　FOC　NEG-知道-RES　2sg　去　LNK　3pl

tʃim³⁵　ʃo⁵⁵!

问　　IMP

这件事我也不清楚，你去问别人吧!

（2）请求或商议祈使句

请求或商议祈使句是请求他人做某事，一般在动词之后用kʰe⁵⁵或xe³⁵标记，表示请求或商议语气。例如：

ai³¹te⁵⁵pa⁵⁵　tʰi⁵⁵noŋ⁵⁵　ri³¹ku⁵⁵　tʰoŋ⁵⁵ŋa⁵⁵　te³⁵　kʰe⁵⁵.

1pl:INCL　今天　　山　　顶部:LOC　去　IMP

咱们今天上山去吧。

ɲi³¹　a³¹ta⁵⁵po⁵⁵niŋ⁵⁵　ɲik⁵⁵tsiŋ⁵⁵　ɲi⁵⁵　ɲan⁵⁵-ɲi³¹,　ki⁵⁵　ɲi³⁵　ʒik³⁵-ka³⁵　ta³¹:"

LNK　兄弟　　　　俩　　　　LNK　听-NF　PRT　LNK　说-PERF　FPRT

ki⁵⁵-la⁵⁵　　ta³¹　　ŋoŋ³⁵　ai⁵⁵pa⁵⁵　kʰa⁵⁵　ga³⁵pu³¹　te³⁵　xe³⁵　ta³¹."

COP-NPFV　FPRT　之后　1pl:EXCL　鸟　射　　去　IMP　FPRT

两兄弟听了后，说: "对呀，走吧，去打鸟。"

4. 感叹句

仓洛语的感叹句句首有感叹词，或独词成句，并带有惊叹的句调。例如：

$a^{31}ra^{55}$! ηam^{55} la^{55}!

哎呀 疼 NPFV

哎呀！好疼！

（三）单句的结构类型

单句还可按内部结构关系分为零句和整句（赵元任，1980）。

1. 零句

最典型的零句是简单的叹词句和招呼句。例如：

$a^{31}ra^{55}$! wai^{55}! $a^{31}ra^{55}wei^{31}$!

哎呀！ 喂！ 哎哟！

2. 整句

整句可分为话题句和非话题句两小类。

（1）话题句

仓洛语是话题或话题与主语都突出的语言，所以其句子结构通常为"话题＋评述"的模式。话题句是仓洛语中最常见的句子结构类型，通常在句子中首先确定一个话题，其后的评述部分围绕这个话题展开。评述部分由主题语和述题构成，述题部分由主语和谓语构成。具体关系如下所示：

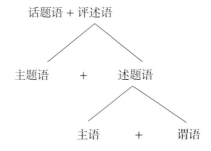

加上前面讨论过的焦点语，参考李大勤（2003）对汉语句子结构模式的刻画，仓洛语话题句的线性模式可描写为：〔话题语＋〔主题语＋〔（焦点语）＋〔主语＋〔直接宾语＋间接宾语＋定式动词形式〕〕〕〕〕。例如：

$ri^{55}po\eta^{55}$ $t\int o^{55}$ $w\partial n^{55}pa^{55}$ ki^{55} $\int en^{55}-t^ha^{55}-ka^{55}$ la^{55}.

兔子 TOP 猎人 AGT 杀死–Lv–PERF AUX

兔子被猎人打死了。

这一例句中，"兔子"做话题语，其后紧接话题标记$t\int o^{55}$，主语"猎人"之前省略了主题语"兔子"，这是遵循"同形同指，在后删除"的原则在音系层面删略了，最后形成了这样的线性序列。整个句子是一个比较典型且完整的话题句结构。仓洛语大多数句子结构所包含的谓词往往不止一个，这里仅讨论了最基本的仓洛语话题结构的情况。

（2）非话题句

仓洛语典型的非话题句为存在句。例如：

ʃiŋ⁵⁵	ka³¹	ko⁵⁵ta⁵⁵	ɲik⁵⁵tsiŋ⁵⁵	tʃʰiŋ⁵⁵-tʰa⁵⁵-ka⁵⁵	la⁵⁵.
树	LOC	马	二	拴-Lv-PERF	AUX

树上拴着两匹马。

tṣuk³¹tsi⁵⁵	pʰraŋ⁵⁵ŋa⁵⁵	kʰu⁵⁵	tor⁵⁵	jip⁵⁵-tʃʰo⁵⁵	ka⁵⁵	la⁵⁵.
桌子	底下:LOC	狗	一	躺-Lv	PFV	DUR

桌子下躺着一只狗。

这两个例句没有话题语，传统语法所定位的句子主语"树上"和"桌子下"实际上都是新信息，非话题语或主语。

（四）句式

根据句法结构中的某些共同特征，可将单句划分为不同的句式。仓洛语常见的句式有被动句、双宾句、连动句、兼语句等。

1. 被动句

仓洛语在表达被动时通常将受动成分置于主题语位置，而话题语经常与之同形同指，所以主题语多为零形式。仓洛语被动句一般在动词之前加被动标记ʒi⁵⁵，主语成分通常不出现。例如：

ʃi⁵⁵pin⁵⁵	tʰor⁵⁵	ji⁵⁵	ki⁵⁵	ɲi⁵⁵na³¹ɲi⁵⁵	tʰap³¹tsaŋ⁵⁵	re³¹ka⁵⁵	ɲi⁵⁵na³¹ɲi⁵⁵	ʃiŋ⁵⁵
客人	一	AGT	PRT	LNK	厨房	旁边:LOC	LNK	柴

ʃa⁵⁵ma⁵⁵	pəŋ⁵⁵	tʰa⁵⁵-ka³⁵	tʰoŋ⁵⁵-ka³⁵	ta³¹,	ŋuŋ⁵⁵na⁵⁵	ji⁵⁵	ki⁵⁵	ɲi⁵⁵na³¹ɲi⁵⁵	rok³⁵
多	堆	放-PERF	看见-PERF	FPRT	之后	AGT	PRT	LNK	3sg

ʒik³¹-ka³⁵	ta³⁵:	"su³⁵ma³⁵-ka³¹	ji³¹	na³⁵wa⁵⁵-ɲi³¹	mi³¹te¹³-ka⁵⁵	ɲi⁵⁵na³¹ɲi⁵⁵	pʰɛ⁵⁵
说-PERF	FPRT	小心-PERF	IMP	足够-NF	失火-PERF	LNK	房子

ki⁵⁵	ʒi⁵⁵	na³¹	jo⁵⁵-pu⁵⁵	na³⁵	ta³¹."
PRT	PASS	PRT	烧-PROS	AUX	FPRT

一位客人看见厨房旁边堆着很多柴火以后，对他说："万一着火了，房子就会被烧了。"

另外，被动标记ʒi⁵⁵是选择性出现在句子中的，可对比下面两个句子：

ra⁵⁵pa⁵⁵	lin³⁵	ka³¹	wak⁵⁵tsa⁵⁵	ki⁵⁵	ɲi⁵⁵na³¹ɲi³⁵	xa⁵⁵xa⁵⁵	ŋar³⁵-ɲi³¹
羊	放	GEN	孩子	AGT	LNK	哈哈	笑-NF

a³¹ni⁵⁵	ʒik³⁵-ka³⁵	ta³¹:	"ɲi³⁵	ne³¹pa⁵⁵	ki⁵⁵	ɲi⁵⁵na³¹ɲi³⁵	ʒi⁵⁵	so⁵⁵ta⁵⁵pʰi⁵⁵-ka³⁵	ta³¹."
ADV	说-PERF	FPRT	LNK	2pl	PRT	LNK	PASS	骗-PERF	FPRT

放羊的孩子哈哈大笑说："你们被我骗了。"

ȵi⁵⁵　　o⁵⁵ȵɑ⁵⁵　　　ra⁵⁵pa⁵⁵　lin³⁵-kʰan⁵⁵　wak⁵⁵tsa⁵⁵　ki⁵⁵　　ȵi⁵⁵na³¹ȵi³⁵　ʃo⁵⁵　tʃʰi⁵⁵lu⁵⁵

LNK　DEM:DIST　羊　　放–NMLZ　孩子　　AGT　LNK　　　TOP　大

ŋar³⁵-ȵi³¹　ʒik³⁵-ka³⁵　ta³¹:　"ne³¹pa⁵⁵　ki⁵⁵　　ȵi⁵⁵na³¹　om³⁵tʃaŋ⁵⁵　so⁵⁵ta⁵⁵pʰi⁵⁵-ka³⁵　ta³¹."

笑–NF　说–PERF　FPRT　2pl　　AGT　LNK　　又　　　骗–PERF　　　FPRT

放羊的孩子大笑说:"你们又被我骗了。"

上述例句表明,动词so⁵⁵ta⁵⁵pʰi⁵⁵"骗"之前的被动标记ʒi⁵⁵显然不是强制性的。所以,仓洛语的被动结构形式可初步描写为:话题语 + 主题语 +（ʒi⁵⁵）+ 谓语。

2. 双宾句

双宾句是指动词带两个宾语的句子。一般来说,前一个宾语指人,后一个宾语指人、物或事情。例如:

pʰa⁵⁵ra⁵⁵　ʒik³⁵-ka³⁵　ta³¹:　"ai⁵⁵pa⁵⁵　ji⁵⁵　ki³¹　ȵi⁵⁵　ȵi³⁵　nan⁵⁵　ji⁵⁵

狼　　　说–PERF　FPRT　1pl:EXCL　AGT　PRT　LNK　LNK　2sg　　PRT

ȵi⁵⁵na³¹　pʰɛ⁵⁵　lik⁵⁵pu⁵⁵　tʰor⁵⁵　dʒot⁵⁵-pu³⁵　na³⁵　ta³¹.　ai⁵⁵pa⁵⁵　ki⁵⁵　ȵi⁵⁵na³¹ȵi⁵⁵

LNK　房子　漂亮　一　盖–PROS　可以　FPRT　1pl:EXCL　AGT　LNK

ŋam¹³dʒaŋ³¹sa⁵⁵　tʰam⁵⁵tʃen⁵⁵raŋ⁵⁵　ȵi³⁵　nan⁵⁵　a³¹　tʃo⁵⁵　ki⁵⁵　ȵi⁵⁵na⁵⁵ȵi³¹　zan¹³tsam⁵⁵

每天　　　都　　　　　LNK　2sg　DAT　TOP　PRT　LNK　　　食物

ȵi³⁵　lik⁵⁵-tʰa³¹-pu⁵⁵　ki⁵⁵　ȵi⁵⁵　liu³¹　na³⁵　ta³¹,　ȵi³⁵　nan⁵⁵　tsʰiŋ⁵⁵a⁵⁵　ki⁵⁵

LNK　喜欢–Lv–PROS　PRT　LNK　分　可以　FPRT　LNK　2sg　以后　　PRT

ȵi⁵⁵na³¹ȵi⁵⁵　ȵi³⁵　tʃʰi⁵⁵a³¹　te³¹-lo⁵⁵　maŋ⁵⁵-ki³¹-la³⁵　ta³¹."

LNK　　　LNK　外面:LOC　去–NPFV　NEG–COP–NPFV　FPRT

狼说:"我们要给你建一座漂亮的房子。我们每天都给你喜欢的东西吃,你以后就不用再出门了。"

双宾句中的动词都是三元动词,即与三个必有论元(施事、与事、主题)共现的动词。其中,与事论元后通常有与事标记ka⁵⁵。三元动词在仓洛语中非常少,最常见的是pi³⁵"给",还有以上例句中dʒot⁵⁵"盖"、liu³¹"分"之类的动词。仓洛语的双宾结构可描写为:话题语 + 主题语 + 间接宾语 +（ka⁵⁵）+ 直接宾语 + 定式动词形式。

3. 连动句

连动句中的两个动词短语共同做谓语,互不做成分,在语义上有动作发生先和后的关系;它们的位置顺序不能相互颠倒,中间也没有语音停顿。例如:

ra⁵⁵pa⁵⁵　ki⁵⁵　ȵi⁵⁵na³¹　rok³⁵　ki³¹　ji⁵⁵na³¹　siŋ⁵⁵-ȵi³¹　tʃʰi⁵⁵lu⁵⁵　ki⁵⁵　ȵi⁵⁵na³¹ȵi⁵⁵

羊　　　PRT　LNK　　3sg　AGT　LNK　喂–NF　大　　PRT　LNK

tsoŋ⁵⁵-tʃʰo³¹-lo³⁵　　ta³¹.

卖-Lv-NPFV　　FPRT

他把羊喂大了就卖了。

o⁵⁵na⁵⁵,　ji³⁵　ki⁵⁵　ɳi⁵⁵na³¹ɳi³⁵　o⁵⁵ɳa⁵⁵　　　soŋ⁵⁵ŋo⁵⁵　ki⁵⁵　ɳi⁵⁵na³¹ɳi⁵⁵　lam⁵⁵ka⁵⁵

于是　　PRT　PRT　LNK　　　DEM:DIST　人　　AGT　LNK　　　袋

naŋ³¹ka⁵⁵　ki⁵⁵　ɳi⁵⁵na³¹ɳi⁵⁵　pu³¹tʃʰi⁵⁵la⁵⁵　tʰor⁵⁵　tsoŋ⁵⁵-ɳi³¹　ki⁵⁵　ɳi⁵⁵na³¹　rok³⁵

里面:LOC　PRT　LNK　　　蛇　　　　一　　抓-NPFV　PRT　LNK　　3sg

pi³⁵-ka³⁵　ta³¹.

给-PERF　FPRT

于是，那人从袋中抓出一条蛇给了他。

上述连动句中，两个动词短语在句中出现的顺序与发生时间顺序一致，构成 "VP₁＋VP₂" 结构，这符合戴浩一等（1988）提出的时间顺序原则。但仓洛语中还存在与该原则不相符的情况。例如：

a³¹ta⁵⁵po⁵⁵niŋ⁵⁵　ɳik⁵⁵tsiŋ⁵⁵　ki³¹　　ɳi⁵⁵rə³¹ɳi⁵⁵　kʰa⁵⁵　ga³¹pu⁵⁵　te³⁵-ka⁵⁵　　ta³¹.

兄弟　　　　　二　　　AGT　LNK　　鸟　　射　　去-PERF　FPRT

兄弟二人去射鸟。

ɳi³⁵　tʰi⁵⁵noŋ⁵⁵　nam³¹,　ki⁵⁵　ɳi⁵⁵na³¹ɳi⁵⁵　a⁵⁵te⁵⁵ma³¹　ka⁵⁵wu⁵⁵ma³¹　ki⁵⁵

LNK　今天　　天　　　PRT　LNK　　　　我看　　　狐狸　　　AGT

ɳi⁵⁵na³¹ɳi⁵⁵　o⁵⁵ma⁵⁵　pʰa⁵⁵ra⁵⁵　ra³⁵-ɳi³¹　ki⁵⁵　ɳi⁵⁵　tip⁵⁵ka⁵⁵　ki⁵⁵　ɳi⁵⁵na³¹ɳi⁵⁵

LNK　　　现在　　狼　　　叫-NF　PRT　LNK　一起　PRT　LNK

kʰai⁵⁵la⁵⁵　la³⁵ma⁵⁵　te³⁵-ka³⁵　ta³¹.

老虎　　　找　　　去-PERF　FPRT

这天，狐狸叫上狼一起去找老虎。

这种现象主要发生在前一个动词为 te³⁵ "去" 的情况下。在仓洛语中，te³⁵ "去" 所构成的结构总是后置于另一个动词短语，如上例中的 kʰa⁵⁵ ga³¹pu⁵⁵ te³⁵ "去射鸟" 和 kʰai⁵⁵la⁵⁵ la³⁵ma⁵⁵ te³⁵ "去找老虎"，形成 "VP₂＋VP₁（去）" 结构。这类连动结构在仓洛语中出现频率较高。

无论是 "VP₁＋VP₂" 还是 "VP₂＋VP₁（去）" 结构，内部两个短语的顺序不能随意颠倒，这仍符合连动句的基本特征。

4. 兼语句

传统语法将兼语短语充当谓语或直接成句的句子称为兼语句。句中前一个谓语多由使令动词充当。兼语前后两个动词在语义上有一定联系，第二个谓语动词通常表述的是前一动词所要达到的目的或产生的结果。例如：

ko⁵⁵ta⁵⁵	ji³⁵	n̠i⁵⁵na³¹n̠i⁵⁵	sem⁵⁵	naŋ⁵⁵ka⁵⁵	nam⁵⁵pie³¹saŋ⁵⁵	ʃa³¹raŋ⁵⁵	taŋ⁵⁵
男孩	AGT	LNK	心	里面:LOC	蜗牛	头	CONJ

pʰik⁵⁵pa⁵⁵	n̠i⁵⁵na³¹n̠i⁵⁵	tʃʰi⁵⁵lo³¹ku³¹	ʃyn⁵⁵pʰa⁵³-tu³⁵	sam⁵⁵-ka³⁵	ta³¹.
脚	LNK	外面:LOC	出来–SUB	想–PERF	FPRT

小男孩想让小蜗牛把头和脚伸出来。

nan⁵⁵	ji⁵⁵	ki⁵⁵	n̠i⁵⁵	o⁵⁵ta⁵⁵	kop³¹tsa⁵³ʃiŋ⁵⁵	pa⁵⁵	ki³¹	tʃa³⁵na⁵³	sa³¹tʃʰa⁵⁵
2sg	AGT	PRT	LNK	DEM:PROX	柴火	PL	PRT	其他	地方

ka³¹	te³⁵-pu³⁵	ki⁵⁵	n̠i⁵⁵	pəŋ⁵⁵	tʰa⁵⁵-la³¹	ma³⁵	ta³¹.
LOC	去–PROS	PRT	LNK	堆	放–NPFV	NEG	FPRT

你应该把柴火堆到其他地方。

传统语法中的兼语是指同一个词语既充当前一谓语动词的宾语，又做后一谓语动词的主语。以上述第一个句子为例，nam⁵⁵pie³¹saŋ⁵⁵"蜗牛"兼做谓语动词sam⁵⁵"想"的宾语和谓语动词ʃyn⁵⁵pʰa⁵³"出来"的主语，两个动词短语的先后顺序与逻辑顺序相反，构成"NP＋VP₂＋VP₁"的结构形式。但根据本文的分析模式，所谓"兼语"是根据句子表层结构分析出来的成分，其本质为两个同形同指的成分删除其一的结果，其底层结构应该为"NP₂＋VP₂＋NP₁＋VP₁"，NP₂和NP₁分别是第二个谓语动词的主语和第一个谓语动词的宾语，只是出于经济原则在音系层面上只保留了一个形式而已。

三　复句

复句是由两个或两个以上的分句构成的，分句在语义上相互关联，在结构上互不做句法成分。分句与分句之间有多种关联方式，有时会借助连接词或关联副词。

根据分句间逻辑关系的层次，复句还可以分为单层复句和多层复句。单层复句指的是只包含一种结构层次的复句，多层复句则是含有两种或两种以上结构层次的复句。多层复句大多是复杂的，本文仅介绍仓洛语中典型的单层复句。

（一）并列复句

各个分句之间的逻辑关系是并列或者相对的复句为并列复句。例如：

toŋ³⁵	naŋ⁵⁵ka⁵⁵	lɛ⁵⁵	ʃa⁵⁵mu³⁵	la⁵⁵,	soŋ⁵⁵ŋo⁵⁵	tʰam⁵⁵tʃe⁵⁵	raŋ⁵⁵
村	里面:LOC	工作	大家	有:MIR	人	全部	FOC

tʂa³⁵-n̠i³¹	la⁵⁵.
高兴–NF	有:MIR

村子里事事都有人做，人人都很高兴。

tʃaŋ³⁵   aŋ⁵⁵taŋ³¹pa⁵⁵,   nan³⁵   aŋ⁵⁵ne³¹pa⁵⁵,   rok³⁵   tʃuk⁵⁵tʰok⁵⁵ma⁵⁵.

1sg   第一   2sg   第二   3sg   老末

我排第一，你排第二，他排老末。

（二）顺承复句

顺承复句是指分句根据事件或动作行为的先后顺序排列的复句。仓洛语复句之间的顺承关系一般用表示先后顺序的关系副词 ko³¹ma⁵⁵ "先" 来表示，有时会搭配语篇连词 ɲi³¹。例如：

ji⁵⁵pi⁵⁵   ji⁵⁵   ko³¹ma⁵⁵   ki⁵⁵   ɲi⁵⁵na³¹ɲi⁵⁵   dzui³¹-tʃʰo⁵⁵-to⁵⁵   mo³⁵,   ɲi³¹   ju³⁵

谁   AGT   先   PRT   LNK   画–Lv–SUB   QUES   LNK   酒

tʃo³¹   ki⁵⁵   ɲi⁵⁵la³¹   rok³⁵   ka³¹   pi³⁵-lo³⁵   ta³¹.

TOP   PRT   LNK   3sg   DAT   给–NPFV   FPRT

谁先画好，（我）把酒给他。

tʃaŋ³⁵   ko³¹ma⁵⁵   tik⁵⁵taŋ⁵⁵   ʒip³⁵-tʃʰo⁵³-lo⁵³   ji³⁵ka³¹   la³⁵   ta³¹,   tik⁵⁵taŋ⁵⁵

1sg   先   一会   睡–Lv–NPFV   PFV   AUX   FPRT   一会

ʒip³⁵-tʰa⁵⁵-ʃi³¹   ɲi⁵⁵   ka³⁵   wu³⁵ni³¹   kʰun⁵⁵-pu³⁵   ɲi³¹   kʰun⁵⁵-ʃi⁵⁵   mo³⁵   ta³¹.

睡–Lv–PERF   LNK   PFV   之后   追–PROS   LNK   追–RES   QUES   FPRT

我要先睡一会，睡一觉起来也能追上（乌龟）。

（三）选择复句

选择复句一般是说话人提供两种或者两种以上的情况供听话人选择。仓洛语选择复句中常出现关联词 ma³⁵ɲi⁵⁵la³¹ "或者/要么"，它可以同时出现在两个选择项之前。例如：

ma³⁵ɲi⁵⁵la³¹   tʂa⁵⁵ʃi⁵⁵   tʰa⁵⁵-lo⁵⁵,   ma³⁵ɲi⁵⁵la³¹   kʰa³⁵tʃa⁵⁵   tʰa⁵⁵-lo⁵⁵.

或者   扎西   留–NPFV   或者   卡佳   留–NPFV

要么扎西留下，要么卡佳留下。

大多数情况下，句首的选择关联词可以省略不用。

（四）因果复句

因果复句的各分句之间是原因与结果的关系，属于偏正复句。仓洛语没有现代汉语中"因为""所以"这样的关联词来表示因果关系。例如：

ko⁵⁵ta⁵⁵   ji³⁵   ɲi⁵⁵na³¹ɲi⁵⁵   sem⁵⁵   naŋ⁵⁵ka⁵⁵   nam⁵⁵pie³¹saŋ⁵⁵   ʃa³¹raŋ⁵⁵

男孩   AGT   LNK   心   里面:LOC   蜗牛   头

taŋ⁵⁵   pʰik⁵⁵pa⁵⁵   ɲi⁵⁵na³¹ɲi⁵⁵   tʃʰi⁵⁵lo³¹ku³¹   ʃyn⁵⁵pʰa⁵³-tu³⁵   sam⁵⁵-ka³⁵   ta³¹,

CONJ   脚   LNK   外面:LOC   出来–SUB   想–PERF   FPRT

wu³¹na⁵³　　ji⁵⁵　　ȵi⁵⁵na³¹ȵi⁵⁵　　dʒuk³¹paŋ⁵⁵　　ji⁵⁵ne⁵⁵　　rok³⁵　　lap⁵⁵-ka³⁵　　ta³¹.
之后　　　PRT　LNK　　　　棍子　　　　PRT　　3sg　打-PERF　FPRT

小男孩想让小蜗牛把头和脚伸出来，所以用棍子打它。

（五）假设复句

假设复句属于偏正复句。偏句提出假设，正句表示假设的结果。仓洛语没有明显表示假设的标记或关联词语。例如：

pu⁵⁵ʃur⁵⁵　ȵi³¹,　nan⁵⁵　ȵi³¹　ki³¹　ȵi⁵⁵la⁵⁵ȵi³¹　nan⁵⁵　ka³¹　wo⁵⁵na⁵⁵　pu⁵⁵ʃur⁵⁵
喜鹊　　　LNK　2sg　LNK　AGT　LNK　　　2sg　GEN　那样　　喜鹊

ta⁵⁵tsa⁵⁵　pa⁵⁵　ki³¹　ȵi⁵⁵la⁵⁵ȵi³¹　toŋ³⁵tʰu⁵⁵　ki³¹ȵi⁵⁵　tʃaŋ³⁵　ma⁵⁵-pi⁵⁵-ȵi³¹　na³⁵
崽　　　PL　AGT　LNK　　　抛　　　LNK　　1sg　NEG-给-NF　AUX

ta³¹,　tʃi³⁵　ji³¹　ki³¹　ȵi⁵⁵la⁵⁵ȵi³¹　nan³⁵　a³¹　pʰɛ⁵⁵a³¹　pu⁵⁵ʃur⁵⁵　tʰam⁵⁵tʃe⁵⁵raŋ⁵⁵
FPRT　1sg　AGT　PRT　LNK　　　2sg　GEN　家里:LOC　喜鹊　　全部

a³¹　ŋa³⁵mu⁵⁵　na³⁵　ta³¹.
PAT　吃掉　　AUX　FPRT

老喜鹊，你如果不把你的小喜鹊抛下来给我，我就把你们全家吃掉。

（六）转折复句

转折复句属于偏正复句。正句与偏句的逻辑关系是相反或相对的。仓洛语中常用的转折连词是ki³¹ni⁵⁵wu⁵⁵或ki⁵⁵ȵu⁵⁵"可是，但是"。例如：

to⁵⁵　za³⁵-tʃi⁵⁵-ma³¹,　ki⁵⁵　ȵi⁵⁵na³¹ȵi⁵⁵　ju³⁵　tʃo³¹　ki⁵⁵　ȵi⁵⁵na³¹　ʃi⁵⁵tam⁵⁵
饭　　吃-PERF-PFV　PRT　LNK　　　　酒　TOP　PRT　LNK　　瓶

tʰor⁵⁵　lu⁵⁵-ka³¹　la³⁵　ta³¹,　ki⁵⁵ȵu⁵⁵　ȵi³⁵　son⁵⁵ŋo⁵⁵　wu⁵⁵xaŋ⁵³　ȵi⁵⁵na³¹　ʃa⁵⁵ma⁵⁵
一　　剩-PERF　AUX　FPRT　LNK　　LNK　人　　什么　　　LNK　　多

la³⁵　　ta³¹　pon⁵⁵mu⁵⁵　ma⁵⁵-la³⁵　　ta⁵⁵.
有:MIR　FPRT　分　　　　NEG-有:MIR　FPRT

吃完饭，只剩一瓶酒，但来的人太多不够分。

综上，仓洛语复句中的关联词语较少，但复句本身的情况非常复杂。以上只是对复句的初步探讨，还有一些更加细微的分类，限于篇幅，这里暂不扩展。

第六章 语料

说明:

第一节收录《中国语言资源调查手册·民族语言（藏缅语族）》中的语法例句，共100条。第二节收录调查点当地的俗语谚语、歌谣、故事等口头文化内容。

第一节

语法例句 ①

001 老师和学生们在操场上玩。

ki³¹kin⁵⁵ taŋ⁵⁵ lap⁵⁵tʂa⁵⁵ pa⁵⁵ pu⁵⁵lo⁵⁵ tʰoŋ⁵⁵ŋa⁵⁵ ȵip⁵⁵-tʃʰo⁵⁵-ka³¹

老师　　　CONJ　学生　　PL　操场　　上面:LOC　玩耍–Lv–PERF

la⁵⁵.

AUX

002 老母猪下了5头小猪崽。

pʰak⁵⁵pa⁵⁵ ta³¹ma⁵⁵ ki³¹ ta³⁵tsa⁵⁵ ŋa³⁵ pʰik⁵⁵-ka⁵⁵ la⁵⁵.

猪　　　　母　　　AGT　猪崽　　五　　生下–PERF　AUX

003 我爸爸教他们的孩子说汉语。

tʃa³⁵ ka³¹ a⁵⁵pa⁵⁵ ki⁵⁵ rok³⁵te⁵⁵ ka³¹ wok⁵⁵tsa³¹ tʃa³⁵ ki⁵⁵

1sg　GEN　爸爸　AGT　3pl　　GEN　孩子　　汉族　话

lap⁵⁵-tʃʰo⁵⁵-ka⁵⁵ la⁵⁵.

学–Lv–PERF　　AUX

004 村子里事事都有人做，人人都很高兴。

toŋ³⁵ naŋ⁵⁵ka⁵⁵ lɛ⁵⁵ ʃa⁵⁵mu³⁵ la⁵⁵, son⁵⁵ŋo⁵⁵ tʰam⁵⁵tʃe⁵⁵raŋ⁵⁵

村　　里面:LOC　工作　大家　　有:MIR　　人　　　　全部

tʂa³⁵-ȵi³¹ la⁵⁵.

高兴–NF　有:MIR

---

① 本章调查例句的句式（例如"我们现在多积肥，是为了明年多打粮食"）或其中的词语（例如"互敬互爱"）
在仓洛语里若无完全对应的说法，尽量记录意义相近的表达方式。

005 咱们今天上山去吧。

ai³¹te⁵⁵pa⁵⁵　　thi⁵⁵noŋ⁵⁵　ri³¹ku⁵⁵　thoŋ⁵⁵ŋa⁵⁵　te³⁵　khe⁵⁵.

1pl:INCL　　今天　　　山　　顶部:LOC　去　　IMP

006 你家有几口人？

nan³⁵　ka³¹　phɛ⁵⁵ka⁵⁵　　soŋ⁵⁵ŋo⁵⁵　xam⁵⁵tur⁵⁵　tʃho⁵⁵-lo⁵⁵?

2sg　GEN　家里:LOC　人　　　多少　　　有–NPFV

007 你自己的事情自已做。

nan³⁵　ten⁵⁵　ka³¹　le⁵⁵　nan³⁵　ten⁵⁵　ai⁵⁵.

2sg　REFL　GEN　事情　2sg　REFL　做:IMP

008 这是我的手镯，那是你的手镯。

o⁵⁵ta⁵⁵　　　tʃo⁵⁵　tʃa³⁵　ka³¹　ka³¹taŋ³⁵　phin⁵⁵tsam⁵⁵,　o⁵⁵ɳa⁵⁵　　　tʃo⁵⁵

DEM:PROX　TOP　1sg　GEN　手　　镯子　　　DEM:DIST　TOP

nan³⁵　ka³¹　ka³¹taŋ³⁵　phin⁵⁵tsam⁵⁵.

2sg　GEN　手　　镯子

009 这些问题他们说自己去解决。

wu⁵⁵tu⁵⁵　　　pa⁵⁵　ɳi⁵⁵tshu⁵⁵　rok³⁵te⁵⁵pa⁵⁵　ki³¹　ʒik³⁵-ɳi³¹　a⁵⁵　te³⁵　ten⁵⁵

DEM:PROX　PL　问题　　3pl　　　　AGT　说–NF　　做　去　REFL

thak⁵⁵-tʃi⁵⁵　phi⁵⁵　lo⁵⁵.

解决–PERF　Lv　AUX

010 他是谁？

rok³⁵　tʃo³¹　ji⁵⁵pi⁵⁵?

3sg　TOP　谁

011 你想吃点什么？我什么也不想吃！

nan³⁵　xaŋ⁵⁵　zap⁵⁵-ki⁵⁵　lam⁵⁵-la⁵⁵?

2sg　什么　吃–NMLZ　想–NPFV

tʃaŋ³⁵　xaŋ⁵⁵　raŋ⁵⁵　zap⁵⁵-ki⁵⁵　lam⁵⁵-ma³¹-la⁵⁵!

1sg　什么　FOC　吃–NMLZ　想–NEG–NPFV

012 他们从哪儿来的？

rok³⁵te⁵⁵pa⁵⁵　wu⁵⁵we⁵⁵　o⁵⁵-ka⁵⁵?

3pl　　　　哪里　　来–PERF

013 你想怎么样？

nan³⁵　xaŋ⁵⁵　si⁵⁵mi⁵⁵　na⁵⁵?

2sg　怎么样　想　　AUX

014 你家有多少头牛？

na³⁵ ka³¹ pʰɛ⁵⁵ka⁵⁵ wa³⁵ xam⁵⁵tur⁵⁵ tʃa⁵⁵?

2sg GEN 家里:LOC 牛 多少 有:EGO

015 客人什么时候到？

ʃi⁵⁵bin⁵⁵ xa³¹la⁵⁵ ʃek⁵⁵-pu⁵⁵?

客人 什么时候 到-PROS

016 今天的会就开到这里。

tʰi⁵⁵noŋ⁵⁵ ka³¹ tsʰoŋ⁵⁵ti⁵⁵ o⁵⁵ta⁵⁵ ka³¹ tsʰam⁵⁵-tʰa⁵⁵-lo⁵⁵.

今天 GEN 会议 这里 LOC 结束-Lv-NPFV

017 粮食运来后就分给大家了。

pu³¹taŋ⁵⁵ lan³⁵-pʰa⁵⁵ n̠i³¹ rok³⁵te⁵⁵pa⁵⁵ ka⁵⁵ pi⁵⁵-ka⁵⁵.

粮食 运-PERF LNK 3pl DAT 给-PERF

018 人家的事情咱们别多管。

rok³⁵te⁵⁵ ka³¹ le³⁵ ai³¹te⁵⁵pa⁵⁵ tsaŋ⁵⁵kin⁵⁵ tʃʰy⁵⁵.

别人 GEN 事情 1pl:INCL 关心 别

019 这件事我也不清楚，你去问别人吧！

o⁵⁵ta⁵⁵ ne³¹tsʰor⁵⁵ tʃaŋ³⁵ raŋ⁵⁵ ma³⁵-se⁵⁵-ʃi⁵⁵, nan³⁵ te³⁵ n̠i⁵⁵

DEM:PROX 事情 1sg FOC NEG-知道-RES 2sg 去 LNK

rok³⁵te⁵⁵ tʃim³⁵ ʃo⁵⁵!

3pl 问 IMP

020 今天是2015年10月1日。

tʰi⁵⁵noŋ⁵⁵ tʃo⁵⁵ lo³⁵ toŋ⁵⁵tʂʰa⁵⁵ n̠ik³⁵tsiŋ⁵⁵ taŋ⁵⁵ soŋ⁵⁵ŋa⁵⁵ ta³¹wa⁵⁵ tʃok⁵⁵pa⁵⁵ tsʰe⁵⁵

今天 TOP 年 千 二 CONJ 十五 月 十 日

tʰor⁵⁵.

一

021 那个老太太94岁了，是我年龄的两倍左右。

o⁵⁵n̠a⁵⁵ ai⁵⁵pi⁵⁵ n̠iŋ³¹ kʰai⁵⁵ pʰi⁵⁵ taŋ⁵⁵ soŋ⁵⁵pʰi⁵⁵ te³⁵-ka⁵⁵, tʃaŋ³⁵

DEM:DIST 老太婆 岁 二十 四 CONJ 十四 去-PERF 1sg

ka³¹ lu³⁵ ki⁵⁵ tap³⁵ n̠ik³¹tsiŋ³¹ tsaŋ⁵⁵ki⁵⁵.

GEN 年龄 PRT 倍 两 左右

022 山下那群羊有108只。

ri³⁵ko⁵⁵ tʃu³⁵ka⁵⁵ o⁵⁵n̠a⁵⁵ ra³⁵pa⁵⁵ pa⁵⁵ tʃa⁵⁵ taŋ⁵⁵ jen³⁵ la⁵⁵.

山 下面 DEM:DIST 羊群 PL 百 CONJ 八 有:MIR

023 我排第一，你排第二，他排老末。

tʃaŋ³⁵ aŋ⁵⁵taŋ³¹pa⁵⁵, nan³⁵ aŋ⁵⁵ne³¹pa⁵⁵, rok³⁵ tʃuk⁵⁵tʰok⁵⁵ma⁵⁵.

1sg   第一   2sg   第二   3sg   老末

024 我今天买了一只鸡、两条鱼、三斤肉。

tʃaŋ³⁵ tʰi⁵⁵noŋ⁵⁵ kor³⁵wa⁵⁵ tʰor⁵⁵, ŋa⁵⁵ ɲik⁵⁵tsiŋ⁵⁵, ʃa⁵⁵ dʒa³⁵ma³¹ sam⁵⁵ ŋoŋ³⁵-ka⁵⁵.

1sg   今天   鸡   一   鱼   二   肉   斤   三   买-PERF

025 这本书我看过三遍了。

o⁵⁵ta⁵⁵   dep³⁵ tʃaŋ³⁵ rap⁵⁵ sam⁵⁵ kot⁵⁵-ka⁵⁵.

DEM:PROX 书   1sg   次   三   看-PERF

026 你数数看，这圈里有几头猪？

nan³⁵ ki³¹ tʂaŋ⁵⁵an⁵⁵ kot³¹ tʃo⁵⁵, o⁵⁵ta⁵⁵   tʃur⁵⁵kaŋ⁵⁵ naŋ³¹ka⁵⁵

2sg   AGT 数数   看   IMP DEM:PROX   猪圈   里面:LOC

pʰak⁵⁵pa⁵⁵ xap⁵⁵tur⁵⁵ la³⁵?

猪   几   有:MIR

027 这两把雨伞是我的。

o⁵⁵ta⁵⁵   ȵen³⁵tu⁵⁵ ȵik³⁵tsiŋ⁵⁵ tʃa³⁵ ka³¹.

DEM:PROX 雨伞   二   1sg   GEN

028 他年年都回家。

rok³⁵ ȵiŋ⁵⁵ tʰor⁵⁵ ta³⁵ ka³¹ pʰɛ⁵⁵ ka³¹ wən⁵⁵-tʃʰo⁵⁵-lo⁵⁵.

3sg   年   一   每   LOC 家   LOC 回-Lv-NPFV

029 他要去街上买肉。

rok³⁵ tʂʰoŋ⁵⁵ naŋ⁵⁵ka⁵⁵ te³⁵ ȵi⁵⁵ ʃa⁵⁵ ŋoŋ⁵⁵-ka⁵⁵.

3sg   街   里面:LOC 去   LNK 肉   买-PERF

030 我正在山上砍柴。

tʃaŋ³⁵ o⁵⁵ma⁵⁵ ri³⁵ku⁵⁵ tʰoŋ⁵⁵ŋa⁵⁵ ʃiŋ⁵⁵ tʃat⁵⁵-tʃʰo⁵⁵-lo³⁵.

1sg   现在   山   顶部:LOC 柴   砍-Lv-NPFV

031 昨天我背粮食去了。

ji⁵⁵niŋ⁵⁵ tʃaŋ³⁵ pu³¹taŋ⁵⁵ paŋ⁵⁵mu⁵⁵ te³⁵-ka⁵⁵.

昨天   1sg   粮食   背   去-PERF

032 你们俩一定要好好地学习。

na³⁵ʃiŋ⁵⁵ ȵik³⁵tsiŋ⁵⁵ tem³⁵ba⁵⁵raŋ⁵⁵ lop³¹tʃaŋ⁵⁵ lik³⁵pu⁵⁵ ɛ⁵⁵.

2dl   二   一定   学习   好   AUX

033 他们看电影去了。

rok³⁵te⁵⁵pa⁵⁵　　lo⁵⁵niŋ⁵⁵　kot⁵⁵-pu⁵⁵　te³⁵-ʃi⁵⁵.

3pl　　　　　　电影　　看-PROS　去-PERF

034 他在山上看见过野牛。

rok³⁵　ki³⁵　ri³⁵ku⁵⁵　tʰoŋ⁵⁵ŋa⁵⁵　gim⁵⁵tʃa⁵⁵　tʰoŋ⁵⁵-ʃi⁵⁵.

3sg　　AGT　山　　顶部:LOC　　野牛　　看见-RES

035 你们今后一定要互相学习，互相帮助，互敬互爱！

ne³¹pa⁵⁵　tsʰiŋ⁵⁵a⁵⁵　tem³⁵ba⁵⁵raŋ⁵⁵　tip³¹ka⁵⁵　lop⁵⁵tʃaŋ⁵⁵,　tip³¹ka⁵⁵　ro³¹ram⁵⁵,

2pl　　今后　　一定　　　　一起　　学习　　　一起　　帮助

tsi⁵⁵kor⁵⁵tsi⁵⁵soŋ⁵⁵!

互敬互爱

036 请你帮他把衣服收起来。

nan³⁵　ki⁵⁵　rok³⁵　a⁵⁵-n̥i³¹　tu⁵⁵toŋ⁵⁵　toŋ⁵⁵-tʰa⁵⁵.

2sg　　AGT　3sg　为-NF　衣服　　收-Lv

037 地震把新修的路震垮了。

sam³¹tir⁵⁵ma⁵⁵　ki⁵⁵　lam³⁵　siŋ⁵⁵ma⁵⁵　tʃʰit⁵⁵　kim³⁵-ka⁵⁵.

地震　　　　AGT　路　　新　　　震　　垮-PERF

038 你们俩把鸡杀了。

na³⁵ʃiŋ⁵⁵　n̥ik⁵⁵tsiŋ⁵⁵　ko³⁵wa⁵⁵　ʃe⁵⁵-ka³⁵　la⁵⁵.

2dl　　二　　　鸡　　　杀-PERF　AUX

039 你看见那个乞丐了吗？

nan⁵⁵　tʰoŋ⁵⁵-ʃi⁵⁵　mo³⁵　o⁵⁵n̥a⁵⁵　to⁵⁵pʰən³¹kʰan⁵⁵?

2sg　　看见-RES　QUES　DEM:DIST　乞丐

040 他笑了。我把他的小孩逗笑了。

rok³⁵　ŋar³⁵-ka⁵⁵.

3sg　笑-PERF

tʃi³¹　ki⁵⁵　rok³⁵　ka³¹　wak⁵⁵tsa⁵⁵　tʂui³⁵-ni³¹　ŋar⁵⁵-ka⁵⁵.

1sg　AGT　3sg　GEN　小孩　　逗-NF　笑-PERF

041 那个猎人进来以后又出去了，随后拿回来一只野鸡。

o⁵⁵n̥a⁵⁵　ʃa⁵⁵pa⁵⁵　nan³¹ka⁵⁵　o⁵⁵-ʃi⁵⁵　lok⁵⁵　n̥i⁵⁵　tʃʰi⁵⁵ka⁵⁵　te³⁵-ʃi⁵⁵,

DEM:DIST　猎人　　里面:LOC　来-PERF　又　LNK　外面:LOC　去-PERF

rəp³⁵　kai⁵⁵　tʰor⁵⁵　ka³¹　rəp⁵⁵　ko⁵⁵wa⁵⁵　tʰor⁵⁵　mi⁵⁵　n̥i⁵⁵　ʃek⁵⁵-tʃi⁵⁵.

野外　ABL　一　GEN　野外　鸡　　一　拿　LNK　到-PFV

042 我亲眼看见那只花狗跳上跳下，可好玩了。

tʃaŋ³⁵ min³⁵ ki³⁵ kot⁵⁵-pa⁵⁵ wu⁵⁵n̠u⁵⁵ kʰu⁵⁵ ka³⁵ jar⁵⁵ toŋ³⁵
1sg 眼睛 INST 看-PFV DEM:DIST 狗 UP 跳 DW

jar³⁵ lik⁵⁵pu⁵⁵ a³¹ni⁵⁵ n̠ik³⁵-tʃʰo⁵⁵-ka³¹ la⁵⁵.
跳 好 ADV 玩-Lv-PERF AUX

043 朝上背四十公尺，朝下背五十公尺。（朝上背四十里，朝下背五十里。）

ka³⁵ tat⁵⁵pa³¹ paŋ⁵⁵-n̠i³¹ koŋ⁵⁵tʂʰi⁵⁵ kʰai⁵⁵ nik³⁵tsiŋ⁵⁵ toŋ³¹ tat⁵⁵pa³¹
UP 朝 背-NF 公尺 二十 二 DW 朝

paŋ³⁵-n̠i³¹ koŋ⁵⁵tʂʰi⁵⁵ kʰai⁵⁵ nik³⁵tsiŋ⁵⁵ taŋ⁵⁵ se⁵⁵.
背-NF 公尺 二十 二 CONJ 十

044 这个东西拿来拿去太费事了，你就别拿了。

o⁵⁵ta⁵⁵ no³¹tsaŋ⁵⁵ lin³⁵ pon⁵⁵ tʰiŋ⁵⁵ pon⁵⁵ ka⁵⁵lu⁵⁵-la⁵⁵ nan³⁵
DEM:PROX 东西 OT 拿 BK 拿 麻烦-NPFV 2sg

ma³¹-pui⁵⁵.
NEG-拿:IMP

045 那个穿破衣裳的家伙一会儿过来、一会儿过去的，到底在做什么？

o⁵⁵n̠a⁵⁵ tu⁵⁵toŋ⁵⁵ tor⁵⁵ka³⁵ a³¹ka³¹ jɛ³⁵-kʰan⁵⁵ soŋ⁵⁵ŋo⁵⁵ kor⁵⁵taŋ⁵⁵rei⁵⁵
DEM:DIST 衣服 破 ADV 穿-NMLZ 人 一会儿

tʰiŋ⁵⁵ o⁵⁵-n̠i³¹, kor⁵⁵taŋ⁵⁵rei⁵⁵ lin³⁵ te³⁵-n̠i³¹, ma³⁵tsa⁵⁵raŋ³⁵ xaŋ³⁵ tʃʰo⁵⁵-lo⁵⁵ sa⁵⁵?
BK 来-NF 一会儿 OT 去-NF 到底 什么 有-NPFV QUES

046 他是藏族，不是回族。

rok³⁵ tʃo⁵⁵ be³¹rei⁵⁵, xui³⁵tsu³⁵ maŋ³⁵-ki⁵⁵.
3sg TOP 藏族 回族 NEG-COP

047 他们家有三个孩子，一个在学校，一个在家里，还有一个已经工作了。

rok³⁵ ka³¹ pʰɛ⁵⁵ka⁵⁵ wak⁵⁵tsa⁵⁵ sam⁵⁵ tʃʰo⁵⁵-lo⁵⁵, tʰor⁵⁵ tʃo⁵⁵
3sg GEN 家里:LOC 孩子 三 有-NPFV 一 TOP

lap⁵⁵tʂa⁵⁵ tʃa⁵⁵, tʰor⁵⁵ tʃo⁵⁵ pʰɛ⁵⁵ka⁵⁵ tʃa⁵⁵, om⁵⁵tʃaŋ⁵⁵ tʰor⁵⁵
学校 在:EGO 一 TOP 家里:LOC 在:EGO 又 一

le³⁵noŋ³¹-ka⁵⁵ la⁵⁵.
工作-PERF AUX

048 我们很愿意听爷爷讲故事。

ai³¹te⁵⁵pa⁵⁵ me³¹me³⁵ ki⁵⁵ tam⁵⁵ ʒik³⁵-pa⁵⁵ n̠an⁵⁵-ki⁵⁵ lam³⁵-la⁵⁵.
1pl:INCL 爷爷 AGT 故事 讲-PFV 听-NMLZ 想-NPFV

049 这只狗会咬人。

o⁵⁵ta⁵⁵　　　kʰu⁵⁵　ki³¹　soŋ⁵⁵ŋo⁵⁵　ŋam⁵⁵-tʃʰo⁵⁵-lo⁵⁵.

DEM:PROX　狗　　AGT　人　　　咬–Lv–NPFV

050 她不敢一个人睡觉。

rok³⁵　tʰor⁵⁵　ɑ⁵⁵kɑ³⁵　jip³⁵-ki⁵⁵　　rei³⁵-ka⁵⁵　ma³¹-la⁵⁵.

3sg　一个人　ADV　睡觉–NMLZ　　敢–PERF　NEG–AUX

051 你能来吗？我能来。

nan³⁵　o⁵⁵-lo⁵⁵　　mo³⁵?　tʃɑŋ³⁵　o⁵⁵-lo⁵⁵.

2sg　来–NPFV　QUES　1sg　　来–NPFV

052 这些人我恨透了。

o⁵⁵ta⁵⁵　　　soŋ⁵⁵ŋo⁵⁵　pa⁵⁵　tʃɑŋ³⁵　na³⁵lam⁵⁵　ten³⁵ma³⁵-la⁵⁵.

DEM:PROX　人　　　PL　　1sg　　恨　　　透–NPFV

053 达娃家的稻子收完了，但格西家的稻子还没有收完。

ta³⁵wa³⁵　pʰɛ⁵⁵ka⁵⁵　　pa⁵⁵ra⁵⁵　toŋ⁵⁵　tʃʰom⁵⁵-ka⁵⁵,　ki³¹ɳi⁵⁵wu⁵⁵　kə³¹ʃi⁵⁵　pʰɛ⁵⁵ka⁵⁵

达娃　　家里:LOC　稻子　　收　　完–PERF　　LNK　　　格西　　家里:LOC

pa⁵⁵ra⁵⁵　toŋ⁵⁵　tʃʰom⁵⁵-ka⁵⁵　ma³¹-la⁵⁵.

稻子　　收　　完–PFRF　　NEG–AUX

054 我找了一遍又一遍，终于找着了。

tʃɑŋ³⁵　oŋ⁵⁵ma⁵⁵　lam⁵⁵　oŋ⁵⁵ma⁵⁵,　tsʰiŋ⁵⁵ɑ⁵⁵ʃet⁵⁵pa⁵⁵　tʰoŋ⁵⁵-ʃi⁵⁵.

1sg　　又　　　找　　又　　　终于　　　　　看见–RES

055 你先休息休息，我先试着跟她谈谈。

nan³⁵　ko⁵⁵ma⁵⁵　ɳi³⁵so⁵⁵　ai⁵⁵,　　tʃiŋ³¹　ki³⁵　ko⁵⁵ma⁵⁵　rok⁵⁵　ka⁵⁵-ɳi³¹

2sg　先　　　休息　　做:IMP　1sg　AGT　先　　　3sg　　跟–NF

tsui³⁵　ai⁵⁵-lo³¹.

谈话　　做:IMP–NPFV

056 他们边唱边跳，玩得可高兴了。

rok³⁵te⁵⁵pa⁵⁵　ki³¹　ʃe³⁵　pʰi⁵⁵ni⁵⁵　ʃa³⁵pʰu⁵⁵tʃo⁵⁵　pʰi⁵⁵ni⁵⁵,　tʂa³⁵-ɳi³¹

3pl　　　　AGT　唱歌　边　　　跳舞　　　　边　　　高兴–NF

ɳip⁵⁵tʃʰo⁵⁵-ka⁵⁵　la⁵⁵.

玩–Lv–PERF　　AUX

057 吃的、穿的都不愁。

dza³⁵-lo⁵⁵　ka³¹,　jɛ³⁵-lo⁵⁵　　ka³¹　ma³¹-tʃʰom⁵⁵-ka⁵⁵-tʃʰo⁵⁵　lo⁵⁵.

吃–NPFV　GEN　穿–NPFV　GEN　NEG–愁–PERF–Lv　　AUX

058 这些猪呢，肥的宰掉，瘦的放到山上去。

o⁵⁵ta⁵⁵	pʰak⁵⁵pa⁵⁵	pu³¹	tʃak⁵⁵pu⁵⁵	pa⁵⁵	ʃe⁵⁵	tʃam⁵⁵pu⁵⁵	pa⁵⁵	ri³⁵ku⁵⁵
DEM:PROX	猪	TOP	肥	PL	杀死	瘦	PL	山

tʰoŋ⁵⁵ŋa⁵⁵ lin⁵⁵ ʃo⁵⁵.
顶部:LOC 放 IMP

059 他的脸红起来了。

rok³⁵	ka³¹	doŋ³¹pa⁵⁵	dza⁵⁵lu⁵⁵	rən³⁵pʰan⁵⁵-ʃi⁵⁵.
3sg	GEN	脸	红	起来-PERF

060 碗里的饭装得满满的。

kur⁵⁵roŋ⁵⁵	naŋ³¹ka⁵⁵	to⁵⁵	pʰoŋ⁵⁵	ka⁵⁵	lot⁵⁵-ka⁵⁵	la³⁵.
碗	里面:LOC	饭	满	ADV	装-PERF	AUX

061 山边的雪是白的，山坡上的雪更白，而山顶的雪最白。

ri³⁵ku⁵⁵	nap⁵⁵	ka⁵⁵	pʰom⁵⁵	pa⁵⁵lin⁵⁵bi⁵⁵	la⁵⁵,	ri³⁵ku⁵⁵	par⁵⁵	ka⁵⁵
山	边	LOC	雪	白	NPFV	山	坡	LOC

pʰom⁵⁵	pa⁵⁵lin⁵⁵bi⁵⁵	tʃʰu⁵⁵ʃe⁵⁵	la³⁵,	ri³⁵ku⁵⁵	tʰoŋ⁵⁵ŋa⁵⁵	ka³¹	pʰom⁵⁵
雪	白	COMPR	NPFV	山	顶部:LOC	GEN	雪

pa⁵⁵lin⁵⁵bi⁵⁵	tʃʰu⁵⁵ʃe⁵⁵	tʃʰu⁵⁵ʃe⁵⁵	la⁵⁵.
白	COMPR	COMPR	NPFV

062 这把刀好是好，就是太贵了点。

o⁵⁵ta⁵⁵	tʃʰu⁵⁵waŋ⁵⁵	lik⁵⁵pu⁵⁵	taŋ⁵⁵	lik⁵⁵pu⁵⁵	la³⁵,	ki⁵⁵n̪u⁵⁵
DEM:PROX	刀	好	CONJ	好	NPFV	LNK

koŋ³⁵tʃʰi⁵⁵-ka⁵⁵	la⁵⁵.
贵-PERF	AUX

063 弄坏了人家的东西是一定要赔偿的。

rok³⁵te⁵⁵	ka³¹	no³¹tsaŋ⁵⁵	ma³⁵-na³⁵-ka³¹	tʃut³⁵-n̪i³¹	tem³⁵ba⁵⁵raŋ⁵⁵
3pl	GEN	东西	NEG-可以-PERF	坏-NF	一定

tsa⁵⁵ma³¹tsʰak⁵⁵-pu⁵⁵.
赔偿-PROS

064 他经常去北京出差。

rok³⁵	tien⁵⁵tʃa⁵⁵raŋ⁵⁵	ʃoŋ³⁵ka³¹tun³⁵-tʰa⁵⁵	ki⁵⁵	pei³⁵tʃiŋ⁵⁵	ka³¹
3sg	经常	出差-Lv	PRT	北京	LOC

te³⁵-tʃʰo⁵⁵-lo⁵⁵.
去-Lv-NPFV

065 昨天他答应了我的要求，说是明天再来玩。

ji⁵⁵niŋ⁵⁵　rok³⁵　ki⁵⁵　kʰe⁵⁵lan³⁵-ʃi⁵⁵　tʃa³⁵　ka³¹　rei⁵⁵wa⁵⁵,　ʒik³⁵-tʃi⁵⁵　nam³⁵niŋ⁵⁵

昨天　　3sg　AGT　答应–PERF　1sg　GEN　要求　　说–PERF　明天

kor⁵⁵-pu⁵⁵　o⁵⁵-lo⁵⁵.

玩–PROS　来–NPFV

066 我一会儿就回来。

tʃaŋ³⁵　rip³⁵kin⁵⁵raŋ⁵⁵　lok⁵⁵　o⁵⁵-lo⁵⁵.

1sg　　一会儿　　　　回　来–NPFV

067 村主任可是个好人。

tsʰun⁵⁵tʂu³⁵rən⁵⁵　ki³¹ni⁵⁵-la⁵⁵　soŋ⁵⁵ŋo⁵⁵　lik⁵⁵pu⁵⁵.

村主任　　　　可是–NPFV　人　　好

068 这条鱼至少有五斤重。

o⁵⁵tɑ⁵⁵　　ŋa⁵⁵　pʰe⁵⁵tʃʰe⁵⁵a³¹　ni⁵⁵la³¹　dʒa³¹ma⁵⁵　ŋa³⁵　o⁵⁵tɑ⁵⁵.

DEM:PROX　鱼　至少　　　　LNK　　斤　　　五　　DEM:PROX

069 这条河最多有五公尺宽（这条河最多有五米宽。）

o⁵⁵tɑ⁵⁵　　ri⁵⁵　zɑp³⁵　ɲi⁵⁵la³¹　koŋ⁵⁵tsʰi⁵⁵　ŋa³⁵　pʰaŋ⁵⁵　tsaŋ⁵⁵ki⁵⁵

DEM:PROX　河水　最多　LNK　　公尺　　　五　宽　　　左右

o⁵⁵tɑ⁵⁵.

DEM:PROX

070 他全家人我都熟悉。

rok³⁵　ka³¹　pʰɛ⁵⁵ka⁵⁵　soŋ⁵⁵ŋo⁵⁵　tʰam³⁵tʃen⁵⁵　raŋ⁵⁵　tʃi³⁵　ki³¹

3sg　GEN　家里:LOC　人　　所有　　　FOC　1sg　AGT

kom⁵⁵ʒɛn⁵⁵-tʃʰo⁵⁵-lo⁵⁵.

熟悉–Lv–NPFV

071 妈妈不会来了。妈妈还没回来。你别回去了。

a³¹ma⁵⁵　maŋ³⁵-ʃek⁵⁵-pa⁵⁵　ji³⁵　tʃi⁵⁵.

妈妈　　NEG–到–PFV　IMP　PFV

a³¹ma⁵⁵　o⁵⁵ma³¹raŋ³⁵　ma³¹-ʃek⁵⁵-pa⁵⁵.

妈妈　　还是　　　　NEG–到–PFV

nan³⁵　tʃo⁵⁵　lok⁵⁵　ma³¹-te³⁵.

2sg　TOP　回　NEG–去

072 客人们都在悄悄地议论这件事。

ʃi⁵⁵pin⁵⁵	pa⁵⁵	tsaŋ⁵⁵ki⁵⁵	a³¹ɲi⁵⁵	o⁵⁵ta⁵⁵		ne⁵⁵tsʰo⁵⁵	tʂui³⁵	a⁵⁵-tʃʰo⁵⁵-ka⁵⁵	la⁵⁵.
客人	PL	悄悄	ADV	DEM:PROX	事情	谈论		做–Lv–PERF	AUX

073 你们究竟来了多少人？

ne³¹pa⁵⁵	ma³¹tsa⁵⁵	tʃo⁵⁵	soŋ⁵⁵ŋo⁵⁵	xam⁵⁵tur⁵⁵	o⁵⁵-ka⁵⁵-tʃʰo⁵⁵	lo⁵⁵?
2pl	究竟	TOP	人	多少	来–PERF–Lv	AUX

074 他不去也行，但你不去不行。

rok³⁵	ma³⁵-te³⁵	ɲi⁵⁵la⁵⁵	na⁵⁵-lo⁵⁵,	ke³⁵ɲu³¹	nan³⁵	ma³⁵-te³⁵	ɲi⁵⁵la⁵⁵
3sg	NEG–去	LNK	可以–NPFV	不过	2sg	NEG–去	LNK

ma³⁵-na⁵⁵-lo⁵⁵.
NEG–可以–NPFV

075 这是我的衣服，那是你的，床上摆着的是人家的。

o⁵⁵ta⁵⁵		tʃo⁵⁵	tʃa³⁵	ka³¹	tu⁵⁵toŋ⁵⁵,	o⁵⁵ɲa⁵⁵		tʃo⁵⁵	nan³⁵	ka³¹,	ɲi³⁵ʂhi⁵⁵
DEM:PROX	TOP	1sg	GEN	衣服		DEM:DIST	TOP	2sg	GEN	床	

tʰoŋ⁵⁵ŋa⁵⁵	tʰa⁵⁵-kʰan⁵⁵	tʃo⁵⁵	rok³⁵te⁵⁵	ka³¹.
上面:LOC	摆–NMLZ	TOP	3pl	GEN

076 猎人打死了兔子。／猎人把兔子打死了。／兔子被猎人打死了。

wən⁵⁵pa⁵⁵	ki⁵⁵	ri³⁵poŋ⁵⁵	ʃe⁵⁵-ka⁵⁵	la⁵⁵.
猎人	AGT	兔子	杀死–PERF	AUX

wən⁵⁵pa⁵⁵	ki³⁵	ri⁵⁵poŋ⁵⁵	ʃen⁵⁵-tʰa⁵⁵-ka⁵⁵	la⁵⁵.
猎人	AGT	兔子	杀死–Lv–PERF	AUX

ri⁵⁵poŋ⁵⁵	tʃo⁵⁵	wən⁵⁵pa⁵⁵	ki⁵⁵	ʃen⁵⁵-tʰa⁵⁵-ka⁵⁵	la⁵⁵.
兔子	TOP	猎人	AGT	杀死–Lv–PERF	AUX

077 他给了弟弟一支笔。

rok³⁵	ki⁵⁵	po³¹niŋ⁵⁵	ka⁵⁵	ɲu⁵⁵ku⁵⁵	tʰor⁵⁵	pi³⁵-ka⁵⁵	lu⁵⁵.
3sg	AGT	弟弟	DAT	笔	一	给–PERF	AUX

078 妈妈为我缝了一件新衣服。

a⁵⁵ma⁵⁵	ki³⁵	tʃa⁵⁵	ka⁵⁵	tu⁵⁵toŋ⁵⁵	sen⁵⁵ma⁵⁵	tʃʰa³⁵	tʰor⁵⁵	tsʰuk⁵⁵	pi⁵⁵-ʃi⁵⁵.
妈妈	AGT	1sg	DAT	衣服	新	件	一	缝	给–PERF

079 学生们用毛笔写字。我用这把刀切肉。

lop⁵⁵tʂa⁵⁵	pa⁵⁵	mo³⁵pi⁵⁵	ki³⁵	ji⁵⁵ki³⁵	dzɯi³⁵-ka⁵⁵.
学生	PL	毛笔	INST	字	写–PERF

tʃaŋ³⁵ o⁵⁵ta⁵⁵   tʃʰo⁵⁵waŋ⁵⁵ ki³⁵ ʃa⁵⁵ tʃʰat⁵⁵-tʃʰo⁵⁵-lo⁵⁵.

1sg   DEM:PROX 刀   INST 肉   切–Lv–NPFV

080 人们用铁锅做饭。

soŋ⁵⁵ŋo⁵⁵ pa⁵⁵ ki³¹ tʃak⁵⁵ ka³¹ xa⁵⁵jaŋ⁵⁵ ka⁵⁵ to⁵⁵ tʃot⁵⁵ -la⁵⁵.

人   PL   AGT 铁   GEN   锅   LOC   饭   做–NPFV

081 树上拴着两匹马。

ʃiŋ⁵⁵ ka³¹ ko⁵⁵ta⁵⁵ ɲik⁵⁵tsiŋ⁵⁵ tʃʰiŋ⁵⁵-tʰa⁵⁵-ka⁵⁵ la⁵⁵.

树   LOC 马   二   拴–Lv–PERF   AUX

082 水里养着各色各样的鱼。

ri⁵⁵ naŋ⁵⁵ka⁵⁵ ŋa⁵⁵ tsa³⁵min³⁵tsa³⁵ seŋ⁵⁵-ka⁵⁵ la⁵⁵.

水   里面:LOC 鱼   各种各样   养–PERF   AUX

083 桌子下躺着一只狗。

tʂuk³¹tsi⁵⁵ pʰraŋ⁵⁵ŋa⁵⁵ kʰu⁵⁵ tʰor⁵⁵ jip⁵⁵-tʃʰo⁵⁵-ka⁵⁵ la⁵⁵.

桌子   底下:LOC   狗   一   躺–Lv–PERF   AUX

084 山上到山下有三十多公尺地。（山上到山下有三十多里地。）

ri³⁵ku⁵⁵ tʰoŋ⁵⁵ŋa⁵⁵ ki⁵⁵ ra³⁵ka⁵⁵ ʃek⁵⁵-pa³¹ koŋ⁵⁵tʂʰi⁵⁵ kʰai⁵⁵ tʰor⁵⁵

山   顶部:LOC   PRT 山下:LOC 到–PFV   公尺   二十   一

se⁵⁵⁵ tsaŋ⁵⁵ki⁵⁵ la³⁵.

十   左右   有:MIR

085 哥哥比弟弟高多了。

a⁵⁵ta⁵⁵ a³¹la⁵⁵ po³¹ɲiŋ⁵⁵ reŋ³⁵-ʃe⁵⁵ la⁵⁵.

哥哥   比   弟弟   高–COMPR NPFV

086 小弟跟爷爷上山打猎去了。

po³¹ɲiŋ⁵⁵ tʃo³¹ me³⁵me³⁵ ka⁵⁵-ɲi³¹ ri³⁵ku⁵⁵ tʰoŋ⁵⁵ŋa⁵⁵ ʃa⁵⁵ ʃe⁵⁵-lo⁵⁵ te³⁵-ʃi⁵⁵.

弟弟   TOP   爷爷   跟–NF   山   顶部:LOC   猎物 杀–NPFV 去–PERF

087 今天、明天和后天都有雨，爷爷和奶奶都不能出门了。

tʰi⁵⁵ɲiŋ⁵⁵, nam³⁵ɲiŋ⁵⁵ taŋ⁵⁵   jim⁵⁵noŋ⁵⁵ ŋam⁵⁵su³⁵ kʰi⁵⁵lo⁵⁵ la³⁵,   me³⁵me³⁵ taŋ⁵⁵

今天   明天   CONJ   后天   下雨   都   NPFV   爷爷   CONJ

ai⁵⁵pi⁵⁵ ɲik³⁵tsiŋ⁵⁵ raŋ⁵⁵ tʃʰi⁵⁵ka⁵⁵ ma³¹-te⁵⁵.

奶奶   二   FOC   外面:LOC   NEG–去

088 买苹果或香蕉都可以。

wu⁵⁵ʃo⁵⁵ ŋoŋ³⁵-ɲi⁵⁵ ŋui³⁵les⁵⁵ ŋoŋ³⁵-ɲi³¹ ŋui³⁵ na⁵⁵-lo⁵⁵.

苹果   买–NF   香蕉   买–NF   买   可以–NPFV

089　哎呀！好疼！

a³¹ra⁵⁵!　　ŋam⁵⁵　　la⁵⁵!

哎呀　　疼　　NPFV

090　昨天丢失的钱找到了吗？

ji⁵⁵niŋ⁵⁵　　ta³¹jaŋ⁵⁵　　man⁵⁵-ki³⁵-kʰan⁵⁵　　tʰoŋ⁵⁵-ʃi⁵⁵　　mo³⁵?

昨天　　大洋　　丢-PRT-NMLZ　　看见-RES　　QUES

091　他们早已经走了吧？

zok³⁵te⁵⁵pa⁵⁵　　pek⁵⁵pe⁵⁵raŋ³¹　　te³⁵-tʃʰo⁵⁵-ka⁵⁵?

3pl　　早　　走-Lv-PERF

092　我走了以后，他们又说了些什么？

tʃaŋ³⁵　　te³⁵　　tʃʰom⁵⁵-n̩i³¹　　ki³¹,　　rok³⁵te⁵⁵pa⁵⁵　　xaŋ⁵⁵　　ʒik³⁵-ka⁵⁵　　sa⁵⁵?

1sg　　走　　完-NF　　PRT　　3pl　　什么　　说-PERF　　QUES

093　叔叔昨天在山上砍柴的时候，看见一只大大的野猪。

a³¹ku⁵⁵　　ji⁵⁵niŋ⁵⁵　　ri³⁵ku⁵⁵　　tʰoŋ⁵⁵ŋa⁵⁵　　ʃiŋ⁵⁵　　tʃat⁵⁵-pa³¹　　kap⁵⁵n̩i⁵⁵,　　po⁵⁵raŋ⁵⁵

叔叔　　昨天　　山　　顶部:LOC　　柴　　砍-PFV　　时候　　野

pʰak⁵⁵pa⁵⁵　　tʃʰi⁵⁵lu⁵⁵　　tʰor⁵⁵　　tʰoŋ⁵⁵-ka⁵⁵.

猪　　大　　一　　看-PERF

094　藏族住在上游，纳西族住在下游。

be³¹rei⁵⁵　　soŋ⁵⁵ŋo⁵⁵　　pa⁵⁵　　tsaŋ⁵⁵pu⁵⁵　　te³⁵　　ka³¹　　tʃʰo⁵⁵-wa⁵⁵,　　na⁵⁵ʃi⁵⁵　　soŋ⁵⁵ŋo⁵⁵　　pa⁵⁵

藏族　　人　　PL　　河流　　上游　　LOC　　住-PFV　　纳西　　人　　PL

tsaŋ⁵⁵pu⁵⁵　　tʃu³⁵　　ka³¹　　tʃʰo⁵⁵-ka³¹.

河流　　下游　　LOC　　住-PERF

095　他不单会说，而且也很会做。

rok³⁵　　ʒik³⁵-pu⁵⁵　　se⁵⁵-ka⁵⁵　　ma⁵⁵-tsʰei⁵⁵,　　tʃʰut⁵⁵-pu⁵⁵　　se⁵⁵-ka⁵⁵　　la⁵⁵.

3sg　　说-PROS　　会-PERF　　NEG-单单　　做-PROS　　会-PERF　　AUX

096　是扎西留下，还是卡佳留下？

tʂa⁵⁵ʃi⁵⁵　　tʰa⁵⁵-lo⁵⁵　　mo³⁵,　　ma³⁵n̩i⁵⁵la³¹　　kʰa³⁵tʃa⁵⁵　　tʰa⁵⁵-lo⁵⁵?

扎西　　留-NPFV　　QUES　　还是　　卡佳　　留-NPFV

097　虽然我也不想去，但又不便当面说。

ma³¹tsa⁵⁵　　tʃaŋ³⁵　　te³⁵-ki⁵⁵　　lam³⁵　　ma³⁵-la⁵⁵,　　ki³¹ni⁵⁵wu⁵⁵　　kot³⁵-pa⁵⁵　　ʒik³⁵

LNK　　1sg　　去-NMLZ　　想　　NEG-NPFV　　LNK　　看-PFV　　说

rən³⁵　　ma³¹-la⁵⁵.

方便　　NEG-NPFV

098 因为我实在太累了，所以一点都不想去。

tʃaŋ³⁵ ma³¹tsa⁵⁵raŋ³⁵ ki⁵⁵ tʃa⁵⁵ rak⁵⁵-la³⁵, wu⁵⁵wa⁵⁵raŋ⁵⁵ tik⁵⁵taŋ⁵⁵ raŋ⁵⁵
1sg LNK AGT 1sg 累-NPFV LNK 一点 FOC

te³⁵-ki⁵⁵ lam³⁵ ma³⁵ -la⁵⁵.
去-NMLZ 想 NEG-NPFV

099 如果天气好的话，我们就收玉米去。

ma³¹tsa⁵⁵ ŋam³⁵ lik⁵⁵pu⁵⁵ a³¹ni⁵⁵ la³⁵, ai³¹te⁵⁵pa⁵⁵ a⁵⁵ʃam⁵⁵ pʰot⁵⁵-pu⁵⁵
LNK 天气 好 ADV NPFV 1pl:INCL 玉米 收-PROS

te³⁵ kʰe⁵⁵.
去 IMP

100 我们现在多积肥，是为了明年多打粮食。

ai³¹te⁵⁵pa⁵⁵ o⁵⁵ma³⁵ ʃa³⁵ zap⁵⁵ kin³¹, soŋ⁵⁵ŋan⁵⁵ ka³¹ pu³¹taŋ⁵⁵ zap⁵⁵
1pl:INCL 现在 肥料 积攒 多 明年 LOC 粮食 积攒

kin³¹ joŋ³⁵pu⁵⁵wa⁵⁵.
多 年成

话语材料

一 歌谣

萨满

ʃo⁵⁵ o³¹ ʃo⁵⁵ʃo⁵⁵ʃo⁵⁵ a³¹ na⁵⁵ a³¹ la³¹ju⁵⁵ le³¹ o³¹xo⁵⁵ o³¹xo⁵⁵ o³¹xo⁵⁵ la³¹
咻 噢 咻咻咻 啊 哪 啊 啦 吆 唻 哦呵 哦呵 哦呵 啦

la³¹ ne³¹.
啦 呐

咻噢咻咻咻啊哪啊啦吆唻哦呵哦呵哦呵啦啦呐。

koŋ³⁵ko⁵⁵ ła⁵⁵ ko³¹ji³⁵ le⁵⁵ ta³¹ma⁵⁵ ku⁵⁵ ne³¹!
宫殿 神仙 人间 唻 做客 请 呐

宫殿里的神仙请到人间做客吧!

o³¹xo⁵⁵ o³¹xo⁵⁵ o³¹xo⁵⁵, ku⁵⁵ jaŋ⁵⁵ ku⁵⁵!
哦呵 哦呵 哦呵 请 呀 请

哦呵,请呀请!

o³¹xo⁵⁵, ku⁵⁵ jaŋ⁵⁵ ta³¹ ku⁵⁵ ze³⁵ ne³¹!
哦呵 请 呀 又 请 IMP 呐

哦呵,请呀又请!

o³¹xo⁵⁵ o³¹xo⁵⁵ o³¹xo⁵⁵, tʃyn³⁵ jaŋ³⁵ tʃyn³⁵!
哦呵 哦呵 哦呵 来 呀 来

哦呵,来呀来!

pui⁵⁵   taŋ⁵⁵   mar³⁵mi⁵⁵   ta³¹   tʰa⁵⁵   se⁵⁵   ne³¹!
香   CONJ   酥油   PRT   放   知道   呐
既然知道放着香和酥油!

o³¹xo⁵⁵   o³¹xo⁵⁵   o³¹xo⁵⁵,   tu⁵⁵lu⁵⁵   lu⁵⁵.
哦呵   哦呵   哦呵   香味   发出
哦呵，发出香味了。

ʃo⁵⁵   o³¹   ʃo⁵⁵ʃo⁵⁵ʃo⁵⁵   a³¹   na⁵⁵   a³¹   la³¹ju⁵⁵   le³¹   o³¹xo⁵⁵   o³¹xo⁵⁵   o³¹xo⁵⁵   la³¹
咻   噢   咻咻咻   啊   哪   啊   啦吆   唻   哦呵   哦呵   哦呵   啦
la³¹   ne³¹.
啦   呐
咻噢咻咻咻啊哪啊啦吆唻哦呵哦呵哦呵啦啦呐。

par⁵⁵ko⁵⁵   tsen⁵⁵   ko³¹ji³⁵   le⁵⁵   ta³¹ma⁵⁵,   ku⁵⁵   ne³¹!
中间   众生   人间   唻   做客   请   呐
中间的众生请到人间做客吧!

o³¹xo⁵⁵   o³¹xo⁵⁵   o³¹xo⁵⁵,   ku⁵⁵   jaŋ⁵⁵   ku⁵⁵!
哦呵   哦呵   哦呵   请   呀   请
哦呵，请呀请!

o³¹xo⁵⁵,   ku⁵⁵   jaŋ⁵⁵   ta³¹   ku⁵⁵   ze³⁵   ne³¹!
哦呵   请   呀   又   请   IMP   呐
哦呵，请呀又请!

o³¹xo⁵⁵   o³¹xo⁵⁵   o³¹xo⁵⁵,   tʃyn³⁵   jaŋ³⁵   tʃyn³⁵!
哦呵   哦呵   哦呵   来   呀   来
哦呵，来呀来!

ze⁵⁵pu⁵⁵   dzan³¹tsam⁵⁵   ta³¹,   tsʰak⁵⁵   se⁵⁵   ne⁵⁵!
各种各样   水果   PRT   奉献   知道   呐
既然知道放着各种水果!

o³¹xo⁵⁵   o³¹xo⁵⁵,   ʃo³⁵lu⁵⁵   ru⁵⁵!
哦呵   哦呵   多多   提供
哦呵，提供的水果真多呀!

ʃo⁵⁵   o³¹   ʃo⁵⁵ʃo⁵⁵ʃo⁵⁵   a³¹   na⁵⁵   a³¹   la³¹ju⁵⁵   le³¹   o³¹xo⁵⁵   o³¹xo⁵⁵   o³¹xo⁵⁵   la³¹
咻   噢   咻咻咻   啊   哪   啊   啦吆   唻   哦呵   哦呵   哦呵   啦

la³¹　ne³¹.

啦　　呐

咻噢咻咻咻啊哪啊啦吆唻哦呵哦呵哦呵啦啦呐。

o⁵⁵ko⁵⁵lu⁵⁵　ko³¹ji³⁵　le⁵⁵　ta³¹ma⁵⁵　ku⁵⁵　ne³¹!

海神　　　　人间　　唻　　做客　　　请　　呐

海神你也请到人间做客吧！

o³¹xo⁵⁵　o³¹xo⁵⁵　o³¹xo⁵⁵,　ku⁵⁵　jaŋ⁵⁵　ku⁵⁵!

哦呵　　哦呵　　哦呵　　　请　　呀　　请

哦呵，请呀请！

o³¹xo⁵⁵,　ku⁵⁵　jaŋ⁵⁵　ta³¹　ku⁵⁵　ze³⁵　ne³¹!

哦呵　　请　　呀　　又　　请　　IMP　呐

哦呵，请呀又请！

o³¹xo⁵⁵　o³¹xo⁵⁵　o³¹xo⁵⁵,　tʃyn³⁵　jaŋ³⁵　tʃyn³⁵!

哦呵　　哦呵　　哦呵　　　来　　　呀　　来

哦呵，来呀来！

pa⁵⁵　taŋ⁵⁵　lu⁵⁵ma⁵⁵　ta³¹　tʰa⁵⁵　ze⁵⁵　ne³¹!

奶渣　CONJ　奶　　　PRT　放　　知道　呐

既然知道放着奶渣和奶！

o³¹xo⁵⁵　o³¹xo⁵⁵　o³¹xo⁵⁵,　mi⁵⁵le⁵⁵　ri⁵⁵.

哦呵　　哦呵　　哦呵　　　连续　　流水

哦呵，放的东西如流水般不断。

二　故事和讲述

1. 盖房子

soŋ⁵⁵ŋo⁵⁵　tʰor⁵⁵　ki⁵⁵　n̠i⁵⁵na³¹n̠i⁵⁵　pʰɛ⁵⁵　siŋ⁵⁵ma⁵⁵　dʒot⁵⁵-ka³⁵　ta³¹.　ki⁵⁵n̠u⁵³
人　　　一　　AGT　LNK　　　房子　新　　　盖-PERF　FPRT　LNK

tʰap³¹tsaŋ⁵⁵　dʒot⁵⁵　ki⁵⁵　n̠i⁵⁵na³¹n̠i⁵⁵　dʒot⁵⁵-ma⁵⁵-ka³⁵　ta³¹,　n̠i³¹ŋuŋ⁵⁵n̠i⁵³　ki⁵⁵
厨房　　　　建　　　PRT　LNK　　　　建-NEG-PERF　FPRT　LNK　　　　　PRT

n̠i⁵⁵na³¹n̠i⁵⁵　ʃiŋ⁵⁵　ki⁵⁵　n̠i⁵⁵　ʃa⁵⁵ma⁵⁵　re³¹ka⁵⁵　pəŋ⁵⁵　tʰa⁵⁵-ka³⁵　la³⁵　ta³¹.
LNK　　　　柴　　PRT　LNK　多　　　旁边:LOC　堆　　　放-PERF　AUX　FPRT

有一个人盖了新房子。但是厨房还没有建好，就把很多柴火堆在旁边。

ŋam⁵⁵	tʰor⁵⁵	ka⁵⁵,	ki⁵⁵	n̪i⁵⁵na³¹n̪i⁵⁵	dak⁵⁵pu⁵⁵	ki⁵⁵	n̪i⁵⁵na³¹n̪i⁵⁵	pʰɛ⁵⁵	naŋ³¹ka⁵⁵
天	一	LOC	PRT	LNK	主人	AGT	LNK	家	里面:LOC

tsʅun³⁵ri⁵⁵-ka³⁵	ta³¹.	ʃi⁵⁵pin⁵⁵	tʰor⁵⁵	ji⁵⁵	ki⁵⁵	n̪i⁵⁵na³¹n̪i⁵⁵	tʰap³¹tsaŋ⁵⁵	re³¹ka⁵⁵
请客-PERF	FPRT	客人	一	AGT	PRT	LNK	厨房	旁边:LOC

n̪i⁵⁵na³¹n̪i⁵⁵	ʃiŋ⁵⁵	ʃa⁵⁵ma⁵⁵	pəŋ⁵⁵	tʰa⁵⁵-ka³⁵	tʰoŋ⁵⁵-ka³⁵	ta³¹,	ŋuŋ⁵⁵na⁵⁵	ji⁵⁵
LNK	柴	多	堆	放-PERF	看见-PERF	FPRT	之后	AGT

ki⁵⁵	n̪i⁵⁵na³¹n̪i⁵⁵	rok³⁵	ʒik³¹-ka³⁵	ta³¹:	"su³⁵ma³⁵-ka⁵⁵	ji³¹	na³⁵wa⁵⁵-n̪i³¹	mi³¹te¹³-ka⁵⁵
PRT	LNK	3sg	说-PERF	FPRT	小心-PERF	IMP	足够-NF	失火-PERF

n̪i⁵⁵na³¹n̪i⁵⁵	pʰɛ⁵⁵	ki⁵⁵	ʒi⁵⁵	na³¹	jo⁵⁵-pu⁵⁵	na³⁵	ta³¹.	nan⁵⁵	ji⁵⁵	ki⁵⁵	n̪i⁵⁵
LNK	房子	PRT	PASS	PRT	烧-PROS	AUX	FPRT	2sg	AGT	PRT	LNK

o⁵⁵ta⁵⁵	kop³¹tsa⁵³ʃiŋ⁵⁵	pa⁵⁵	ki³¹	tʃa³⁵na⁵³	sa³¹tʃʰa⁵⁵	ka³¹	te³⁵-pu³⁵	ki⁵⁵	n̪i⁵⁵
DEM:PROX	柴火	PL	PRT	其他	地方	LOC	去-PROS	PRT	LNK

pəŋ⁵⁵	tʰa⁵⁵-la³¹	ma³⁵	ta³¹."	pʰɛ⁵⁵	a³¹	dak⁵⁵pu⁵⁵	ki⁵⁵	n̪i⁵⁵na³¹n̪i³⁵	rok³⁵te⁵⁵
堆	放-NPFV	NEG	FPRT	家	GEN	主人	AGT	LNK	3pl

ʃi⁵⁵pin⁵⁵	ʒik³⁵-ka³¹	ka³¹ku⁵⁵	tʃi⁵⁵	ma³¹-n̪an⁵⁵-ka³⁵	ta³¹.
客人	说-GEN	话	PFV	NEG-听-PERF	FPRT

有一天，主人家里请客。一位客人看见厨房旁边堆着很多柴火以后，对他说："万一着火了，房子就会被烧了。"你应该把柴火堆到其他地方。主人家没听客人说的话。

tsʰiŋ⁵⁵a⁵⁵,	ki⁵⁵	n̪i⁵⁵na³¹	ten⁵⁵pa⁵⁵raŋ⁵⁵	mi³¹te¹³-ka⁵⁵	ta³¹,	tʰa⁵⁵ru⁵⁵	ka³¹
后来	PRT	LNK	真的	失火-PERF	FPRT	附近	LOC:GEN

soŋ⁵⁵ŋo⁵⁵	ji³¹	tʰam⁵⁵tʃe⁵⁵raŋ⁵⁵	o⁵⁵-ʃi³¹	ji⁵⁵	ta³¹.	n̪i³⁵	soŋ⁵⁵ŋo⁵⁵	tʰor⁵⁵kua⁵⁵
人	AGT	全部	来-PERF	IMP	FPRT	LNK	人	一些

ji³¹ne³¹	mi³¹	ʃe⁵⁵	na³⁵	ta³¹,	soŋ⁵⁵ŋo⁵⁵	tʰor⁵⁵kua⁵⁵	ji³¹ne³¹	rok³⁵	ru⁵⁵pa⁵⁵	ki⁵⁵
PRT	火	灭	AUX	FPRT	人	一些	PRT	3sg	帮忙	PRT

n̪i⁵⁵na³¹	no³⁵tsaŋ⁵⁵	toŋ⁵⁵-ka³⁵	na³⁵	ta³¹,	mi³¹	tʃo⁵⁵kua⁵³ʃe⁵⁵kua³⁵	ji³¹ne³¹	mi⁵⁵	tʃo⁵⁵
LNK	东西	搬-PERF	AUX	FPRT	火	最后	PRT	火	TOP

n̪i³¹	ʃe⁵⁵-ka³⁵	ta³¹.	pʰɛ⁵⁵	a³¹	dak⁵⁵pu⁵⁵	ki⁵⁵	n̪i⁵⁵na³¹n̪i⁵⁵	o⁵⁵n̪a⁵⁵	ki⁵⁵
LNK	灭-PERF	FPRT	房	LOC:GEN	主人	AGT	LNK	DEM:DIST	PRT

n̪i⁵⁵na³¹n̪i⁵⁵	n̪i³⁵	o⁵⁵ta⁵⁵	n̪i³⁵	ʃi⁵⁵pin⁵⁵	ki³¹	ʒik³⁵-ka⁵⁵-ka³¹	ka³¹ku⁵⁵	n̪i³⁵na³¹n̪i⁵⁵
LNK	LNK	DEM:DIST	LNK	客人	AGT	说-PERF-GEN	话	LNK

ʒik³⁵-ka⁵⁵	wu³¹-ka³⁵	ta³¹,	o⁵⁵n̪a⁵⁵	n̪i³⁵na³¹n̪i⁵⁵	ki⁵⁵n̪u⁵⁵	n̪i³⁵	kaŋ⁵⁵mien⁵⁵tsʰe⁵⁵
说-PERF	来-PERF	FPRT	DEM:DIST	LNK	LNK	LNK	非常

lo³¹dʒe⁵⁵   ji³¹   ʃi³⁵   ta³¹.
后悔   IMP   PFV   FPRT

后来，真的着火了，附近的人都来了。有些人扑火，有些人帮他搬东西，最后把火扑灭了。房子的主人这才想起那位客人的话，非常后悔。

（白玛绕杰讲述，2017年）

2．小蜗牛

ko⁵⁵ta⁵⁵   zin⁵⁵mu⁵⁵   tʰor⁵⁵   ki⁵⁵   n̩i⁵⁵na³¹n̩i⁵⁵   nam⁵⁵pie³¹saŋ⁵⁵   zin⁵⁵mu⁵⁵   tʰor⁵⁵   ki³¹
男孩   小   一   AGT   LNK   蜗牛   小   一   PRT

ji³¹na³⁵   toŋ⁵⁵ka³⁵   ta³¹.   rok³⁵   ki⁵⁵   n̩i⁵⁵na³¹n̩i⁵⁵   nam⁵⁵pie³¹saŋ⁵⁵   n̩i³¹   n̩ip⁵⁵ka⁵³
LNK   捡-PERF   FPRT   3sg   AGT   LNK   蜗牛   LNK   玩-PFV

ta³¹,   ki⁵⁵n̩u⁵⁵   nam⁵⁵pie³¹saŋ⁵⁵   a³¹   ʃa³¹raŋ⁵⁵   taŋ⁵⁵   pʰik⁵⁵pa⁵⁵   ki⁵⁵   n̩i⁵⁵na³¹
FPRT   LNK   蜗牛   GEN   头   CONJ   脚   PRT   LNK

kup⁵⁵-n̩i³¹   ki³¹   naŋ³¹ka⁵⁵   nup⁵⁵-ʃi³⁵   ta³¹.   ko⁵⁵ta⁵⁵   ji³⁵   n̩i⁵⁵na³¹n̩i⁵⁵   sem⁵⁵
钻-NF   PRT   里面:LOC   进去-PERF   FPRT   男孩   AGT   LNK   心

naŋ⁵⁵ka⁵⁵   nam⁵⁵pie³¹saŋ⁵⁵   ʃa³¹raŋ⁵⁵   taŋ⁵⁵   pʰik⁵⁵pa⁵⁵   n̩i⁵⁵na³¹n̩i⁵⁵   tʂʰi⁵⁵lo³¹ku³¹
里面:LOC   蜗牛   头   CONJ   脚   LNK   外面:LOC

ʃyn⁵⁵pʰa⁵³-tu³⁵   sam⁵⁵ka³⁵   ta³¹,   wu³¹na⁵³   ji⁵⁵   n̩i⁵⁵na³¹n̩i⁵⁵   dʒuk³¹paŋ⁵⁵   ji⁵⁵ne⁵⁵   rok³⁵
出来-SUB   想-PERF   FPRT   之后   PRT   LNK   棍子   PRT   3sg

lap⁵⁵ka³⁵   ta³¹.
打-PERF   FPRT

一个小男孩捡了一只小蜗牛。他想玩小蜗牛，但小蜗牛把头和脚都钻进（壳里）去了。小男孩想让小蜗牛把头和脚伸出来，就用棍子打它。

a³¹ku⁵⁵   ki⁵⁵   n̩i⁵⁵na³¹n̩i⁵⁵   ko⁵⁵ta⁵⁵   tʰoŋ⁵⁵-n̩i³¹   ji⁵⁵   te³¹   ʒik³¹ka³⁵   ta³¹: "tʃi³⁵
叔叔   AGT   LNK   男孩   看见-NF   PRT   去   说-PERF   FPRT   1sg:AGT

na⁵⁵   ki⁵⁵   n̩i⁵⁵na³¹   tʰa⁵⁵pu⁵⁵ʃe⁵⁵   lik⁵⁵pu⁵⁵   ʃyn⁵⁵   pi³⁵   lɯ³⁵   ta³¹."   n̩i⁵⁵   ko⁵⁵ta⁵⁵
2sg:DAT   PRT   LNK   办法   好   出   给   分   FPRT   LNK   男孩

ta³¹n̩u⁵⁵   a³¹ku⁵⁵   n̩ik⁵⁵tsiŋ⁵⁵   n̩i⁵⁵na³¹n̩i⁵⁵   nam⁵⁵pie³¹saŋ⁵⁵   we⁵⁵n̩i³¹   mɛn³⁵-n̩i³¹   pʰɛ⁵⁵
CONJ   叔叔   二   LNK   蜗牛   LNK   携带-NF   家

pu⁵⁵ka⁵⁵   ta³¹,   n̩i³¹   mi⁵⁵   re⁵⁵kə³⁵   n̩i⁵⁵na³¹n̩i⁵⁵   tʰa⁵⁵ka³⁵   ta³¹.   tik⁵⁵taŋ⁵⁵   te³⁵la⁵⁵,
拿走-PERF FPRT   LNK   火   近处   LNK   放-PERF   FPRT   一会儿   时间

ki⁵⁵   n̩i⁵⁵la⁵⁵n̩i⁵⁵   nam⁵⁵pie³¹saŋ⁵⁵   ki⁵⁵   n̩i³¹   kom⁵⁵pu⁵⁵   a⁵⁵kə³⁵   ta³¹,   rok³⁵   ka³¹
PRT   LNK   蜗牛   PRT   LNK   暖和   变   FPRT   3sg   GEN

ʃa³¹raŋ⁵⁵　n̠i⁵⁵　pʰik⁵⁵pa⁵⁵　ki⁵⁵　n̠i⁵⁵na³¹　tʃʰe⁵⁵wu⁵⁵-ka³¹,　n̠i⁵⁵　ko⁵⁵ta⁵⁵　tʰoŋ⁵⁵ŋa⁵⁵
头　　　LNK　脚　　　　PRT　LNK　　　伸出–PERF　　　LNK　男孩　　上面:LOC
ki⁵⁵　n̠i⁵⁵　koŋ⁵⁵　te⁵⁵-ka³⁵　ta⁵⁵.
PRT　LNK　爬　　去–PERF　　FPRT

　　叔叔看到小男孩以后说："我给你出个好主意。"小男孩和叔叔把蜗牛带回家，放在离火近的地方。过了一会儿，小蜗牛暖和了，把头和脚伸出来，向小男孩爬去了。

（白玛绕杰讲述，2017年）

3．兄弟射鸟

a³¹ta⁵⁵po⁵⁵niŋ⁵⁵　n̠ik⁵⁵tsiŋ⁵⁵　ki³¹　n̠i⁵⁵rə³¹n̠i⁵⁵　kʰa⁵⁵　ga³¹pu⁵⁵　te³⁵-ka⁵⁵　ta³¹,
兄弟　　　　　　二　　　　AGT　LNK　　　　鸟　射　　去–PERF　FPRT
lam³⁵naŋ⁵⁵　a³¹　te⁵⁵-la⁵⁵　ki⁵⁵　n̠i⁵⁵na³¹n̠i⁵⁵　kʰa⁵⁵　ki⁵⁵　n̠i⁵⁵na³¹n̠i⁵⁵　pom⁵⁵naŋ⁵⁵mu⁵⁵re³¹
路上　　　LOC　去–NPFV　PRT　LNK　　　　鸟　PRT　LNK　　　　堆
ŋam⁵⁵　tʰor⁵⁵　pʰian⁵⁵-ka³¹　tʰoŋ⁵⁵-ʃi³⁵　ta³¹.　a⁵⁵ta⁵⁵　ʒik³⁵-tʃi³⁵　ta³¹: "gap³¹-n̠i³¹　ki⁵⁵
天　一　飞–PERF　看见–RES　FPRT　哥哥　说–PERF　FPRT　射–NF　PRT
n̠i⁵⁵na³¹n̠i⁵⁵　zoŋ⁵⁵ma⁵⁵　za³⁵-wa⁵⁵." po³¹niŋ⁵⁵　ʒik³⁵-ka³⁵　ta³¹: "ki⁵⁵　kor⁵⁵　n̠i⁵⁵
LNK　　　　煮　　　吃–PFV　弟弟　　说–PERF　FPRT　PRT　烤　LNK
za³⁵-wa⁵⁵." rok⁵⁵　n̠ik⁵⁵tsiŋ⁵⁵　kʰu⁵⁵luŋ⁵⁵　ʃa⁵⁵ma⁵⁵　pʰi⁵⁵-ka³⁵　ta³¹,　tsʰiŋ⁵⁵a⁵⁵　lok⁵⁵
吃–PFV　3pl　二　　　吵架　　　很久　聊–PERF　FPRT　后来　　回
ki⁵⁵　n̠i⁵⁵　doŋ⁵⁵　naŋ³¹ka⁵⁵　ʃe⁵⁵　ji⁵⁵n̠i⁵⁵　kat³¹pu⁵⁵　tʰor⁵⁵　lam³⁵-ka³⁵　ta³¹,　n̠i³¹
PRT　LNK　村　里面:LOC　到　LNK　老人　　一　找–PERF　FPRT　LNK
rok³⁵　ki³⁵　ro⁵⁵pa³⁵-n̠i³¹　n̠i⁵⁵na³¹n̠i⁵⁵　par⁵⁵ʃe⁵⁵　ai⁵⁵　　ki⁵⁵　ta³¹.
3sg　AGT　帮忙–NF　LNK　　　　决定　　做:IMP　PRT　FPRT

　　有两兄弟去打鸟，路上发现有一群鸟在天上飞。大哥说："射下来，煮着吃。"弟弟说："烤着吃。"他们吵了很久，最后回村里找到一位老人，让他帮助拿主意。

ni⁵⁵suŋ³⁵　kat³¹pu⁵⁵　ʒik³⁵-ka³⁵　ta³¹: "tsʰe⁵⁵paŋ⁵⁵tʃu⁵⁵ku⁵⁵　ji³⁵　na³¹n̠i⁵⁵　zoŋ³⁵am⁵⁵
LNK　老人　说–PERF　FPRT　一半　　　　　PRT　LNK　煮
ʃo⁵⁵　ta³¹,　tsʰe⁵⁵paŋ⁵⁵tʃu⁵⁵ku⁵⁵　ji³⁵　na³¹n̠i⁵⁵　koŋ³⁵am⁵⁵　ʃo⁵⁵　ta³¹." n̠i³¹　a³¹ta⁵⁵po⁵⁵niŋ⁵⁵
IMP　FPRT　一半　　　　　　　PRT　LNK　烤　　IMP　FPRT　LNK　兄弟
n̠ik⁵⁵tsiŋ⁵⁵　n̠i⁵⁵　n̠an⁵⁵-n̠i³¹,　ki⁵⁵　n̠i³⁵　ʒik³⁵-ka³⁵　ta³¹: "ki⁵⁵-la⁵⁵　ta³¹　ŋoŋ³⁵
俩　　　　LNK　听–NF　PRT　LNK　说–PERF　FPRT　COP–NPFV　FPRT　之后
ai⁵⁵pa⁵⁵　kʰa⁵⁵　ga³⁵pu³¹　te³⁵　xe³⁵　ta³¹." rok³⁵te⁵⁵pa⁵⁵　te³⁵-la⁵⁵,　ki⁵⁵　n̠i⁵⁵na³¹n̠i⁵⁵
1pl:EXCL　鸟　射　　去　IMP　FPRT　3pl　　　　去–NPFV　PRT　LNK

kʰa⁵⁵　pa⁵⁵　ki⁵⁵　ɲi⁵⁵　tʰam⁵⁵tʃe⁵⁵raŋ⁵⁵　ko³¹ma⁵⁵　raŋ⁵⁵　pʰian⁵⁵　te⁵⁵-ka³¹　la³⁵　ta³¹.
鸟　　PL　PRT　LNK　全部　　　　　早　　FOC　飞　　去-PERF　AUX　FPRT

老人说："那就一半煮着吃，一半烤着吃。"两兄弟听了后，说："对呀，走吧，去打鸟。"等他们回去的时候，鸟早就飞走了。

（白玛绕杰讲述，2017年）

4．眼耳口鼻争地位

soŋ⁵⁵ŋo⁵⁵　doŋ⁵⁵pa⁵⁵　tʰoŋ⁵⁵ŋa⁵⁵　ki⁵⁵　ɲi⁵⁵na³¹ɲi⁵⁵　no³¹waŋ⁵⁵,　na³¹xoŋ⁵⁵,　miŋ³⁵,
人　　　脸　　　上面:LOC　PRT　LNK　　　嘴巴　　　鼻子　　　眼睛

na³⁵　ki⁵⁵　ji⁵⁵na⁵⁵　rok³⁵te⁵⁵pa⁵⁵　ki⁵⁵　ɲi⁵⁵na³¹ɲi⁵⁵　tʂui⁵⁵tʰo⁵³　ai⁵⁵　ɲi⁵⁵na³¹ɲi⁵⁵
耳朵　PRT　PRT　　3pl　　　　AGT　LNK　　　议论　　做:IMP　LNK

ji⁵⁵pi⁵⁵　tʃo⁵⁵　tsu⁵⁵-ka³⁵　ta³¹.
谁　　TOP　重要-PERF　FPRT

人脸上的嘴巴、鼻子、眼睛、耳朵互相议论谁最重要。

no³¹waŋ⁵⁵　ki³¹　ʒik³⁵-ka³⁵　ta³¹:　"soŋ⁵⁵ŋo⁵⁵　pa⁵⁵　ki⁵⁵　ɲi⁵⁵na³¹ɲi⁵⁵　no³⁵tsaŋ⁵⁵
嘴巴　　　AGT　说-PERF　FPRT　人　　　PL　AGT　LNK　　　东西

za³⁵-la³¹　ki⁵⁵ɲi⁵⁵　tʰam⁵⁵tʃe⁵⁵raŋ⁵⁵　tʃaŋ³⁵　tin⁵⁵-tʃʰo⁵⁵-lo³⁵　ta³¹,　tʃaŋ³⁵　tin⁵⁵-tʃʰo⁵⁵,
吃-NPFV　LNK　全部　　　　　1sg　依靠-Lv-NPFV　FPRT　1sg　靠-Lv

ɲi⁵⁵na³¹ɲi⁵⁵　xaŋ⁵⁵　za³⁵-ki³¹　lam⁵⁵-ka³¹　za³⁵jo⁵⁵　na³¹-lo⁵⁵　ta³¹."
LNK　　　什么　吃-NMLZ　想-PERF　吃　　可以-NPFV　FPRT

嘴巴说："人吃东西全靠我，有我在，想吃什么就可以吃什么。"

na³¹xoŋ⁵⁵　ʒik³⁵-ka³⁵　ta³¹:　"tʃaŋ³⁵　tʃum⁵⁵　nan⁵⁵　ki³¹　ji⁵⁵na³¹　tʃʰi⁵⁵-ʃe⁵³
鼻子　　　说-PERF　FPRT　1sg　本领　　2sg　PRT　LNK　　　大-COMPR

ro³⁵　ta³¹,　xaŋ⁵⁵　ki⁵⁵　ɲu³⁵ɲi³¹　ʃer⁵⁵nan⁵⁵　tʰam⁵⁵　ɲi⁵⁵na³¹ɲi⁵⁵　o⁵⁵nen⁵⁵　ta³¹
行:NPFV　FPRT　什么　PRT　LNK　　闻　　都　LNK　　　这样　　FPRT

za³⁵　na³¹　ro³⁵　　ta³¹."
吃　PRT　行:NPFV　FPRT

鼻子说："我的本领比你大，什么都闻好了才可以吃"。

miŋ³⁵　ɲi³¹　ji³⁵　ki³¹　na³¹　ru³⁵tsik⁵⁵-ɲi³¹　a³¹ɲi⁵⁵　ʒik³⁵-ka⁵⁵　ta³¹:　"tʃaŋ³⁵
眼睛　LNK　AGT　PRT　PRT　生气-NF　　ADV　　说-PERF　FPRT　1sg

kə³¹　ro³⁵-ma⁵⁵　　ɲi⁵⁵na³¹　xaŋ55　raŋ⁵⁵　ma⁵⁵-tʰoŋ⁵⁵-ma⁵⁵　ma³¹-wa⁵⁵　ta³¹,　lik⁵⁵pu⁵⁵
DAT　行:NPFV-NEG　LNK　什么　FOC　NEG-看见-PERF　NEG-有　FPRT　好

ma⁵⁵-tʰoŋ⁵⁵-ma⁵⁵　ta³¹,　duk⁵⁵bin⁵⁵　ma⁵⁵-tʰoŋ⁵⁵-ma⁵⁵　na³⁵　ta³¹,　tʃaŋ³⁵　tʃʰo⁵⁵-ɲi³¹
NEG-看见-PFV　FPRT　坏　　　NEG-看见-PERF　可以　FPRT　1sg　　有-NF

tʃo³¹　xaŋ⁵⁵　raŋ⁵⁵　tʰoŋ⁵⁵-ma⁵⁵　na³⁵　ta³¹."
TOP　什么　FOC　看见–PFV　可以　FPRT

眼睛生气了，说："没有我的话，什么也看不见，好的也看不到，坏的也看不到，有我才能什么都看到。"

na³⁵　ki⁵⁵　ɲi⁵⁵na³¹ɲi⁵⁵　lok⁵³　ʒik³⁵-ka³⁵　ta³¹:　"tʃaŋ³⁵　wa³¹　ne³¹pa⁵⁵　tsu⁵⁵o⁵⁵
耳朵　AGT　LNK　又　说–PERF　FPRT　1sg　PRT　2pl　重要

ki⁵⁵　ɲi⁵⁵　tʰam⁵⁵tʃen⁵⁵　a³¹ni³¹　tʃaŋ³⁵　ki⁵⁵-la⁵⁵　ta³¹,　tʃaŋ³⁵　ma⁵⁵-ni-la³¹　xaŋ⁵⁵
PRT　LNK　都　ADV　1sg　COP–NPFV　FPRT　1sg　NEG–有–NPFV　什么

raŋ⁵⁵　ma⁵⁵-tʰa⁵⁵-la³⁵　ta³¹,　tʃaŋ³⁵　tʃʰo⁵⁵-ɲi³¹　xaŋ⁵⁵　raŋ⁵⁵　na⁵⁵tʰa⁵⁵-la³⁵　na³⁵
FOC　NEG–听见–NPFV　FPRT　1sg　有–NF　什么　FOC　听见–NPFV　可以

ta³¹."
FPRT

耳朵又说："我比你们都重要，没有我的话什么都听不见，有我才听得见。"

soŋ⁵⁵ŋo⁵⁵　ki⁵⁵　ɲi⁵⁵na³¹ɲi³⁵　rok³⁵te⁵⁵pa⁵⁵　ka³¹　tsui⁵⁵tʰu⁵⁵a³¹-ka³¹　ɲan⁵⁵-ɲi³¹,
人　AGT　LNK　3pl　GEN　讨论–PERF　听–NF

ki⁵⁵　ɲi⁵⁵na³¹ɲi³⁵　ʒik³⁵-ka³⁵　ta³¹:　"no³¹waŋ⁵⁵　ki⁵⁵　ɲi⁵⁵,　na³¹xoŋ⁵⁵　ki⁵⁵　ɲi⁵⁵,
PRT　LNK　说–PERF　FPRT　嘴巴　PRT　LNK　鼻子　PRT　LNK

miŋ³⁵　ki⁵⁵　ɲi⁵⁵,　na³⁵　ki⁵⁵　ɲi⁵⁵　tʰam⁵⁵tʃe⁵⁵raŋ⁵⁵　ɲi³⁵　tsu⁵⁵o⁵⁵　ki³¹-la⁵⁵　ta³¹,
眼睛　PRT　LNK　耳朵　PRT　LNK　都　LNK　重要　COP–NPFV　FPRT

ne³¹pa⁵⁵　ma⁵⁵-ni⁵⁵-la³¹,　ki⁵⁵　ɲi⁵⁵na³¹ɲi⁵⁵　soŋ⁵⁵ŋo⁵⁵　pa⁵⁵　ki⁵⁵　ɲi⁵⁵　xaŋ⁵⁵　raŋ⁵⁵
2pl　NEG–有–NPFV　PRT　LNK　人　PL　PRT　LNK　什么　FOC

ki⁵⁵　ɲi⁵⁵　a³¹ni⁵⁵　ma⁵⁵-re³⁵-la³⁵　ta³¹."
PRT　LNK　ADV　NEG–行–NPFV　FPRT

人听了它们的讨论，就说："嘴巴、鼻子、眼睛、耳朵你们都很重要，没有你们的话，人们什么都做不了。"

（白玛绕杰讲述，2017年）

5. 老虎和狐狸

ko³¹ma⁵⁵　ki⁵⁵　ɲi⁵⁵na³¹ɲi⁵⁵　ri³¹ku⁵⁵　tʰor⁵⁵　tʰoŋ⁵⁵ŋa⁵⁵,　ki⁵⁵　ɲi⁵⁵na³¹ɲi⁵⁵
以前　PRT　LNK　山　一　上面:LOC　PRT　LNK

mien³¹mien⁵⁵kʰai⁵⁵la⁵⁵　tʰor⁵⁵　taŋ⁵⁵　ka⁵⁵wu⁵⁵ma³¹　tʰor⁵⁵　tʃʰo⁵⁵-lo³⁵　ta³¹.　ri³¹ku⁵⁵　gaŋ⁵⁵
老虎　一　CONJ　狐狸　一　有–NPFV　FPRT　山　洞

naŋ³¹ka⁵⁵ ki⁵⁵ ȵi⁵⁵na³¹ȵi⁵⁵ pʰa⁵⁵ra⁵⁵ tʰor⁵⁵ la³⁵ ta³¹.
里面:LOC PRT LNK 狼 一 有:MIR FPRT

以前在一座山上，有一头老虎和一只狐狸。山洞里还有一只狼。

ŋam⁵⁵ tʰor⁵⁵ naŋ³¹ka⁵⁵, ji³¹ na³¹ȵi⁵⁵ ka⁵⁵wu⁵⁵ma³¹ ki⁵⁵ ȵi⁵⁵la⁵⁵ȵi³¹ si⁵⁵mi⁵⁵
天 一 里面:LOC PRT LNK 狐狸 AGT LNK 心

naŋ⁵⁵ka⁵⁵ ji³¹na³¹ o⁵⁵ta⁵⁵ kʰai⁵⁵la⁵⁵ ʃe⁵⁵lo³⁵ sam⁵⁵-ka³⁵. ȵi³⁵ tʰi⁵⁵noŋ⁵⁵ nam³¹,
里面:LOC LNK DEM:PROX 老虎 杀-NPFV 想-PERF LNK 今天 天

ki⁵⁵ ȵi⁵⁵na³¹ȵi⁵⁵ a⁵⁵te⁵⁵ma³¹ ka⁵⁵wu⁵⁵ma³¹ ki⁵⁵ ȵi⁵⁵na³¹ȵi⁵⁵ o⁵⁵ma⁵⁵ pʰa⁵⁵ra⁵⁵ ra³⁵-ȵi³¹
PRT LNK 我看 狐狸 AGT LNK 现在 狼 叫-NF

ki⁵⁵ ȵi⁵⁵ tip⁵⁵ka⁵⁵ ki⁵⁵ ȵi⁵⁵na³¹ȵi⁵⁵ kʰai⁵⁵la⁵⁵ la³⁵ma⁵⁵ te³⁵-ka³⁵ ta³¹. ȵu⁵⁵
PRT LNK 一起 PRT LNK 老虎 找 去-PERF FPRT LNK

rok³⁵te⁵⁵pa⁵⁵ ki⁵⁵ ȵi⁵⁵na³¹ȵi⁵⁵ ȵi³⁵ kʰai⁵⁵la⁵⁵ gop³¹ka⁵⁵ ʃe⁵⁵-ka³⁵ ta³¹, ka⁵⁵wu⁵⁵ma³¹
3pl AGT LNK LNK 老虎 面前:LOC 来-PERF FPRT 狐狸

ji⁵⁵ ki⁵⁵ ȵi⁵⁵na³¹ȵi⁵⁵ kʰai⁵⁵la⁵⁵ ʒik³⁵-ka³⁵ ta³¹: "nan⁵⁵ tʃo⁵⁵ ki⁵⁵ ȵi⁵⁵na³¹ȵi⁵⁵
AGT PRT LNK 老虎 说-PERF FPRT 2sg TOP PRT LNK

ŋan⁵⁵pa⁵⁵, tʰam⁵⁵ ma³¹-ki⁵⁵-la⁵⁵ ta³¹, tʰam⁵⁵tʃen⁵⁵ ki⁵⁵ ȵi³¹ nan⁵⁵ juŋ³⁵kʰe⁵⁵-tʃʰo⁵⁵-lo³⁵
厉害 都 NEG-COP-NPFV FPRT 大家 PRT LNK 2sg 害怕-Lv-NPFV

ta³¹. nan⁵⁵ ȵi⁵⁵ ki⁵⁵ ȵi⁵⁵na³¹ȵi⁵⁵ ai⁵⁵pa⁵⁵ ka³¹ ȵi⁵⁵na³¹ȵi⁵⁵ tʃe⁵⁵po⁵⁵ a³¹
FPRT 2sg LNK PRT LNK 1pl:EXCL GEN LNK 大王 做

ji⁵⁵ ta³¹, tsʰiŋ⁵⁵a⁵⁵ ki⁵⁵ ȵi⁵⁵na³¹ ai⁵⁵pa⁵⁵ raŋ⁵⁵ nan⁵⁵ ȵan⁵⁵-pu³⁵ ta³¹." pʰa⁵⁵ra⁵⁵
IMP FPRT 以后 PRT LNK 1pl:EXCL FOC 2sg 听-PROS FPRT 狼

ʒik³⁵-ka³⁵ ta³¹: "ai⁵⁵pa⁵⁵ ji⁵⁵ ki³¹ ȵi⁵⁵ ȵi³⁵ nan⁵⁵ ji⁵⁵ ȵi⁵⁵na³¹ pʰɛ⁵⁵
说-PERF FPRT 1pl:EXCL AGT PRT LNK LNK 2sg PRT LNK 房子

lik⁵⁵pu⁵⁵ tʰor⁵⁵ dʒot⁵⁵-pu³⁵ na³⁵ ta³¹. ai⁵⁵pa⁵⁵ ki⁵⁵ ȵi⁵⁵na³¹ȵi⁵⁵ ŋam¹³dzaŋ³¹sa⁵⁵
漂亮 一 盖-PROS 可以 FPRT 1pl:EXCL AGT LNK 每天

tʰam⁵⁵tʃen⁵⁵raŋ⁵⁵ ȵi³⁵ nan⁵⁵ a³¹ tʃo³³ ki⁵⁵ ȵi⁵⁵na⁵⁵ȵi³¹ zan¹³tsam⁵⁵ ȵi³⁵
都 LNK 2sg DAT TOP PRT LNK 食物 LNK

lik⁵⁵-tʰa³¹-pu⁵⁵ ki⁵⁵ ȵi⁵⁵ liu³¹ na³⁵ ta³¹, ȵi³⁵ nan⁵⁵ tsʰiŋ⁵⁵a⁵⁵ ki⁵⁵ ȵi⁵⁵na³¹ȵi⁵⁵
喜欢-Lv-PROS PRT LNK 分 可以 FPRT LNK 2sg 以后 PRT LNK

ȵi³⁵ tʃʰi⁵⁵a³¹ te³¹-lo⁵⁵ maŋ⁵⁵-ki³¹-la³⁵ ta³¹." kʰai⁵⁵la⁵⁵ ʒik³⁵-ka³⁵ ta³¹: " ȵi³⁵
LNK 外面:LOC 去-NPFV NEG-COP-NPFV FPRT 老虎 说-PERF FPRT LNK

lik⁵⁵pu⁵⁵ pa⁵⁵tsa⁵⁵ ki⁵⁵ wu³¹-la³⁵ ta³¹, o⁵⁵ta⁵⁵ ka³¹ lai⁵⁵ lik⁵⁵pu⁵⁵ ȵi³¹
好 太 COP 来-NPFV FPRT DEM:PROX GEN 事情 好 LNK

tʃaŋ³⁵　　ɲi⁵⁵na³¹　　ko⁵⁵ma³¹　　raŋ⁵⁵　　a⁵³　　ma⁵⁵-n̠u⁵⁵-ka³⁵　　ta³⁵."
1sg　　　LNK　　　从来　　　　FOC　　做　NEG-有-PERF　　FPRT

有一天，狐狸想杀死这头老虎。这天，狐狸叫上狼一起去找老虎。它们来到老虎的面前，狐狸对老虎说："你是世上最厉害的，大家都害怕你。请你当我们的大王吧，以后我们都听你的。"狼说："我们要给你建一座漂亮的房子。我们每天都给你喜欢的东西吃，你以后就不用再出门了。"老虎说："太好了，这么好的事情我从来没想过。"

n̠i³¹　　tshiŋ⁵⁵a⁵⁵　　tʃo⁵⁵,　ki³¹　　n̠i³¹la³¹　　khai⁵⁵a⁵⁵　　tʃo⁵⁵　　ki³¹　　ɲi⁵⁵la³¹n̠i⁵⁵　　tʃhi⁵³
LNK　　以后　　　　TOP　　PRT　　LNK　　　　老虎　　　　TOP　　AGT　　LNK　　　　　门

ka⁵⁵　te⁵⁵　ki³¹　　ɲi⁵⁵la³¹n̠i⁵⁵　zan¹³tsam⁵⁵　ma⁵⁵-la³⁵ma⁵⁵-tʃho⁵⁵-lo³⁵　ta³¹,　　ŋam³¹　thor⁵⁵
LOC　去　AGT　　LNK　　　　食物　　　NEG-找-Lv-NPFV　　　　FPRT　天　　一

ta³¹ku³¹　ji³¹　na³¹n̠i⁵⁵　phɛ⁵⁵　naŋ³¹ka⁵⁵　tʃhy⁵⁵-n̠i³¹　ro³⁵　　　ta³¹.　khai⁵⁵la⁵⁵
过　　AGT　LNK　　房　里面:LOC　待-NF　　行:NPFV　FPRT　老虎

ki³¹　ɲi⁵⁵la³¹n̠i⁵⁵　ŋam³¹thor⁵⁵ta³¹ku⁵⁵　ji³⁵　na³¹n̠i⁵⁵　n̠i³¹　a⁵⁵te³¹ma³¹　ka⁵⁵wu⁵⁵ma³¹
AGT　LNK　　　　每天　　　　　　　AGT　LNK　　LNK　我看　　　狐狸

taŋ⁵⁵　pha⁵⁵ra⁵⁵　ki³¹　n̠u⁵³phaŋ⁵⁵-ka³⁵　ka³¹　ʃa⁵⁵　a³¹　phi³⁵-n̠i³¹　ro³⁵　　ta³¹.
CONJ　狼　　　　AGT　送-PERF　　　GEN　肉　PAT　给-NF　行:NPFV　FPRT

以后，老虎就不再出门去找食物了，每天都待在房里。老虎每天吃着狐狸和狼送过来的肉。

tʃo⁵⁵tʃhi⁵⁵　ʃa⁵⁵ma³¹　te⁵⁵-la⁵⁵　ki³¹　n̠i³¹la³⁵　ta³¹,　khai⁵⁵la⁵⁵　ki³¹　　n̠i³¹la³¹n̠i³⁵
时间　　　　长　　　过-NPFV　PRT　LNK　　　FPRT　老虎　　　AGT　LNK

ka³¹ʃi⁵⁵koŋ⁵⁵　xa³⁵ma⁵⁵　dʒur⁵⁵-ka³⁵　ta³¹.　n̠i³⁵　rok³⁵　ka³¹　lus³¹bu⁵⁵　ki³¹　n̠i³¹
懒　　　　　特别　　　变-PERF　　FPRT　LNK　3sg　GEN　身体　　PRT　LNK

ŋuŋ³⁵　te³¹tʃi⁵⁵phe⁵⁵to⁵⁵　ma⁵⁵-re⁵⁵-ka³¹　re⁵⁵-ka³¹,　ʃa⁵⁵　ki³¹　n̠i³¹　n̠i³⁵　pe⁵⁵tʃhi⁵⁵kə³¹
之后　开始　　　　　　　NEG-行-PERF　行-PERF　牙齿　PRT　LNK　LNK　也

ma⁵⁵-re⁵⁵-ka³¹　　ta³¹.
NEG-行--PERF　FPRT

过了很长时间，老虎变得特别懒。它的身体开始不管用了，牙齿也不管用了。

ŋam⁵⁵　thor⁵⁵　te⁵⁵-la⁵⁵,　ki³¹n̠i³¹na³¹　n̠i³⁵　a⁵⁵te³¹ma³¹　ka⁵⁵wu⁵⁵ma³¹　taŋ⁵⁵　pha⁵⁵ra⁵⁵
天　　一　　过-NPFV　LNK　　　　TOP　我看　　狐狸　　　CONJ　狼

n̠ik⁵⁵tsiŋ⁵⁵　tip⁵⁵ka⁵⁵　o⁵⁵-n̠i³¹　ki³¹　n̠i³¹na³¹n̠i³¹　khai⁵⁵la⁵⁵　kot⁵⁵-pu³¹　ka³⁵　ta³¹.
二　　　　一起　　来-NF　AGT　LNK　　　　　老虎　　　看-PROS　PFV　FPRT

ka⁵⁵wu⁵⁵ma³¹　ji⁵⁵　ki³¹　n̠i³¹na³¹　n̠u⁵⁵ma³¹　khai⁵⁵la⁵⁵　ʒik³⁵-ka³⁵　ta³¹:　"nan⁵⁵
狐狸　　　　AGT　PRT　LNK　　　PRT　　　老虎　　　说-PERF　FPRT　2sg

ji⁵⁵　　kot⁵⁵paˑ⁵⁵-la³¹　ai⁵⁵paˑ⁵⁵　ki³¹　　ɲi³¹na³¹　pa⁵⁵ʃe⁵⁵tsiŋ³⁵aˑ⁵⁵　ki³¹　　ɲi³¹na³¹　siŋ³¹mo⁵³
AGT　看-NPFV　　1pl:EXCL　AGT　LNK　　永远　　　　　　　AGT　LNK　　　养:NPFV

sam⁵⁵　na³¹　mo³⁵　ta³¹?　ai⁵⁵paˑ⁵⁵　ki³¹　ɲi³¹la³¹ɲi³¹　ɲi³⁵　nan⁵⁵　ka⁵⁵　no³⁵tsaŋ⁵⁵
想　　PRT　QUES　FPRT　1pl:EXCL　AGT　LNK　　　　PRT　2sg　DAT　东西

ɳu⁵³pʰaŋ⁵⁵　maŋ⁵⁵-ki⁵⁵　na³¹wa⁵⁵　ta³¹,　nan⁵⁵　ʃe⁵⁵-ki³¹　o⁵⁵-ka³¹　na³¹wa⁵⁵　ta³¹.
送　　　　　NEG-COP　足够　　FPRT　2sg　杀-NMLZ　来-PFV　足够　FPRT

ko³¹ma⁵⁵　ki³¹　ɲi³¹la³¹　nan⁵⁵　tʃo³⁵　ki³¹　ɲi³¹na³¹ɲi³¹　kaŋ⁵⁵mien⁵⁵tsʰe⁵⁵　ŋan⁵⁵paˑ⁵⁵-tʃʰo⁵⁵-lo³⁵
从前　　PRT　LNK　　2sg　TOP　PRT　LNK　　　非常　　　　　　厉害-Lv-NPFV

ta³¹,　ɲi³¹　ai⁵⁵paˑ⁵⁵　tʰa⁵⁵　te⁵⁵　ki³¹　ɲi³¹　nan⁵⁵　ʃe⁵⁵　ma⁵⁵-re⁵⁵-la³⁵　ta³¹,
FPRT　LNK　1pl:EXCL　放　去　AGT　LNK　2sg　杀　NEG-能-NPFV　FPRT

o⁵⁵ma⁵⁵　tʃo³⁵　ki³¹　ɲi³¹　nan⁵⁵　ɲi³¹　ka⁵⁵tʰiŋ⁵⁵raŋ⁵⁵ri³¹-ka³¹　ma⁵⁵-la³¹　　ta³¹.
现在　　TOP　AGT　LNK　2sg　LNK　起来-PERF　　　　　NEG-有:MIR　FPRT

ɲi³¹　ai⁵⁵paˑ⁵⁵　ki³¹　o⁵⁵ma⁵⁵　raŋ⁵⁵　nan⁵⁵　tʃo³⁵　ki³¹　ɲi³¹　ʃe⁵⁵-lo³⁵　ta³¹,
LNK　1pl:EXCL　AGT　现在　　FOC　　2sg　TOP　AGT　LNK　杀-NPFV　FPRT

nan⁵⁵　ʃa⁵⁵　a³¹　za³⁵　mo³⁵　ta³¹　nan⁵⁵　ʒi³⁵　tʃa⁵⁵　mo³⁵　ta³¹.”　ka⁵⁵wu⁵⁵ma³¹
2sg　肉　PAT　吃　QUES　FPRT　2sg　血　喝　QUES　FPRT　狐狸

ʒik³⁵　tʃʰom⁵⁵-ma³¹,　raŋ⁵⁵　ji⁵⁵　ki³¹　ɲi³¹　o⁵⁵na⁵⁵　ki³¹　ɲi³¹na³¹ɲi³¹　a⁵⁵ten³¹　pʰa⁵⁵ra⁵⁵
说　　完-PFV　　　　FOC　AGT　PRT　LNK　于是　　AGT　LNK　　　我看　狼

kʰai⁵⁵la⁵⁵　tʃo³⁵　ki³¹　ɲi³¹　ŋa⁵⁵mi⁵⁵　ʃe⁵⁵-ka³⁵　ta³¹.
老虎　　　TOP　AGT　LNK　咬　　杀-PERF　FPRT

　　有一天，狐狸和狼一起来看老虎。狐狸对老虎说："你以为我们会永远养着你吗？我们可不是来给你送东西的，而是来杀你的。以前你是最厉害的，我们不能杀死你，现在你已经起不来了。我们现在就要把你杀死，吃你的肉，喝你的血。"狐狸说完，就和狼一起把老虎咬死了。

（白玛绕杰讲述，2017年）

6. 等兔子

soŋ⁵⁵ŋo⁵⁵　tʰor⁵⁵　ki⁵⁵　ɲi³¹na³¹　le³¹a³¹　sa⁵⁵　ki⁵⁵ɲi³¹　le³¹a³¹-tʃo³¹-ka³⁵　ta³¹,
人　　　　一　　AGT　LNK　干活　地　PRT　干活-Lv-PERF　FPRT

ri³¹pon⁵⁵　tʰor⁵⁵　ki⁵⁵　ɲi³¹na³¹　ŋun⁵⁵　naŋ³¹ka⁵⁵　jar⁵⁵-pʰa³¹　ki⁵⁵　ɲi³¹na³¹ɲi³⁵
兔子　　　一　　AGT　LNK　草　　里面:LOC　跑-PERF　　AGT　LNK

ʃiŋ⁵⁵　a³¹　tʃik⁵⁵-ni³¹,　ʃi⁵⁵-ka³⁵　ta³¹.
树　　LOC　撞-NF　　　死-PERF　FPRT

　　有个人在地里干活，一只兔子从草丛中钻出来撞到树上，撞死了。

nam³¹niŋ⁵⁵,	o⁵⁵ɳa⁵⁵	soŋ⁵⁵ŋo⁵⁵	ji⁵⁵	na³¹ɳi³¹	u⁵⁵tʰu⁵⁵	ɲi³¹ki³¹ɳi³¹ rok³⁵
明天	DEM:DIST 人	AGT	LNK	继续	LNK	3sg

ki³¹	le³¹a³¹	sa⁵⁵	a³¹	te⁵⁵	ɳi⁵⁵	le³¹a³¹-ka³⁵ ta³¹.	le³¹a³¹-ka³¹ ki⁵⁵ ɳi⁵⁵na³¹
AGT	干活	地	LOC	去	LNK	干活–PERF FPRT	干活–PERF AGT LNK

rok³⁵	ki⁵⁵	ɳi⁵⁵la³¹	wu⁵⁵ɳu⁵⁵	rok³⁵	ka⁵⁵ɳu³¹	le³¹a³¹	sa⁵⁵	wu³¹na³¹ ʃiŋ⁵⁵ a³¹
3sg	AGT	LNK	那样	3sg	辛苦	干活	地	之后 树 LOC

ki⁵⁵ɳi³¹	kot⁵⁵-raŋ⁵⁵-tʃʰo⁵⁵-ka³⁵ ta³¹,	ɳi³¹	si⁵⁵mi⁵⁵	naŋ³¹ka⁵⁵	om³⁵tʃaŋ⁵⁵	ki³¹
PRT	看–FOC–Lv–PERF FPRT	LNK	心	里面:LOC	又	AGT

ɳi⁵⁵na³¹	wu⁵⁵ɳu⁵⁵	ri³¹pon⁵⁵	ki³¹	na³¹ɳi³⁵	jar⁵⁵	wu³¹ ʃiŋ⁵⁵ a³¹	tʃik⁵⁵-ɳi³¹
LNK	那样	兔子	AGT	LNK	跑	来 树 LOC	撞–NF

ʃi⁵⁵-lo³⁵-a³⁵	na⁵³	sam⁵⁵-ka³⁵	ta³¹.
死–NPFV–PERF	可以	想–PERF	FPRT

第二天，那个人继续到地里干活。干活辛苦的时候，他总朝地里面的那棵树看，想着会再次有兔子撞上去。

tsʰiŋ⁵⁵a⁵⁵	ʃek⁵⁵-pa⁵⁵	rok³⁵	ɳi³⁵	ma³¹tsa⁵⁵raŋ⁵⁵	le³¹a³¹-ma⁵⁵	ta³¹,	ŋam³¹ tʰor⁵⁵
后来	到达–PERF	3sg	LNK	应该	干活–NEG	FPRT	天 一

ʃiŋ⁵⁵	re³¹ka⁵⁵	ki³¹	na³¹ɳi³⁵	kʰoŋ⁵³-tʃo³¹-ka³⁵	ta³¹.	tsʰiŋ⁵⁵a⁵⁵ ʃek⁵⁵-pa⁵⁵ ki³¹
树	旁边:LOC	PRT	LNK	守–Lv–PERF	FPRT	后来 到达–PERF AGT

ɳi⁵⁵na³¹ɳi³⁵	ri³¹pon⁵⁵	tʃik⁵⁵pʰi³¹-ka⁵⁵	ɳi³¹	tʰor⁵⁵	raŋ⁵⁵	ji³¹na³¹ toŋ⁵⁵	ma⁵⁵-ɳi³¹-ʃi³⁵
LNK	兔子	撞–PERF	LNK	一	FOC	LNK 捡	NEG–有–PERF

ta³¹,	rok³⁵	ka³¹	a³¹ʃam⁵⁵	ji³¹	tʰam⁵⁵tʃe⁵⁵raŋ⁵⁵	saŋ⁵⁵-ka³⁵ ta³¹.
FPRT	3sg	GEN	玉米	PRT	都	枯–PERF FPRT

后来他干脆不干农活了，每天守在树旁边。结果再也没有捡到过撞死的兔子，他的玉米也全部枯死了。

（白玛绕杰讲述，2017年）

7. 最贵的东西

bi³⁵diŋ⁵⁵	ka³¹	miak⁵⁵tsa⁵⁵	tʰor⁵⁵	ki⁵⁵	ɳi⁵⁵la³¹ɳi⁵⁵	dʒo⁵⁵pu⁵⁵	miak⁵⁵tsa⁵⁵
富	GEN	女人	一	AGT	LNK	穷	女人

pʰɛ⁵⁵ka³¹	te³⁵-ka³⁵	ta³¹,	bi³⁵diŋ⁵⁵	a³¹	miak⁵⁵tsa⁵⁵	ʒik³⁵-ka³⁵	ta³¹: "nan⁵⁵
家里:LOC	去–PERF FPRT		富	GEN	女人	说–PERF	FPRT 2sg

kot⁵⁵	tʃo³¹	tʃaŋ³⁵	ki⁵⁵	ɳi⁵⁵na³¹ɳi⁵⁵	no³⁵tsaŋ⁵⁵	koŋ⁵⁵tʃʰi⁵⁵lu⁵⁵	ʃa⁵⁵ma⁵⁵ tʃʰo⁵⁵-lo⁵⁵
看	IMP	1sg	AGT	LNK	东西	贵	多 有–NPFV

ta³¹. nan⁵⁵ a³¹ tʃʰo⁵⁵-lo⁵⁵ mo³⁵ ta³¹?" dʒo⁵⁵pu⁵⁵ pʰɛ⁵⁵ka³¹ miak⁵⁵tsa⁵⁵ ki⁵⁵
FPRT 2sg PRT 有-NPFV QUES FPRT 穷 家里:LOC 女人 AGT

ɲi⁵⁵ ŋar³⁵-ɲi³⁵ ʒik³⁵-ka³⁵ ta³¹: "ɲi³¹ tʃaŋ³⁵ mu³¹ tʃʰo⁵⁵-lo³⁵ ta³¹, nan⁵⁵ ki³¹
LNK 笑-NF 说-PERF FPRT LNK 1sg PRT 有-NPFV FPRT 2sg PRT

a⁵³ tʃa⁵⁵-wa⁵⁵ ki⁵⁵ ɲi⁵⁵na³¹ɲi⁵⁵ koŋ⁵⁵-ʃe⁵⁵ ki⁵⁵ ɲi⁵⁵na³¹ɲi⁵⁵ no³⁵tsaŋ⁵⁵ ki⁵⁵
PRT 有:EGO-PERF PRT LNK 贵-COMPR PRT LNK 东西 PRT

ɲi⁵⁵na³¹ɲi⁵⁵ koŋ⁵⁵tʃʰi⁵⁵lu⁵⁵ ku³¹na³¹-wa⁵⁵ ta³¹." ɲi³⁵ bi³⁵diŋ⁵⁵ pʰɛ⁵⁵ka³¹ miak⁵⁵tsa⁵⁵
LNK 贵 有-PFV FPRT LNK 富 家里:LOC 女人

ʒik³⁵-ka³⁵ ta³¹: "wu⁵⁵ɲa⁵⁵ ki³¹ nan⁵⁵ ki⁵⁵ ɲi⁵⁵ me⁵⁵ɲi³¹pʰai⁵⁵ taŋ⁵⁵ tʃaŋ³⁵
说-PERF FPRT 那样 PRT 2sg AGT LNK 拿出来 CONJ 1sg

kot⁵⁵~kot⁵⁵-pu³⁵ ta³¹!" ɲi³⁵ a⁵⁵te³¹ dʒo⁵⁵pu⁵⁵ pʰɛ⁵⁵ka³¹ ka³¹ miak⁵⁵tsa⁵⁵ ki⁵⁵
看~RDUP-PROS FPRT LNK 我看 穷 家里:LOC GEN 女人 AGT

ɲi⁵⁵na³¹ɲi⁵⁵ raŋ³⁵tian⁵⁵ wak⁵⁵tsa⁵⁵ ɲik⁵⁵tsiŋ⁵⁵ rik⁵⁵-ɲi⁵⁵ ki⁵⁵ ɲi⁵⁵na³¹ɲi⁵⁵ re³¹ka⁵⁵
LNK 自己 孩子 二 带-NF PRT LNK 旁边:LOC

kot⁵⁵-pa⁵⁵ ʃe⁵³ ki⁵⁵ ɲi⁵⁵na³¹ɲi⁵⁵ ʒik³⁵-ka³⁵ ta³¹: " ɲi³⁵ rok⁵⁵ ɲik⁵⁵tsiŋ⁵⁵ ki⁵⁵ ɲi⁵⁵
看-PFV 来 PRT LNK 说-PERF FPRT LNK 3sg 二 AGT LNK

tʃaŋ³⁵ wa⁵⁵ ji⁵⁵ ɲi⁵⁵na³¹ɲi⁵⁵ koŋ⁵⁵ ki⁵⁵ ɲi⁵⁵na³¹ɲi⁵⁵ ʃa⁵⁵ma⁵⁵ ki³¹ tʃʰi⁵⁵lu⁵⁵-ka³¹
1sg GEN PRT LNK 贵 PRT LNK 多 PRT 大-PERF

ɲi³⁵ ki⁵⁵-la³⁵ ta³¹."
LNK COP-NPFV FPRT

一个富有的女人到一个贫穷的女人家里，对贫穷的女人说："你看我有很多珍贵的东西。你有吗？"贫穷的女人笑着说："我有，我的东西比你的更珍贵。"富有的女人说："那你快拿出来让我看看吧！"贫穷的女人就把自己的两个孩子领到身边，说："他俩就是我最珍贵的东西。"

（白玛绕杰讲述，2017年）

8．变富

soŋ⁵⁵ŋo⁵⁵ tʰor⁵⁵ ki⁵⁵ ɲi⁵⁵la⁵⁵ tʃʰo³¹pu⁵⁵ka⁵⁵ dʒur⁵⁵-ki⁵⁵ sam⁵⁵-lo⁵⁵ a³¹-ka³⁵
人 一 AGT LNK 富 变-NMLZ 想-NPFV 做-PERF

ta³¹, o³⁵na⁵⁵ ji³⁵ ki⁵⁵ ɲi⁵⁵la⁵⁵ rok³⁵ ki⁵⁵ ɲi⁵⁵na⁵⁵ni⁵⁵ wa³¹naŋ⁵⁵naŋ⁵⁵ te³⁵-mi³¹
FPRT 于是 PRT PRT LNK 3sg AGT LNK 到处 去-PRT

ki⁵⁵ ɲi⁵⁵na⁵⁵ ŋui³⁵ taŋ⁵⁵ tʃo³¹ la³⁵ma⁵⁵-ka³⁵ ta³¹.
AGT LNK 钱 CONJ 财物 找-PERF FPRT

一个人想变富，于是他到处寻找钱和财物。

ȵi³⁵ lam³⁵naŋ⁵⁵ te⁵⁵-la⁵⁵, ki⁵⁵ ȵi⁵⁵na⁵⁵ȵi³⁵ rok³⁵ tʃʰo⁵³ ki⁵⁵ ȵi⁵⁵la⁵⁵
LNK 路上 去–NPFV PRT LNK 3sg TOP AGT LNK

lam⁵⁵ka⁵⁵to³¹ paŋ⁵⁵-ȵi³¹ te⁵⁵-ka⁵⁵ ka³¹ soŋ⁵⁵ŋo⁵⁵ tʰor⁵⁵ tʂʰap⁵⁵-ka³⁵ ta³¹. rok³⁵
袋子 背–NF 去–PERF GEN 人 一 碰见–PERF FPRT 3sg

ʒik³⁵-ka³⁵ ta³¹: "nan⁵⁵ ka³¹ lam⁵⁵ka⁵⁵ naŋ³¹ka⁵⁵ ŋa⁵⁵ tʃʰo³¹ ki⁵⁵ ȵi⁵⁵la⁵⁵ tʃaŋ³⁵
说–PERF FPRT 2sg GEN 袋 里面:LOC 鱼 TOP PRT LNK 1sg

tʃʰo³¹ pi³⁵ ji³⁵ ta³¹." o⁵⁵na⁵⁵, ji³⁵ ki⁵⁵ ȵi⁵⁵na³¹ȵi³⁵ o⁵⁵ȵa⁵⁵ soŋ⁵⁵ŋo⁵⁵ ki⁵⁵
TOP 给 IMP FPRT 于是 AGT PRT LNK DEM:DIST 人 AGT

ȵi⁵⁵na³¹ȵi⁵⁵ lam⁵⁵ka⁵⁵ naŋ³¹ka⁵⁵ ki⁵⁵ ȵi⁵⁵na³¹ȵi⁵⁵ pu³¹tʃʰi⁵⁵la⁵⁵ tʰor⁵⁵ tsoŋ⁵⁵-ȵi³¹
LNK 袋 里面:LOC PRT LNK 蛇 一 抓–NPFV

ki⁵⁵ ȵi⁵⁵na³¹ rok³⁵ pi³⁵-ka³⁵ ta³¹.
AGT LNK 3sg 给–PERF FPRT

在路上，他碰见一个背着袋子的人。他说："把你袋里的鱼给我一条吧。"于是，那人从袋中抓出一条蛇给了他。

ȵi³⁵ rok³⁵ ki⁵⁵ ȵi⁵⁵la³¹ mu⁵³tʰu⁵⁵ ȵi³¹ki⁵⁵ȵi⁵⁵ kuʔ¹³ka⁵⁵ te³⁵-ka³⁵ ta³¹,
LNK 3sg AGT LNK 继续 LNK 前面:LOC 去–PERF FPRT

ȵi³⁵ te⁵⁵-la⁵⁵ ki⁵⁵ ȵi⁵⁵na³¹ȵi⁵⁵ a⁵⁵te⁵⁵ma³¹ ʃo⁵⁵ma⁵⁵ tʰor⁵⁵ pʰu⁵⁵-ȵi³¹ te³⁵-ka³¹
LNK 去–NPFV AGT LNK 我看 篮子 一 提–NF 走–PERF

kap⁵⁵ miak⁵⁵tsa⁵⁵ tʰor⁵⁵ tʂʰap⁵⁵-ka³⁵ ta³¹. rok³⁵ ki³¹ ʒik³⁵-ka³⁵ ta³¹: "nan⁵⁵
时候 女人 一 碰见–PERF FPRT 3sg AGT 说–PERF FPRT 2sg

ka³¹ wu⁵⁵na³¹ ʃo⁵⁵ma⁵⁵ naŋ³¹ka⁵⁵ jar⁵⁵za⁵⁵kun³⁵pu³¹ tʰor⁵⁵ tʃaŋ³⁵ pi³⁵ ji³⁵ ta³¹."
GEN 之后 篮子 里面:LOC 虫草 一 1sg 给 IMP FPRT

o⁵⁵na⁵⁵, ji³⁵ ki⁵⁵ ȵi⁵⁵na³¹ȵi³⁵ miak⁵⁵tsa⁵⁵ ki⁵⁵ ȵi⁵⁵na³¹ȵi³¹ tʰi⁵³mi⁵³-tʃʰo⁵³, ki⁵⁵
于是 PRT PRT LNK 女人 AGT LNK 停–Lv AGT

ȵi⁵⁵na³¹ȵi³⁵ ka⁵⁵taŋ⁵⁵ rəŋ⁵⁵-ka³⁵ o⁵⁵ȵa⁵⁵ ʃo⁵⁵ma⁵⁵ naŋ³¹ka³¹ ki⁵⁵ ȵi⁵⁵na⁵⁵ni⁵⁵
LNK 手 伸–PERF DEM:DIST 篮子 里面:LOC PRT LNK

rok³⁵ ka³¹ ka⁵⁵taŋ⁵⁵ ʃyn⁵⁵-ȵi³¹ pʰa³¹-ȵi³¹ ki⁵⁵ ȵi⁵⁵na⁵⁵ni⁵⁵ dam⁵⁵ka³¹ tʰor⁵⁵
3sg GEN 手 出来–NF 取–NF PRT LNK 烟草 一

pi³⁵-ka³⁵ ta³¹.
给–PERF FPRT

他继续向前走，看见一个提篮子的女人。他说："把你篮子里的虫草给我一支吧。"于是，女人停下来，伸手从篮中拿出一支烟草给了他。

ɳi⁵⁵　　tsʰiŋ⁵⁵a⁵⁵　ki⁵⁵　ɳi⁵⁵na⁵⁵　rok³⁵　ki⁵⁵　　ɳi⁵⁵na⁵⁵ɳi³⁵　kat³¹pu⁵⁵　tʰor⁵⁵　tʰoŋ⁵⁵-ka³⁵
LNK　　后来　　PRT　LNK　　3sg　AGT　　LNK　　　老人　　一　　　看见-PERF

ta³¹,　ɳi³⁵　rok³⁵　ki⁵⁵　ki⁵⁵　ɳi⁵⁵la⁵⁵　kat³¹pu⁵⁵　wa³¹　tʃi⁵⁵ma⁵⁵-ka³⁵　ta³¹:
FPRT　LNK　3sg　AGT　PRT　LNK　　老人　　DAT　问-PERF　　　　FPRT

"xaŋ⁵⁵a⁵⁵ni⁵⁵　soŋ⁵⁵ŋo⁵⁵　pa⁵⁵　ki⁵⁵　ɳi⁵⁵na⁵⁵　tʃaŋ³⁵　tsʰat⁵⁵-ka³¹　no³⁵tsaŋ⁵⁵　ki⁵⁵
为什么　　　人　　　PL　AGT　LNK　　1sg　　要-PERF　　东西　　　PRT

ɳi⁵⁵na³¹ɳi⁵⁵　tʰor⁵³　raŋ⁵⁵　pi³⁵-ma³¹-la³⁵　ta³¹?"　kat³¹pu⁵⁵　ʑik³⁵-ka⁵⁵　ta³¹:　"rok³⁵te⁵⁵
LNK　　　　一　　FOC　给-NEG-NPFV　FPRT　老人　　　说-PERF　　FPRT　3pl

na⁵⁵　ma³¹-pi³⁵-ka³¹　maŋ⁵⁵-ki⁵⁵　na³⁵　ta³¹,　nan⁵⁵　tsʰat⁵⁵-ka³⁵　no³⁵tsaŋ⁵⁵　ki⁵⁵
AUX　NEG-给-PERF　NEG-COP　AUX　FPRT　2sg　要-PERF　　　东西　　　PRT

ɳi⁵⁵na³¹　rok³⁵te⁵⁵　tʰor⁵³　raŋ⁵⁵　ma³¹-ka³⁵　ta³¹,　ɳi⁵³　rok³⁵te⁵⁵pa⁵⁵　ki⁵⁵　ɳi⁵⁵na⁵⁵ni⁵⁵
LNK　　3pl　　　一　　FOC　NEG-PERF　FPRT　LNK　3pl　　　　AGT　LNK

rok³⁵te⁵⁵　tʃʰo⁵⁵-ka³¹　no³⁵tsaŋ⁵⁵　ki⁵⁵　ɳi⁵⁵na⁵⁵ni⁵⁵　nan⁵⁵　a³¹　pi³⁵-ka³⁵　ta³¹."
3pl　　　有-GEN　　东西　　　PRT　LNK　　　2sg　DAT　给-PERF　FPRT

　　　后来他碰见一位老人，他问老人："为什么人们都没有给我我要的东西？"老人说："他
们没有不给，你要的那些东西他们都没有，他们只能把他们有的东西给你。"

（白玛绕杰讲述，2017年）

9. 明天吃饭不要钱

a³¹ta⁵⁵po⁵⁵niŋ⁵⁵　sam⁵⁵　ɳi³⁵　ki³⁵　ɳi³¹la³⁵　lam³⁵　naŋ⁵⁵ka³¹　daŋ³⁵ma⁵⁵　ki³¹
兄弟　　　　　　三　　LNK　AGT　LNK　　路　　里面:LOC　走　　　　PRT

ni³¹la³⁵　ta³¹,　ɳi³¹　za³⁵kʰaŋ⁵⁵　tʰor⁵⁵　tʰoŋ⁵⁵-ʃi³⁵　ta³¹　ɳi³¹　za³⁵kʰaŋ⁵⁵　ko⁵⁵ri⁵⁵
LNK　　FPRT　LNK　饭馆　　　一　　看见-RES　FPRT　LNK　饭馆　　　门口

ka⁵⁵　ki³¹　ɳi³¹na³¹ɳi⁵⁵　o⁵⁵ɳen⁵⁵　tʃi³⁵-ka³¹　la³⁵　ta³¹:　"nam³¹niŋ⁵⁵　o⁵⁵ta⁵⁵　to⁵⁵
LOC　PRT　LNK　　　这样　　写-PERF　AUX　FPRT　明天　　　这里　饭

za³⁵　ni⁵³a³¹　ɳi³¹　to⁵³　ka³¹　ŋui⁵⁵　tʃo³¹　ki⁵⁵-lo³¹　　ma⁵⁵-pi³⁵-la³¹　ta³¹."
吃　LNK　LNK　饭　GEN　钱　TOP　COP-NPFV　NEG-给-NPFV　FPRT

　　　三个兄弟在路上走，看到一家饭馆门口这样写着："明天在这里吃饭，不用给饭钱。"

ɳi³⁵　rok³⁵te⁵⁵　ki⁵⁵　ɳi⁵⁵la³¹　tʂa⁵⁵　a³¹ni⁵⁵　o⁵⁵ta⁵⁵　wu⁵⁵-tu⁵⁵-ni³¹　ki⁵⁵　ɳi⁵⁵la³¹
LNK　3pl　　AGT　LNK　高兴　ADV　这里　来-SUB-PRT　AGT　LNK

to⁵⁵　za³⁵-ka³⁵　ta³¹,　to⁵⁵　za³⁵-tʃo⁵⁵　ɳi³⁵　tʃe³¹lu⁵⁵　dʒa⁵⁵-pa⁵⁵　ki⁵⁵　ɳi⁵⁵na³⁵
饭　吃-PERF　FPRT　饭　吃-Lv　LNK　离开　准备-PFV　AGT　LNK

ta³¹,　ɳi³¹　za³⁵kʰaŋ⁵⁵　a³¹　dak⁵⁵pu⁵⁵　ʑik³⁵-tʃi³⁵　ta³¹:　"to⁵⁵　za³⁵-tʃʰo⁵⁵-mi⁵⁵　ki⁵⁵
FPRT　LNK　饭馆　　　GEN　主人　说-PERF　FPRT　饭　　吃-Lv-NMLZ　AGT

ȵi⁵⁵na³¹　ŋui⁵⁵　ȵi³¹　pi³⁵-lo³⁵　ta³¹.”　a³¹ta⁵⁵po⁵⁵niŋ⁵⁵　sam⁵⁵　ji³¹　ʒik³⁵-ka³⁵　ta³¹:
LNK　钱　LNK　给-NPFV　FPRT　兄弟　　　三　AGT　说-PERF　FPRT

“o⁵⁵ta⁵⁵　to⁵⁵　za³⁵　xaŋ³¹　soŋ⁵⁵ŋo⁵⁵　pa⁵⁵　ŋui⁵⁵　pi⁵⁵-lo³¹　ma⁵⁵-pi³⁵-la³¹　maŋ⁵⁵-ki⁵⁵
这里　饭　吃　什么　人　PL　钱　给-NPFV　NEG-给-NPFV　NEG-COP

mo³⁵　ta³¹?”　za³⁵kʰaŋ⁵⁵　a³¹　dak⁵⁵pu⁵⁵　ʒik³⁵-ka³⁵　ta³¹:　“tʃaŋ³⁵　tʂui⁵⁵-ka³¹　ki³⁵
QUES　FPRT　饭馆　GEN　主人　　说-PERF　FPRT　1sg　写-PERF　PRT

ȵi³¹la³¹ni³¹　nam³¹niŋ⁵⁵　to⁵⁵　za³⁵　xaŋ⁵⁵　a³¹　soŋ⁵⁵ŋo⁵⁵　pa⁵⁵　ki³⁵　ȵi³¹na³¹　ŋui⁵⁵
LNK　明天　饭　吃　什么　GEN　人　PL　PRT　LNK　钱

ki⁵⁵-lo³¹　ma⁵⁵-pi³⁵-la³⁵　ta³¹,　ȵi³¹　tʃaŋ³⁵　ŋuŋ⁵⁵ni³¹　ma⁵⁵-ʒik³⁵-ka³⁵　ta³¹
COP-NPFV　NEG-给-NPFV　FPRT　LNK　1sg　之后　NEG-说-PERF　FPRT

tʰi⁵⁵noŋ⁵⁵　to⁵⁵　za³⁵　xaŋ⁵⁵　soŋ⁵⁵ŋo⁵⁵　ki³⁵　ȵi³¹la³¹ȵi³¹　ŋui⁵⁵　ki⁵⁵　ma⁵⁵-pi³⁵-la³¹
今天　饭　吃　什么　人　PRT　LNK　钱　PRT　NEG-给-NPFV

ma³¹-je⁵⁵-ka³⁵　ta³¹.”　ȵi⁵³　rok³⁵te⁵⁵　sam⁵⁵　ki³⁵　ȵi³¹na³¹ȵi³⁵　o⁵⁵ta5　te⁵⁵
NEG-用-PERF　FPRT　LNK　3pl　三　AGT　LNK　DEM:PROX　去

ȵi³¹la³¹ȵi⁵⁵　sin⁵⁵-ka³⁵　ta³¹　o⁵⁵ȵa⁵⁵　za³⁵kʰaŋ⁵⁵　a³¹　dak⁵⁵pu⁵⁵　ki³⁵　ȵi³¹na³¹ȵi³⁵
LNK　知道-PERF　FPRT　DEM:DIST　饭店　GEN　主人　AGT　LNK

soŋ⁵⁵ŋo⁵⁵　kʰa⁵⁵la⁵⁵pʰi⁵⁵wa⁵⁵　na³⁵　ta³¹.
人　撒谎　　AUX　FPRT

他们很高兴地来这儿吃饭，吃完饭正准备走时，饭馆的主人说："吃完了饭就给钱。"三个兄弟说："这里吃饭的人不是不用给钱吗？"饭馆的主人说："我写的是明天吃饭的人不用给钱，又没说今天吃饭的人不用给钱。"他们三个这才知道饭馆的主人骗人。

（白玛绕杰讲述，2017年）

10．兔子和乌龟赛跑

ŋam⁵⁵　tʰor⁵⁵　naŋ³¹ka⁵⁵,　ki⁵⁵　ȵi⁵⁵na³⁵ni³¹　a⁵⁵tien³¹　ri³¹pon⁵⁵　taŋ⁵⁵　ru⁵⁵pe⁵⁵
天　一　里面:LOC　PRT　LNK　我看　兔子　CONJ　乌龟

ȵik⁵⁵tsiŋ⁵⁵　ȵi³¹na³⁵　jar⁵⁵-ka³⁵　ta³¹,　ri³¹pon⁵⁵　ki⁵⁵　ȵi⁵⁵la³¹ȵi³¹　na³⁵ȵi³⁵
俩　LNK　跑步-PERF　FPRT　兔子　AGT　LNK　　LNK

ŋar³⁵-ȵi³¹　a³¹ni⁵⁵　na³⁵ȵi³⁵　ru⁵⁵pe⁵⁵　a³¹　koŋ⁵⁵-ȵi³¹-ka³⁵　ta³¹　na³⁵　ȵi³⁵la³⁵ȵi³⁵
笑-NF　ADV　LNK　乌龟　DAT　爬-NF-PERF　FPRT　AUX　LNK

tʃʰap⁵⁵ten⁵⁵ʃa⁵⁵-tʃʰo⁵⁵-lo³⁵　ta³¹.　ru⁵⁵pe⁵⁵　ki³¹　ʒik³⁵-ka³⁵　ta³¹,　tʃaŋ³⁵　tʃo³¹　tem³⁵ba⁵⁵raŋ⁵⁵
慢-Lv-NPFV　　FPRT　乌龟　AGT　说-PERF　FPRT　1sg　TOP　一定

tʂak⁵⁵te⁵³-la³⁵　ta³¹.　ri³¹pon⁵⁵　ȵi³¹　ʒik³⁵-ka³⁵　ta³¹:　“o⁵⁵ma⁵⁵　ʃi³¹　ai³¹te⁵⁵pa⁵⁵　ki⁵⁵
赢-NPFV　FPRT　兔子　AGT　说-PERF　FPRT　现在　PRT　1pl:INCL　AGT

ɲi⁵⁵la³¹　　tʂən³¹tur⁵⁵pʰi⁵⁵　　ji³⁵　　ta³¹."
LNK　　　比赛　　　　　　　　IMP　FPRT

有一天，兔子和乌龟跑步，兔子嘲笑乌龟爬得慢。乌龟说，我一定会赢。兔子说："我们现在就开始比赛。"

ri³¹pon⁵⁵　　ki⁵⁵　　ɲi⁵⁵na³¹ɲi³¹　　jar⁵⁵pu⁵³　　ki⁵⁵ɲi⁵⁵　　dʒok⁵⁵pu⁵⁵-tʃʰo³¹-lo³⁵　　ta³¹,　　ru⁵⁵pe⁵⁵
兔子　　　　AGT　　LNK　　　　　跑　　　　PRT　　　快-Lv-NPFV　　　　　　FPRT　乌龟

ki⁵⁵　　ɲi⁵⁵na³¹　　ʃi⁵⁵lo⁵⁵　　u⁵⁵lu⁵⁵ta⁵⁵ku⁵⁵　　a³¹ni⁵⁵　　na³¹ɲi⁵⁵　　jar⁵⁵-ka³⁵　　ta³¹.　　tik⁵⁵taŋ⁵⁵
AGT　　LNK　　　PRT　　　拼命　　　　　　ADV　　LNK　　　跑-PERF　　FPRT　一会

ma⁵⁵-te⁵⁵　　a³¹ni³⁵　　ri³¹pon⁵⁵　　tʃo⁵⁵　　ji³¹　　jar⁵⁵　　ji³¹　　tʰa⁵⁵rən⁵⁵pu⁵⁵　　a⁵³-ʃi³¹-ka³⁵　　ta³¹.
NEG-去　　ADV　　兔子　　　TOP　　PRT　跑　　IMP　远　　　　　　做-RES-PERF　FPRT

ri³¹pon⁵⁵　　mi³⁵　　sam⁵⁵-ka³⁵　　ta³¹　　ɲi⁵³　　ru⁵⁵pe⁵⁵　　ki⁵⁵　　ɲi⁵⁵na³¹ɲi⁵⁵　　jar⁵⁵-pa⁵³　　ki⁵⁵
兔子　　　PRT　想-PERF　　　FPRT　LNK　乌龟　　　AGT　LNK　　　　跑-PFV　　　AGT

ɲi⁵⁵na³¹ɲi⁵⁵　　tʃʰap⁵⁵ten⁵⁵-ʃi⁵³　　la³⁵　　ta³¹,　　tʃaŋ³⁵　　ko³¹ma⁵⁵　　tik⁵⁵taŋ⁵⁵　　ʒip³⁵-tʃʰo⁵³-lo⁵³
LNK　　　　慢-RES　　　　　AUX　FPRT　1sg　　先　　　一会　　　睡-Lv-NPFV

ji³⁵ka³¹　　la³⁵　　ta³¹　　tik⁵⁵taŋ⁵⁵　　ʒip³⁵-tʰa⁵⁵-ʃi³¹,　　ɲi⁵⁵　　ka³⁵　　wu³⁵ni³¹　　kʰun⁵⁵-pu³⁵
PFV　　　AUX　FPRT　一会　　　睡-Lv-PERF　　LNK　PFV　之后　　追-PROS

ɲi³¹　　kʰun⁵⁵-ʃi⁵⁵　　mo³⁵　　ta³¹.
LNK　追-RES　　　QUES　FPRT

兔子跑得飞快，乌龟拼命地跑。不一会儿，兔子就跑远了。兔子想乌龟跑得太慢了，我要先睡一会，睡一觉起来也能追上乌龟。

ri³¹pon⁵⁵　　ʒip³⁵-tʃʰo³¹-la³¹　　ki⁵⁵　　ɲi⁵⁵na³¹ɲi⁵⁵　　ru⁵⁵pe⁵⁵　　ki⁵⁵　　ɲi⁵⁵lo³¹　　ma³¹tsa⁵⁵
兔子　　　睡觉-Lv-NPFV　PRT　LNK　　　　乌龟　　　AGT　LNK　　　居然

ma⁵³-tʰim⁵³-ka⁵³　　ɲi⁵⁵na³¹ɲi⁵⁵　　jar⁵⁵-ka³⁵　　ta³¹.　　ri³¹pon⁵⁵　　mi³⁵　　na³¹　　se⁵⁵-wa⁵⁵　　ki⁵⁵
NEG-停-PERF　　LNK　　　　爬-PERF　FPRT　兔子　　　PRT　PRT　醒-PFV　　　PRT

ɲi⁵⁵na³¹ɲi⁵⁵　　a³¹te⁵⁵　　ru⁵⁵te⁵⁵　　ki⁵⁵　　ɲi⁵⁵na³¹ɲi⁵⁵　　ko³¹raŋ⁵⁵　　ki⁵⁵　　ɲi⁵⁵na³¹ɲi⁵⁵　　la³¹
LNK　　　　我看　乌龟　　AGT　LNK　　　　时候　　PRT　LNK　　　　AUX

ʃek⁵⁵-tʃʰo⁵⁵-ka³⁵　　ta³¹.
到达-Lv-PERF　FPRT

兔子睡觉的时候，乌龟不停地爬。当兔子醒来的时候乌龟已经到达终点了。

（白玛绕杰讲述，2017年）

11. 鹿和马

ka³⁵ʃa⁵⁵　　tʃi³¹　　sam⁵⁵-ka³⁵　　ta³¹　　si⁵⁵mi⁵⁵　　na⁵⁵　　ni³¹　　tʃa⁵⁵　　wa³¹　　ki⁵⁵　　ɲi⁵⁵na³¹ɲi⁵⁵
鹿　　　TOP　想-PERF　　FPRT　想　　　AUX　LNK　1sg　PRT　PRT　LNK

raŋ³⁵tian⁵⁵　wa⁵⁵roŋ⁵⁵　rəŋ³⁵pu⁵⁵wa⁵⁵　ka³¹　lik⁵⁵pu⁵⁵　a⁵⁵ka⁵³　n̠ik⁵⁵tsiŋ⁵⁵　tʃʰo⁵⁵-lo³⁵
自己　　　角　　　长　　　　　GEN　美丽　　GEN　二　　　　有-NPFV

ta³¹,　ʃo⁵⁵naŋ⁵³pʰi⁵⁵　a³¹n̠i⁵⁵　ki⁵⁵　n̠i³¹na³¹n̠i³¹　a³¹tien³¹　ʃiŋ⁵⁵naŋ³¹　naŋ³¹ka⁵⁵　ki⁵⁵
FPRT　高兴　　　　　ADV　　PRT　LNK　　　　我说　　　树林　　　里面:LOC　PRT

n̠i³¹na³¹　lin³¹ja⁵³　tʰən⁵⁵ja⁵³　tʃok³⁵pu⁵⁵-ka³⁵　ta³¹.　rok³⁵　ʃo⁵⁵naŋ⁵³-ma⁵⁵-pʰi⁵⁵-ka³¹　tʃo⁵⁵
LNK　　　BK　　　OT　　　　跑-PERF　　　　FPRT　3sg　高兴-NEG-PERF　　　　　　TOP

ki⁵⁵　n̠i³¹na³¹n̠i³¹　rok³⁵　a⁵⁵la³¹　kur³¹ta⁵⁵　ki⁵⁵　n̠i³¹na³¹　tʃʰat⁵⁵pu⁵⁵　ʃok³⁵-ʃi³¹
PRT　LNK　　　　　3sg　比　　马　　　　PRT　LNK　　快　　　　跑-PERF

tʃʰo⁵⁵-lo³⁵　ta³¹.
有-NPFV　FPRT

鹿想自己有两只美丽的长角，高兴地在树林里跑来跑去。它不高兴的是，马比它跑得快。

ŋam⁵⁵　tʰor⁵⁵　naŋ³¹ka⁵⁵,　ʃa⁵⁵wa⁵³　ki⁵⁵　n̠i³¹na³¹n̠i³¹　kur³¹ta⁵⁵　ʒik³⁵-ka³⁵　ta³¹:
天　　一　　里面:LOC　鹿　　　　AGT　LNK　　　　　马　　　说-PERF　　　FPRT

"tʃʃi³⁵　ki⁵⁵　a⁵⁵la³¹　na³¹n̠i³¹　nan⁵⁵　tʃʰat⁵⁵pu⁵⁵　a³¹n̠i⁵⁵　tʃok³⁵pu⁵⁵-tʃʰo⁵⁵-lo³⁵　ta³¹,
1sg　AGT　比　　LNK　　2sg　快　　　　ADV　　跑-Lv-NPFV　　　　　FPRT

ki⁵⁵n̠u⁵⁵　tʃaŋ³⁵　tʃʰo⁵⁵　ki⁵⁵　n̠i³¹na³¹n̠i³¹　wa⁵⁵roŋ⁵⁵　ki⁵⁵　n̠i³¹na³¹　lik⁵⁵pu⁵⁵　ka³¹
LNK　　1sg　TOP　PRT　LNK　　　　角　　　PRT　LNK　　美丽　　GEN

n̠ik⁵⁵tsiŋ⁵⁵　tʃʰo⁵⁵-lo³⁵　ta³¹,　nan⁵⁵　ki⁵⁵　ji⁵⁵　na³⁵　n̠i⁵⁵na³¹　n̠ik⁵⁵tsiŋ⁵⁵　tʃʰo⁵⁵-lo³⁵　ta³¹."
二　　　有-NPFV　FPRT　2sg　PRT　PRT　耳朵　LNK　　二　　　有-NPFV　FPRT

kur³¹te⁵⁵　ʒik³⁵-ka³⁵　ta³¹:　"ji⁵⁵　nan⁵⁵　wa⁵³　n̠i³⁵　wa⁵⁵roŋ⁵⁵　n̠ik⁵⁵tsiŋ⁵⁵　tʃʰo⁵⁵-lo³⁵
马:AGT　说-PERF　FPRT　PRT　2sg　PRT　LNK　角　　　二　　　有-NPFV

ta³¹　ki³¹n̠u⁵⁵na⁵³　bi⁵⁵tʃʃi⁵³　dzak³¹pu⁵⁵　tip³¹ka³¹　muŋ³⁵-pa³⁵　ta³¹."　ʃa⁵⁵wa⁵³　ji³¹
FPRT　可能　　　　用处　　　大　　　一起　　　NEG-PFV　　FPRT　鹿　　　　AGT

ki⁵⁵　n̠i³¹na³¹　te³¹　kur³¹ta⁵⁵　ka³¹　mi³¹　kʰu⁵⁵luŋ⁵⁵pʰi⁵⁵-la³¹　ki⁵⁵　n̠i³¹　la³⁵
PRT　LNK　　去　马　　　DAT　NMLZ　吵架-NPFV　　　　PRT　LNK　有:MIR

ta³¹,　kur³¹ta⁵⁵　ra⁵⁵wa⁵⁵　na⁵⁵-tʰa³⁵-ʃi³⁵　ta³¹:　"kʰai⁵⁵la⁵⁵　o⁵⁵-na³¹　na⁵⁵　ta³¹."
FPRT　马　　　喊　　听见-Lv-RES　FPRT　老虎　　来-PRT　AUX　FPRT

ʃa⁵⁵wa⁵³　ki⁵⁵　n̠i³¹na³¹　maŋ⁵⁵tʃir³⁵-n̠i³¹　kot⁵⁵-pa⁵⁵,　ki⁵⁵　n̠i³¹na³¹　ta³¹　te³¹pa⁵⁵raŋ⁵⁵
鹿　　　AGT　LNK　　回头-NF　　　看-PFV　　AGT　LNK　　　FPRT　真的

ki⁵⁵　n̠i³¹na³¹n̠i³¹　kʰai⁵⁵la⁵⁵　tʰor⁵⁵　ki⁵⁵　n̠i³¹na³¹n̠i³¹　rok³⁵te⁵⁵　rok⁵⁵　tʃok³⁵pu⁵⁵
AGT　LNK　　　　老虎　　　一　　AGT　LNK　　　　3pl　　3sg　快

jar⁵⁵　o³¹-na³¹　ta³¹.　ʃa⁵⁵wa⁵³　tʃo⁵⁵　ki⁵⁵　n̠i³¹　tʃʰat⁵⁵pu⁵⁵　a³¹n̠i⁵⁵　na³¹n̠i³⁵　jar⁵⁵
跑　来-PRT　FPRT　鹿　　　TOP　PRT　LNK　　快　　　　ADV　　LNK　　跑

ki⁵⁵ ȵi³¹ ken⁵⁵ti⁵⁵-ka³⁵ ta³¹, jar⁵³jar⁵³-ȵi³¹ jar⁵³jar⁵³-ȵi³¹ rok³⁵ ka³¹ wa⁵⁵roŋ⁵⁵
PRT LNK 离开-PERF FPRT 跑跑-NF 跑跑-NF 3sg GEN 角

ȵik⁵⁵tsiŋ⁵⁵ ki⁵⁵ ȵi³¹na³¹ȵi³¹ ʃiŋ⁵⁵ tʰoŋ⁵⁵ŋa³¹ ta³¹ka⁵⁵ tʰoŋ⁵⁵ŋa³¹ jik⁵⁵-tʰa⁵⁵-ka³⁵
二 PRT LNK 树 上面:LOC 枝 上面:LOC 挂-Lv-PERF

ta³¹, ŋan³¹pa⁵⁵ tʰor⁵⁵ ki⁵⁵ ȵi³¹ ri³⁵ni³⁵-ka³⁵ ta³¹, tsʰiŋ⁵⁵a⁵⁵ ʒik³⁵-pa⁵⁵ ji³⁵
FPRT 疼 一 PRT LNK 摔-PERF FPRT 以后 说-PFV TOP

ȵi³¹na³¹ȵi³¹ a³¹tin³¹kʰai⁵⁵la⁵⁵ ki³¹ ȵi³¹ tsoŋ⁵⁵ma⁵⁵-ʃi³¹ ŋam³⁵-ka³⁵ ta³¹.
LNK 老虎 AGT LNK 抓-RES 吃掉-PERF FPRT

有一天，鹿对马说："虽然你比我跑得快，可是我有两只美丽的角，你却只有两只耳朵。"马说："虽然你有角，可能用处不大。"鹿正在跟马争吵时，听见马喊："虎来了。"鹿回头一看，真的有一只老虎向它们跑来。鹿赶快逃跑，跑着跑着，它的两只角挂在树枝上，摔了一大跤，结果被老虎抓住吃掉了。

（白玛绕杰讲述，2017年）

12. 狼来了

ko³¹ma⁵⁵ ki⁵⁵ ȵi⁵⁵na³¹ȵi⁵⁵ ra⁵⁵pa⁵⁵ lim³⁵-kʰan⁵⁵ wak⁵⁵tsa⁵⁵ tʰor⁵⁵ tʃʰo⁵⁵-lo³⁵
从前 PRT LNK 羊 放-NMLZ 孩子 一 有-NPFV

ta³¹, rok³⁵ ki⁵⁵ ȵi⁵⁵na³¹ȵi⁵⁵ ŋam¹³dzaŋ³¹sa⁵⁵ raŋ⁵⁵ ki⁵⁵ ȵi⁵⁵na³¹ȵi⁵⁵ ri³¹ku⁵⁵
FPRT 3sg AGT LNK 每天 FOC PRT LNK 山

toŋ⁵⁵ŋa⁵⁵ te³⁵-ȵi³¹ ki⁵⁵ ȵi⁵⁵na³¹ȵi⁵⁵ ra⁵⁵pa⁵⁵ lin³⁵-tʃo³¹-lo³⁵ ta³¹.
上面:LOC 去-NF PRT LNK 放羊 放-Lv-NPFV FPRT

从前，有个放羊的孩子，他每天都去山上放羊。

ŋam⁵⁵ tʰor⁵⁵ naŋ³¹ka⁵⁵, ȵi³¹ rok³⁵ ki⁵⁵ ȵi⁵⁵na³¹ȵi⁵⁵ ri³¹ku⁵⁵ tʰoŋ⁵⁵ŋa⁵⁵
天 一 里面:LOC LNK 3sg AGT LNK 山 上面:LOC

ki⁵⁵ ȵi⁵⁵la³¹ȵi⁵⁵ ra⁵⁵pa⁵⁵ lin³⁵-tʃʰo³¹-lo³⁵ ta³¹, lai⁵⁵ a³¹ xan⁵⁵ raŋ⁵⁵ ai⁵⁵-tʃi⁵⁵
PRT LNK 羊 放-Lv-NPFV FPRT 事情 PRT 什么 FOC 做:IMP-PERF

ma⁵³ tʰor⁵⁵ ma³¹-la³⁵ ta³¹, ŋuŋ³¹na³¹ ȵi⁵⁵la³¹ȵi⁵⁵ si⁵⁵mi⁵⁵ sam⁵⁵ ji³¹ki⁵⁵ ȵi⁵⁵na³¹ȵi⁵⁵
NEG 一 NEG-有 FPRT 之后 LNK 心 想 PRT LNK

rok³⁵te⁵⁵ ka⁵⁵ ki⁵⁵ ȵi⁵⁵la³¹ȵi⁵⁵ wu³¹wa⁵⁵pʰi⁵⁵-lo³⁵ ta³¹. ŋuŋ³¹ȵi³¹ ki⁵⁵ ȵi⁵⁵na³¹ȵi⁵⁵
3pl DAT AGT LNK 开玩笑-NPFV FPRT 之后 PRT LNK

ri³¹pu⁵⁵ diŋ⁵⁵pa⁵⁵ ki⁵⁵ ȵi⁵⁵na³¹ȵi³⁵ tʃʰe⁵⁵-wa⁵⁵ mi³¹tsʰi⁵⁵ le⁵⁵a³¹-tʃʰo⁵⁵-ka³¹ ki⁵⁵
山 底部:LOC PRT LNK 种田-PFV 农民 干活-Lv-PERF PRT

ȵi⁵⁵na³¹ȵi³⁵ soŋ⁵⁵ŋo⁵⁵ gan⁵⁵ tʃʰi⁵⁵lu⁵⁵ ra⁵⁵-ka³⁵ ta³¹: "ȵi⁵⁵ pʰa⁵⁵ra⁵⁵ o⁵⁵-na³¹
LNK 人 声音 大 喊-PERF FPRT LNK 狼 来-PRT

pʰa⁵⁵ra⁵⁵   o⁵⁵-na³¹   ta³¹   n̠i⁵⁵   tʃaŋ³⁵   ro⁵⁵ram⁵⁵   tik⁵⁵taŋ⁵⁵   ai⁵⁵-pe³⁵   ta³¹!"
狼   来–PRT   FPRT   LNK   1sg   帮忙   一下   做:IMP–PERF   FPRT

mi³¹tsʰi⁵⁵   pa⁵⁵   ki⁵⁵   n̠i⁵⁵na³¹n̠i³⁵   tʂa⁵⁵gan⁵⁵   a³¹   n̠an⁵⁵-tʰa⁵⁵   n̠i³⁵   ta³¹,   n̠i³¹
农民   PL   AGT   LNK   喊声   PAT   听–Lv   LNK   FPRT   LNK

tsuk⁵⁵tsu⁵⁵   ki⁵⁵   n̠i⁵⁵na³¹n̠i³⁵   ko⁵⁵ta⁵⁵   dʒaŋ³⁵-n̠i³¹   ki⁵⁵   n̠i⁵⁵na³¹n̠i³⁵   ri³¹pu⁵⁵   tʰoŋ⁵⁵ŋa⁵⁵
急忙   PRT   LNK   锄头   拿–NF   PRT   LNK   山   上面:LOC

ki⁵⁵   n̠i⁵⁵na³¹   jar⁵⁵pu⁵⁵-ka³⁵   ta³¹,   n̠i⁵³   rok³⁵te⁵⁵pa⁵⁵   ki⁵⁵   n̠i⁵⁵na³¹n̠i³⁵   jar⁵³
PRT   LNK   跑–PERF   FPRT   LNK   3pl   AGT   LNK   跑

rən⁵⁵mo⁵⁵   ra⁵⁵-wa⁵⁵   rən⁵⁵mo⁵⁵   ai³¹-pu³¹-ka³⁵   ta³¹: "wak⁵⁵tsa⁵⁵   na³¹n̠i³⁵   ji⁵⁵na³¹
一边   喊–PFV   一边   做:IMP–PROS–PERF   FPRT 孩子   LNK   TOP

juŋ³⁵kʰe⁵⁵-ma³¹-la⁵⁵   ta⁵⁵,   n̠i³¹   ai⁵⁵pa⁵⁵   ki³¹   nan⁵⁵   ro⁵⁵pa³⁵   ki³¹   n̠i⁵⁵na³¹n̠i³⁵
害怕–NEG–NPFV   FPRT   LNK   1pl:EXCL   AGT   2sg   帮   AGT   LNK

pʰa⁵⁵ra⁵⁵   ka³¹   la⁵⁵-pu³⁵   ta³¹." mi³¹tsʰi⁵⁵   pa⁵⁵   ri³¹ku⁵⁵   tʰoŋ⁵⁵ŋa⁵⁵   jar⁵⁵   ki⁵⁵
狼   PAT   打–PROS   FPRT 农民   PL   山   上面:LOC   跑   PRT

n̠i⁵⁵   kot⁵⁵-pa⁵⁵,   n̠i³¹   xaŋ⁵⁵   raŋ⁵⁵   ma³¹-la³⁵   ta³¹.   ra⁵⁵pa⁵⁵   lin³⁵   ka³¹
LNK   看–PFV   LNK   什么   FOC   NEG–有:MIR   FPRT   羊   放   GEN

wak⁵⁵tsa⁵⁵   ki⁵⁵   n̠i⁵⁵na³¹n̠i³⁵   xa⁵⁵xa⁵⁵   ŋar³⁵-n̠i³¹   a³¹ni⁵⁵   ʒik³⁵-ka³⁵   ta³¹: "n̠i³⁵
孩子   AGT   LNK   哈哈   笑–NF   ADV   说–PERF   FPRT LNK

ne³¹pa⁵⁵   ki⁵⁵   n̠i⁵⁵na³¹n̠i³⁵   ʒi⁵⁵   so⁵⁵ta⁵⁵pʰi⁵⁵-ka³⁵   ta³¹." n̠i³⁵   mi³¹tsʰi⁵⁵   pa⁵⁵   ki⁵⁵
2pl   PRT   LNK   PASS   骗–PERF   FPRT   LNK 农民   PL   AGT

n̠i⁵⁵na³¹n̠i³⁵   ru³⁵tsik⁵⁵-n̠i³¹   a³¹ni⁵⁵   te³⁵-ka³⁵   ta³¹.
LNK   生气–NF   ADV   去–PERF   FPRT

有一天，他在山上放羊，觉得没什么事可做，就想和大家开玩笑。于是，他向山下正在种田的农夫们大声喊："狼来了，狼来了，帮帮我啊！"农夫们听到喊声，急忙拿着锄头往山上跑，他们边跑边喊："孩子不要害怕，我们来帮你打狼。"农夫们跑到山上一看，什么也没有。放羊的孩子哈哈大笑说："你们被我骗了。"农夫们生气地走了。

nam³¹niŋ⁵⁵   ta⁵⁵ku³¹,   ra⁵⁵pa⁵⁵   lin³⁵-kʰan³¹   ka³¹   wak⁵⁵tsa⁵⁵   ki⁵⁵   n̠i⁵⁵na³¹n̠i³⁵
明天   到   羊   放–NMLZ   GEN   孩子   AGT   LNK

om³⁵tʃaŋ⁵⁵   ki⁵⁵   n̠i⁵⁵na³¹n̠i³⁵   ri³¹pu⁵⁵   tʰoŋ⁵⁵ŋa⁵⁵   ra⁵⁵-ka³⁵   ta³¹: "pʰa⁵⁵ra⁵⁵   o⁵⁵-na³¹,
又   AGT   LNK   山   上面:LOC   喊–PERF   FPRT 狼   来–PRT

pʰa⁵⁵ra⁵⁵   o⁵⁵-na³¹,   tʃaŋ³⁵   ro⁵⁵ram⁵⁵   tik⁵⁵taŋ⁵⁵   ki³⁵   ta³¹!"   n̠i³⁵   le³¹a³¹   soŋ⁵⁵ŋo⁵⁵
狼   来–PRT   1sg   帮忙   一下   COP   FPRT   LNK   干活   人

ɲi⁵⁵na³¹ɳi³⁵ om³⁵tʃaŋ⁵⁵ ka⁵⁵jar⁵⁵ te³⁵-ɳi³¹ ki⁵⁵ ɳi⁵⁵na³¹ɳi³⁵ rok³⁵pa³¹ a³¹ni⁵⁵ ki⁵⁵
LNK 又 跑 去-NF PRT LNK 3pl ADV PRT

ɲi⁵⁵na³¹ɳi³⁵ pʰa⁵⁵ra⁵⁵ la⁵⁵-pu³⁵ ta³¹, om³⁵tʃaŋ⁵⁵ ki⁵⁵nu⁵⁵ ɳi³¹ pʰa⁵⁵ra⁵⁵ tʃo⁵⁵
LNK 狼 打-PROS FPRT 又 LNK LNK 狼 TOP

ma³¹-tʰoŋ⁵⁵-ʃi³⁵ ta³¹. ɳi⁵⁵ o⁵⁵ɳa⁵⁵ ra⁵⁵pa⁵⁵ lin³⁵-kʰan⁵⁵ wak⁵⁵tsa⁵⁵ ki⁵⁵
NEG-看见-RES FPRT LNK DEM:DIST 羊 放-NMLZ 孩子 AGT

ɳi⁵⁵na³¹ɳi³⁵ ʃo⁵⁵ tʃʰi⁵⁵lu⁵⁵ ŋar³⁵-ɳi³¹ ʒik³⁵-ka³⁵ ta³¹: "ne³¹pa⁵⁵ ki⁵⁵ ɲi⁵⁵na³¹
LNK TOP 大 笑-NF 说-PERF FPRT 2pl AGT LNK

om³⁵tʃaŋ⁵⁵ so⁵⁵ta⁵⁵pʰi⁵⁵-ka³⁵ ta³¹." ɳi³¹ tʰam⁵⁵tʃe⁵⁵raŋ⁵⁵ ki⁵⁵ ɲi⁵⁵na³¹ɳi³⁵ kaŋ⁵⁵mien⁵⁵tsʰe⁵⁵
又 骗-PERF FPRT LNK 大家 AGT LNK 非常

ru³⁵tsik⁵⁵-ka³⁵ ta³¹. ŋuŋ³⁵ni³¹ tsʰiŋ⁵⁵a⁵⁵ rok³⁵ ka³¹ ka³¹ku⁵⁵ ma³¹tsa⁵⁵raŋ⁵⁵
生气-PERF FPRT 之后 以后 3sg GEN 话 应该

ji³¹tʃʰi⁵⁵-ma⁵⁵-ka³⁵ ta³¹.
相信-NEG-PERF FPRT

第二天，放羊的孩子又在山上喊："狼来了，狼来了，帮帮我啊！"农夫又冲上来帮他打狼，可是还是没有看见狼。放羊的孩子大笑说："你们又被我骗了。"大家都很生气。从此再也不相信他的话了。

ŋam⁵⁵ xap⁵⁵tur⁵⁵ te⁵⁵-la⁵⁵, ki⁵⁵ ɳi⁵⁵na³¹ɳi³⁵ pʰa⁵⁵ra⁵⁵ ten⁵⁵pa⁵⁵raŋ⁵⁵ o⁵⁵-ka³⁵
天 几 过-NPFV PRT LNK 狼 真的 来-PERF

ta³¹, ɳi³⁵ ra⁵⁵pa⁵⁵ ki⁵⁵ ɳi⁵⁵na³¹ɳi³⁵ ʃa⁵⁵ma⁵⁵ za³⁵-wa⁵⁵-ka³⁵ ta³¹. ra⁵⁵pa⁵⁵
FPRT LNK 羊 AGT LNK 多 吃-PFV-PERF FPRT 羊

lin³⁵-kʰan⁵⁵ wak⁵⁵tsa⁵⁵ ki⁵⁵ ɳi⁵⁵na³¹ ŋan³⁵pa⁵⁵ juŋ³⁵kʰe⁵⁵-ka³⁵ ta³¹, ɳi³⁵ ki⁵⁵
放-NMLZ 孩子 AGT LNK 很 害怕-PERF FPRT LNK PRT

ɳi⁵⁵na³¹ɳi³⁵ le³¹a³¹ soŋ⁵⁵ŋo⁵⁵ pa⁵⁵ ki⁵⁵ ɳi⁵⁵na³¹ ra⁵⁵wa⁵⁵-ka³⁵ ta³¹: "ɳi³¹ pʰa⁵⁵ra⁵⁵
LNK 干活 人 PL PRT LNK 喊-PERF FPRT LNK 狼

o⁵⁵-na³¹, pʰa⁵⁵ra⁵⁵ o⁵⁵-na³¹, tʃaŋ³⁵ ro⁵⁵ram⁵⁵ tik⁵⁵taŋ⁵⁵ ki³⁵ ta³¹! pʰa⁵⁵ra⁵⁵ ten⁵⁵pa⁵⁵raŋ⁵⁵
来-PRT 狼 来-PRT 1sg 帮忙 一下 PRT FPRT 狼 真的

o⁵⁵-ka³⁵ ta³¹." le³¹a³¹ soŋ⁵⁵ŋo⁵⁵ pa⁵⁵ ki⁵⁵ ɳi⁵⁵na³¹ɳi⁵³ rok³⁵ ka³¹ ra⁵⁵gan⁵⁵
来-PERF FPRT 干活 人 PL AGT LNK 3sg GEN 喊声

na⁵⁵-tʰa⁵⁵-ɳi³¹ ki⁵⁵ ɳi³¹ la³⁵ ta³¹, ɳi³¹ sem⁵⁵ naŋ⁵⁵ka⁵⁵ sam⁵⁵-ka³⁵ ta³¹,
听见-Lv-NF PRT LNK 有:MIR FPRT LNK 心 里面:LOC 想-PERF FPRT

rok³⁵ om³⁵tʃaŋ⁵⁵ ki⁵⁵ ɳi³¹la³⁵ɳi³¹ kʰa⁵⁵la⁵⁵pʰi⁵⁵ na³⁵ ta³¹, tʰam⁵⁵tʃe⁵⁵raŋ⁵⁵ ki⁵⁵
3sg 又 AGT LNK 说谎 AUX FPRT 大家 AGT

ȵi⁵⁵na³¹ȵi³¹　rok³⁵　ka³¹　ȵi⁵⁵na³¹ȵi³¹　ja³⁵-ma⁵⁵-tʰa³¹-ka³⁵　ta³¹,　soŋ⁵⁵ŋo⁵⁵　raŋ⁵⁵　rok³⁵
LNK　　　3sg　DAT　LNK　　　理–NEG–Lv–PERF　FPRT　人　　FOC　3sg

ka³¹　ro⁵⁵ram⁵⁵　ma⁵⁵-ka³⁵　ta³¹,　tsʰiŋ⁵⁵a⁵⁵ʃek⁵⁵pa⁵⁵　ȵi⁵⁵na³¹ȵi⁵³　rok³⁵　ka³¹　ra⁵⁵pa⁵⁵
DAT　帮忙　　NEG–PERF　FPRT　结果　　　　　LNK　　　3sg　GEN　羊

tʰam⁵⁵tʃe⁵⁵raŋ⁵⁵　ki⁵⁵　ȵi⁵⁵na³¹ȵi³¹　pʰa⁵⁵ra⁵⁵　ŋa⁵⁵ma⁵⁵　ʃi⁵⁵-ka³⁵　ta³¹.
全部　　　　　PRT　LNK　　　狼　　　咬　　死–PERF　FPRT

　　过了几天，狼真的来了，吃了很多羊。放羊的孩子非常害怕，向农夫们喊："狼来了，狼来了，帮帮我啊！狼真的来了。"农夫们听到他的喊声，以为他又在说谎，大家都不理他，没有人去帮他，结果他的羊都被狼咬死了。

（白玛绕杰讲述，2017年）

13．画蛇

ko³¹ma⁵⁵　ki⁵⁵　ȵi⁵⁵na³¹ȵi⁵⁵　soŋ⁵⁵ŋo⁵⁵　tʰor⁵⁵　ji³⁵　ki⁵⁵　ȵi⁵⁵na³¹ȵi⁵⁵　doŋ⁵⁵　naŋ³¹ka⁵⁵
从前　　　PRT　LNK　　　人　　　一　AGT　PRT　LNK　　　村　里面:LOC

soŋ⁵⁵ŋo⁵⁵　pa⁵⁵　ri⁵⁵ke⁵⁵-ȵi⁵⁵　ki⁵⁵　ȵi⁵⁵na³¹ȵi⁵⁵　raŋ³⁵tian⁵⁵　pʰɛ⁵⁵ka³¹　o⁵⁵-ȵi³¹　to⁵⁵
人　　PL　请–NF　　PRT　LNK　　　自己　　　家里:LOC　来–NF　饭

za³⁵-ȵi³¹,　ju³⁵　tʃa³¹ma⁵⁵-ka³⁵　ta³¹.　to⁵⁵　za³⁵-tʃi⁵⁵-ma³¹,　ki⁵⁵　ȵi⁵⁵na³¹ȵi⁵⁵　ju³⁵　tʃo³¹
吃–NF　酒　喝–PERF　　FPRT　饭　吃–PERF–PFV　PRT　LNK　　　酒　TOP

ki⁵⁵　ȵi⁵⁵na³¹　ʃi⁵⁵tam⁵⁵　tʰor⁵⁵　lu⁵⁵-ka³¹　la³⁵　ta³¹,　ki⁵⁵ȵu⁵⁵　ȵi³⁵　soŋ⁵⁵ŋo⁵⁵　wu⁵⁵xaŋ⁵³
PRT　LNK　　瓶　　　一　剩–PERF　AUX　FPRT　LNK　　　LNK　人　　什么

ȵi⁵⁵na³¹　ʃa⁵⁵ma⁵⁵　la³⁵　　ta³¹　poŋ⁵⁵mu⁵⁵　ma⁵⁵-la³⁵　　ta⁵⁵.　ȵi⁵⁵　dak⁵⁵pu⁵⁵
LNK　　多　　有:MIR　FPRT　分　　　　NEG–有:MIR　FPRT　LNK　主人

ki⁵⁵　ȵi⁵⁵na³¹ȵi⁵⁵　ʃi⁵⁵pin⁵⁵　pa⁵⁵　ki⁵⁵　ȵi⁵⁵na³¹ȵi⁵⁵　raŋ⁵⁵　soŋ⁵⁵ŋo⁵⁵　tʰo⁵⁵re³¹~tʰo⁵⁵re³¹
AGT　LNK　　　客人　　PL　AGT　LNK　　　FOC　人　　每~RDUP

sa⁵³　tʰoŋ⁵⁵ŋa⁵⁵　ki⁵⁵　ȵi⁵⁵na³¹ȵi⁵⁵　pu³¹tʃʰi⁵⁵la⁵⁵　tʰor⁵⁵　dzui³¹-ʃo⁵⁵-lo³⁵　ta³¹,　ji⁵⁵pi⁵⁵
地　上面:LOC　PRT　LNK　　　蛇　　　一　画–IMP–NPFV　FPRT　谁

ji⁵⁵　ko³¹ma⁵⁵　ki⁵⁵　ȵi⁵⁵na³¹ȵi⁵⁵　dzui³¹-tʃʰo⁵⁵-to⁵⁵　mo⁵⁵　ȵi³¹　ju³⁵　tʃo³¹　ki⁵⁵　ȵi⁵⁵la³¹
AGT　先　　PRT　LNK　　　画–Lv–SUB　　QUES　LNK　酒　TOP　PRT　LNK

rok³⁵　ka³¹　pi³⁵-lo³⁵　ta³¹.　tʰam⁵⁵tʃe⁵⁵raŋ⁵⁵　ȵi³¹　ki⁵⁵　ȵi⁵⁵na³¹　mu⁵⁵tʰun⁵⁵na³¹-ka³⁵　ta³¹.
3sg　DAT　给–NPFV　FPRT　大家　　　　LNK　PRT　LNK　同意–PERF　　　FPRT

　　从前，有一个人请村里的人到自己家来吃饭、喝酒。吃完饭，只剩一瓶酒，但来的人太多不够分。于是，主人让客人每个人在地上画一条蛇，谁先画好就把酒给他。大家都同意。

ȵi³⁵ soŋ⁵⁵ŋo⁵⁵ tʰor⁵⁵ ki⁵⁵ ȵi⁵⁵la³¹ȵi⁵⁵ dʑok⁵⁵pu⁵⁵ a³¹ni⁵⁵ ki⁵⁵ ȵi⁵⁵la³¹ȵi⁵⁵
LNK 人 一 AGT LNK 快 ADV PRT LNK

pu³¹tʃʰi⁵⁵la⁵⁵ ki⁵⁵ ȵi⁵⁵na³¹ȵi⁵⁵ dʐui³¹tʃʰom⁵⁵-ka³⁵ ta³¹, ȵi⁵⁵ rok³⁵ sam⁵⁵-lo⁵⁵ ki⁵⁵
蛇 PRT LNK 画完-PERF FPRT LNK 3sg 想-NPFV PRT

ȵi⁵⁵na³¹ȵi⁵⁵ o⁵⁵ta⁵⁵ ju³⁵ tʃo³¹ ki⁵⁵ ȵi⁵⁵na³¹ȵi⁵⁵ tem³⁵ba⁵⁵raŋ⁵⁵ rok³⁵ ka³¹
LNK DEM:PROX 酒 TOP PRT LNK 一定 3sg PAT

ki⁵⁵-la⁵⁵ ta³¹ sam⁵⁵-ka³⁵ ta³¹. ȵi⁵⁵ o⁵⁵ta⁵⁵ ki⁵⁵ ȵi⁵⁵na³¹ȵi⁵⁵ rok³⁵
COP-NPFV FPRT 想-PERF FPRT LNK DEM:PROX PRT LNK 3sg

ji³¹ ȵi⁵⁵na³¹ni⁵⁵ tsʰiŋ⁵⁵ tʃi³⁵ ȵi³¹ wut³⁵pa³¹ ki⁵⁵ ȵi⁵⁵na³¹ȵi⁵⁵ ʃan⁵⁵ta³¹ soŋ⁵⁵ŋo⁵⁵
AGT LNK 后面 PRT LNK 回头 PERF LNK 其他 人

pa⁵⁵ ki⁵⁵ ȵi⁵⁵na³¹ȵi⁵⁵ tʰo⁵⁵ raŋ⁵⁵ ki⁵⁵ ȵi⁵⁵na³¹ȵi⁵⁵ dʐui³¹tʃʰom⁵⁵-ka³¹-ma³¹ la³⁵
PL AGT LNK 一 FOC AGT LNK 画完-PERF-NEG AUX

ta³¹, o⁵⁵ȵen⁵⁵ sam⁵⁵-ka³⁵ ta³¹: "rok³⁵te⁵⁵pa⁵⁵ ki⁵⁵ ȵi⁵⁵na³¹ȵi⁵⁵ dʐui³¹-pa³¹
FPRT DEM:DIST 想-PERF FPRT 3pl AGT LNK 画-PFV

tʃʰap⁵⁵ten⁵⁵-ka³¹ la³⁵ ta³¹, tʃi³⁵ om³⁵tʃaŋ⁵⁵ ki⁵⁵ ȵi⁵⁵na³¹ȵi⁵⁵ pu³¹tʃʰi⁵⁵la⁵⁵ ki⁵⁵
慢-PERF AUX FPRT 1sg:AGT 又 AGT LNK 蛇 PRT

ȵi⁵⁵na³¹ȵi⁵⁵ pʰik⁵⁵ xap⁵⁵tur⁵⁵ dʐui³¹-pu³⁵ ta³¹." ȵi⁵³ rok³⁵ ki⁵⁵ ȵi⁵⁵na³¹ȵi⁵⁵
LNK 脚 几 画-PROS FPRT LNK 3sg AGT LNK

pu³¹tʃʰi⁵⁵la⁵⁵ ka³¹ pʰik⁵⁵ dʐui³¹-ʃi⁵⁵ la³¹ ki⁵⁵ ȵi³¹na³⁵ ta³¹, ȵi⁵³ om³⁵tʃaŋ⁵⁵
蛇 GEN 脚 画-PERF AUX PRT LNK FPRT LNK 又

soŋ⁵⁵ŋo⁵⁵ tʰor⁵⁵ ki⁵⁵ ȵi⁵⁵na³¹ȵi⁵⁵ pu³¹tʃʰi⁵⁵la⁵⁵ ki⁵⁵ni³¹na³⁵ dʐui³¹tʃʰom⁵⁵-ka³⁵ ta³¹.
人 一 AGT LNK 蛇 LNK 画完-PERF FPRT

ȵi⁵³ o⁵⁵na⁵⁵ soŋ⁵⁵ŋo⁵⁵ ji³⁵ na³⁵ȵi⁵⁵ ju³⁵ tʃo³¹ ȵi³¹ ru³⁵pu³⁵-na³¹-ʃi³¹, ji³⁵na³¹
LNK DEM:DIST 人 AGT LNK 酒 TOP LNK 抢-PRT-PERF PRT

ʑik³⁵-tʃi³⁵ ta³¹: "pu³¹tʃʰi⁵⁵la⁵⁵ ki⁵⁵ni³¹na³⁵ pʰik⁵⁵ ma⁵⁵-ka³⁵ ta³¹, nan⁵⁵ xaŋ³⁵
说-PERF FPRT 蛇 LNK 脚 NEG-PERF FPRT 2sg 怎么

raŋ⁵⁵ ki⁵⁵ ni³¹na³⁵ȵi⁵⁵ pu³¹tʃʰi⁵⁵la⁵⁵ ka³¹ pʰik⁵⁵ ji⁵⁵ni³¹ dʐui³¹-ka³⁵ ta³¹." ʑik³⁵
FOC PRT LNK 蛇 GEN 脚 LNK 画-PERF FPRT 说

tʃʰom⁵⁵-ma³¹, ki⁵⁵ ȵi³¹na³⁵ rok³⁵ tʃʰo³¹ ki⁵⁵ ȵi⁵⁵na³¹ȵi⁵⁵ tsa³⁵-ȵi³¹ a³¹ni⁵⁵ ju³⁵
完-PFV PRT LNK 3sg TOP PRT LNK 高兴-NF ADV 酒

tʃa³¹ma⁵⁵-ka³⁵ ta³¹.

喝–PERF　　　FPRT

　　有一个人很快就把蛇画好了，他想这瓶酒肯定是他的了。这时，他回头看其他人都没有画好，就想："他们画得好慢呀，我再给蛇画上几只脚吧。"正在他画脚的时候，另一个人已经把蛇画好了。那个人把酒抢了过去，说："蛇是没有脚的，你怎么画上脚了呢。"说完，他就高兴地喝起酒来了。

（白玛绕杰讲述，2017年）

14．父和子

a³¹pa⁵⁵　　taŋ⁵⁵　　dza⁵⁵　　n̠ik⁵⁵tsiŋ⁵⁵　　ki⁵⁵　　n̠i⁵⁵na³¹n̠i⁵⁵　　kur³¹ta⁵⁵　　ri³⁵　　ki⁵⁵　　n̠i⁵⁵

父亲　　CONJ　儿子　二　　　　　　AGT　LNK　　　　　　马　　牵　　PRT　LNK

te³⁵-ka³⁵　　ta³¹,　　n̠i³¹　　doŋ⁵⁵　　tʰor⁵⁵　　naŋ³¹ka⁵⁵　　ʃe⁵⁵-ka³⁵　　ta³¹,　　n̠i³¹　　soŋ⁵⁵ŋo⁵⁵　　pa⁵⁵

走–PERF　FPRT　LNK　村子　一　　　里面:LOC　到–PFV　FPRT　LNK　人　　　PL

ŋar³⁵-n̠i³¹　　ʒik³⁵-na³⁵　　ta³¹: "kur³¹ta⁵⁵　　ma⁵⁵-laŋ⁵⁵-ka⁵⁵,　　n̠i³¹　　kur³¹ta⁵⁵　　ri³⁵ki³¹-na³⁵　　ta³¹."

笑–NF　　　说–PRT　　FPRT　马　　　　　NEG–骑–PERF　LNK　马　　牵–PRT　　　FPRT

n̠i³¹　　dza⁵⁵　　ki³¹　　n̠i³¹　　kur³¹ta⁵⁵　　laŋ⁵⁵-ka³⁵　　ta³¹,　　a³¹pa⁵⁵　　ki⁵⁵　　n̠i⁵⁵na³¹n̠i⁵⁵

LNK　儿子　AGT　LNK　马　　　　骑–PERF　　　FPRT　父亲　　　AGT　LNK

kur³¹ta⁵⁵　　ri³⁵　　daŋ³⁵-ka³⁵　　ta³¹,　　n̠i³¹　　soŋ⁵⁵ŋo⁵⁵　　tʰor⁵⁵　　ŋar³⁵-pa⁵⁵　　ʒik³⁵-na³⁵　　ta³¹:

马　　牵　走–PERF　FPRT　LNK　人　　　　一　　笑–PFV　　　说–PRT　　　FPRT

"n̠i³¹　　pʰan⁵⁵-ma⁵⁵　　ka³¹　　wak⁵⁵tsa⁵⁵　　ki⁵⁵　　n̠i⁵⁵na³¹n̠i⁵⁵　　kur³¹ta⁵⁵　　laŋ⁵⁵-ka³⁵　　la³⁵

LNK　孝顺–NEG　GEN　孩子　　　AGT　LNK　　　　马　　　骑–PERF　　AUX

ta³¹,　　a³¹pa⁵⁵　　tʃo³¹　　kur³¹ta⁵⁵　　ri³⁵-ka³⁵　　la³⁵　　ta³¹." a³¹pa⁵⁵　　ki³¹　　n̠i³¹　　om³⁵tʃaŋ⁵⁵

FPRT　父亲　　TOP　马　　　　　牵–PERF　　AUX　FPRT　父亲　　　AGT　LNK　　又

kur³¹ta⁵⁵dzuŋ⁵⁵　　laŋ⁵⁵-ka³⁵　　ta³¹,　　dza⁵⁵　　ji³¹ki⁵⁵　　n̠i⁵⁵na³¹n̠i⁵⁵　　kur³¹ta⁵⁵　　ri³⁵　　daŋ³⁵-ka³⁵

马　　　　　　骑–PERF　FPRT　儿子　AGT　　　LNK　　　　　　马　　牵　走–PERF

ta³¹,　　om³⁵tʃaŋ⁵⁵　　ki⁵⁵　　n̠i⁵⁵na³¹　　soŋ⁵⁵ŋo⁵⁵　　pa³¹　　ŋar³⁵-n̠i³¹　　ʒik³⁵-na³⁵　　ta³¹: "a³¹pa⁵⁵

FPRT　又　　　　　PRT　LNK　人　　　　PL　笑–NF　　　说–PRT　　FPRT　父亲

ki⁵⁵　　n̠i⁵⁵na³¹　　kur³¹ta⁵⁵　　laŋ⁵⁵-n̠i³¹　　ta³¹,　　dza⁵⁵　　tʃo⁵⁵　　ki⁵⁵　　n̠i⁵⁵na³¹n̠i⁵⁵　　kur³¹ta⁵⁵

AGT　LNK　　　马　　　　骑–NF　　　FPRT　儿子　TOP　PRT　LNK　　　　马

ri³⁵　　daŋ³⁵-ka³⁵　　la³⁵　　ta³¹,　　n̠i³¹　　dza⁵⁵　　ki⁵⁵　　n̠i⁵⁵na³¹n̠i⁵⁵　　tʃʰat⁵⁵la⁵⁵　　n̠i³¹

牵　走–PERF　　AUX　FPRT　LNK　儿子　AGT　LNK　　　　累　　　　　LNK

ma⁵⁵-ʃi⁵⁵-la³⁵　　mo³⁵　　ta³¹?"　a³¹pa⁵⁵　taŋ⁵⁵　dza⁵⁵　ȵik⁵⁵tsiŋ⁵⁵　ki⁵⁵　　ȵi⁵⁵la³¹　kur³¹ta⁵⁵
NEG-死-NPFV　QUES　FPRT　父亲　CONJ　儿子　二　　　AGT　LNK　马

tʰoŋ⁵⁵ŋa⁵⁵　laŋ⁵⁵-ka³⁵　ta³¹.　om³⁵tʃaŋ⁵⁵　ki⁵⁵　ȵi⁵⁵na³¹　soŋ⁵⁵ŋo⁵⁵　ʒik³⁵-tʃi³⁵　ta³¹:
上面:LOC　骑-PERF　FPRT　又　　　PRT　LNK　人　　　说-PERF　FPRT

"soŋ⁵⁵ŋo⁵⁵　ȵik⁵⁵tsiŋ⁵⁵　kur³¹ta⁵⁵　laŋ⁵⁵-ȵi³¹,　kur³¹ta⁵⁵　tʰaŋ⁵⁵tʃʰat⁵⁵　ma⁵⁵-ʃi⁵⁵-la³⁵
人　　　二　　　马　　　骑-NF　马　　　累　　　　　NEG-死-NPFV

mo³⁵　ta³¹?"　tsʰiŋ⁵⁵a⁵⁵ʃek⁵⁵　ȵi³¹　ki⁵⁵　ȵi⁵⁵la³¹ȵi⁵⁵　dza⁵⁵　taŋ⁵⁵　a³¹pa⁵⁵　ȵik⁵⁵tsiŋ⁵⁵
QUES　FPRT　结果　　　LNK　PRT　LNK　　　儿子　CONJ　父亲　二

raŋ⁵⁵　ki⁵⁵　ȵi⁵⁵la³¹ȵi⁵⁵　kur³¹ta⁵⁵　ma⁵⁵-laŋ⁵⁵-ka³⁵　ta³¹,　ȵi⁵⁵　rok³⁵te⁵⁵　rok⁵⁵　nik⁵⁵tsiŋ⁵⁵
FOC　AGT　LNK　　　马　　　NEG-骑-PERF　FPRT　LNK　3pl　3sg　二

ȵi³¹　tip⁵⁵ka⁵⁵　a³¹ni⁵⁵　kur³¹ta⁵⁵　pʰu⁵⁵-ȵi³¹　te³⁵-ka³⁵　ta³¹.
LNK　一起　ADV　马　　　抬-NF　去-PERF　FPRT

父子两个人牵着马走，走到村子里，人们笑着说："不骑马，牵着走。"儿子骑上马，父亲牵着马走，有人笑着说："不孝顺的孩子自己骑马，父亲牵马。"父亲又骑上马，儿子牵着马走，又有人笑着说："父亲骑着马，儿子牵着马走，儿子不会累死吗？"父亲和儿子两个人都骑上马。又有人说："两个人骑马，马不会累死吗？"最后，儿子和父亲两个人都不骑马了，他们一起抬着马走。

（白玛绕杰讲述，2017年）

15．羊没了

ko³¹ma⁵⁵　ki⁵⁵　ȵi⁵⁵na³¹ȵi⁵⁵　soŋ⁵⁵ŋo⁵⁵　tʰor⁵⁵　ki⁵⁵　ȵi⁵⁵na³¹ȵi⁵⁵　ra⁵⁵pa⁵⁵　ki⁵⁵
从前　　PRT　LNK　　　人　　一　　AGT　LNK　　　羊　　　PRT

ȵi⁵⁵na³¹　ʃa⁵⁵ma⁵⁵　siŋ⁵⁵ma⁵⁵-ka³⁵　ta³¹,　ȵi⁵⁵　ra⁵⁵pa⁵⁵　ki⁵⁵　ȵi⁵⁵na³¹　rok³⁵　ki³¹
LNK　　多　　养-PERF　　　FPRT　LNK　羊　　PRT　LNK　3sg　AGT

ji⁵⁵na³¹　siŋ⁵⁵-ȵi³¹　tʃʰi⁵⁵lu⁵⁵　ki⁵⁵　ȵi⁵⁵na³¹ȵi⁵⁵　tsoŋ⁵⁵-tʃʰo³¹-lo³⁵　ta³¹.
LNK　喂-NF　大　　　PRT　LNK　　　卖-Lv-NPFV　FPRT

以前，有一个人养了很多羊，把羊喂大了就卖了。

ŋam⁵⁵　tʰor⁵⁵　ka³¹　wən⁵⁵to⁵⁵,　ki⁵⁵　ȵi⁵⁵na³¹ȵi⁵⁵　rok³⁵　ji³¹　kot⁵⁵-pa⁵⁵　ki⁵⁵
天　　一　　LOC　早上　　　PRT　LNK　　　3sg　AGT　看见-PFV　PRT

ȵi⁵⁵na³¹ȵi⁵⁵　ra⁵⁵pa⁵⁵　tʰor⁵⁵　ki⁵⁵　ȵi⁵⁵na³¹　ma⁵⁵-la³⁵　ta³¹,　o⁵⁵wa⁵⁵wu⁵⁵nu⁵⁵
LNK　　羊　　一　　PRT　LNK　　NEG-有:MIR　FPRT　哪里

tʰoŋ⁵⁵-ma⁵⁵　la³⁵　ta³¹.　lik⁵⁵pu⁵⁵　a³¹ni⁵⁵　kot⁵⁵-pa⁵⁵,　ki⁵⁵　ȵi⁵⁵　la³⁵　ta³¹　ȵi⁵⁵
看见-PFV　AUX　FPRT　仔细　　ADV　看-PFV　PRT　LNK　找　FPRT　LNK

rok³⁵ ki³¹ ki⁵⁵ n̠i⁵⁵na³¹n̠i⁵⁵ a⁵⁵tien³¹ ra⁵⁵pa⁵⁵ tʃur⁵⁵tsam⁵⁵ pʰɛ⁵⁵ ki⁵⁵ n̠i⁵⁵na³¹n̠i⁵⁵

3sg AGT PRT LNK 我看 羊 圈 家 PRT LNK

tor⁵⁵waŋ⁵⁵ tʰor⁵⁵ ka³¹ toŋ⁵⁵ma⁵⁵-ka³⁵ ta³¹. n̠i⁵⁵ pi³¹naŋ⁵⁵ ki⁵⁵ n̠i⁵⁵na³¹n̠i⁵⁵ pʰa⁵⁵ra⁵⁵

窟窿 一 PRT 看见-PERF FPRT LNK 晚上 PRT LNK 狼

ki⁵⁵ n̠i⁵⁵na³¹n̠i⁵⁵ ŋuŋ⁵⁵na³¹ tor⁵⁵waŋ⁵⁵ naŋ³¹ naŋ³¹ka⁵⁵ o⁵⁵to⁵⁵ kaŋ⁵⁵tʃek⁵⁵-pa⁵⁵

AGT LNK 之后 窟窿 里 里面:LOC 进来 钻-PFV

ki⁵⁵ n̠i⁵⁵la³¹n̠i⁵⁵ ra⁵⁵pa⁵⁵ ŋam⁵⁵-ka³⁵ la³⁵ ta³¹.

PRT LNK 羊 吃掉-PERF AUX FPRT

一天早上，他发现少了一只羊，哪里也找不到。仔细一看，他发现羊圈破了一个大窟窿。晚上，狼从窟窿里钻进来，把羊吃了。

n̠i⁵⁵ to⁵⁵saŋ⁵⁵ ki⁵⁵ n̠i⁵⁵na³¹n̠i³⁵ wo⁵⁵ta⁵⁵ lai⁵⁵ tʃo³¹ sin⁵⁵-ka³⁵ ta³¹,

LNK 朋友 AGT LNK DEM:PROX 事情 TOP 知道-PERF FPRT

n̠i³⁵ ŋuŋ³⁵ne³¹ rok³⁵ ka³¹ ʒik³⁵-ka³⁵ ta³¹: "nan⁵⁵ ji³¹ki⁵⁵ n̠i⁵⁵na³¹n̠i⁵⁵ tʃʰat⁵⁵pu⁵⁵

LNK 之后 3sg DAT 说-PERF FPRT 2sg AGT LNK 快

ra⁵⁵pa⁵⁵ tʃur⁵⁵tsam⁵⁵ pʰɛ⁵⁵ ki⁵⁵ n̠i⁵⁵na³¹n̠i⁵⁵ lik⁵⁵pu⁵⁵ a³¹ni⁵⁵ dʒot⁵⁵-pu³⁵ xe³¹ lo³⁵

羊 圈 家 PRT LNK 仔细 ADV 建-PROS IMP AUX

ta³¹, n̠i⁵⁵ pʰa⁵⁵ra⁵⁵ naŋ³¹ka⁵⁵ o⁵⁵to⁵⁵ ki⁵⁵ n̠i⁵⁵na³¹ ra⁵⁵pa⁵⁵ ŋam⁵⁵ ki⁵⁵ n̠i⁵⁵na³¹

FPRT LNK 狼 里面:LOC 进来 PRT LNK 羊 吃掉 PRT LNK

kap⁵⁵-pu³⁵ kʰe³¹ lo³⁵ ta³¹." o⁵⁵n̠a⁵⁵ soŋ⁵⁵ŋo⁵⁵ ki⁵⁵ n̠i⁵⁵na³¹n̠i³⁵ to⁵⁵saŋ⁵⁵

防止-PROS IMP AUX FPRT DEM:DIST 人 AGT LNK 朋友

ʒik³⁵-ka³⁵ a³¹ni³¹ ma⁵⁵-n̠an⁵⁵-n̠i³¹ a³¹ni⁵⁵ ʒik³⁵-ka³⁵ ta³¹: "n̠i⁵⁵ ra⁵⁵pa⁵⁵ tʃʰo³¹ ki⁵⁵

说-PERF ADV NEG-听-NF ADV 说-PERF FPRT LNK 羊 TOP PRT

n̠i⁵⁵na³¹n̠i⁵⁵ ro³¹tʃin⁵⁵ ŋam⁵⁵ raŋ⁵⁵ tʃʰom⁵⁵-ka³⁵ ta³¹, n̠i³¹ luk⁵³n̠u⁵³ o⁵⁵n̠a⁵⁵

LNK 已经 吃 FOC 完-PERF FPRT LNK 还 DEM:DIST

ra⁵⁵pa⁵⁵ ka³¹ tʃur⁵⁵tsam⁵⁵ sop⁵⁵ ta³¹ xaŋ⁵⁵an⁵⁵tʃa⁵⁵ ta³¹."

羊 GEN 圈 修 FPRT 干什么 FPRT

朋友知道了这件事，就对他说："你应该快点把羊圈修好，防止狼再次进来吃羊。"那个人不听朋友的话，说："羊已经被吃了，还修羊圈干什么。"

n̠i⁵⁵ nam³¹niŋ⁵⁵ ta⁵⁵ku³¹ wən⁵⁵to⁵⁵, ki⁵⁵ n̠i⁵⁵na³¹n̠i⁵⁵ rok³⁵ ji³¹ kot⁵⁵-pa⁵⁵

LNK 明天 到 早上 PRT LNK 3sg AGT 看-PFV

om³⁵tʃaŋ⁵⁵ ki⁵⁵ n̠i⁵⁵na³¹ rok³⁵ ka³¹ ra⁵⁵pa⁵⁵ tʰor⁵⁵ ma⁵⁵-la³⁵ ta³¹. n̠i⁵⁵

又 PRT LNK 3sg GEN 羊 一 NEG-有:MIR FPRT LNK

kot⁵⁵-pa⁵⁵　　ki⁵⁵　　ɳi⁵⁵na³¹ɳi⁵⁵　　om³⁵tʃaŋ⁵⁵nu³¹　　pʰa⁵⁵ra⁵⁵　　ji³¹　　ki⁵⁵　　ɳi⁵⁵na³¹ɳi⁵⁵
看-PFV　　PRT　　LNK　　又　　　　狼　　　　AGT　　PRT　　LNK

om³⁵tʃaŋ⁵⁵nu³¹　　tor⁵⁵waŋ⁵⁵　　naŋ³¹ka⁵⁵　　o⁵⁵to⁵⁵　　kaŋ⁵⁵tʃek⁵⁵-pa⁵⁵　　ki⁵⁵　　ɳi⁵⁵na³¹ɳi⁵⁵　　ra⁵⁵pa⁵⁵
又　　　　窟窿　　　里面:LOC　　进来　　钻-PFV　　AGT　　LNK　　羊

ki⁵⁵　　ɳi⁵⁵na³¹　　ŋam⁵⁵-ka³⁵　　la³⁵　　ta³¹.　　ɳi⁵⁵　　o⁵⁵na⁵⁵　　son⁵⁵ŋo⁵⁵　　ki⁵⁵　　ɳi⁵⁵na³¹ɳi⁵⁵
AGT　　LNK　　吃掉-PERF　　AUX　　FPRT　　LNK　　DEM:DIST　　人　　　AGT　　LNK

o⁵⁵ma⁵⁵　　ji⁵⁵tar³¹　　ɳi⁵⁵　　kaŋ⁵⁵mien⁵⁵tsʰe⁵⁵　　a³¹ni⁵⁵　　ki⁵⁵　　ɳi⁵⁵na³¹ɳi⁵⁵　　lo³¹dʒe⁵⁵　　to⁵⁵saŋ⁵⁵
现在　　才　　LNK　　非常　　　　ADV　　PRT　　LNK　　后悔　　朋友

ʒik³⁵-ka³⁵-ɳi³¹　　ka³¹ku⁵⁵　　ma⁵⁵-ɳan⁵⁵-ka³⁵　　ta³¹.　　ɳi³⁵　　o⁵⁵ɳen⁵⁵　　ko⁵⁵tsuk⁵⁵　　rok³⁵　　ki³¹
说-PERF-NF　　话　　NEG-听-PERF　　FPRT　　LNK　　这样　　　于是　　　　3sg　　AGT

tsuk⁵⁵tsu⁵⁵　　a³¹ni⁵⁵　　ki⁵⁵　　ɳi⁵⁵na³¹ɳi⁵⁵　　a⁵⁵tien³¹　　ra⁵⁵pa⁵⁵　　tʃur⁵⁵tsam⁵⁵　　pʰɛ⁵⁵　　tʃo³¹　　ki⁵⁵
赶紧　　ADV　　PRT　　LNK　　　我看　　羊　　圈　　　家　　TOP　　PRT

ɳi⁵⁵na³¹ɳi⁵⁵　　sop⁵⁵-pu³⁵　　ta³¹.　　ai⁵⁵-ka³⁵　　　ta³¹　　o⁵⁵ɳen⁵⁵　　ko⁵⁵tsuk⁵⁵　　ki⁵⁵　　ɳi⁵⁵na³¹ɳi⁵⁵
LNK　　　修-PROS　　FPRT　　做:IMP-PERF　　FPRT　　这样　　于是　　　PRT　　LNK

ra⁵⁵pa⁵⁵　　tʰor⁵⁵　　raŋ⁵⁵　　ki⁵⁵　　ɳi⁵⁵na³¹ɳi⁵⁵　　ma³¹-juŋ⁵⁵-ka³⁵　　ta³¹.
羊　　　一　　FOC　　PRT　　LNK　　　NEG-少-PERF　　FPRT

第二天早上，他发现又少了一只羊。原来，狼又从窟窿里钻进来把羊吃了。那个人现在才后悔没有听朋友的话。于是，他赶紧把羊圈修好。从此，羊再也没有少。

（白玛绕杰讲述，2017年）

16. 爱美的乌鸦

ɳi³¹　　ka⁵⁵wu⁵⁵ma³¹　　tʰor⁵⁵　　ki³¹　　ɳi⁵⁵la⁵⁵ɳi³¹　　kʰa⁵⁵la⁵⁵-tʃʰo⁵⁵-lo³⁵　　ta³¹,　　rok³⁵　　ki³¹
LNK　　狐狸　　　一　　AGT　　LNK　　狡猾-Lv-NPFV　　FPRT　　3sg　　AGT

ɳi⁵⁵la⁵⁵ɳi³¹　　a⁵⁵pu⁵⁵　　a³¹　　ʃa⁵⁵　　ki³¹　　ɳi⁵⁵na³¹　　za³⁵kʰi³¹　　ta³¹　　ɳi⁵⁵　　ai⁵³-ka³⁵　　ta³¹.
LNK　　乌鸦　　GEN　　肉　　PRT　　LNK　　吃　　FPRT　　LNK　　做-PERF　　FPRT

有一只狡猾的狐狸，它很想吃乌鸦的肉。

ŋam⁵⁵　　tʰor⁵⁵,　　ki³¹　　ɳi⁵⁵la⁵⁵ɳi³¹　　rok³⁵　　ki³¹　　ki³¹　　ɳi⁵⁵la⁵⁵ɳi³¹　　a⁵⁵tien³¹　　ŋun⁵⁵
天　　一　　PRT　　LNK　　　3sg　　AGT　　PRT　　LNK　　　我看　　草

naŋ³¹ka⁵⁵　　ki³¹　　ɳi⁵⁵na⁵⁵ɳi³¹　　ji⁵⁵pu⁵⁵ni⁵⁵　　ki³¹　　ɳi⁵⁵na⁵⁵ɳi³¹　　kʰa⁵⁵la⁵⁵pʰi⁵⁵-ɳi³¹
里面:LOC　　AGT　　LNK　　　　LNK　　AGT　　LNK　　装-NF

ʃi⁵⁵ka⁵⁵-tʃo³¹-ka³⁵　　ta³¹,　　sem⁵⁵　　sam⁵⁵-ka⁵⁵　　ta³¹:"a⁵⁵pu⁵⁵　　ji³¹　　ɳi⁵⁵na⁵⁵ɳi³¹　　kot⁵⁵-pa⁵⁵
死-Lv-PERF　　FPRT　　心　　想-PERF　　FPRT　乌鸦　　AGT　LNK　　　　看-PFV

ji³⁵na³¹ tʃaŋ³⁵ ʃi⁵⁵-ka⁵⁵ sam⁵⁵-lo⁵⁵ ta³¹, o⁵⁵ȵen⁵⁵ ki³¹ ȵi⁵⁵na⁵⁵ȵi³¹ rok³⁵ ki³¹
LNK 1sg 死-PERF 想-NPFV FPRT 这样 PRT LNK 3sg AGT

pʰian⁵⁵wu⁵⁵ ki³¹ ȵi⁵⁵na⁵⁵ȵi³¹ tʃaŋ³⁵ ʃa⁵⁵ ŋa³¹mo³⁵ ta³¹, ta⁵⁵ȵi⁵⁵ tʃaŋ³⁵ ŋa³¹mo³⁵
飞 AGT LNK 1sg 肉 吃掉 FPRT 时间 1sg 吃掉

wu⁵⁵-la³¹, ki³¹ ȵi⁵⁵na⁵⁵ȵi³¹ tʃi³⁵ ta⁵⁵ȵi⁵⁵ tsoŋ⁵⁵mo³⁵ ta³¹." ji⁵⁵pi⁵⁵ sin⁵⁵-lo³¹
来-NPFV PRT LNK PRT 时间 抓 FPRT 谁 知道-NPFV

a³¹ni⁵⁵ a⁵⁵pu⁵⁵ ki³¹ ȵi⁵⁵na⁵⁵ȵi³¹ kor⁵⁵pa⁵⁵ tʰor⁵⁵ pʰian⁵⁵-ʃi³⁵ ta³¹, ȵi³¹ ka⁵⁵wu⁵⁵ma³¹
ADV 乌鸦 AGT LNK 圈 一 飞-PERF FPRT LNK 狐狸

ki³¹ ȵi⁵⁵na⁵⁵ȵi³¹ ʃi⁵⁵-ka⁵⁵ ma⁵⁵-ji³¹-ka³¹ la³⁵ ta³¹, sam⁵⁵-lo⁵⁵-ȵi³¹ pʰian⁵⁵
AGT LNK 死-PERF NEG-IMP-PERF AUX FPRT 想-NPFV-NF 飞

te³¹-ka³⁵ ta³¹, ȵi³⁵ rok³⁵ ki³¹ ȵi⁵⁵la⁵⁵ rok³⁵ pʰian⁵⁵ ȵi⁵⁵na⁵⁵ȵi³¹ a⁵⁵tio⁵⁵ma³¹
去-PERF FPRT LNK 3sg AGT LNK 3sg 飞 LNK 我看

pu⁵⁵ʃur⁵⁵ ka³¹ ʒik³⁵-ka³⁵ ta³¹: "nan⁵⁵ ji³¹ ki³¹ ȵi⁵⁵la⁵⁵ wo⁵⁵ȵa⁵⁵ ka⁵⁵wu⁵⁵ma³¹
喜鹊 DAT 说-PERF FPRT 2sg AGT AGT LNK 那样 狐狸

re³¹ka⁵⁵ ma⁵⁵-te³⁵ ji³⁵ ta³¹, rok³⁵ ki³¹ ki³¹ ȵi⁵⁵na⁵⁵ȵi³¹ kʰa⁵⁵la⁵⁵pʰi⁵⁵-ȵi³¹
旁边:LOC NEG-去 IMP FPRT 3sg AGT PRT LNK 装-NF

ʃi⁵⁵ka⁵⁵-tʃo³¹, rok³⁵ ki³¹ ki³¹ ȵi⁵⁵na⁵⁵ nan⁵⁵ a³¹ ŋa⁵⁵mu⁵⁵-na³¹ ta³¹."
死-Lv 3sg AGT PRT LNK 2sg PAT 吃掉-PRT FPRT

一天，它躺在草地上装死，心想："乌鸦看见我死了，一定会飞来吃我的肉的，它来吃我的时候，我就把它抓住。"谁知道乌鸦飞了一圈，觉得狐狸不像死了，就飞走了，并飞去告诉喜鹊说："你别到狐狸身边去，它在装死，会吃掉你的。"

ka⁵⁵wu⁵⁵ma³¹ ji³¹ ki³¹ ȵi⁵⁵la⁵⁵ȵi³¹ kot⁵⁵-pa⁵⁵ ki³¹ ȵi⁵⁵na³¹ a⁵⁵pu⁵⁵ ki³¹
狐狸 AGT PRT LNK 见-PFV PRT LNK 乌鸦 PRT

ȵi⁵⁵na⁵⁵ȵi³¹ raŋ³⁵tian⁵⁵ xaŋ⁵⁵ sam⁵⁵-pa³¹ ki³¹ ȵi⁵⁵na³¹ sin⁵⁵-ka⁵⁵ la³⁵, ȵi⁵⁵
LNK 自己 什么 想-PFV PRT LNK 知道-PERF AUX TOP

rok³⁵ ki³¹ ki³¹ ȵi⁵⁵na⁵⁵ȵi³¹ a⁵⁵tien⁵⁵ ȵi³¹ a⁵⁵tio⁵⁵ma³¹ pu⁵⁵ʃur⁵⁵ ka³¹ ʃom⁵⁵
3sg AGT PRT LNK 我看 LNK 我看 喜鹊 GEN 窝

toŋ³⁵lo³⁵ ka³¹ tʃok³⁵pu⁵⁵ jar⁵⁵-ka³⁵ ta³¹, "ȵi³¹ pu⁵⁵ʃur⁵⁵ ȵi³¹ nan⁵⁵ ȵi³¹ ki³¹
下面 LOC 快 跑-PERF FPRT LNK 喜鹊 LNK 2sg LNK AGT

ȵi⁵⁵la⁵⁵ȵi³¹ nan⁵⁵ ka³¹ wo⁵⁵ȵa⁵⁵ pu⁵⁵ʃur⁵⁵ ta⁵⁵tsa⁵⁵ pa⁵⁵ ki³¹ ȵi⁵⁵la⁵⁵ȵi³¹ toŋ³⁵tʰu⁵⁵
LNK 2sg GEN 那样 喜鹊 崽 PL AGT LNK 抛

ki³¹ɲi⁵⁵ tʃaŋ³⁵ ma⁵⁵-pi⁵⁵-ɲi³¹ na³⁵ ta³¹, tʃi³⁵ ji³¹ ki³¹ ɲi⁵⁵la⁵⁵ɲi³¹ nan³⁵ a³¹
LNK 1sg NEG-给-NF AUX FPRT 1sg AGT PRT LNK 2sg GEN

pʰɛ⁵⁵a³¹ pu⁵⁵ʃur⁵⁵ tʰam⁵⁵tʃe⁵⁵raŋ⁵⁵ a³¹ ŋa³⁵mu⁵⁵ na³⁵ ta³¹!" pu⁵⁵ʃur⁵⁵ ki⁵⁵
家里:LOC 喜鹊 全部 PAT 吃掉 AUX FPRT 喜鹊 AGT

ɲi³⁵na³¹ ŋan³⁵pa⁵⁵ juŋ³⁵kʰe⁵⁵-ka³⁵ ta³¹, ɲi³¹ u⁵⁵tu⁵⁵ lai⁵⁵ ki³¹ ɲi⁵⁵na⁵⁵ɲi³¹
LNK 很 害怕-PERF FPRT LNK DEM:PROX 事情 PRT LNK

rok³⁵ ki³¹ a⁵⁵pu⁵⁵ jik⁵⁵pi³¹-ka³⁵ ta³¹, a⁵⁵pu⁵⁵ ʒik³⁵-ka³⁵ ta³¹: "ɲu³⁵ma³¹pʰi⁵⁵
3sg AGT 乌鸦 告诉-PERF FPRT 乌鸦 说-PERF FPRT 没关系

ji³⁵ ta⁵⁵, ɲi³¹ ka⁵⁵wu⁵⁵ma³¹ ki⁵⁵ ni³⁵na³¹ni³¹ ʃiŋ⁵⁵ tʰoŋ⁵⁵ŋa³¹ koŋ⁵⁵tian⁵⁵
IMP FPRT LNK 狐狸 AGT LNK 树 上面:LOC 爬

ma⁵⁵-sin⁵³-tʃʰo⁵⁵-lo³⁵ ta³¹, o⁵⁵ta⁵⁵ ki⁵⁵ ɲi³⁵na³¹ na³¹ a³¹ joŋ⁵⁵kʰi⁵⁵-ka³⁵ ta³¹!"
NEG-会-Lv-NPFV FPRT DEM:PROX AGT LNK 2sg PAT 吓唬-PERF FPRT

狐狸见乌鸦知道了自己的想法，就跑到喜鹊窝下说："老喜鹊，你如果不把你的小喜鹊抛下来给我，我就把你们全家吃掉！"喜鹊很害怕，把这事告诉了乌鸦，乌鸦说："不要紧，狐狸不会爬树，这是吓唬你的！"

ɲi³¹ ka⁵⁵wu⁵⁵ma³¹ ki⁵⁵ ɲi³⁵ kot⁵⁵-pa⁵⁵ ki⁵⁵ ɲi³⁵na³¹ joŋ⁵⁵kʰi⁵⁵ pe³¹tʃir⁵⁵
LNK 狐狸 AGT LNK 见-PFV PRT LNK 吓唬 用处

ma⁵⁵-la³⁵ ta³¹, ɲi³¹ om³⁵tʃaŋ⁵⁵ si⁵⁵mi⁵⁵ naŋ⁵⁵ka³¹ sam⁵⁵-ɲi³¹ ki⁵⁵ɲi³⁵ ʒik³⁵-ka³⁵
NEG-有:MIR FPRT LNK 又 心 里面:LOC 想-NF PRT 说-PERF

ta³¹: "ɲi³¹ a⁵⁵pu⁵⁵ dza³¹min³⁵ nan⁵⁵ lam³⁵taŋ⁵⁵-ma⁵⁵ ki⁵⁵ ɲi⁵⁵la³¹ni³⁵ pa⁵³a³¹tʰo⁵⁵ka³¹
FPRT LNK 乌鸦 姑娘 2sg 走-PFV PRT LNK 第一

lik⁵⁵pu⁵⁵-la³⁵ ta³¹, ɲi³¹ ji⁵⁵pi⁵⁵ ki⁵⁵ ɲi³⁵ na³⁵ a³¹ tu⁵⁵lu⁵⁵-ma³¹-la³⁵ ta³¹!"
好看-NPFV FPRT LNK 谁 AGT LNK 2sg PAT 比较-NEG-NPFV FPRT

ɲi³¹ a⁵⁵pu⁵⁵ tʃi³⁵ ki³¹ ɲi⁵⁵na⁵⁵ɲi³⁵ rok³¹ kaŋ⁵⁵mien⁵⁵tsʰe⁵⁵ rok³⁵te⁵⁵ ji³¹
LNK 乌鸦 PRT AGT LNK 3sg 非常 别人 AGT

ɲi³¹ rok³¹ ka³¹ tio⁵⁵ta³¹pʰi⁵⁵-la³¹ ki³¹ ɲi⁵⁵la⁵⁵ pʰi⁵⁵-tʃʰo³¹-lo³⁵ ta³¹, ɲi³¹
LNK 3sg DAT 夸奖-NPFV PRT LNK 喜欢-Lv-NPFV FPRT LNK

pʰian⁵⁵-ɲi³¹ toŋ³⁵wu⁵⁵-ka³⁵ ta³¹, ɲi⁵⁵ rok³⁵ ki⁵⁵ ɲi³¹ ka⁵⁵wu⁵⁵ma³¹ gop³¹ka⁵⁵
飞-NF 下来-PERF FPRT LNK 3sg AGT LNK 狐狸 面前:LOC

ki³¹ ɲi⁵⁵na³¹ɲi⁵⁵ joŋ⁵⁵kai⁵⁵ a³¹ni⁵⁵ daŋ³⁵ka⁵⁵-tʃo³⁵-ka³⁵ ta³¹. ka⁵⁵wu⁵⁵ma³¹ ki³¹
PRT LNK 扭 ADV 走-Lv-PERF FPRT 狐狸 AGT

ɲi⁵⁵na⁵⁵ om³⁵tʃaŋ⁵⁵ ʒik³⁵-ka³⁵ ta³¹: "ɲi³¹ a⁵⁵pu⁵⁵ dza³¹min³⁵, ɲi³¹ nan⁵⁵ a³¹
LNK 又 说-PERF FPRT LNK 乌鸦 姑娘 LNK 2sg GEN

pʰu⁵⁵toŋ⁵⁵ ki⁵⁵ n̠i³⁵la³¹n̠i³¹ ba⁵⁵lu⁵⁵-la³⁵ ta³¹, n̠i³¹ kun⁵⁵ ki³¹ n̠i⁵⁵na⁵⁵ xaŋ³⁵dien⁵⁵
衣服　　PRT　LNK　　　薄–NPFV　FPRT　LNK　冬天　PRT　LNK　　怎么

a³¹ni⁵⁵ tʃʰo⁵⁵lu⁵⁵ ja³⁵ ta³¹? nan⁵⁵ ʃa³¹raŋ⁵⁵ ki⁵⁵ n̠i³⁵la³¹ kʰur⁵⁵pa⁵⁵-ma⁵⁵-la³⁵
ADV　过　　　QUES FPRT 2sg　头　　　　PRT　LNK　　冷–NEG–NPFV

mo³⁵ ta³¹?" a⁵⁵pu⁵⁵ ki³¹ n̠i⁵⁵na⁵⁵n̠i³⁵ tʂa³⁵-n̠i⁵⁵ a³¹ni⁵⁵ ki³¹ n̠i⁵⁵la³¹ ʒik³⁵-ka³⁵
QUES FPRT 乌鸦　AGT　LNK　　　高兴–NF　ADV　AGT　LNK　　说–PERF

ta³¹:" kun⁵⁵ kʰur⁵⁵-pa⁵⁵ ki³¹ n̠i⁵⁵na⁵⁵ ta³¹, n̠i³¹ tʃaŋ³⁵ ʃa³¹raŋ⁵⁵ ki³¹ n̠i⁵⁵na⁵⁵n̠i³⁵
FPRT 冬天　冷–PFV　PRT　LNK　　FPRT　LNK　1sg　头　　　PRT　LNK

a⁵⁵tien⁵⁵ wi³⁵lam⁵⁵ pʰraŋ³⁵lo³⁵ ka³¹ tʰan⁵⁵-tʃʰo⁵⁵-lo³⁵ ta³¹." ka⁵⁵wu⁵⁵ma³¹ ki³¹ n̠i⁵⁵
我看　翅膀　　底下　　LOC　钻–Lv–NPFV　　FPRT 狐狸　　　　AGT　LNK

om³⁵tʃaŋ⁵⁵ tʃi⁵⁵ma⁵⁵-ka³⁵ ta³¹: "n̠i³¹ wi³⁵lam⁵⁵ pʰraŋ³⁵lo³⁵ ka³¹ ki⁵⁵ n̠i³⁵na³¹
又　　　问–PERF　　　FPRT LNK　翅膀　　底下　　LOC　PRT　LNK

xaŋ³⁵dien⁵⁵ a³¹ni⁵⁵ tʰan⁵⁵-tʃo³¹-la³⁵ ja³⁵ ta³¹?" a⁵⁵pu⁵⁵ ji³¹ ki⁵⁵ n̠i³⁵na³¹n̠i³¹
怎么　　　ADV　钻–Lv–NPFV　　QUES FPRT 乌鸦　AGT　PRT LNK

tʃo⁵⁵ rən⁵⁵mo⁵⁵ ki³¹ n̠i⁵⁵na⁵⁵ ʒik³⁵ rən⁵⁵mo⁵⁵ a³¹ni⁵⁵ ʒik³⁵-ka³⁵ ta³¹: "o⁵⁵n̠en⁵⁵
做　一边　　PRT LNK　说　一边　　ADV　说–PERF FPRT 这样

a³¹ni⁵⁵ tʰan⁵⁵-tʃʰo³¹-lo³⁵ ta³¹!" n̠i³⁵ a⁵⁵pu⁵⁵ ki⁵⁵ n̠i³⁵la³¹n̠i³¹ rok³⁵ ka³¹ ʃa³¹raŋ⁵⁵
ADV　钻–Lv–NPFV　　FPRT LNK　乌鸦　AGT　LNK　　3sg　GEN 头

ki⁵⁵ n̠i³⁵la³¹n̠i³¹ wi³⁵lam⁵⁵ pʰraŋ³⁵ŋa³⁵ tʰan⁵⁵a⁵⁵-ka³⁵ ta³¹. n̠i³⁵ ka⁵⁵wu⁵⁵ma³¹ ki⁵⁵
PRT LNK　　翅膀　　底下:LOC 钻–PERF　　　FPRT LNK 狐狸　　　　AGT

n̠i³⁵na³¹n̠i³¹ o⁵⁵ta⁵⁵ ku³⁵ka³¹ non⁵⁵-n̠i³¹ ki⁵⁵ n̠i³⁵na³¹ni³¹ tson⁵⁵te⁵⁵raŋ⁵⁵, a⁵⁵pu⁵⁵
LNK　　　DEM:PROX 机会　趁–NF　PRT LNK　　　扑　　　乌鸦

tʃo⁵⁵ ki⁵⁵ n̠i³⁵na³¹ ŋa⁵⁵mu⁵⁵-tʰa³¹-ka³⁵ ta³¹.
TOP　PRT LNK　吃掉–Lv–PERF　　FPRT

　　狐狸见吓唬也没用，又想了一想说："乌鸦姑娘，你走起路来最漂亮了，谁也比不上你！"乌鸦最喜欢听人家夸它漂亮，就飞了下来，在狐狸面前一扭一扭地走。狐狸又说道："乌鸦姑娘，你的衣服很薄，冬天是怎么过的？你的头不冷吗？"乌鸦高兴地说："冬天冷的时候，可以把头钻在翅膀底下。"狐狸又问："翅膀底下怎么个钻法啊？"乌鸦一边做一边说："这样钻！"乌鸦就把头钻到翅膀底下去了。狐狸趁这机会扑上去，把乌鸦吃掉了。

（白玛绕杰讲述，2017 年）

17. 鸡、兔、猴子、大象吃果子

ko³¹ma⁵⁵ ki³¹ ɳi⁵⁵na³⁵ ta³¹, ɳi³¹ ki³¹ ɳi⁵⁵la⁵⁵ɳi³¹ ku³¹wa⁵⁵ tʰor⁵⁵ tʃʰo⁵⁵-lo³⁵
以前 PRT LNK FPRT LNK PRT LNK 鸡 一 有-NPFV

ta³¹, ri³¹pon⁵⁵ tʰor⁵⁵ tʃʰo⁵⁵-lo³⁵ ta³¹, ɳi³¹ za³¹la⁵⁵ tʰor⁵⁵ tʃʰo⁵⁵-lo³⁵ ta³¹
FPRT 兔 一 有-NPFV FPRT LNK 猴子 一 有-NPFV FPRT

o⁵⁵ɳen⁵⁵ ki³¹ ɳi⁵⁵la⁵⁵ɳi³¹ laŋ⁵⁵pu⁵⁵tʃʰe⁵⁵ tʰor⁵⁵ tʃʰo⁵⁵-lo³⁵ ta³¹, ɳi³¹ rok³⁵te⁵⁵pa⁵⁵
这样 PRT LNK 大象 一 有-NPFV FPRT LNK 3pl

ki³¹ ɳi⁵⁵la⁵⁵ɳi³¹ tʂe⁵⁵wa⁵⁵ ki³¹ ɳi⁵⁵na⁵⁵ɳi³¹ lik⁵⁵pu⁵⁵-tʃʰo⁵⁵-lo³⁵ ta³¹.
PRT LNK 关系 PRT LNK 好-Lv-NPFV FPRT

很久以前，有一只鸡、一只兔、一只猴和一头大象，它们关系很好。

ku³¹wa⁵⁵ ki⁵⁵ tʃo³¹ pian⁵⁵sen⁵⁵-tʃo³¹-lo³⁵ ta³¹, ŋam⁵⁵ tʰor⁵⁵ naŋ⁵⁵ka⁵⁵ rok³⁵
鸡 PRT TOP 飞-Lv-NPFV FPRT 天 一 里面:LOC 3sg

ki⁵⁵ ɳi⁵⁵la⁵⁵ɳi³¹ a⁵⁵tio⁵⁵ma⁵⁵ ʃiŋ⁵⁵ se⁵⁵si⁵⁵ ka³¹ li³⁵ tʰor⁵⁵ la³⁵pa⁵⁵-ka³⁵ ta³¹.
AGT LNK 我看 树 果子 GEN 种子 一 找到-PFV FPRT

ri³¹pon⁵⁵ ki³¹ ɳi⁵⁵la⁵⁵ kaŋ⁵⁵mien⁵⁵tsʰe⁵⁵ kʰai⁵⁵pa⁵⁵-la³⁵ ta³¹, rok³⁵ ki³¹ ki³¹
兔子 AGT LNK 非常 聪明-NPFV FPRT 3sg AGT PRT

ɳi⁵⁵na³¹ɳi⁵⁵ a⁵⁵tien⁵⁵ɳu⁵⁵ ʃiŋ⁵⁵ a³¹ se⁵⁵ ki³¹ ɳi⁵⁵la⁵⁵ɳi³¹ sa⁵⁵ naŋ³¹ka⁵⁵
LNK 我看 树 GEN 种子 PRT LNK 地 里面:LOC

tʃʰe⁵⁵-ka³⁵ ta³¹. za³¹la⁵⁵ ki³¹ ɳi⁵⁵na⁵⁵ɳi³¹ sin⁵⁵-ka³⁵ ta³¹, o⁵⁵ta⁵⁵ ʃiŋ⁵⁵
栽种-PERF FPRT 猴子 AGT LNK 知道-PERF FPRT DEM:PROX 树

ki³¹ ɳi⁵⁵la⁵⁵ɳi³¹ se⁵⁵si⁵⁵-lo³¹ na³⁵ ta³¹, ɳi³¹ o⁵⁵ɳen⁵⁵ ki³¹ ɳi⁵⁵la⁵⁵ɳi³¹ tien⁵⁵tʃa⁵⁵raŋ⁵⁵
AGT LNK 结果-NPFV 可以 FPRT LNK 这样 PRT LNK 经常

ʃiŋ⁵⁵ a³¹ ʃa³⁵luk⁵⁵-ka³⁵ ta³¹. laŋ⁵⁵pu⁵⁵tʃʰe⁵⁵ ki³¹ ɳi⁵⁵ rok³⁵ ɳi³¹ se⁵⁵ za³⁵-ki³¹
树 DAT 施肥-PERF FPRT 大象 PRT LNK 3sg LNK 果子 吃-NMLZ

lam⁵⁵-ka³⁵ ta³¹, o⁵⁵ɳen⁵⁵ ki³¹ ɳi⁵⁵la⁵⁵ɳi³¹ tien⁵⁵tʃa⁵⁵raŋ⁵⁵ rok³⁵ ka³¹ na³¹xoŋ⁵⁵
想-PERF FPRT 这样 PRT LNK 经常 3sg GEN 鼻子

rən³⁵kʰu³¹ ki³⁵ ɳi⁵⁵la⁵⁵ɳi³¹ ri³¹ naŋ³¹ka⁵⁵ ri⁵⁵ ka³¹ tʃam⁵⁵pu⁵⁵-ɳi³¹ ki³¹ ɳi⁵⁵la⁵⁵ɳi³¹
长 INST LNK 河 里面:LOC 水 PAT 吸-NF PRT LNK

ʃiŋ⁵⁵ a³⁵ jap⁵⁵-ka³⁵ ta³¹.
树 DAT 浇水-PERF FPRT

鸡会飞，有一天，它找来一棵果树的种子。兔子很聪明，它把种子种在地里。猴知道这棵树可以结果子，就天天给树施肥。大象也想吃果子，就天天用长鼻子从河里吸水给树浇水。

tsak³¹pu⁵⁵　man⁵⁵-tʃa⁵⁵,　　　ki³¹　　n̠i⁵⁵na⁵⁵　ʃiŋ⁵⁵　tʃo³¹　n̠i³¹na⁵⁵　zok⁵⁵-n̠i³¹　tʃʰi⁵⁵lu⁵⁵-ka³⁵
久　　　　　NEG-有:EGO　PRT　　LNK　　　树　　TOP　LNK　　生长-NF　　大-PERF

ta³¹,　n̠u³⁵na³⁵　ki³¹　n̠i⁵⁵na⁵⁵n̠i³¹　se⁵⁵si⁵⁵-ka³⁵　ta³¹.　ku³¹wa⁵⁵　ki³¹　kot⁵⁵pa⁵⁵　ki³¹
FPRT　LNK　　PRT　LNK　　　　结果-PERF　FPRT　鸡　　　AGT　看　　　PRT

n̠i⁵⁵na⁵⁵n̠i³¹　ʃiŋ⁵⁵　tʰoŋ⁵⁵ŋa⁵⁵　ki³¹　n̠i⁵⁵na⁵⁵　se⁵⁵　ki³¹　n̠i⁵⁵　tʃʰi⁵⁵lu⁵⁵　a³¹　tʃʰi⁵⁵lu⁵⁵
LNK　　　树　　上面:LOC　PRT　LNK　　果子　PRT　LNK　大　　GEN　大

tsa⁵⁵lu⁵⁵　a³¹　tsa⁵⁵lu⁵⁵　la³⁵　ta³¹,　sem⁵⁵　naŋ⁵⁵ka⁵⁵　sam⁵⁵-ka³⁵　ta³¹: "o⁵⁵ta⁵⁵
红　　GEN　红　　　有:MIR　FPRT　心　　里:LOC　　想-PERF　　FPRT　DEM:PROX

ki⁵⁵　n̠i³¹la⁵⁵　ʃiŋ⁵⁵　li³⁵　ki⁵⁵　n̠i³¹na³¹　min⁵⁵pa⁵⁵-ka³⁵　ta³¹,　o⁵⁵n̠en⁵⁵　ki⁵⁵　ni³¹na⁵⁵ni⁵⁵
PRT　LNK　　树　种子　PRT　LNK　　带来-PERF　　FPRT　这样　　PRT　LNK

o⁵⁵n̠a⁵⁵　se⁵⁵　ki⁵⁵　n̠i³¹　raŋ⁵⁵　tʃaŋ³⁵　ki⁵⁵-la⁵⁵　ta³¹." o⁵⁵n̠en⁵⁵　ki⁵⁵　n̠i³¹na⁵⁵
DEM:DIST　果子　PRT　LNK　FOC　1sg　COP-NPFV　FPRT　这样　PRT　LNK

ku⁵⁵tsuk⁵⁵　ki⁵⁵　n̠i³¹　rok³⁵　ki³¹　ki³¹　n̠i⁵⁵na⁵⁵n̠i³¹　ŋam³¹　tʰor⁵⁵　ta³¹ku⁵⁵　ji³¹ne³⁵
想　　　PRT　LNK　3sg　AGT　PRT　LNK　　　天　一　过　　LNK

ʃiŋ⁵⁵　tʰoŋ⁵⁵ŋa⁵⁵　koŋ³⁵-tʃʰo⁵⁵　ki³¹　n̠i⁵⁵la⁵⁵n̠i³¹　se⁵⁵　za³⁵-tʃʰo⁵⁵-lo³⁵　ta³¹.　za³⁵la⁵⁵
树　上面:LOC　待-Lv　　PRT　LNK　　　果子　吃-Lv-NPFV　FPRT　猴子

ki⁵⁵　n̠i³¹na⁵⁵n̠i³¹　rok³⁵　ʃiŋ⁵⁵　tʰoŋ⁵⁵ŋa⁵⁵　koŋ⁵⁵ni³¹-ka³⁵　ta³¹,　n̠i³¹　rok³⁵　n̠i³¹
AGT　LNK　　　3sg　树　上面:LOC　爬-PERF　　FPRT　LNK　3sg　LNK

ʃiŋ⁵⁵　se⁵⁵　za³⁵-ki³¹　lam⁵⁵　ni³¹na⁵⁵n̠i³¹　rok³⁵　ki⁵⁵na³¹　ʃiŋ⁵⁵　tʰoŋ⁵⁵ŋa⁵⁵　koŋ⁵⁵ki³¹-tʃo³¹-lo³⁵
树　果　吃-NMLZ　想　LNK　　　3sg　AGT　树　上面:LOC　爬-Lv-NPFV

ta³¹,　n̠i³¹　pʰu⁵⁵laŋ⁵⁵　kʰa⁵⁵la⁵⁵　ki⁵⁵　n̠i³¹na⁵⁵　toŋ³⁵wu⁵⁵to³¹-tʃo⁵⁵-lo³⁵　ta³¹.　laŋ⁵⁵pu⁵⁵tʃʰe⁵⁵
FPRT　LNK　肚子　饱　　PRT　LNK　　下来-Lv-NPFV　　FPRT　大象

ji³¹　ki⁵⁵　n̠i³¹la⁵⁵n̠i³¹　rok³⁵　jaŋ⁵⁵rən⁵⁵ku⁵⁵　la³⁵　ta³¹,　n̠i³¹　rok³⁵　ki³¹　ki³¹
AGT　PRT　LNK　　　3sg　高个子　　有:MIR　FPRT　LNK　3sg　AGT　PRT

n̠i³¹la⁵⁵n̠i³¹　na³¹xoŋ⁵⁵　ki³⁵　n̠i³¹la⁵⁵n̠i³¹　ʃa⁵³pu⁵⁵　ki³⁵　n̠i³¹na⁵⁵　ʃiŋ⁵⁵　tʰoŋ⁵⁵a³¹　se⁵⁵
LNK　　鼻子　INST　LNK　　牙　INST　LNK　树　上面:LOC　树

pa⁵⁵　za³⁵-tʃo³¹-lo³⁵　ta³¹.　n̠i³¹　ri³¹pon⁵⁵　tʃo⁵⁵　ki⁵⁵　n̠i³¹la⁵⁵n̠i³¹　ʃiŋ⁵⁵　a³¹　se⁵⁵
PL　吃-Lv-NPFV　FPRT　LNK　兔子　TOP　PRT　LNK　　　树　GEN　果

za³⁵-ma⁵⁵-n̠u⁵⁵-pa⁵⁵　ki⁵⁵　n̠i³¹na⁵⁵　ŋan³⁵pa⁵⁵　ru³⁵tsik⁵⁵-ka³⁵　ta³¹.
吃-NEG-RES-PFV　PRT　LNK　很　　生气-PERF　FPRT

不久，树就长大了，很快就结果了。鸡看见树上的果子又大又红，心里想："这是我带来的种子，所以果子都是我的。"于是，它每天待在树上吃果子。猴子可以爬树，它想吃果子就爬到树上，吃饱了就下来。大象的个子高，就用鼻子取树上的果子吃。兔子吃不到果子很生气。

n̠i³¹ o⁵⁵ta⁵⁵ ʃiŋ⁵⁵ ki⁵⁵ n̠i³¹la⁵⁵n̠i³¹ sok⁵⁵sok⁵⁵-ni³¹ ta³¹ rən⁵⁵-ʃe⁵⁵~
LNK DEM:PROX 树 AGT LNK 长-NF FPRT 高-COMPR~

rən⁵⁵ʃe⁵⁵ na³⁵ ta³¹, n̠i³¹ o⁵⁵n̠en⁵⁵ ki⁵⁵ n̠i³¹la⁵⁵n̠i³¹ laŋ⁵⁵pu⁵⁵tʃʰe⁵⁵ raŋ⁵⁵ ki⁵⁵
RDUP 可以 FPRT LNK 这样 PRT LNK 大象 FOC AGT

n̠i³¹la⁵⁵n̠i³¹ ʃiŋ⁵⁵ a³¹ se⁵⁵ ki⁵⁵ n̠i³¹la⁵⁵ za³⁵-ma⁵⁵-n̠u⁵⁵-ka³⁵ ta³¹, n̠i³¹
LNK 树 GEN 果子 PRT LNK 吃-NEG-RES-PERF FPRT LNK

rok³⁵te⁵⁵pa⁵⁵ ki⁵⁵ n̠i³¹la⁵⁵ ku⁵⁵tsuk⁵⁵-n̠i³¹ ki⁵⁵ n̠i³¹na⁵⁵ kʰu⁵⁵luŋ⁵⁵pʰi⁵⁵-ka³⁵ ta³¹.
3pl AGT LNK 开始-NF PRT LNK 吵架-PERF FPRT

n̠i⁵⁵ laŋ⁵⁵pu⁵⁵tʃʰe⁵⁵ ki⁵⁵ n̠i³¹la⁵⁵n̠i³¹ ku³¹wa⁵⁵ taŋ⁵⁵ za³¹la⁵⁵ ʒik³⁵-ka³⁵ ta³¹:
LNK 大象 AGT LNK 鸡 CONJ 猴子 说-PERF FPRT

"ʃiŋ⁵⁵ ki⁵⁵ n̠i³¹la⁵⁵n̠i³¹ pai⁵⁵ka³¹ tʰun⁵⁵pu⁵⁵ zok⁵⁵-tʃʰo³¹-lo³⁵ ta³¹, n̠i³¹ ki⁵⁵n̠u⁵⁵
树 AGT LNK 太 高 生长-Lv-NPFV FPRT LNK LNK

nan⁵⁵ n̠ik⁵⁵tsiŋ⁵⁵ ʃa³¹ ki⁵⁵ n̠i³¹la⁵⁵n̠i³¹ ʃiŋ⁵⁵ a³¹ se⁵⁵ za⁵⁵n̠u³¹-pu³⁵-la³⁵ ta³¹,
2sg 二 只 AGT LNK 树 GEN 果子 吃到-PROS-DUR FPRT

n̠i³¹ ai⁵⁵pa⁵⁵ ki⁵⁵ n̠i³¹la⁵⁵n̠i³¹ za⁵⁵-n̠u³¹-pu³⁵ ma⁵⁵-la³⁵ ta³¹, o⁵⁵n̠en⁵⁵
TOP 1pl:EXCL AGT LNK 吃-RES-PROS NEG-有:MIR FPRT 这样

n̠i³¹la⁵⁵ni³¹ kʰe⁵⁵n̠u⁵⁵-ma⁵⁵-la³⁵ ta³¹."
LNK 公平-NEG-NPFV FPRT

这棵树越长越高，连大象也吃不到果子了，它们开始争吵。大象对鸡和猴子说："树太高了，只有你们俩能吃到，我们吃不到，这样不公平。"

n̠i³¹ ku³¹wa⁵⁵ taŋ⁵⁵ za³¹la⁵⁵ ki⁵⁵ n̠i³¹la⁵⁵n̠i³¹ rok³⁵ ka³¹ ja³⁵raŋ⁵⁵-ma⁵⁵-ka³⁵
LNK 鸡 CONJ 猴子 AGT LNK 3sg DAT 理-NEG-PERF

ta³¹, o⁵⁵n̠en⁵⁵ ki⁵⁵ n̠i³¹la⁵⁵n̠i³¹ laŋ⁵⁵pu⁵⁵tʃʰe⁵⁵ ki⁵⁵ n̠i³¹la⁵⁵n̠i³¹ soŋ⁵⁵ŋo⁵⁵ kʰai⁵⁵pa⁵⁵
FPRT 这样 PRT LNK 大象 AGT LNK 人 聪明

tʰor⁵⁵ la³⁵ma⁵⁵ ki⁵⁵ n̠i³¹na⁵⁵ rok³⁵ ka³¹ tik⁵⁵tɯŋ⁵⁵ ɾu⁵⁵pu⁵⁵-ki³⁵-ji³¹-ka³⁵ ta³¹.
一 找 PRT LNK 3sg DAT 一下 帮忙-PRT-IMP-PERF FPRT

kʰai⁵⁵pa⁵⁵ soŋ⁵⁵ŋo⁵⁵ ʒik³⁵-ka³⁵ ta³¹: "n̠i³¹ ne³¹pa⁵⁵ ki⁵⁵ n̠i³¹la⁵⁵n̠i³¹ tʰam⁵⁵tien⁵⁵
聪明 人 说-PERF FPRT LNK 2pl AGT LNK 都

ki⁵⁵ n̠i³¹la⁵⁵n̠i³¹ o⁵⁵to⁵⁵ se⁵⁵ tʃo³¹ ki⁵⁵ n̠i³¹na⁵⁵ za³⁵-n̠u⁵⁵-pu³⁵ ta³¹, n̠i³¹
PRT LNK DEM:PROX 果子 TOP PRT LNK 吃-RES-PROS FPRT LNK

ne³¹pa⁵⁵ tʰam⁵⁵tien⁵⁵ raŋ⁵⁵ ki⁵⁵ n̠i³¹la⁵⁵n̠i³¹ le³¹a³¹-xa³¹ soŋ⁵⁵ŋo⁵⁵ ki⁵⁵-la³⁵ ta³¹.
2pl 都 FOC PRT LNK 干活-GEN 人 COP-NPFV FPRT

ȵi³¹　　ne³¹pa⁵⁵　ki⁵⁵　　ȵi³¹la⁵⁵ȵi³¹　kʰu⁵⁵luŋ⁵⁵-ma³⁵-pʰi⁵⁵　ta³¹,　ȵi³¹　　se⁵⁵　ki⁵⁵　　ȵi⁵⁵la⁵⁵
LNK　　2pl　　　AGT　LNK　　　　吵架–NEG–ASP　　　　FPRT　LNK　果子　PRT　LNK

tʰam⁵⁵tʃe⁵⁵　raŋ⁵⁵　za³⁵-lo⁵⁵-ȵu⁵³　ka³¹　　ȵi⁵⁵　　tʰap⁵⁵ʃe⁵⁵to³¹　kʰi³¹-lo³⁵　kʰi⁵³　lo³⁵　　ta³¹.
都　　　　FOC　　吃–NPFV–RES　GEN　LNK　　方法　　　　想–NPFV　　想–NPFV　FPRT

o⁵⁵ȵen⁵⁵　a³¹ni⁵⁵　la⁵⁵ȵi³¹,　ne³¹pa⁵⁵　ki⁵⁵　　ȵi³¹la⁵⁵ȵi³¹　tʃʰaŋ⁵⁵bu⁵⁵　ri³¹-lo³⁵　　　ta³¹,
这样　　ADV　　LNK　　2pl　　　AGT　LNK　　　　和好　　　　变–NPFV　　　FPRT

ȵi³¹　o⁵⁵ȵen⁵⁵　ki⁵⁵　ȵi³¹la⁵⁵　se⁵⁵　ki⁵⁵　　ȵi³¹wu⁵⁵ȵi³¹　zak⁵⁵ʃe⁵⁵~zak⁵⁵ʃe⁵⁵-lo³⁵　　　ta³¹."
LNK　这样　　PRT　LNK　　果子　AGT　LNK　　　　多–COMPR~RDUP–NPFV　　　FPRT

　　鸡和猴子不理它，于是大象找来一个聪明人帮它。聪明人说："你们每个人都应该吃到这个果子，因为你们都是干活的人。你们不要争吵，应该想个大家都能吃到果子的办法。只有这样，你们才能和好，果子也能越来越多。"

　　ȵi⁵⁵　rok³⁵te⁵⁵pa⁵⁵　tʰam⁵⁵tʃe⁵⁵　ki³¹　kʰe⁵⁵-ka⁵⁵　la³⁵　ta³¹,　o⁵⁵ȵen⁵⁵　tip⁵⁵ka⁵⁵
　　LNK　3pl　　　　　都　　　　PRT　对–PERF　AUX　FPRT　这样　　一起

ki⁵⁵　ȵi³¹la⁵⁵ȵi³¹　dzui⁵⁵tʰo⁵⁵a⁵⁵-ka³⁵　ta³¹,　ȵi³¹　tsʰiŋ⁵⁵a⁵⁵　rok³⁵te⁵⁵pa⁵⁵　ki⁵⁵
AGT　LNK　　　　商量–PERF　　　　FPRT　LNK　终于　　　3pl　　　　　AGT

ȵi³¹la⁵⁵ȵi³¹　tʰap⁵⁵ʃe⁵⁵　lik⁵⁵pu⁵⁵　tʰor⁵⁵　ȵi³⁵　sam⁵⁵pʰi⁵⁵-ȵu⁵⁵-ka³¹　ta³¹.　ȵi³¹　rok³⁵te⁵⁵pa⁵⁵
LNK　　办法　　好　　一　　LNK　想–RES–PERF　　　FPRT　LNK　3pl

ki⁵⁵　ȵi³¹la⁵⁵ȵi³¹　laŋ⁵⁵pu⁵⁵tʃʰe⁵⁵　tʃo⁵⁵　ȵi³⁵　pʰraŋ⁵⁵ŋa⁵⁵　za³¹la⁵⁵　tʰiŋ³⁵-tʃo³¹-ka³⁵
AGT　LNK　　　　大象　　　　TOP　LNK　下面:LOC　猴子　　　站–Lv–PERF

ta³¹,　za³¹la⁵⁵　ki⁵⁵　ȵi³¹la⁵⁵ȵi³¹　laŋ⁵⁵pu⁵⁵tʃʰe⁵⁵　toŋ⁵⁵a⁵⁵　ȵi³¹　koŋ³¹-ka³⁵　ta³¹,
FPRT　猴子　　AGT　LNK　　　　大象　　　　上面:LOC　LNK　立–PERF　　FPRT

ȵi³¹　ri³¹pon⁵⁵　ki⁵⁵　ȵi³¹la⁵⁵ȵi³¹　za³¹la⁵⁵　ka³¹　lus³¹bu⁵⁵　toŋ⁵⁵a⁵⁵　koŋ³¹-ka³⁵　ta³¹,
LNK　兔子　　AGT　LNK　　　　猴子　　GEN　身体　　上面:LOC　立–PERF　　FPRT

ku³¹wa⁵⁵　ki³¹　ki⁵⁵　ȵi³¹la⁵⁵ȵi³¹　ri³¹pon⁵⁵　ka³¹　lus³¹bu⁵⁵　toŋ⁵⁵a⁵⁵　koŋ³¹-ka³⁵　ta³¹.
鸡　　　AGT　PRT　LNK　　　　兔子　　GEN　身体　　上面:LOC　站–PERF　　FPRT

o⁵⁵ȵen⁵⁵　ki⁵⁵　ȵi⁵⁵la⁵⁵ȵi³¹　a⁵⁵tin⁵⁵　ku³¹wa⁵⁵　ki⁵⁵　ȵi⁵⁵la⁵⁵ȵi³¹　ʃiŋ⁵⁵　se⁵⁵　ʃe⁵⁵pʰaŋ⁵⁵-ka⁵⁵
这样　　PRT　LNK　　　　我看　鸡　　　AGT　LNK　　　　树　果子　摘下–PERF

ki⁵⁵　ȵi⁵⁵la⁵⁵ȵi³¹　a⁵⁵tin⁵⁵ma⁵⁵　ri³¹pon⁵⁵　a³¹　pi³⁵-ka³⁵　ta³¹,　ri³¹pon⁵⁵　ki⁵⁵　ȵi⁵⁵la⁵⁵
PRT　LNK　　　　我看　　　兔子　　DAT　给–PERF　FPRT　兔子　　AGT　LNK

za³¹la⁵⁵　pi³⁵-ka³⁵　ta³¹,　za³¹la⁵⁵　ki⁵⁵　ȵi⁵⁵na⁵⁵　laŋ⁵⁵pu⁵⁵tʃʰe⁵⁵　pi³⁵-ka³⁵　　ta³¹,
猴子　　给–PERF　FPRT　猴子　　AGT　LNK　　　大象　　　　给–PERF　FPRT

ni31 ʃiŋ55 se55 ki55 n̩i55na31 ʃe55pʰaŋ55-n̩i31 ki55 n̩i55la55n̩i31 rok35te55pa55 ki31

LNK 树 果子 PRT LNK 摘下-NF PRT LNK 3pl AGT

poŋ55-n̩i31 za35-ka35 ta31. n̩i31 tʃo31ka55 ʃek55-pa31 rok35te55pa55 ma31tsa55raŋ55

分-NF 吃-PERF FPRT LNK 最后 到-PFV 3pl 应该

kʰu55luŋ55-ma55-pʰi55-ka35 ta31, tʰam55tʃe55raŋ55 ki55 n̩i55la55 tʂa35-n̩i55 a31ni55

吵架-NEG-PERF FPRT 大家 AGT LNK 高兴-NF ADV

tʃʰo55-ka35 ta31.

有-PERF FPRT

它们都觉得有道理，于是就一起商量，终于想出了好办法。它们让大象站下边，猴子站在大象的身上，兔站在猴子的身上，鸡站在兔子的身上。然后鸡摘下的果子交给兔，兔交给猴，猴交给象，果子摘下来大家分着吃。最后它们再也不争吵了，大家都很开心。

（白玛绕杰讲述，2017年）

18. 啄木鸟

ko31ma55 ki31 n̩i55la55n̩i31 la31niŋ55ŋam55 ʃi55-n̩u53 ki31 n̩i55na55n̩i31 lok55wu55-lo31

从前 PRT LNK 月亮 死-RES PRT LNK 回来-NPFV

tʃʰo55-lo35 ta31, soŋ55ŋo55 ʃi55-n̩u53 ki55n̩u55 lok55wu55-lo31 tʃʰo55-lo35 ta31.

有-NPFV FPRT 人 死-RES LNK 回来-NPFV 有-NPFV FPRT

从前，月亮死了能活过来，人死了也能活过来。

n̩i31 ŋam55 tʰor55 naŋ31ka55 ki31 la55ni31 a31pa55ta35ni35 kʰa31 ki31 n̩i55la55n̩i31

LNK 天 一 里面:LOC PRT LNK 阿巴达尼 PRT AGT LNK

o55n̩a55 mien31mien55kʰa55 ki31 n̩i55la55n̩i31 la31niŋ55ŋam55 ʃi55-a31 taŋ55 ki31

DEM:DIST 啄木鸟 AGT LNK 月亮 死-GEN CONJ PRT

n̩i55la55n̩i31 soŋ55ŋo55 ʃi55-a31 ki31 n̩i55na31 ta55lian55 ai35 ta31. n̩i55 rok35

LNK 人 死-GEN PRT LNK 通知 做:IMP FPRT LNK 3sg

ki31 n̩i55la55n̩i31 a31tien55 mien31mien55kʰa55 a31 ʒik35-ka35 ta31: "la31niŋ55ŋam55

AGT LNK 我说 啄木鸟 DAT 说-PERF FPRT 月亮

ʃi55-n̩i31 tʃo31 ki31 n̩i55la55n̩i31 lok55-ma55-to55 na35 ta31; soŋ55ŋo55 ʃi55-n̩i31

死-NF TOP PRT LNK 回来-NEG-SUB AUX FPRT 人 死-NF

ki31 n̩i55la55n̩i31 lok55wu55-to31-ji35-tʃo31 na35 ta31."

AGT LNK 回来-SUB-IMP-Lv AUX FPRT

有一天，阿巴达尼叫啄木鸟去通知死了的月亮和死了的人。他对啄木鸟说："月亮死了，不要回来了；人死了，要回来。"

西藏墨脱仓洛语

242

ke⁵⁵ɲu⁵⁵ ɲi³¹ mien³¹mien⁵⁵kʰa⁵⁵ ji³¹ ki³¹ ɲi⁵⁵na⁵⁵ɲi³¹ wu⁵⁵ ka³¹ku⁵⁵ ʒik³⁵-pu⁵⁵
LNK LNK 啄木鸟 AGT PRT LNK 之后 话 说-PROS

a³¹ tʃir⁵⁵ni³¹ a³¹ni³¹ tʃʰu³⁵-tʰa³¹-ka³⁵ ta³¹, ɲi³¹ ki⁵⁵ ɲi⁵⁵la³⁵ni³¹ a⁵⁵tien⁵⁵ma³¹
PAT 反 ADV 传-Lv-PERF FPRT LNK PRT LNK 我看

la³¹niŋ⁵⁵ŋam⁵⁵ rok³⁵ ʃi⁵⁵-ni³¹ ki³¹ ɲi⁵⁵na⁵⁵ɲi³¹ rok³⁵ tʃo³¹ ɲi³¹ lok⁵⁵wu⁵⁵-lo³¹ tʃʰo³¹-lo³⁵
月亮 3sg 死-NF PRT LNK 3sg TOP LNK 回来-NPFV 有-NPFV

ta³¹, ɲi⁵⁵ soŋ⁵⁵ŋo⁵⁵ ʃi⁵⁵-tʃʰo³¹-ni³¹ lok⁵⁵wu⁵⁵-lo³¹ tʰap⁵⁵ʃe⁵⁵ ma⁵⁵-ka³⁵ ta³¹.
FPRT LNK 人 死-Lv-NF 回来-NPFV 方法 NEG-PERF FPRT

ɲi⁵⁵ a⁵⁵pa⁵⁵ta³⁵ni³⁵ ji³¹ kaŋ⁵⁵mien⁵⁵tsʰe⁵⁵ ru³⁵tsik⁵⁵pa⁵⁵, ki³¹ ɲi⁵⁵na⁵⁵ɲi³¹ rok³⁵
LNK 阿巴达尼 AGT 非常 生气 PRT LNK 3sg

ki³¹ sem⁵⁵tʰa⁵⁵tʃak⁵⁵-ni³¹ ki³¹ ɲi⁵⁵la⁵⁵ɲi³¹ mien³¹mien⁵⁵kʰa⁵⁵ ji³¹ni³¹ ne⁵⁵pa⁵³ka⁵⁵-pu³⁵
AGT 决定-NF PRT LNK 啄木鸟 LNK 惩罚-PROS

ta³¹, o⁵⁵ɲen⁵⁵ ki³¹ ɲi⁵⁵na⁵⁵ɲi³¹ a⁵⁵tien⁵⁵ mien³¹mien⁵⁵kʰa⁵⁵ a³¹ ʃa³¹raŋ⁵⁵ tʃo⁵⁵
FPRT 这样 PRT LNK 我看 啄木鸟 GEN 头 TOP

ki³¹ ɲi⁵⁵na⁵⁵ rok³⁵ ki³¹ kam⁵⁵pa⁵⁵ ki³¹ ɲi⁵⁵la³¹ pian⁵⁵taŋ⁵⁵-tʃo⁵⁵-ka³⁵ ta³¹,
PRT LNK 3sg AGT 夹 AGT LNK 扁-Lv-PERF FPRT

o⁵⁵ɲen⁵⁵ ki³¹ ɲi⁵⁵na⁵⁵ɲi³¹ mien³¹mien⁵⁵kʰa⁵⁵ a³¹ lie⁵⁵ ki³¹ ɲi⁵⁵na³¹ tʃat⁵⁵tʃem⁵⁵-ka³⁵
这样 PRT LNK 啄木鸟 GEN 舌头 PRT LNK 割-PERF

ta³¹.
FPRT

可是啄木鸟把话传反了，所以月亮死了还能活过来，人死了就不能活过来了。阿巴达尼很生气，决定处罚啄木鸟，就夹扁了啄木鸟的脑袋，割掉了啄木鸟的舌头。

（白玛绕杰讲述，2017 年）

19．最可爱的人

soŋ⁵⁵ŋo⁵⁵ tʰor⁵⁵ ki⁵⁵ ɲi⁵⁵la⁵⁵ɲi³¹ tʃʰi⁵⁵lo⁵⁵ ka³¹ le³¹a³¹-tʃʰo⁵⁵-ka⁵⁵ la³⁵
人 一 PRT LNK 外面 LOC 干活-Lv-PERF 有:MIR

ta³¹. a⁵⁵kai⁵³ ji³¹ ka⁵⁵ ɲi³¹ ta⁵⁵lian⁵⁵ a³¹ni⁵⁵ ki⁵⁵ ɲi⁵⁵na⁵⁵ɲi³¹ wak⁵⁵tsa⁵⁵
FPRT 阿盖 PRT DAT LNK 通知 ADV PRT LNK 小孩

ɲip⁵⁵tsaŋ⁵⁵ ki⁵⁵ ɲi⁵⁵na⁵⁵ɲi³¹ tʰor⁵⁵ men³⁵-ni³¹ ki⁵⁵ ɲi⁵⁵la³¹ pʰɛ⁵⁵a³¹ lok⁵⁵-ki³⁵
玩具 PRT LNK 一 带-NF PRT LNK 家里:LOC 回-NMLZ

ta³¹. a⁵⁵kai⁵³ ji³¹ kʰɛn⁵³ o⁵⁵ɲa⁵⁵ soŋ⁵⁵ŋo⁵⁵ tʃi⁵⁵ma⁵⁵-ka³⁵ ta³¹: "nan⁵⁵
FPRT 阿盖 AGT NMLZ DEM:DIST 人 问-PERF FPRT 2sg

o⁵⁵ta⁵⁵　　　wak⁵⁵tsa⁵⁵　wa³¹　n̠ip⁵⁵tsaŋ⁵⁵　ki⁵⁵　n̠i⁵⁵na⁵⁵n̠i³¹　ji⁵⁵pi⁵⁵　ɑ³¹　mɛn³⁵
DEM:PROX　小孩　　GEN　玩具　　　PRT　LNK　　　谁　　DAT　带

pi³⁵-ja³⁵　　la³⁵　ta³¹?"　o⁵⁵n̠a⁵⁵　　son⁵⁵ŋo⁵⁵　ʒik³⁵-ka³⁵　ta³¹: "ai³¹te⁵⁵pa⁵⁵　doŋ⁵⁵
给-QUES　AUX　FPRT　DEM:DIST　人　　　说-PERF　FPRT　1pl:INCL　村

naŋ³¹ka⁵⁵　wak⁵⁵tsa⁵⁵　naŋ³¹ka⁵⁵　ki⁵⁵　n̠i⁵⁵na⁵⁵n̠i³¹　wak⁵⁵tsa⁵⁵　ki⁵⁵　n̠i⁵⁵na⁵⁵
里面:LOC　小孩　　里面:LOC　PRT　LNK　　　小孩　　AGT　LNK

kaŋ⁵⁵mien⁵⁵tsʰe⁵⁵　lik⁵⁵pu⁵⁵-tʃʰo⁵⁵-lo³⁵　ta³¹,　n̠i⁵⁵　tʃaŋ³⁵　si⁵⁵mi⁵⁵　naŋ³¹ka⁵⁵　n̠i³¹
非常　　　　　可爱-Lv-NPFV　　FPRT　LNK　1sg　心　　里面:LOC　LNK

o⁵⁵ta⁵⁵　　　rok³⁵　ka³¹　pi³⁵-lo³¹　sam⁵⁵　na³⁵　ta³¹."
DEM:PROX　3sg　DAT　给-NPFV　想　　AUX　FPRT

有一个人在外面干活，让阿盖帮忙带一件小孩的玩具回家。阿盖问那个人："你这个小孩的玩具带给谁呢？"那个人说："我们村里小孩子中有个最可爱的孩子，我想把这个给他。"

a⁵⁵kai⁵³　ji³¹　ki⁵⁵　n̠i⁵⁵la⁵⁵n̠i³¹　wak⁵⁵tsa⁵⁵　n̠ip⁵⁵tsaŋ⁵⁵　ki⁵⁵　n̠i⁵⁵na⁵⁵　men³⁵pu³¹-ka³⁵
阿盖　AGT　PRT　LNK　　　小孩　　玩具　　　PRT　LNK　　带走-PERF

ta³¹.　o⁵⁵ta⁵⁵　　　son⁵⁵ŋo⁵⁵　ki⁵⁵　n̠i⁵⁵la⁵⁵n̠i³¹　doŋ⁵⁵　naŋ³¹ka⁵⁵　ʃek⁵⁵-ka³⁵　ta³¹,
FPRT　DEM:PROX　人　　　AGT　LNK　　　村　　里面:LOC　到-PFV　　FPRT

n̠i³¹　kot⁵⁵-pa⁵⁵　ki⁵⁵　n̠i⁵⁵la⁵⁵　rok³⁵te⁵⁵　pʰɛ⁵⁵ka³¹　wak⁵⁵tsa⁵⁵　ka³¹　nip⁵⁵tsaŋ⁵⁵
LNK　看-PFV　PRT　LNK　　3pl　　家里:LOC　小孩　　GEN　玩具

ki⁵⁵　n̠i⁵⁵na³¹　ma³¹-la³⁵　　ta³¹,　n̠i³¹　te³⁵-n̠i³¹　ki⁵⁵　n̠i⁵⁵la⁵⁵n̠i³¹　a⁵⁵kai⁵³　a³¹
PRT　LNK　　NEG-有:MIR　FPRT　LNK　去-NF　PRT　LNK　　　阿盖　DAT

tʃi⁵⁵ma⁵⁵-ka³⁵　ta³¹: "tʃa³⁵　a³¹　wak⁵⁵tsa⁵⁵　ka³¹　nip⁵⁵tsaŋ⁵⁵　ma³¹-la³⁵　　ji³⁵
问-PERF　　FPRT　1sg　GEN　小孩　　GEN　玩具　　　NEG-有:MIR　IMP

ta³¹,　nan⁵⁵　n̠i³¹　n̠ip⁵⁵tsaŋ⁵⁵　ji⁵⁵pi⁵⁵　a³¹　pi³⁵-ka³⁵　ja³⁵　ta³¹?"　a⁵⁵kai⁵³　ki³¹
FPRT　2sg　LNK　玩具　　　谁　　DAT　给-PERF　QUES　FPRT　阿盖　AGT

ʒik³⁵-ka³⁵　ta³¹: "n̠i⁵⁵　nan⁵⁵　ji⁵⁵　ki⁵⁵　n̠i⁵⁵na⁵⁵n̠i³¹　n̠ip⁵⁵tsaŋ⁵⁵　ki⁵⁵　n̠i⁵⁵na⁵⁵n̠i³¹
说-PERF　FPRT　LNK　2sg　AGT　PRT　LNK　　　玩具　　　PRT　LNK

ai³¹te⁵⁵pa⁵⁵　doŋ⁵⁵　naŋ³¹ka⁵⁵　ki⁵⁵　n̠i⁵⁵la⁵⁵　wak⁵⁵tsa⁵⁵　lik⁵⁵pu⁵⁵　pi³⁵-ka³⁵　maŋ⁵⁵-ki⁵⁵
1pl:INCL　村　里面:LOC　PRT　LNK　小孩　　　可爱　　给-PERF　NEG-COP

mo³⁵　ta³¹?　n̠i⁵⁵　tʃi³⁵　si⁵⁵mi⁵⁵　sam⁵⁵-n̠i³¹　na⁵⁵n̠i³¹　ai³¹te⁵⁵pa⁵⁵　doŋ⁵⁵　naŋ³¹ka⁵⁵
QUES　FPRT　LNK　1sg:AGT　心　　想-NF　LNK　1pl:INCL　村　里面:LOC

ki⁵⁵　n̠i⁵⁵na⁵⁵n̠i³¹　wak⁵⁵tsa⁵⁵　xap⁵⁵tur⁵⁵　tʃi³⁵　wak⁵⁵tsa⁵⁵　ki⁵⁵-la³⁵　ta⁵⁵,　o⁵⁵n̠en⁵⁵
PRT　LNK　　　小孩　　几个　　　1sg　小孩　　COP-NPFV　FPRT　这样

ȵi⁵⁵　　tʃi³⁵　ki³¹　rok³⁵　ka³¹　pi³⁵-ka³⁵　ta³¹!”
LNK　　1sg　AGT　3sg　DAT　给-PERF　FPRT

阿盖把小孩玩具带走了。这个人到村子里面，发现他们家的孩子没有玩具，就去问阿盖："我的孩子没有玩具，你把玩具给谁啦？"阿盖说："你不是把玩具送给我们村最可爱的孩子吗？我认为我们村里面最可爱的小孩是我的小孩，我就交给他了！"

（白玛绕杰讲述，2017年）

20．小马过河

ȵi⁵⁵　　a⁵⁵tien³¹　praŋ⁵⁵　naŋ³¹ka⁵⁵,　ki⁵⁵　ȵi⁵⁵la⁵⁵ȵi³¹　kur³¹ta⁵⁵　ka³¹　a³¹ma⁵⁵
LNK　我看　森林　　里面:LOC　PRT　LNK　　　　　马　　　GEN　妈妈

ȵi³¹　kur³¹ta⁵⁵　ko⁵⁵tso⁵⁵pa⁵⁵　wa³⁵　tʰor⁵⁵　ki⁵⁵　ȵi⁵⁵la⁵⁵ȵi³¹　tʃʰo⁵⁵-ka⁵⁵　tʃʰo³¹-lo³⁵　ta³¹.
LNK　马　　松鼠　　　　牛　一　　PRT　LNK　　　　住-PERF　有-NPFV　FPRT

在一个森林里，住着马妈妈、小马、小松鼠和老牛。

ŋam⁵⁵　tʰor⁵⁵　naŋ³¹ka⁵⁵,　ji³¹na³⁵　kur³¹ta⁵⁵　a³¹ma⁵⁵　ji³¹　ki⁵⁵　ȵi⁵⁵la⁵⁵ȵi³¹
天　　一　　里面:LOC　LNK　马　　妈妈　AGT　PRT　LNK

kur³¹ta⁵⁵　zin³¹pu⁵⁵　a³¹　ʒik³⁵-ka³⁵　ta³¹: "nan⁵⁵　ji³¹　ki⁵⁵　ȵi⁵⁵la⁵⁵ȵi³¹　zok⁵⁵-tʃʰo⁵⁵-ka³⁵
马　　小　　DAT　说-PERF　FPRT　2sg　AGT　PRT　LNK　　　长大-Lv-PERF

ta³¹,　nan⁵⁵　ji³¹　ki⁵⁵　ȵi⁵⁵la⁵⁵ȵi³¹　a³¹ma⁵⁵　a³¹　ro⁵⁵ram⁵⁵　ki⁵⁵　ȵi⁵⁵la⁵⁵ȵi³¹
FPRT　2sg　AGT　PRT　LNK　　　妈妈　DAT　帮助　　PRT　LNK

le³¹　tik⁵⁵taŋ⁵⁵　ro⁵⁵-lo³⁵　　ta³¹. nan⁵⁵　a³¹ma⁵⁵　ro⁵⁵ram⁵⁵　a³¹ni⁵⁵　ki⁵⁵　ȵi⁵⁵la⁵⁵ȵi³¹
事情　一点儿　帮助-NPFV　FPRT　2sg　妈妈　帮助　　ADV　AGT　LNK

o⁵⁵ta⁵⁵　　pu³¹taŋ⁵⁵　lam⁵⁵ka⁵⁵　tʰor⁵⁵　a³¹tio⁵⁵tu³¹　ri³¹　tot⁵⁵poŋ⁵⁵　ki⁵⁵　ȵi⁵⁵la⁵⁵ȵi³¹
DEM:PROX　粮食　　袋　　一　我看　河　对面　　PRT　LNK

doŋ⁵⁵　naŋ³¹ka⁵⁵　ri³¹　pu³¹taŋ⁵⁵　pi³⁵　ta³¹." ȵi⁵⁵　kur³¹ta⁵⁵　zin³¹pu⁵⁵　ki⁵⁵　ȵi⁵⁵la⁵⁵ȵi³¹
村　里面:LOC　河　粮食　　送　FPRT　LNK　马　　小　　TOP　LNK

tʂa³⁵-ȵi⁵⁵　a³¹ni⁵⁵　ki⁵⁵　ȵi⁵⁵　a³¹ma⁵⁵　ji⁵⁵　ka⁵⁵　kʰai⁵⁵la⁵⁵-ȵi³¹,　ki⁵⁵　ȵi⁵⁵la⁵⁵ȵi³¹
高兴-NF　ADV　PRT　LNK　妈妈　PRT　DAT　答应-NF　　PRT　LNK

pu³¹taŋ⁵⁵　paŋ⁵⁵ma⁵⁵　ki⁵⁵　ȵi⁵⁵na⁵⁵ȵi³¹　te⁵⁵-ka³⁵　ta³¹.
粮食　背　　　PRT　LNK　　　去-PERF　FPRT

有一天，马妈妈对小马说："你已经长大了，可以帮妈妈干活了。你帮妈妈把这袋粮食送到河对面的村子里。"小马高兴地答应了妈妈，背着粮食走了。

ȵi⁵⁵　　kur³¹ta⁵⁵　zin³¹pu⁵⁵　ki⁵⁵　ȵi⁵⁵la⁵⁵ȵi³¹　daŋ³⁵daŋ³⁵-ji³¹~daŋ³⁵daŋ³⁵-ji³¹　rok³⁵
LNK　马　　小　　PRT　LNK　　　走-IMP~RDUP　　　　　　　3sg

ki^{55}　　ɳi^{55}la^{55}ɳi^{31}　　ri^{31}　zin^{31}pu^{55}　re^{31}ka^{55}　　　ʃek^{55}-ka^{35}　ta^{31},　　ri^{31}　zin^{31}pu^{55}　ki^{55}
AGT　LNK　　　　　河　小　　　旁边:LOC　到-PFV　　FPRT　　河　小　　　　PRT

ɳi^{55}na^{31}　zam^{55}pa^{55}　ma^{55}-la^{55}　　　ta^{31},　　ki^{55}　　ɳi^{55}la^{55}ɳi^{31}　daŋ^{35}-ɳi^{31}　te^{55}-lo^{31}
LNK　桥　　　　　NEG-有:MIR　FPRT　PRT　LNK　　　　走-NF　　去-NPFV

ʃek^{55}-la^{35}　ta^{31},　ki^{55}ɳu^{55}　o^{55}ɳen^{55}　kur^{31}ta^{55}　zin^{31}pu^{55}　tʃo^{55}　ki^{55}　ɳi^{55}la^{55}　ri^{31}
到-NPFV　FPRT　LNK　这样　　马　　小　　　TOP　　PRT　LNK　　　河

tiŋ^{55}rən^{55}pu^{55}　tʃʰo^{55}-lo^{31}　ma^{55}-ka^{55}　mo^{35}　　ma^{55}-sin^{55}-ka^{35}　ta^{31}.　ɳi^{55}　o^{55}ɳen^{55}
深　　　　　有-NPFV　NEG-PERF　QUES　NEG-知道-PERF　FPRT　LNK　这样

xa^{55}la^{55}　rok^{35}　ki^{31}　ki^{55}　ɳi^{55}la^{55}ɳi^{31}　wa^{35}　tʰor^{55}　ki^{55}　ɳi^{55}na^{55}ɳi^{31}　ri^{31}　re^{31}ka^{55}
时候　3sg　AGT　PRT　LNK　　　牛　一　　AGT　LNK　　　河　旁边:LOC

ki^{55}　　ɳi^{55}na^{55}ɳi^{31}　ŋun^{55}　za^{35}-tʃʰo^{55}-ka^{55}　la^{35}　　tʰoŋ^{55}-ka^{35}　ta^{31},　ɳi^{31}　jar^{55}ka^{55}
PRT　LNK　　　草　　吃-Lv-PERF　　AUX　看见-PERF　FPRT　LNK　跑

te^{55}　ki^{55}　ɳi^{55}na^{55}ɳi^{31}　wa^{35}　a^{31}　tʃi^{55}ma^{55}-ka^{35}　ta^{31}.　ɳi^{55}　kur^{31}ta^{55}　zin^{31}pu^{55}
去　PRT　LNK　　　牛　DAT　问-PERF　　FPRT　LNK　马　　小

ʒik^{35}-ka^{35}　ta^{31}: "wa^{35}　tʃaŋ^{35}　ki^{55}　ɳi^{55}na^{55}ɳi^{31}　ri^{31}　ko^{55}　te^{35}-lo^{35}　　ta^{31}　ɳi^{55}
说-PERF　FPRT　牛　1sg　AGT　LNK　　　河　过　去-NPFV　FPRT　LNK

tʃi^{55}wun^{55}-pu^{35}　ta^{31}　o^{55}ta^{55}　　ri^{31}　ki^{55}　ɳi^{55}na^{55}ɳi^{31}　tiŋ^{55}rən^{55}pu^{55}　tʃʰo^{31}-lo^{35}
请问-PROS　FPRT　DEM:PROX　河　PRT　LNK　　　深　　　　　有-NPFV

mo^{35}　　ta^{31}?" ɳi^{55}　wa^{35}　kat^{35}pu^{55}　ki^{31}　ʒik^{35}-ka^{35}　ta^{31}: "ɳi^{55}　o^{55}ta^{55}　　ri^{31}
QUES　FPRT　LNK　牛　老　　AGT　说-PERF　FPRT　LNK　DEM:PROX　河

ki^{55}　ɳi^{55}na^{55}　tiŋ^{55}rən^{55}pu^{55}　a^{31}　ma^{55}-ka^{35}　ta^{31},　ɳi^{55}　ri^{31}　ki^{55}　ɳi^{55}na^{55}ɳi^{31}　tʃa^{35}
PRT　LNK　深　　　　　PRT　NEG-PERF　FPRT　LNK　河　PRT　LNK　　　1sg

a^{31}　bi^{35}　zin^{31}pu^{55}　ʃek^{55}-tʃʰo^{31}-lo^{35}　ta^{31},　ɳi^{55}　nan^{55}　te^{35}　ji^{35},　tak^{55}maŋ^{35}pa^{55}　ta^{31}."
GEN　腿　小　　　到-Lv-NPFV　FPRT　LNK　2sg　走　IMP　没事　　　　FPRT

ɳi^{55}　kur^{31}ta^{55}　zin^{31}pu^{55}　ki^{55}　ɳi^{55}na^{55}ɳi^{31}　ʃa^{55}raŋ^{55}　kup^{55}tʰu^{55}~kup^{55}tʰu^{55}　a^{31}ni^{55}
LNK　马　　小　　　PRT　LNK　　　头　　点~RDUP　　　　　　ADV

ʒik^{35}-ka^{35}　ta^{31}: "ɳi^{31}　sin^{55}-ʃi^{55}　　ta^{31},　pa^{55}tʂa^{55}　na^{55}　wa^{35}　ta^{31}."
说-PERF　FPRT　LNK　知道-RES　FPRT　谢谢　　　AUX　牛　　FPRT

　　小马走着走着来到小河边，小河没有桥，只能走过去，可是小马不知道这河有多深。这时，它看见有一只老牛在河边吃草，就跑过去问老牛。小马说："牛伯伯，我要过河去，请问这条河有多深？"老牛说："这条河不深，河水才到我的小腿，你走吧，没事。"小马点点头说："知道了，谢谢牛伯伯。"

n̠i⁵⁵　　a⁵⁵tie⁵⁵n̠u⁵⁵　kur³¹ta⁵⁵　zin³¹pu⁵⁵　ki⁵⁵　n̠i⁵⁵na⁵⁵n̠i³¹　ri³¹　ko⁵⁵-pu³⁵　o⁵⁵ma⁵⁵
LNK　　我看　　　马　　　小　　　　PRT　LNK　　　　河　过–PROS　刚

tʃʰo³¹-ka³⁵　ta³¹,　n̠i⁵⁵　ko⁵⁵tso⁵⁵pa⁵⁵　zin³¹pu⁵⁵　tʰor⁵⁵　ki⁵⁵　n̠i⁵⁵na⁵⁵n̠i³¹　jar⁵⁵　o⁵⁵to⁵⁵,
有–PERF　FPRT　LNK　松鼠　　　小　　　一　　AGT　LNK　　　　跑　来

ki⁵⁵　n̠i⁵⁵na⁵⁵n̠i³¹　n̠i⁵⁵　kur³¹ta⁵⁵　zin³¹pu⁵⁵　a³¹　ŋan³⁵pa⁵⁵　ra⁵⁵-wa⁵⁵　ta³¹: "kur³¹ta⁵⁵
PRT　LNK　　　　LNK　马　　　小　　　DAT　很　　　喊–PFV　FPRT　马

zin³¹pu⁵⁵,　kur³¹ta⁵⁵　zin³¹pu⁵⁵,　o⁵⁵ta⁵⁵　　　ri³¹　ki⁵⁵　n̠i⁵⁵na⁵⁵n̠i³¹　ŋan³⁵pa⁵⁵
小　　　　马　　　小　　　　DEM:PROX　河　PRT　LNK　　　　很

tiŋ⁵⁵rən⁵⁵pu⁵⁵-tʃʰo³¹-lo³⁵　ta³¹,　nan⁵⁵　ki³¹　ni⁵⁵na⁵⁵　ma³¹tsa⁵⁵raŋ⁵⁵　ma⁵⁵-te⁵⁵　ji³⁵
深–Lv–NPFV　　　　FPRT　2sg　AGT　LNK　千万　　　　　NEG–去　IMP

ta³¹,　n̠i³¹　ku³¹ka⁵⁵　ŋam⁵⁵　xap⁵⁵tur⁵⁵,　ki⁵⁵　n̠i⁵⁵na⁵⁵n̠i³¹　tʃaŋ³⁵　to⁵⁵saŋ⁵⁵　tʰor⁵⁵
FPRT　LNK　前　天　几　　　　PRT　LNK　　　　1sg　朋友　　一

ki⁵⁵　n̠i⁵⁵na⁵⁵n̠i³¹　o⁵⁵ta⁵⁵　　　ri³¹　nan³¹ka⁵⁵　ki⁵⁵　n̠i⁵⁵na⁵⁵n̠i³¹　puk⁵⁵tʰa⁵⁵　ʃi⁵⁵-ka³⁵
PRT　LNK　　　　DEM:PROX　河　里面:LOC　PRT　LNK　　　　淹　　　死–PERF

ta³¹."　n̠i⁵⁵　kur³¹ta⁵⁵　zin³¹pu⁵⁵　ki⁵⁵　n̠i⁵⁵na⁵⁵n̠i³¹　a⁵⁵tio⁵⁵ma³¹　ko⁵⁵tso⁵⁵pa⁵⁵　zin³¹pu⁵⁵
FPRT　LNK　马　　　小　　　AGT　LNK　　　　我看　　　松鼠　　　小

ʒik³⁵-ka³⁵　ka³¹　ŋan⁵⁵-n̠i⁵⁵　ki⁵⁵　n̠i⁵⁵na⁵⁵n̠i³¹　xaŋ³⁵dien⁵⁵　ma⁵⁵-sin⁵⁵-ka³⁵　ta³¹,　n̠i³¹
说–PERF　话　听完–NF　PRT　LNK　　　　怎么办　　　NEG–知道–PERF　FPRT　LNK

rok³⁵　ki³¹　ki⁵⁵　n̠i⁵⁵na⁵⁵n̠i³¹　a³¹ma⁵⁵　la³⁵ma⁵⁵　te⁵⁵-ka³⁵　ta³¹.
3sg　AGT　PRT　LNK　　　　妈妈　　找　　　去–PERF　FPRT

小马刚要过河，一只小松鼠跑过来，对着小马大喊："小马，小马，这条河很深，你千万别走，前几天，我的一个朋友就被这条河淹死了。"小马听完小松鼠的话不知道该怎么办了，它只能回去找妈妈。

n̠i⁵⁵　a³¹ma⁵⁵　kot⁵⁵-pa⁵⁵　ki⁵⁵　n̠i⁵⁵na⁵⁵n̠i³¹　kur³¹ta⁵⁵　zin³¹pu⁵⁵　ki⁵⁵　n̠i⁵⁵na⁵⁵n̠i³¹
LNK　妈妈　看–PFV　PRT　LNK　　　　马　　　小　　　AGT　LNK

pu³¹taŋ⁵⁵　lok⁵⁵-n̠i³¹　paŋ⁵⁵-n̠i³¹　pʰɛ⁵⁵a³¹　lok⁵⁵　na³⁵　ta³¹,　n̠i⁵⁵　o⁵⁵n̠en⁵⁵
粮食　　　回–NF　　背–NF　家里:LOC　回　AUX　FPRT　LNK　这样

kur³¹ta⁵⁵　tʃi⁵⁵ma⁵⁵-ka³⁵　ta³¹　n̠i⁵⁵　nan⁵⁵　ki⁵⁵　n̠i⁵⁵na⁵⁵n̠i³¹　ka⁵⁵lu³¹　xaŋ⁵⁵lam⁵⁵tʃa⁵⁵
马　　　问–PERF　　FPRT　LNK　2sg　AGT　LNK　　　　困难　什么

tʂʰap⁵⁵-tʃi³⁵　ta³¹.　n̠i⁵⁵　kur³¹ta⁵⁵　zin³¹pu⁵⁵　ki⁵⁵　n̠i⁵⁵na⁵⁵n̠i³¹　a⁵⁵tien⁵⁵　wa³⁵　kat³⁵pu⁵⁵
遇见–PERF　FPRT　LNK　马　　　小　　　AGT　LNK　　　　我看　牛　老

taŋ⁵⁵　　ko⁵⁵tso⁵⁵pa⁵⁵　　zin³¹pu⁵⁵　　ʒik³⁵-ka³⁵　　ka³¹　　raŋ⁵⁵　　a³¹ma⁵⁵　　jik⁵⁵pi³¹-ka³⁵　　ta³¹.
CONJ　　松鼠　　　　　小　　　说-PERF　　话　　FOC　　妈妈　　告诉-PERF　　FPRT

a³¹ma⁵⁵　　ʒik³⁵-tʃi³⁵　　ta³¹: "ri³¹　　tiŋ⁵⁵rən⁵⁵pu⁵⁵　　tʃʰo⁵⁵-ka⁵⁵　　ma⁵⁵-tʃʰo⁵⁵-ka⁵⁵　　ta³¹,
妈妈　　说-PERF　　FPRT　河　深　　　　　有-PERF　　NEG-有-PERF　　FPRT

ɲi⁵⁵　　raŋ³⁵tian⁵⁵　　te³⁵-ɳi⁵⁵　　ki⁵⁵　　ɲi⁵⁵na⁵⁵ɳi³¹　　tsʰui⁵⁵ta⁵⁵　　a³¹ni⁵⁵　　sin⁵⁵-lo³⁵　　ta³¹
LNK　自己　　　　去-NF　　PRT　LNK　　　　试　　ADV　知道-NPFV　FPRT

mo³⁵. te⁵⁵　xe⁵⁵　ta³¹,　　a³¹ma⁵⁵　　ki⁵⁵　　ɳi⁵⁵na⁵⁵ɳi³¹　　nan⁵⁵　　ka³¹　　tip⁵⁵ka⁵⁵　　te³⁵-ɳi³¹
QUES　去　IMP　FPRT　妈妈　　AGT　LNK　　　　2sg　DAT　一起　　去-NF

ki⁵⁵　　ɳi⁵⁵na⁵⁵ɳi³¹　　tsʰui⁵⁵ta⁵⁵-pu³⁵　　lo³⁵　　ta³¹." o⁵⁵ɳen⁵⁵　　ki⁵⁵　　ɳi⁵⁵na⁵⁵ɳi³¹　　kur³¹ta⁵⁵
PRT　LNK　　　　试试-PROS　　AUX　FPRT　这样　　PRT　LNK　　　　马

zin³¹pu⁵⁵　taŋ⁵⁵　　a³¹ma⁵⁵　rok³⁵　nik⁵⁵tsiŋ⁵⁵　ki⁵⁵　　ɳi⁵⁵na⁵⁵ɳi³¹　ri³¹　zin³¹pu⁵⁵　re³¹ka⁵⁵
小　　CONJ　妈妈　3sg　二　　AGT　LNK　　　　河　小　　旁边:LOC

ʃek⁵⁵-ka³⁵　ta³¹,　ɳi⁵⁵　kur³¹ta⁵⁵　zin³¹pu⁵⁵　ki⁵⁵　　ɳi⁵⁵　raŋ³⁵tian⁵⁵　ki⁵⁵　　ɳi⁵⁵la⁵⁵ɳi³¹
到-PFV　FPRT　LNK　马　　　小　　AGT　LNK　自己　　AGT　LNK

ri³¹　ko⁵⁵-ka³⁵　ta³¹,　ɳi⁵⁵　rok³⁵　ki³¹　kot⁵⁵pa⁵⁵　ki⁵⁵　ɳi⁵⁵na⁵⁵ɳi³¹　ri³¹　wa⁵⁵
河　过-PERF　FPRT　LNK　3sg　AGT　看　　PRT　LNK　　　　河　牛

kat³⁵pu⁵⁵　ʒik³⁵-ka³¹　tak⁵⁵tu³¹　tiŋ⁵⁵tʰom⁵⁵pi⁵⁵　ma⁵⁵-la⁵⁵　ta³¹,　ɳi³¹　ko⁵⁵tso⁵⁵pa⁵⁵
老　　说-GEN　那么　浅　　　　　NEG-有:MIR　FPRT　LNK　松鼠

zin³¹pu⁵⁵　ʒik³⁵-ka³⁵　tak⁵⁵tu³¹　tiŋ⁵⁵rən⁵⁵pu⁵⁵　ma⁵⁵-la⁵⁵　ta³¹.
小　　说-PERF　那么　深　　　　NEG-有:MIR　FPRT

妈妈看见小马背着粮食回来了，就问小马遇到什么困难了。小马把老牛和小松鼠的话告诉妈妈。妈妈说："河水到底深不深，只有自己亲自试了之后才知道。走，妈妈跟你一起去试试。"于是小马和妈妈来到小河边，小马亲自过河，它发现河水既没有老牛说的那么浅，也没有小松鼠说的那么深。

lai⁵⁵a³¹　xaŋ⁵⁵a⁵⁵ɳu³⁵,　wu³¹ni³⁵　raŋ³⁵tian⁵⁵　ki⁵⁵　ɳi⁵⁵la⁵⁵　ɳun⁵⁵su⁵⁵　ki⁵⁵　　ɳi⁵⁵la⁵⁵ɳi³¹
事情　任何　　　之后　自己　　　AGT　LNK　亲自　　AGT　LNK

tsʰui⁵⁵ta⁵⁵　a³¹ni⁵⁵　sin⁵⁵-ʃi⁵⁵　lo³⁵　ta³¹.
试　　ADV　知道-RES　AUX　FPRT

任何事情，只有自己亲自试了才知道。

（白玛绕杰讲述，2017年）

21．聪明的驴

ko³¹ma⁵⁵　ki⁵⁵　ȵi⁵⁵la⁵⁵ȵi³¹　ri³¹pu⁵⁵　tʰor⁵⁵　tʰoŋ⁵⁵ŋa⁵⁵,　ki⁵⁵　ȵi⁵⁵la⁵⁵　pʰa⁵⁵ra⁵⁵,
从前　　PRT　LNK　　　山　　一　　上面:LOC　PRT　LNK　狼

om⁵⁵ʃa⁵⁵　taŋ⁵⁵　ka⁵⁵wu⁵⁵ma³¹　ki⁵⁵　ȵi⁵⁵na⁵⁵ȵi³¹　tʰam⁵⁵tʃe⁵⁵raŋ⁵⁵　ki⁵⁵　ȵi⁵⁵na⁵⁵ȵi³¹
熊　　CONJ　狐狸　　　　AGT　LNK　　　全部　　　　　AGT　LNK

le³¹a³¹　ka³¹　pʰi⁵⁵wa⁵⁵-ma⁵⁵-ka³⁵　ta³¹,　ȵi⁵⁵　rok³⁵te⁵⁵　sam⁵⁵　tip⁵⁵ka⁵⁵　tʃʰo⁵⁵-ȵi³¹
干活　PAT　喜欢-NEG-PERF　FPRT　LNK　3pl　三　　一起　　有-NF

ki⁵⁵　ȵi⁵⁵la⁵⁵ȵi³¹　sem⁵⁵tʃa⁵⁵　zin³¹pu⁵⁵　a³¹　tʰon³⁵tʃʰoŋ⁵⁵ko⁵⁵-tʃʰo⁵⁵-lo³⁵　ta³¹.
PRT　LNK　　　动物　　　小　　　PAT　欺负-Lv-NPFV　　　　　FPRT

从前，在一座山上，狼、熊和狐狸都不喜欢干活，它们三个就在一起欺负弱小。

ŋam⁵⁵　tʰor⁵⁵　naŋ⁵⁵ka⁵⁵,　rok³⁵te⁵⁵pa⁵⁵　ki⁵⁵　ȵi⁵⁵na⁵⁵ȵi³¹　zan¹³tsam⁵⁵　la³⁵ma⁵⁵-tʃʰo⁵⁵-ka³⁵
天　　一　　里面:LOC　3pl　　　　AGT　LNK　　　食物　　　　找-Lv-PERF

ȵi⁵⁵　kot⁵⁵-pa⁵⁵,　ki⁵⁵　ȵi⁵⁵na⁵⁵ȵi³¹　ŋun⁵⁵　naŋ⁵⁵ka⁵⁵　proŋ⁵⁵pu⁵⁵　tʰor⁵⁵　tʃa⁵⁵-ʃi³⁵
LNK　看-PFV　PRT　LNK　　　草　　里面:LOC　驴　　　一　　有:EGO-PERF

ta³¹,　ȵi⁵⁵　rok³⁵te⁵⁵　sam⁵⁵-lo⁵⁵　ki⁵⁵　ȵi⁵⁵na⁵⁵ȵi³¹　proŋ⁵⁵pu⁵⁵　za³⁵wa⁵⁵　sam⁵⁵-ka⁵⁵　ta³¹.
FPRT　LNK　3pl　　想-NPFV　PRT　LNK　　　驴　　　吃掉　　想-PERF　FPRT

proŋ⁵⁵pu⁵⁵　ki³¹　kot⁵⁵-pa⁵⁵　ki⁵⁵　ȵi⁵⁵na⁵⁵ȵi³¹　pʰa⁵⁵ra⁵⁵　om⁵⁵ʃa⁵⁵　taŋ⁵⁵　ka⁵⁵wu⁵⁵ma³¹
驴　　AGT　看-PFV　PRT　LNK　　　狼　　熊　　CONJ　狐狸

wu⁵⁵ka⁵⁵toŋ⁵⁵-ka³⁵　ta³¹,　ȵi⁵⁵　sin⁵⁵-ʃi⁵⁵　rok³⁵te⁵⁵　raŋ³⁵tian⁵⁵　za³⁵wa⁵⁵　na³⁵　ta³¹,
走过来-PERF　FPRT　LNK　知道-RES　3pl　　自己　　吃掉　　AUX　FPRT

ȵi³¹　jar⁵⁵tʃoŋ⁵⁵-ka⁵⁵　a³¹ni⁵⁵　jar⁵⁵tʃoŋ⁵⁵-ka⁵⁵　tʰap⁵⁵ʃe⁵⁵　ma⁵⁵-la³⁵　ta³¹,　ȵi⁵⁵
LNK　逃-PERF　ADV　逃-PERF　　办法　　NEG-有:MIR　FPRT　LNK

ki⁵⁵ȵu⁵⁵　ȵi⁵⁵　ʃan⁵⁵ta⁵⁵　ka³¹　tʰap⁵⁵ʃe⁵⁵　tʰo⁵⁵　pʰi³⁵-lo³⁵　ta³¹.　proŋ⁵⁵pu⁵⁵　ʒik³⁵-ka³⁵
LNK　LNK　其他　GEN　办法　　一　想出-NPFV　FPRT　驴　　　说-PERF

ta³¹: " o⁵⁵ma⁵⁵　ki⁵⁵　ȵi⁵⁵na⁵⁵ȵi³¹　ʃar⁵⁵　ki⁵⁵　ȵi⁵⁵na⁵⁵ȵi³¹　ko⁵⁵tsuk⁵⁵-ka³¹　ki³¹-la³⁵
FPRT　现在　PRT　LNK　　　夏天　PRT　LNK　　　开始-PERF　COP-NPFV

ta³¹,　tʃaŋ³⁵　tʃam⁵⁵pu⁵⁵　tʃʰo³¹-lo³⁵　ta³¹,　ʃa⁵⁵　ki⁵⁵　ȵi⁵⁵na⁵⁵　ʃa⁵⁵ma⁵⁵　ma³¹-ka³⁵　ta³¹,
FPRT　1sg　瘦　　有-NPFV　FPRT　肉　PRT　LNK　　多　　NEG-PERF　FPRT

ȵi⁵⁵　tik⁵⁵taŋ⁵⁵　nuŋ³⁵-ȵi³¹　ki⁵⁵　ȵi⁵⁵na⁵⁵ȵi³¹　tʃaŋ³⁵　ki⁵⁵　ȵi⁵⁵la⁵⁵ȵi³¹　ŋuŋ⁵³　tik⁵⁵taŋ⁵⁵
LNK　一点　　等-NF　PRT　LNK　　　1sg　AGT　LNK　　　之后　一点

za³⁵-ȵi³¹-ki³¹　tʃak⁵⁵pa⁵⁵ri³⁵-ȵi³¹,　ki⁵⁵　ȵi⁵⁵na⁵⁵ȵi³¹　ne³¹pa⁵⁵　ki⁵⁵　ȵi⁵⁵la⁵⁵ȵi³¹　tʃaŋ³⁵
吃-NF-NMLZ　胖-NF　　　　PRT　LNK　　　2pl　AGT　LNK　　　1sg

za³⁵ ʃo³⁵ ta³¹." pʰa⁵⁵ra⁵⁵, om⁵⁵ʃa⁵⁵ taŋ⁵⁵ ka⁵⁵wu⁵⁵ma³¹ ki⁵⁵ n̠i⁵⁵la⁵⁵n̠i³¹ ji³¹tʃʰi⁵⁵a³¹wa⁵⁵
吃 IMP FPRT 狼 熊 CONJ 狐狸 AGT LNK 相信

ki⁵⁵ n̠i⁵⁵la⁵⁵ a⁵⁵tio⁵⁵ma⁵⁵ proŋ⁵⁵pu⁵⁵ ʒik³⁵-ka³¹ kʰe⁵⁵wa⁵⁵ ki⁵⁵-la⁵⁵ na³⁵ ta³¹,
PRT LNK 我看 驴 说-PERF 对 COP-NPFV AUX FPRT

n̠i⁵⁵ nuŋ³⁵-n̠i³¹ ki⁵⁵ n̠i⁵⁵na⁵⁵n̠i³¹ a⁵⁵tien³¹ ʃar⁵⁵ tʃʰo⁵⁵ma⁵⁵-ka⁵⁵ ki⁵⁵ n̠i⁵⁵la⁵⁵n̠i³¹
LNK 等-NF PRT LNK 我看 夏天 结束-PERF PRT LNK

proŋ⁵⁵pu⁵⁵ za³⁵wa⁵⁵ tiek⁵⁵ni³¹-tʃo⁵⁵-ka³⁵ ta³¹.
驴 吃掉 决定-Lv-PERF FPRT

有一天，它们正在找食物，突然看见草地上有一只驴，它们便想把驴吃掉。驴看到狼、熊和狐狸走过来，知道它们要吃自己，但是逃跑已经来不及了，只好另想办法。驴说："现在是夏天开始的时候，我很瘦，没有很多肉，等到我吃胖了，你们再吃我吧。"狼、熊和狐狸相信驴说的对，因此，决定等到夏天结束的时候再吃驴。

ty⁵⁵tsui⁵⁵ ʃa⁵⁵ma⁵⁵ te⁵⁵-la⁵⁵ kap⁵⁵ni³¹, n̠i⁵⁵ proŋ⁵⁵pu⁵⁵ ki⁵⁵ n̠i⁵⁵na⁵⁵n̠i³¹
时间 多 过-NPFV 时候 LNK 驴 AGT LNK

rok³⁵te⁵⁵ o⁵⁵ma⁵⁵ lok⁵⁵tʃi⁵⁵ pa⁵⁵ ki⁵⁵ n̠i⁵⁵na⁵⁵n̠i³¹ rok³⁵ za³⁵wa⁵⁵ ŋa³¹-tʃʰo⁵⁵-ka³⁵
3pl 现在 敌人 PL AGT LNK 3sg 吃掉 忘-Lv-PERF

ta³¹, ki⁵⁵n̠u⁵⁵ wu⁵⁵ni³¹ pʰa⁵⁵ra⁵⁵ taŋ⁵⁵ om⁵⁵ʃa⁵⁵, ka⁵⁵wu⁵⁵ma⁵⁵ ki⁵⁵ n̠i⁵⁵na⁵⁵n̠i³¹
FPRT LNK 之后 狼 CONJ 熊 狐狸 AGT LNK

proŋ⁵⁵pu⁵⁵ za³⁵wa⁵⁵ ŋa³¹pa⁵⁵-ma³¹-ka³⁵ ta³¹, n̠i⁵⁵ rok³⁵te⁵⁵pa⁵⁵ om³⁵tʃaŋ⁵⁵ ki⁵⁵
驴 吃掉 忘-NEG-PERF FPRT LNK 3pl 又 AGT

n̠i⁵⁵na⁵⁵n̠i³¹ ŋun⁵⁵ naŋ⁵⁵ka⁵⁵ ʃek⁵⁵ ki⁵⁵ n̠i⁵⁵la⁵⁵n̠i³¹ proŋ⁵⁵pu⁵⁵ la³⁵ma⁵⁵-ka⁵⁵ ta³¹.
LNK 草 里面:LOC 到 PRT LNK 驴 找-PERF FPRT

n̠i⁵⁵ proŋ⁵⁵pu⁵⁵ kot⁵⁵-pa⁵⁵ ki⁵⁵ n̠i⁵⁵la⁵⁵n̠i³¹ rok³⁵te⁵⁵ o⁵⁵-ka³⁵ tʰoŋ⁵⁵-ka³⁵ ta³¹,
LNK 驴 看-PFV PRT LNK 3pl 来-PERF 看见-PERF FPRT

n̠i³¹ om³⁵tʃaŋ⁵⁵ ki⁵⁵ n̠i⁵⁵na⁵⁵n̠i³¹ rok⁵⁵ tʰap⁵⁵ʃɛ⁵⁵ tʰor⁵⁵ pʰi⁵⁵-ka³⁵ ta³¹.
LNK 又 PRT LNK 3sg 办法 一 想出-PERF FPRT

ʒik³⁵-ka³⁵ ta³¹: "n̠i³¹ ne³¹pa⁵⁵ ki⁵⁵ n̠i⁵⁵na⁵⁵ tʃaŋ³⁵ za³⁵wa⁵⁵-pu³⁵ ta³¹, tʃaŋ³⁵ ki⁵⁵
说-PERF FPRT LNK 2pl AGT LNK 1sg 吃掉-PROS FPRT 1sg AGT

n̠i⁵⁵na⁵⁵n̠i³¹ o⁵⁵ma⁵⁵raŋ⁵⁵ ʃi⁵⁵-lo³¹ la³⁵ ta³¹, ai³¹te⁵⁵pa⁵⁵ ki⁵⁵ n̠i⁵⁵na⁵⁵n̠i³¹
LNK 马上 死-NPFV AUX FPRT 1pl:INCL AGT LNK

por³⁵pʰi⁵⁵wa⁵⁵ ji³⁵ ta³¹. n̠i³¹ por³⁵ tʃo³¹ xaŋ³⁵dien⁵⁵ tʃo³¹ mo³⁵ a³¹ni⁵⁵ la⁵⁵n̠i³¹,
跳舞 IMP FPRT LNK 跳舞 IMP 怎么 IMP QUES ADV LNK

ai³¹te⁵⁵pa⁵⁵ tʰam⁵⁵tien⁵⁵ ki⁵⁵ ȵi⁵⁵na⁵⁵ tip⁵⁵ka⁵⁵ tʰak³¹pa⁵⁵ tʰor⁵⁵ tʃʰiŋ³⁵ ki⁵⁵ ȵi⁵⁵
1pl:INCL 都 AGT LNK 一起 绳子 一 拴 PRT LNK

tʰor⁵⁵ taŋ⁵⁵ tʰor⁵⁵ tʃʰiŋ³⁵ma⁵⁵ na³⁵ ta³¹, tʃaŋ³⁵ ki⁵⁵ ȵi⁵⁵na⁵⁵ȵi³¹ jaŋ⁵⁵ rən⁵⁵mu⁵⁵
一 CONJ 一 绑 AUX FPRT 1sg AGT LNK 个头 高

ki⁵⁵-la⁵⁵ ta³¹, tʃaŋ³⁵ tʃo³¹ ki⁵⁵ ȵi⁵⁵na⁵⁵ kuʔ³¹ka⁵⁵ tʰiŋ⁵⁵ma⁵⁵ na³⁵ ta³¹,
COP-NPFV FPRT 1sg TOP PRT LNK 前面:LOC 站 AUX FPRT

ȵi⁵⁵ ne³¹pa⁵⁵ ki⁵⁵ ȵi⁵⁵na⁵⁵ tʃa³⁵ tsʰiŋ⁵⁵lo⁵⁵ ka³¹ tʰiŋ⁵⁵ma⁵⁵ ʃo³⁵ ta³¹."
LNK 2pl AGT LNK 1sg:GEN 后面 LOC 站 IMP FPRT

> 过了好长时间，驴已经忘了敌人要吃它，可是狼、熊和狐狸却没有忘，它们又来到草地上找驴。驴看到它们来了，又想出一个办法，说："你们要吃我，我马上要死了，我们跳个舞吧。跳法是用一条绳子把我们一个一个拴在一起，我个子高，在最前面，你们跟在后面。"

pʰa⁵⁵ra⁵⁵ taŋ⁵⁵ om⁵⁵ʃa⁵⁵, ka⁵⁵wu⁵⁵ma³¹ ji⁵⁵ ki⁵⁵ ȵi⁵⁵la⁵⁵ȵi³¹ o⁵⁵ma⁵⁵ proŋ⁵⁵pu⁵⁵
狼 CONJ 熊 狐狸 AGT PRT LNK 现在 驴

a³¹ ki⁵⁵ ȵi⁵⁵ kʰai⁵⁵la⁵⁵-ka³⁵ ta³¹, ȵi⁵⁵ ki⁵⁵ȵu⁵⁵ wu⁵⁵ȵi³¹ rok³⁵te⁵⁵pa⁵⁵ ki⁵⁵
DAT PRT LNK 答应-PERF FPRT LNK 可是 之后 3pl AGT

ȵi⁵⁵na⁵⁵ȵi³¹ si⁵⁵mi⁵⁵na⁵⁵ ma⁵⁵-sam⁵⁵-ʃi³¹ ta³¹ ȵi⁵⁵ a⁵⁵tien³¹ proŋ⁵⁵pu⁵⁵ ki⁵⁵
LNK 心里 NEG-想-RES FPRT LNK 我看 驴 AGT

ȵi⁵⁵na⁵⁵ȵi³¹ jar⁵⁵~jar⁵⁵ dʒok⁵⁵~dʒok⁵⁵-ʃi³¹ la³⁵ ta³¹, ȵi⁵⁵ ŋun⁵⁵ naŋ³¹ka⁵⁵
LNK 跑~RDUP 快~RDUP-RES 有:MIR FPRT LNK 草 里面:LOC

jar⁵⁵-ka⁵⁵ ki⁵⁵ ȵi⁵⁵na⁵⁵ȵi³¹ ri³¹pu⁵⁵diŋ⁵⁵pa⁵⁵ jar⁵⁵-ka³⁵ ta³¹, ȵi⁵⁵ o⁵⁵ta⁵⁵
跑-PERF PRT LNK 山脚:LOC 跑-PERF FPRT LNK DEM:PROX

ri³¹pu⁵⁵diŋ⁵⁵pa⁵⁵ jar⁵⁵ ki⁵⁵ ȵi⁵⁵ ri³¹pu⁵⁵tʰoŋ⁵⁵ŋa⁵⁵ jar⁵⁵-ka³⁵ ta³¹. tsʰiŋ⁵⁵a⁵⁵ ʃek⁵⁵-pa⁵⁵
山脚:LOC 跑 PRT LNK 山顶:LOC 跑-PERF FPRT 后来 到达-PFV

ki⁵⁵ ȵi⁵⁵na⁵⁵ȵi³¹ a⁵⁵tien³¹ pʰa⁵⁵ra⁵⁵ taŋ⁵⁵ om⁵⁵ʃa⁵⁵, ka⁵⁵wu⁵⁵ma³¹ ki⁵⁵ ȵi⁵⁵na⁵⁵ȵi³¹
PRT LNK 我看 狼 CONJ 熊 狐狸 AGT LNK

a⁵⁵tien³¹ proŋ⁵⁵pu⁵⁵ ka³¹ ʃa⁵⁵ a³¹ ma³¹-za³⁵-ka³⁵ ta³¹, ȵi⁵⁵ o⁵⁵ȵen⁵⁵ ki⁵⁵
我看 驴 GEN 肉 PAT NEG-吃-PERF FPRT LNK 这样 PRT

ȵi⁵⁵na⁵⁵ȵi³¹ tʰaŋ⁵⁵tʃʰat⁵⁵la⁵⁵ a⁵⁵ȵi³¹ ʃi⁵⁵-ka³⁵ ta³¹.
LNK 累 ADV 死-PERF FPRT

> 狼、熊和狐狸答应了驴，但是它们没想到驴越跑越快，从草丛里跑到山脚，从山脚跑到山顶。结果，狼、熊和狐狸没有吃上驴肉，还累死了。

（白玛绕杰讲述，2017年）

22．小猫钓鱼

ŋam⁵⁵　　tʰor⁵⁵　　naŋ³¹ka⁵⁵,　ta³¹niŋ⁵⁵　ka³¹　a³¹ma⁵⁵　ji³¹　　ki⁵⁵　　ȵi⁵⁵la⁵⁵　ta³¹niŋ⁵⁵
天　　　　一　　　　里面:LOC　猫　　　GEN　妈妈　　AGT　PRT　LNK　　猫

ta⁵⁵tsa⁵⁵　rik⁵⁵-ȵi⁵⁵　ki⁵⁵　ȵi⁵⁵na⁵⁵ȵi³¹　ri³¹　re³¹ka⁵⁵　tʃak⁵⁵tʃu⁵⁵pʰi⁵⁵-lo³¹　te³⁵-ka³⁵　ta³¹.
崽　　　帯-NF　　　PRT　LNK　　　　河　　旁边:LOC　钓鱼-NPFV　　　　　去-PERF　FPRT

ȵi⁵⁵　ta³¹niŋ⁵⁵　ta³¹tsa⁵⁵　ki⁵⁵　ȵi⁵⁵na⁵⁵　kaŋ⁵⁵mien⁵⁵tsʰe⁵⁵　ki⁵⁵　ȵi⁵⁵na⁵⁵ȵi³¹　tʂa³⁵wa⁵⁵-ka³⁵
LNK　猫　　　崽　　　AGT　LNK　　非常　　　　　　PRT　LNK　　　　高兴-PERF

ta³¹,　a³¹ma⁵⁵　kap⁵⁵-ȵi⁵⁵　ki⁵⁵　ȵi⁵⁵na⁵⁵ȵi³¹　tʂən³¹tur⁵⁵pʰi⁵⁵-ȵi³¹　ji⁵⁵pi⁵⁵　ʃa⁵⁵ma⁵⁵　ŋa⁵⁵
FPRT　妈妈　　跟-NF　　PRT　LNK　　　比赛-NF　　　　　谁　　多　　鱼

tʃak⁵⁵tʃu⁵⁵pʰi⁵⁵-pu³⁵　ta³¹.
钓-PROS　　　　　　FPRT

有一天，猫妈妈带着小猫到河边钓鱼。小猫很高兴，要跟妈妈比赛谁钓的鱼多。

ri³¹　re³¹ka⁵⁵　ʃek⁵⁵-ka³⁵　ta³¹,　ta³¹niŋ⁵⁵　ta³¹tsa⁵⁵　tʃo⁵⁵　ki⁵⁵　ȵi⁵⁵la⁵⁵
河　旁边:LOC　到-PFV　　FPRT　猫　　　崽　　　TOP　PRT　LNK

tsuk⁵⁵tsuk⁵⁵ma⁵⁵　a³¹ni⁵⁵　ku⁵⁵tsuk⁵⁵-ȵi³¹　tʃak⁵⁵tʃu⁵⁵pʰi⁵⁵-ka³⁵　ta³¹,　tik⁵⁵taŋ⁵⁵　tʰor⁵⁵
急忙　　　　　　ADV　　开始-NF　　　　钓鱼-PERF　　　　　FPRT　会　　　一

luŋ³⁵-ma⁵⁵-ka³⁵　ta³¹,　tʃak⁵⁵tʃy⁵⁵to⁵⁵kaŋ⁵⁵　ki⁵⁵　ȵi⁵⁵la⁵⁵ȵi³¹　tʂən³⁵-ma⁵⁵-la³⁵　ta³¹.
等-PFV-PERF　FPRT　鱼竿　　　　　　　PRT　LNK　　　　动-NEG-NPFV　FPRT

o⁵⁵ȵen⁵⁵a⁵⁵la³¹,　tsʰa⁵⁵pa⁵⁵bu⁵⁵　tʰor⁵⁵　ki⁵⁵　ȵi⁵⁵la⁵⁵　pian⁵⁵o⁵⁵-ʃi³⁵　ta³¹,　ta³¹niŋ⁵⁵
这时　　　　蜻蜓　　　　一　　　AGT　LNK　　飞过来-PERF　FPRT　猫

ta³¹tsa⁵⁵　ki⁵⁵　ȵi⁵⁵na⁵⁵ȵi³¹　tʃak⁵⁵tʃy⁵⁵to⁵⁵kaŋ⁵⁵　tʰa⁵⁵-ȵi³¹　ki⁵⁵　ȵi⁵⁵la⁵⁵ȵi³¹　tsʰa⁵⁵pa⁵⁵bu⁵⁵
崽　　　AGT　LNK　　　鱼竿　　　　　　放-NF　　PRT　LNK　　　蜻蜓

tsoŋ⁵⁵mu³¹　te⁵⁵-ka³⁵　ta³¹.　tsʰa⁵⁵pa⁵⁵bu⁵⁵　tʃo⁵⁵　ȵi³¹　pian⁵⁵-ȵi³¹　ki⁵⁵　ȵi⁵⁵na⁵⁵ȵi³¹
捉:PROS　去-PERF　FPRT　蜻蜓　　　　TOP　LNK　飞-NF　　PRT　LNK

tʰa⁵⁵rən⁵⁵pu⁵⁵　ʃek³³-ka³⁵　ta³¹,　ta³¹niŋ⁵⁵　ta³¹tsa⁵⁵　tʃo⁵⁵　ȵi³¹　tsoŋ⁵⁵-ma⁵⁵-ȵu⁵⁵-ka³⁵
远　　　　　到达-PERF　FPRT　猫　　　崽　　　TOP　LNK　抓-NEG-RES-PERF

ta³¹,　ȵi³¹　lok⁵⁵　wu⁵⁵ȵi⁵⁵　ki⁵⁵　ȵi⁵⁵na⁵⁵ȵi³¹　wu³¹tʰu⁵⁵-ȵi³¹　tʃak⁵⁵tʃu⁵⁵pʰi⁵⁵-ka³⁵　ta³¹.
FPRT　LNK　回　之后　　PRT　LNK　　　继续-NF　　　钓鱼-PERF　　　　FPRT

到了河边，小猫急忙开始钓鱼，等了一会儿，鱼竿还没有动。这时，一只蜻蜓飞过来，小猫就把鱼竿放下去捉蜻蜓了。蜻蜓越飞越远，小猫捉不到，只好回来继续钓鱼。

ȵi⁵⁵　ta³¹niŋ⁵⁵　ta³¹tsa⁵⁵　ȵi⁵⁵　kot³⁵-pa⁵⁵　ki⁵⁵　ȵi⁵⁵na⁵⁵ȵi³¹　rok³⁵　a³¹ma⁵⁵　ki⁵⁵
LNK　猫　　　崽　　　LNK　看-PFV　PRT　LNK　　　3sg　妈妈　　AGT

ȵi⁵⁵na⁵⁵ȵi³¹　ȵi⁵⁵　ŋa⁵⁵　tʃʰi⁵⁵lu⁵⁵　tʰor⁵⁵　tʃak⁵⁵tʃu⁵⁵pʰi⁵⁵-ka³⁵　ta³¹,　ȵi³¹　tʃaŋ³⁵
LNK　　　　LNK　鱼　大　一　　钓–PERF　　　　　FPRT　LNK　1sg

raŋ³⁵tian⁵⁵　ki⁵⁵　ȵi⁵⁵na⁵⁵ȵi³¹　ŋa⁵⁵　ki⁵⁵　ȵi⁵⁵na⁵⁵ȵi³¹　tʰor⁵⁵　raŋ⁵⁵　ki⁵⁵　ȵi⁵⁵na⁵⁵ȵi³¹
自己　　　PRT　LNK　　　　1sg　AGT　LNK　　　　一　　FOC　PRT　LNK

tʃak⁵⁵tʃu⁵⁵pʰi⁵⁵-ȵi³¹　ma⁵⁵-ȵuŋ⁵⁵-ʃi³⁵　ta³¹,　o⁵⁵ȵen⁵⁵　ki⁵⁵　ȵi⁵⁵na⁵⁵ȵi³¹　om³⁵tʃaŋ⁵⁵
钓–NF　　　　　　NEG–RES–PERF　FPRT　这样　　PRT　LNK　　　　又

laŋ⁵⁵ma⁵⁵-tʃʰo³¹　tʃak⁵⁵tʃu⁵⁵pʰi⁵⁵-ka⁵⁵.　ȵi⁵⁵　o⁵⁵ȵen⁵⁵a⁵⁵la³¹,　ki⁵⁵　ȵi⁵⁵na⁵⁵ȵi³¹　a⁵⁵tien⁵⁵
坐–Lv　　　　钓鱼–PERF　　　LNK　这时　　　　PRT　LNK　　　我看

pʰian³⁵pa⁵⁵lin⁵⁵　tʰor⁵⁵　ki⁵⁵　ȵi⁵⁵na⁵⁵　pian⁵⁵-ȵi³¹　o⁵⁵-ʃi³⁵　ta³¹,　ta³¹niŋ⁵⁵　ta³¹tsa⁵⁵
蝴蝶　　　　　一　　AGT　LNK　　飞–NF　　来–PERF　FPRT　猫　　　崽

ki⁵⁵　ȵi⁵⁵na⁵⁵　tʃak⁵⁵tʃy⁵⁵to⁵⁵kaŋ⁵⁵　tʰa⁵⁵-ȵi³¹　om³⁵tʃaŋ⁵⁵　ki⁵⁵　ȵi⁵⁵na⁵⁵ȵi³¹　pʰian³⁵pa⁵⁵lin⁵⁵
AGT　LNK　　鱼竿　　　　　　放–NF　　又　　　PRT　LNK　　　　蝴蝶

tsoŋ⁵⁵mu³¹　te⁵⁵-ka³⁵　ta³¹.　pʰian³⁵pa⁵⁵lin⁵⁵　ki⁵⁵　ȵi⁵⁵　pian⁵⁵-ȵi³¹　tʰa⁵⁵rən⁵⁵pu⁵⁵
捉:PROS　去–PERF　FPRT　蝴蝶　　　　AGT　LNK　飞–NF　　远

ʃek⁵⁵-ka³⁵　ta³¹,　ta³¹niŋ⁵⁵　ta³¹tsa⁵⁵　ȵi³¹　om³⁵tʃaŋ⁵⁵　ki⁵⁵　ȵi⁵⁵na⁵⁵ȵi³¹　tsoŋ⁵⁵-ma⁵⁵-ȵu⁵⁵
到达–PERF　FPRT　猫　　　崽　　　LNK　又　　PRT　LNK　　　抓–NEG–RES

ka³⁵　ta³¹,　ȵi³¹　lok⁵⁵wu³¹　ki⁵⁵　ȵi⁵⁵na⁵⁵　om³⁵tʃaŋ⁵⁵　wu³¹tʰu⁵⁵　ki⁵⁵　ȵi⁵⁵na⁵⁵ȵi³¹
PFV　FPRT　LNK　回来　　PRT　LNK　又　　　继续　　　PRT　LNK

tʃak⁵⁵tʃu⁵⁵pʰi⁵⁵-ka³⁵　ta³¹.
钓鱼–PERF　　　FPRT

　　小猫看到妈妈已经钓到一条大鱼，自己还没钓到鱼，于是又坐下来钓鱼。这时，一只蝴蝶飞过来，小猫就把鱼竿放下去捉蝴蝶了。蝴蝶越飞越远，小猫还是捉不到，只好又回来继续钓鱼。

ȵi⁵⁵　o⁵⁵ȵen⁵⁵　ki⁵⁵　ȵi⁵⁵na⁵⁵ȵi³¹　om³⁵tʃaŋ⁵⁵　ki⁵⁵　ȵi⁵⁵na⁵⁵ȵi³¹　a³¹ma⁵⁵　ki³¹
LNK　这样　　PRT　LNK　　　　又　　AGT　LNK　　　妈妈　AGT

tʃak⁵⁵tʃu⁵⁵pʰi⁵⁵-na³¹　ŋa⁵⁵　tʃʰi⁵⁵lu⁵⁵　ka⁵⁵　tʰoŋ⁵⁵-ka³⁵　ta³¹,　o⁵⁵ȵen⁵⁵　a³¹ma⁵⁵　tʃi⁵⁵ma⁵⁵-ka⁵⁵
钓鱼–PRT　　鱼　大　　DAT　看见–PERF　FPRT　这样　　妈妈　　问–PERF

ta³¹: "ŋa⁵⁵　tʃo³¹　xaŋ³⁵dien⁵⁵　a³¹ni⁵⁵　ki⁵⁵　ȵi⁵⁵na⁵⁵ȵi³¹　ŋa⁵⁵　tʃʰi⁵⁵lu⁵⁵　tʃak⁵⁵tʃu⁵⁵pʰi⁵⁵
FPRT　鱼　TOP　怎么　ADV　PRT　LNK　　　鱼　大　钓鱼

ja³⁵　ta³¹,　ȵi⁵⁵　ki⁵⁵　ȵi⁵⁵na⁵⁵ȵi³¹　ŋa⁵⁵　zin³¹pu⁵⁵　tʰor⁵⁵　raŋ⁵⁵　ji⁵⁵ni³¹　ȵu⁵⁵-ma³¹-la³⁵
QUES　FPRT　LNK　PRT　LNK　　　鱼　小　一　FOC　LNK　有–NEG–NPFV

ta³¹　ȵi⁵⁵." ȵi⁵⁵　a³¹ma⁵⁵　ki³¹　ʒik³⁵-ka³⁵　ta³¹: "tʃak⁵⁵tʃu⁵⁵pʰi⁵⁵-la³¹　ki⁵⁵　ȵi⁵⁵na⁵⁵ȵi³¹
FPRT　LNK　LNK　妈妈　AGT　说–PERF　FPRT　钓鱼–NPFV　　　PRT　LNK

sem⁵⁵ pas³¹ɲa⁵⁵-ma⁵⁵-ka³¹ na³⁵ ta³¹, nan⁵⁵ tik⁵⁵taŋ⁵⁵ tʰor⁵⁵ ki⁵⁵ ɲi⁵⁵la³¹ jar⁵⁵ te⁵⁵
心 着急–NEG–PERF AUX FPRT 2sg 会儿 一 PRT LNK 跑 去

ki⁵⁵ ɲi⁵⁵na⁵⁵ɲi³¹ tsʰa⁵⁵pa⁵⁵bu⁵⁵ tsoŋ⁵⁵ na³⁵ ta³¹, nan⁵⁵ tik⁵⁵taŋ⁵⁵ tʰor⁵⁵ jar⁵⁵
PRT LNK 蜻蜓 捉 AUX FPRT 2sg 会儿 一 跑

te⁵⁵ ki⁵⁵ ɲi⁵⁵na⁵⁵ɲi³¹ pʰian³⁵pa⁵⁵lin⁵⁵ tsoŋ⁵⁵ na³⁵ ta³¹, ɲi⁵⁵ o⁵⁵ɲen⁵⁵ a³¹ni⁵⁵
去 PRT LNK 蝴蝶 捉 AUX FPRT LNK 这样 ADV

ŋa⁵⁵ tʃak⁵⁵tʃu⁵⁵-ma⁵⁵-ɲu⁵⁵ na³⁵ ta³¹."
鱼 钓–NEG–RES AUX FPRT

这时，它发现妈妈又钓到一条大鱼，就问妈妈："为什么你钓了很多大鱼，我连一条小鱼也钓不到。"妈妈说："钓鱼不要心急，你一会儿捉蜻蜓，一会儿捉蝴蝶，这样肯定钓不到鱼。"

ta³¹niŋ⁵⁵ ta³¹tsa⁵⁵ ki⁵⁵ ɲi⁵⁵na⁵⁵ɲi³¹ a³¹ma⁵⁵ ʒik³⁵-ka³¹ ɲan⁵⁵-ka³⁵ ta³¹: "ɲi⁵⁵
猫 崽 AGT LNK 妈妈 说–PERF 听–PERF FPRT LNK

ʃi³¹tsam⁵⁵ken⁵⁵ laŋ⁵⁵ma⁵⁵-tʃʰo⁵⁵-na³¹ tʃak⁵⁵tʃu⁵⁵pʰi⁵⁵-ka³⁵ ta³¹. tsʰa⁵⁵pa⁵⁵bu⁵⁵ taŋ⁵⁵
安静 坐–Lv–PRT 钓鱼–PERF FPRT 蜻蜓 CONJ

pʰian³⁵pa⁵⁵lin⁵⁵ o⁵⁵-ɲu⁵⁵ ki⁵⁵ ɲi⁵⁵na⁵⁵ rok³⁵ ma⁵⁵-tsoŋ⁵⁵-ka³⁵ ta³¹. ɲi⁵⁵ tsʰiŋ⁵⁵a⁵⁵
蝴蝶 飞–RES PRT LNK 3sg NEG–捉–PERF FPRT LNK 后来

ʃek⁵⁵-pa⁵⁵, ki⁵⁵ ɲi⁵⁵na⁵⁵ rok³⁵ ki³¹ ki⁵⁵ ɲi⁵⁵na⁵⁵ɲi³¹ ŋa⁵⁵ tʃʰi⁵⁵lu⁵⁵ tʰor⁵⁵ ki⁵⁵
到–PFV PRT LNK 3sg AGT PRT LNK 鱼 大 一 PRT

ɲi⁵⁵na⁵⁵ tʃak⁵⁵tʃu⁵⁵pʰi⁵⁵-ɲi³¹ ɲu⁵⁵-ka³⁵ ta³¹.
LNK 钓–PRT 有–PERF FPRT

小猫听了妈妈的话，就耐心地坐下来钓鱼。蜻蜓和蝴蝶飞过来也不捉。最后，终于钓到了一条大鱼。

（白玛绕杰讲述，2017年）

23．我的家乡

tʃaŋ³⁵ a³¹ pʰɛ⁵⁵y⁵⁵ ki⁵⁵ ɲi⁵⁵la³¹ɲi⁵⁵ me⁵⁵to⁵⁵ ki⁵⁵-la⁵⁵ ta³¹ ɲi³¹
1sg GEN 家乡 PRT LNK 墨脱 COP–NPFV FPRT LNK

sa³¹tʃʰa⁵⁵ lik⁵⁵pu⁵⁵ tʰor⁵⁵ ki⁵⁵-la⁵⁵ ta³¹. ɲi³¹ o⁵⁵ta⁵⁵ ki⁵⁵ ɲi⁵⁵na³¹ɲi⁵⁵ ri³¹ku⁵⁵
地方 美丽 一 COP–NPFV FPRT LNK 这里 PRT LNK 山

tʰun⁵⁵pu⁵⁵ ʃa⁵⁵ma⁵⁵ tʃa⁵⁵-tʃʰo³¹-lo³⁵ ta³¹, ri³¹ku⁵⁵ tʰoŋ⁵⁵ŋa⁵⁵ ɲi⁵⁵na³¹ ʃiŋ⁵⁵
高 多 有:EGO–Lv–NPFV FPRT 山 上面:LOC LNK 树

ʃa⁵⁵ma⁵⁵-tʃʰo³¹-lo³⁵ ta³¹, om³⁵tʃaŋ⁵⁵ ki⁵⁵ ɲi⁵⁵na³¹ɲi⁵⁵ sem⁵⁵tʃa⁵⁵ ʃa⁵⁵ma⁵⁵ tʃʰo³¹-lo³⁵
多–Lv–NPFV FPRT 又 PRT LNK 动物 多 有–NPFV

ta^{31}, tʃaŋ^{35} jam^{31}naŋ^{55}-tʃ^{h}o^{55} te^{55} ki^{55} ȵi^{55}na^{31} tien^{55}tʃa^{55}raŋ^{55} ki^{55} ȵi^{55}na^{31}ȵi^{55}

FPRT 1sg 年轻-Lv 去 PRT LNK 经常 PRT LNK

ri^{31}ku^{55} t^{h}oŋ^{55}ŋa^{55} te^{55}-ȵi^{55} ji^{55}na^{31} ʃa^{55}ʃe^{55}-tʃo^{31}-lo^{35} ta^{31}. o^{55}ta^{55} om^{35}tʃaŋ^{55} ȵi^{55}na^{31}

山 上面:LOC 去-NF LNK 打猎-Lv-NPFV FPRT 这里 又 LNK

ri^{31} zin^{31}pu^{55} ʃa^{55}ma^{55}-tʃ^{h}o^{31}-lo^{35} ta^{31}, ȵi^{55} ri^{31} ki^{55} ȵi^{55}na^{31}ȵi^{55} kaŋ^{55}mien^{55}ts^{h}e^{55}

河 小 多-Lv-NPFV FPRT LNK 河 AGT LNK 非常

sak^{55}pu^{53}-tʃ^{h}o^{31}-lo^{35} ta^{31}. ȵi^{55} o^{55}ta^{55} soŋ^{55}ŋo^{55} ki^{55} ȵi^{55}na^{31} raŋ^{55} ȵu^{55} ki^{55}

清澈-Lv-NPFV FPRT LNK 这里 人 AGT LNK FOC PRT PRT

ȵi^{55}na^{31}ȵi^{55} kaŋ^{55}mien^{55}ts^{h}e^{55} lik^{55}pu^{55}-tʃ^{h}o^{31}-lo^{35} ta^{31}, ȵi^{53} le^{31}a^{31}-la^{55} ki^{55}

LNK 非常 好-Lv-NPFV FPRT LNK 干活-NPFV PRT

ȵi^{55}na^{31}ȵi^{55} ai^{55}pa^{55} ji^{31}na^{31} tip^{55}ka^{55} ro^{55}ram^{55} ki^{55} ȵi^{55}na^{31} le^{31}a^{31}-tʃo^{31}-lo^{35} ta^{31}.

LNK 1pl:EXCL LNK 一起 帮助 PRT LNK 干活-Lv-NPFV FPRT

我的家乡墨脱是个美丽的地方。这里有高山，山上有很多树，还有很多动物，我年轻的时候经常到山上去打猎。这里还有很多河，河水非常清澈。这里的人都很善良，农忙的时候我们会互相帮助。

o^{55}ta^{55} ȵiŋ^{35} xap^{55}tur^{55} te^{31}-la^{31}, zak^{55}-ʃe^{55} ki^{31} zak^{55}-ʃe^{55} ȵi^{35} ŋuŋ^{55}ne^{53}

DEM:PROX 年 去-NPFV 多-COMPR PRT 多-COMPR LNK 之后

ki^{55} ȵi^{55}na^{31}ȵi^{55} a^{55}tien^{31} me^{55}to^{55} ju^{55}kor^{55} o^{55}-tʃ^{h}o^{31}-lo^{35} ta^{31}. ȵi^{55} ai^{55}pa^{55}

PRT LNK 我说 墨脱 旅游 来-Lv-NPFV FPRT LNK 1pl:EXCL

ki^{55} ȵi^{55}na^{31} rok^{35}te^{55}pa^{55} rik^{31}-ȵi^{55} ki^{55} ȵi^{55}na^{31}ȵi^{55} ri^{31}ku^{55} t^{h}un^{55}pu^{55} taŋ^{55}

AGT LNK 3pl 带-NF PRT LNK 山 高 CONJ

ri^{55} iŋ^{55}lu^{55} a^{55}tien^{31} kot^{55}-pu^{35} kot^{55}-ȵi^{31}-lo^{35} ta^{31}, ȵi^{55} rok^{35}te^{55} ki^{55} ȵi^{55}na^{31}ȵi^{55}

水 绿 我看 看-PROS 看-NF-NPFV FPRT LNK 3pl PRT LNK

ka^{55}taŋ^{55} to^{55} tsoŋ^{55}ma^{55} tʃot^{55} ki^{55} ȵi^{55} lo^{35} ta^{31}, ȵi^{55} rok^{35}te^{55}pa^{55} ki^{55}

手 饭 抓 做 PRT LNK NPFV FPRT LNK 3pl AGT

ȵi^{55} a^{55}tien^{31} koŋ^{55}pu^{55}tʃot^{55}ka^{31} ju^{35} tʃa^{31}ma^{55}-tʃ^{h}o^{31}-lo^{35} ta^{31}. ȵi^{55} kot^{55}-pa^{55}

LNK 我看 鸡爪谷 酒 喝-Lv-NPFV FPRT LNK 看-PFV

rok^{35}te^{55} kaŋ^{55}mien^{55}ts^{h}e^{55} p^{h}i^{55}-ka^{55} la^{35} ta^{31}, ai^{55}pa^{55} raŋ^{35}tian^{55} wu^{55}ni^{31}

3pl 非常 喜欢-PERF AUX FPRT 1pl:EXCL 自己 之后

kaŋ^{55}mien^{55}ts^{h}e^{55} ki^{55} ȵi^{55}na^{31}ȵi^{55} tʂa^{35}wa^{55}-ʃi^{35} ta^{31}.

非常 PRT LNK 高兴-PERF FPRT

这几年，越来越多的人知道墨脱这个地方，并来墨脱旅游。我们会带他们去看高山和绿水，会给他们做手抓饭，请他们喝鸡爪谷酒。看着他们很喜欢，我们也很开心。

ȵi⁵⁵ tsʰiŋ⁵⁵a⁵⁵ ki⁵⁵ ȵi⁵⁵na³¹ȵi⁵⁵ son⁵⁵ŋo⁵⁵ ȵi³¹na³¹ zak⁵⁵-ʃi⁵³~zak⁵⁵-ʃi⁵³ me⁵⁵to⁵⁵
LNK 以后 PRT LNK 人 LNK 多–PERF~RDUP 墨脱

o⁵⁵to⁵⁵-ȵi³¹ re⁵⁵wa⁵⁵-tʃʰo³¹-lo³⁵ ta³¹, ȵi⁵⁵ tʃaŋ³⁵ ŋuŋ⁵⁵ ku⁵⁵ka⁵⁵pu⁵⁵ tʰor⁵⁵ tʃʰi⁵⁵lo⁵⁵
来–NF 希望–Lv–NPFV FPRT LNK 1sg 之后 机会 一 外面

ka³¹ zam⁵⁵niŋ⁵⁵ te³⁵-ȵi³¹ kot⁵⁵-pu³⁵ ki⁵⁵ ȵi⁵⁵la³¹ni³⁵ re⁵⁵wa⁵⁵-tʃʰo³¹-lo³⁵ ta³¹.
GEN 世界 去–NF 看–PROS PRT LNK 希望–Lv–NPFV FPRT

希望有更多的人来墨脱，也希望我有机会去看看外面的世界。

（白玛绕杰讲述，2017年）

24．种粮食

niŋ³¹tʂaŋ⁵⁵ ka³¹ ta³¹wa⁵⁵ʑi⁵⁵pa⁵⁵ ka³¹, ȵi⁵⁵ ai⁵⁵pa⁵⁵ ki⁵⁵ ȵi⁵⁵la⁵⁵ȵi³¹ a³¹ʃam⁵⁵
每年 GEN 四月 LOC LNK 1pl:EXCL AGT LNK 玉米

ki⁵⁵ ȵi⁵⁵na³¹ ku⁵⁵tsuk⁵⁵-ȵi³¹ tʃʰe⁵⁵-tʃʰo⁵⁵-lo³⁵ ta³¹, ko³¹ma⁵⁵ ki⁵⁵ ȵi⁵⁵na⁵⁵ȵi³¹
PRT LNK 开始–NF 种–Lv–NPFV FPRT 先 PRT LNK

sa⁵⁵los³⁵-tʃʰo⁵⁵-lo³⁵ ta³¹, o⁵⁵ȵen⁵⁵ ki⁵⁵ ȵi⁵⁵la⁵⁵ȵi³¹ li³⁵ jap⁵⁵-tʃʰo⁵⁵-lo³⁵ ta³¹.
耕地–Lv–NPFV FPRT 这样 PRT LNK 种 播–Lv–NPFV FPRT

ȵi⁵⁵ la³¹ni⁵⁵ tʰor⁵⁵ te⁵⁵-la⁵⁵ ki³¹ ȵi⁵⁵la⁵⁵ȵi³¹ wən⁵⁵ pʰut⁵⁵-tʃʰo⁵⁵-lo³⁵ ta³¹,
LNK 月 一 去–NPFV PRT LNK 草 除–Lv–NPFV FPRT

la³¹ni⁵⁵ nik⁵⁵tsiŋ⁵⁵ te⁵⁵-ȵi⁵⁵ ki³¹ ȵi⁵⁵la⁵⁵ȵi³¹ ʃa³⁵luk⁵⁵-tʃʰo⁵⁵-lo³⁵ ta³¹, ȵi⁵⁵ non⁵⁵-ȵi³⁵
月 二 去–NF PRT LNK 施肥–Lv–NPFV FPRT LNK 等–NF

ki³¹ ȵi⁵⁵na⁵⁵ȵi³¹ ta³¹wa⁵⁵tʃo⁵⁵pa⁵⁵ ʃek⁵⁵-pa⁵⁵ ki³¹ ȵi⁵⁵la⁵⁵ȵi³¹ a³¹ʃam⁵⁵ ȵi³¹
PRT LNK 十月 到–PFV PRT LNK 玉米 LNK

mek⁵⁵-tʃʰo⁵⁵-lo³⁵ ta³¹. a³¹ʃam⁵⁵ ki³¹ ȵi⁵⁵la⁵⁵ȵi³¹ tson⁵⁵ma⁵⁵ ki³¹ ȵi⁵⁵la⁵⁵ȵi³¹
收割–Lv–NPFV FPRT 玉米 PRT LNK 卖 PRT LNK

dʒa³⁵ma⁵⁵ tʰor⁵⁵ ka³¹ ji³¹ni³¹ ta⁵⁵jaŋ⁵⁵ tʰor⁵⁵ tsaŋ⁵⁵ki⁵⁵ tsoŋ⁵⁵ma⁵⁵-tʃʰo⁵⁵-lo³⁵ ta³¹.
斤 一 PRT LNK 钱 一 多 卖–Lv–NPFV FPRT

每年四月，我们开始种玉米，先耕地，然后播种。一个月后除草，两个月后施肥，等到十月就可以收割玉米。玉米一斤可以卖一块多钱。

ȵi⁵⁵ ta³¹wa⁵⁵tʃu⁵⁵tʃik⁵⁵pa⁵⁵ ku⁵⁵tsuk⁵⁵ ki³¹ ȵi⁵⁵la⁵⁵ȵi³¹ a³¹ni⁵⁵ pʰe⁵⁵muŋ⁵⁵
LNK 十一月 开始 PRT LNK ADV 青稞

tʃʰe⁵⁵-tʃʰo⁵⁵-lo³⁵ ta³¹, ȵi³¹ wən⁵⁵ pʰut⁵⁵ tʃʰom⁵⁵-ma⁵⁵ ki³¹ ȵi⁵⁵la⁵⁵ȵi³¹ ʃa³⁵luk⁵⁵-tʃʰo⁵⁵-lo³⁵
种–Lv–NPFV FPRT LNK 草 除 完–PFV PRT LNK 施肥–Lv–NPFV

ta³¹, ta³¹wɑ⁵⁵ŋɑ⁵⁵pɑ⁵⁵ ki³¹ ȵi⁵⁵nɑ⁵⁵ȵi³¹ ku⁵⁵tsuk⁵⁵ ki³¹ ȵi⁵⁵lɑ⁵⁵ȵi³¹ mek⁵⁵-tʃʰo⁵⁵-lo³⁵ tɑ³¹.

FPRT 五月　　　PRT LNK　　开始　　PRT LNK　　收割–Lv–NPFV FPRT

ȵi⁵⁵ pʰe⁵⁵muŋ⁵⁵ dut³⁵kɑ⁵⁵-ɑ³¹ tsʰe⁵⁵paŋ⁵⁵ ki³¹ ȵi⁵⁵nɑ⁵⁵ȵi³¹ ju⁵⁵ tʃut⁵⁵-tʃʰo⁵⁵-lo³⁵

LNK 青稞　　收获–GEN 一半　　AGT LNK　　酒　酿–Lv–NPFV

tɑ³¹, tsʰe⁵⁵paŋ⁵⁵ ki³¹ ȵi⁵⁵lɑ⁵⁵ȵi³¹ ŋui³⁵ ɑ³¹ liŋ⁵⁵-tʃʰo⁵⁵-lo³⁵ tɑ³¹, dʒɑ³⁵mɑ⁵⁵ tʰor⁵⁵

FPRT 一半　　　PRT LNK　　钱　PAT 交换–Lv–NPFV FPRT　斤　　一

kɑ³¹ ki³¹ ȵi⁵⁵nɑ⁵⁵ȵi³¹ tɑ⁵⁵jaŋ⁵⁵ tʰor⁵⁵ tsaŋ⁵⁵ki⁵⁵ tsoŋ⁵⁵mɑ⁵⁵-tʃʰo⁵⁵-lo³⁵ tɑ³¹.

PRT PRT LNK　　钱　　一　　多　　卖–Lv–NPFV　　FPRT

十一月开始播种青稞，除完草后施肥，五月份开始收割。收获的青稞一半酿酒，一半卖钱，一斤可以卖一块多钱。

（白玛绕杰讲述，2017 年）

参考文献

陈立明 1995 门巴族的传统科技,《中国科技史料》第1期。

戴浩一著,黄河译 1988 时间顺序和汉语的语序,《国外语言学》第1期。

范俊军、宫齐、胡鸿雁译 2006 语言活力与语言濒危,《民族语文》第3期。

李大勤 2001 藏缅语人称代词和名词的"数"——藏缅语"数"范畴研究之一,《民族语文》第5期。

李大勤 2003《"Vs前多项NP句"及汉语句子的语用构型分析》,北京:语文出版社。

陆绍尊 1984 门巴语数词的构成方法和使用方法,《语言研究》第1期。

陆绍尊 2002《门巴语方言研究》,北京:民族出版社。

吕叔湘 1942《中国文法要略》(上卷),北京:商务印书馆。

孙宏开、陆绍尊、张济川、欧阳觉亚 1980《门巴、珞巴、僜人的语言》,北京:中国社会科学出版社。

王维贤 1984 现代汉语的短语结构和句子结构,《语文研究》第3期。

张济川 1986《仓洛门巴语简志》,北京:民族出版社。

赵元任著,丁邦新译 1980《中国话的文法》,香港:香港中文大学出版社。

周毛草 1998 藏语复合数词中的连接成分,《民族语文》第2期。

Andvik, Erik E. 1993 Tshangla Verb Inflections: a Preliminary Sketch, *Linguistics of the Tibeto-Burman Area 16.*

Andvik, Erik E. 2003 Tshangla, In Thurgood, G. and LaPolla, Randy J. (eds). *The Sino-Tibetan Languages*, London: Routledge.

Andvik, Erik E. 2004 "Do" as Subordinator in Tshangla, In Saxenas, Anju (eds). *Himalayan*

Languages: Past and Present. Trends in Linguistics. Studies and Monographs, Berlin: Mouton de Gruyter.

Andvik, Erik E. 2010 *A Grammar of Tshangla*, Leiden: Brill.

Andvik, Erik E. 2012 Tshangla Orthography, In Hyslop, Gwendolyn, Morey, Stephen, Post, Mark (eds). *North East Indian Linguistics Vol.4*, Cambridge: Cambridge University Press.

Benedict, Paul K. 1972 *Sino-Tibetan: a Conspectus*, Cambridge: Cambridge University Press.

Bodt, Timotheus Adrianus 2014 Tshangla Phonology and a Standard Tshangla Orthography, In Owen-Smith, thomas and Hill, Nathan (eds). *Trans-Himalayan Linguistics: Historical and Descriptive Linguistics of the Himalayan Area*, Berlin: De Gruyter Mouton.

Bogal-Allbritten, Elizabeth, Schardl, Anisa 2014 Expressing Uncertainty with Gisa in Tshangla, In Santana-LaBarge, Robert E. (eds). Proceedings of the 31st West Coast Conference on Formal Linguistics. Somerville, MA Cascadilla Proceedings Project.

Das Gupta, K. 1968 *An Introduction to Central Monpa*, Shillong: North-East Frontier Agency.

Dixon, R.M.W. 1994 *Ergativity*, Cambridge: Cambridge University Press.

Dzongkha Development Commission. 2018 *Tshanglhai Drayang: A Tshangla-Dzongkha-English Lexicon*, Bhutan: Dzongkha Development Commission.

Egli-Roduner, Susanna 1987 *Handbook of the Sharchhokpa-lo/Tsangla (Language of the People of Eastern Bhutan)*, Thimpu: Helvetas.

Grollmann, Selin 2013 *A Sketch Grammar of Bjokapakha*, MA thesis: Universität Bern.

Grollmann, Selin 2020 *A Grammar of Bjokapakha*, Leiden: Brill.

Hofrenning, Ralph W. 1959 *First Bhutanese Grammar: Grammar of Gongar [=Tsangla], language of East Bhutan*, WI: Madison.

Hoshi, Michiyo 1987 A Sharchok Vocabulary: A Language Spoken in Eastern Bhutan, In *Integral Study on the Ecology, Languages and Cultures of Tibet and Himalayas*, Tokyo: Research Institute for Languages and Cultures of Asia and Africa.

Matisoff, James A., Baron, Stephen P., and Lowe, John B. 1996 *Languages and Dialects of Tibeto-Burman for Southeast Asia Studies*, University of California, Berkeley.

259

Robinson, William 1849 Notes on the Languages Spoken by the Various Tribes Inhabiting the Valley of Assam and its Mountain Confines, *Journal of the Asiatic Society of Bengal XVIII.*

Shafer, R. 1955 Classification of the Sino-Tibetan Languages, *Word (11).*

Shafer, R. 1966 *An Introduction to Sino-Tibetan*, Wiesbaden: Otto Harrassowitz.

Shearer, Walter and Sun Hongkai 2017 *An Encyclopedia of the 140 Languages of China: Speakers, Dialects, Linguistics Elements, Script, and Distribution,* Lewiston: Edwin Mellen Press.

Stack, Edward 1897 *Some Tsangla-Bhutanese Sentences: Part III*, Shillong: Assam Secretariat Printing Office.

Tanzin, Lopon P. Ogyan 2015 *Tshanglha Dictionary*, Sarnath: Ogyan Chokhor-Ling Foundation.

Thurgood, G. and LaPolla, Randy J. 2003 *The Sino-Tibetan Languages,* London: Routledge.

Van Driem, George 1992 *The Grammar of Dzongkha*, Thimphu: Dzongkha Development Commission (DDC).

Van Driem, George 2001 *Languages of the Himalayas: An Ethnolinguistic Handbook of the Greater Himalayan Region*, Leiden: Brill.

Wangdi, Pema 2003 Tshangla: an Areal Distributio*n, Kuensel (07-08).*

Wangdi, Pema 2004 *Sharchokpa-lo Phonology and Morphosyntax*, MA thesis: Australian National University.

Wangdi, Pema 2004 Nominals in Sharchokpa-lo, *The CERD Educational Journal.*

Wangdi, Pema 2005 *Tshangla-lo: Understanding Grammatical Terms and Concepts*, Thimphu: KMT.

调查手记

　　2016年，语保工程一期第二年工作启动，"西藏墨脱仓洛语"这一课题立项。负责人李大勤教授选定的小组成员多为语保的新鲜力量。为了更好地完成这一课题，李老师在出发前对小组成员进行了高强度的记音训练，同时，成员们也在中央民族大学接受了语保工程摄录技术的培训，随后进行了多次演练。

　　6月下旬，李大勤教授所带领的中国传媒大学语保团队召开了一次赴藏前的动员会议，明确了每一位课题成员的分工并进行了出发之前的各项检查。6月22日，团队从北京首都国际机场飞抵重庆江北国际机场，第二天转机飞抵林芝米林机场。在米林巴宜休整过后，第二天便乘坐了12个小时的长途汽车到达察隅县城，中途还因塌方而停车驻足许久，所幸沿途的风景美不胜收，第一次去西藏的成员们都兴奋不已。在察隅县城停留一晚后，我们又马不停蹄地乘车赶往下察隅。这已经是团队第三次来到下察隅并住在当地的农场生态宾馆。但是新成员们，面对满屋飞来飞去的苍蝇、有限的居住条件还是有些局促不安。不过大家都已经做了充分的心理准备，偏远地区的田野调查工作就是有些艰苦，既来之则安之，我们唯一的目标就是顺利完成语言调查的工作任务。为了更好地训练仓洛组团队内的新手，李老师将成员沈栋梁和林鑫分别安排进达让语课题组和松林语课题组跟着宋成师兄和宗晓哲师姐进行实际操练。历经二十多天，察隅两个课题的摄录工作顺利结束，两位研一新生都有所收获与成长。

　　7月21日，李老师带领墨脱的两个小组从察隅县包车直奔墨脱县，中间在中转站波密县停留了一晚。第二天前往墨脱的路上堵了好几次车。这对常来西藏的人来说已是常态，有时一堵便是三四个小时。堵车的时间李老师会跟成员们交流一些做语保的经验，成员们也趁此机会请教李老师做纸笔调查时需要注意的问题。墨脱县是国内最晚通公路的一个县域，但仍有很多游客与骑行者因其神秘而美丽的自然景观而心向往之，纷纷前往。从波密到墨脱的路在去之前大家就已经有所耳闻，因地势险峻，这条路时常因暴雨而被冲毁。那段惊险刺激的路途至今都让我们难以忘却，越野车在泥泞狭窄的小路上"跳舞"，往车窗外一看便是悬崖，悬崖下奔腾着激流勇进的雅鲁藏布江，每每回想都心有余悸。到了墨脱后，我们住在了当地的水电宾馆，可以算是当地条件非常不错的一个宾馆了，我们安心地开启了墨脱县两个课题的调查工作。

仓洛语调查中遇到的最大困难就是发音人的选定。因经验不足，前前后后备选了四五个发音人，前几个都因各种条件不合适而放弃，其中还有两位发音人是在对完3000词后发现无法上镜，中间白白浪费了几日时间。最后在德兴村青年干部白马绕杰的推荐下，我们选定了仓洛语最终的发音人占堆老师。占堆老师的普通话不是很好，只会用简单的汉语与我们交流，所以在对词的过程中，必须有绕杰做我们的翻译，否则3000词对下来又是好几天。

做完前期纸笔调查工作后，我们借用了当地广播电视台唯一的摄录场地展开了第二阶段的摄录工作。这里的条件一般，隔音效果不是很好，外面的狗吠声与鸣笛声也能收录进我们的音视频材料中，背景墙也并非工程所要求的蓝背景，我们只好见招拆招，把带来的蓝布贴好，把自己的设备架上，通过抢时间差来避开一些背景噪声。有时为追求完美的摄录效果，一个词我们要录上几十遍，但发音人老师从未喊苦喊累，反而积极化解我们焦躁不安的情绪。

仓洛语语保工程发音人占堆　墨脱县墨脱镇/2016.8.22/沈栋梁 摄

因为在墨脱县共有两个课题需要完成，我们必须分时间段摄录，同时电视台每周三还要录一次节目，我们能够摄录的有效时间并不长。所以，我们两个小组协商了一下，上下午分开摄录，非摄录时间就检查音视频，充分利用时间，提高整体效率。遵循这样的安排，我们团队最终于8月中旬完成了仓洛语的纸笔调查与摄录工作回到了北京，并于下半年展开了语保后期的语料整理与音视频剪辑工作。

2017年，为完成仓洛语濒危点的结项工作，我们再次来到西藏进行长篇语料搜集工作。前期我们已借助部分文献材料尽可能多地搜集到了门巴族的民间故事，为此次的语料搜集做了充分的准备。因这一年墨脱雨水较多，为了安全与便利，我们将发音人老师接到米林完成工作。长篇语料的主要发音人为白玛绕杰，因为前一年大家相处融洽，所以搜集语料的过程非常顺利。为了更准确地记录并转写语料，我们将每个故事都录三段音频：一段为故事中的生词，即3000词表之外的词汇；一段为句子对译；一段为故事语篇。李老师认为，只有这样才能更好地把握语篇中的细节，最后转写出来的语料才能更符合语言事实与语言习惯。历时二十多天的语料搜集工作结束后，我们又回到北京，后期由李楠同学进行材料整理并完成了初步的转写工作。

2019年，语保一期工程的最后一年，我们再一次来到藏区进行田野调查。这次团队内部的合作已经非常成熟，做起课题来也是游刃有余。老带新的模式让更多的年轻人成长起

仓洛语语保调查组与发音人占堆（右二）合影　墨脱县墨脱镇/2016.8.22/高萍萍 摄

来，也让老成员可以独当一面。在接到结项通知后，李老师和团队成员林鑫分工，从六月份正式开始了仓洛语结项报告的撰写工作。

在语保即将踏入二期工程之时，这本书稿也初步成形，自知仍有许多不足之处，很多细节尚需进一步揣摩与推敲。感谢各位专家提出的意见和建议。我们将在进一步完善书稿的同时，保持好语保人从一而终的热情，为抢救更多的濒危语言而献出自己的微薄之力。

李大勤教授（左）与仓洛语发音人白玛绕杰（右）合影　墨脱县墨脱镇 /2016.8.22/ 高萍萍 摄

小组成员在米林搜集仓洛语长篇语料　米林市 /2017.7.26/ 宋成 摄

后 记

2016年，我还是一名研一新生，在导师李大勤教授的引领下正式加入中国语言资源保护工程项目，成为一名光荣的语保人。仓洛语是我第一个全程参与调查的语言。转眼六年过去了，在我博士毕业前夕，终于和李老师共同完成了这本书，为我的硕博阶段画上了圆满的句号。

值此书稿付梓之际，我们要向所有支持和关心本书编写的人致以由衷的谢忱。首先，我们要感谢教育部、国家语委、中国语言资源保护研究中心的各位领导和专家，感谢他们提供了这么优秀和广阔的平台，让语言学者们投身到少数民族语言资源保护这项有意义的事业中来。这样的学术实践机会对我们青年学者来说尤为宝贵。其次，我们要感谢商务印书馆的各位领导和编辑老师，他们在本书的体例和排版等方面给予了诸多指导。再次，要特别感谢孙宏开先生、张济川先生、陆绍尊先生。在本书的写作过程中，我们重点参考了他们在20世纪70年代深入西藏地区艰苦调查所得的著作成果。诸位先生像灯塔一样指引我们在民族语言研究这条学术道路上稳步前行。另外，还要特别感谢曹志耘教授、江荻教授、冉启斌教授的悉心审阅与指导。当然，我最要感谢的是导师李大勤教授，他也是本书作者之一。在写作过程中，他一直鼓励我，给予我充分的信任，就我写作的部分不厌其烦地修改了一遍又一遍。得益于此，本书较之初稿有了质的飞跃。还有我的师母董艳萍女士，不管是在本书写作还是整个求学的过程中，她都给予了我温暖的照顾与关怀。

本书的顺利完成还要特别感谢我们的发音人占堆叔叔和白玛绕杰大哥，以及今年在米林调研时结识的扎西次仁大哥。他们真诚善良，积极配合我们的工作，为本民族语言的保存与保护贡献良多。我们在墨脱当地调查时，还得到了时任墨脱县县委办公室副主任郭晓峰和时任墨脱县电视台台长赵东的大力支持，特此感谢。

最后，我要感谢一路相互扶持共同走过六年语保时光的师兄弟姐妹们：2016年在察隅一起完成松林语摄录的宋成师兄、在墨脱共同调查仓洛语的沈栋梁；2017年在米林一起补录语料的李楠；2018年一同调查察隅话的陈齐卿和陈琪；2019年在甘南共同调查卓尼话的韵佳师姐，在阿里一起调查普兰话的徐菲菲和贾晓颖；2021年助我完成语料标注的李秀浩和郝雅淳；还有宗晓哲师姐、杜慧敏师姐、刘宾师兄、朱苗苗师姐以及同门高萍萍、谢颖莹、郭彦、车力莫格、杜青、曹琪、周佳蓉、周怡谷、刘丽、王轿成等师弟师妹们。团队的力量是不容小觑的，因为有你们，调研过程中许多难题得以化解，每一段调查经历都成为弥足珍贵的回忆。此处要特别鸣谢刘宾师兄，他在田野调查期间协助我们完成诸多工作，并提供书中部分照片。还要感谢我的朋友闫丁鹏为本书提供部分照片。

囿于时间、精力和本人的学识水平，本书肯定存在一定的不足。若有错漏之处，均由本书主要作者负责。敬请学界同人不吝赐教。

林鑫

2022年10月